22

小说卷

柏杨全集

人民文学出版社

图书在版编目(CIP)数据

柏杨全集:限量版.22/柏杨著.—北京:人民文学出版社,2010

ISBN 978-7-02-008000-7

Ⅰ.柏… Ⅱ.柏… Ⅲ.①柏杨(1920~2008)-全集②小说-作品集-中国-当代 Ⅳ.C52

中国版本图书馆CIP数据核字(2010)第048979号

责任编辑:常雪莲 马玉梅
装帧设计:翁 涌
责任印制:张文芳

22 小说卷

柏杨全集

怒航
秘密
凶手
挣扎

目　　录

怒　航

秘　密

凶　手

挣　扎

怒 航

提要

《怒航》以发掘人性为主要内容,对于人性的善恶有相当深刻的探索。关于恶,柏杨以为:“大半苦难来自人类自身,人的最大罪恶,似乎不在于奸淫烧杀,而在于愚昧自私,多少悲剧和惨剧都由此而生。”(《序》)像是《七星山》中爱搬弄是非的齐桂芳,《周琴》中骄傲自私的周琴,《隆格》中只顾自己不顾他人的莉芙,《重逢》中背叛丈夫的玲华等。除了恶之外,对于善,柏杨也从悲剧中展现了人性光辉的一面,像是《微笑》中玉珍的丈夫,虽然家境贫困,但还是勉力帮助王有德一家人。

关于本书的评价,李尔康先生说:“如有一本书发掘人性的善恶,让我们对人性在本质上有所认识,确是十分渴望与需要。”柏杨自己则说:“我非常抱歉,这本集子里的小说,没有最流行的男女调情谈爱的描写,也没有故事新编式的美妙对话。但我爱它,因它不仅是一个悲和愤的理想,也是一个悲和愤的实践。”(《序》)正呼应看孤雁虽中箭却仍滴血怒飞的人生情境。

序

人生本来是应该快快乐乐的，世界上所有的动物，人是唯一的幸运儿。可是幸运儿的苦难却似乎比其他不幸运的动物，要多得多。我们看见野兽间互相迫害，难免十分震惊；但对人间的互相迫害，反而往往无动于衷，大概是习惯成了自然的缘故吧。这对那些天真活泼，终有一天要长大成人的儿童而言，真是一种可怕的刑罚。使身为父母的人，一想起他们免不了要跳进这样的社会，便不由得兴起无限悲伤。

大半苦难来自人类自身，人的最大罪恶，似乎不在于奸淫烧杀，而在于愚昧自私，多少悲剧和惨剧都由此而生，我们有权利希望我们活得正常。

文学先天的有道德性，这并不是向谁乞怜，也不是训练自己对权势驯服。而是，只有悲和愤的力量才能使灵性充分发挥。

我非常抱歉，这本集子里的小说，没有最流行的男女调情谈爱的描写，也没有故事新编式的美妙对话。但我爱它，因它不仅是一个悲和愤的理想，也是一个悲和愤的实践。

最后，谢谢您在百忙中看它。

1964 年 6 月于台北

七星山

1.

“你记得中西航空公司‘盛平号’撞山那回事吗?”

“当然记得。”

“那么,你一定认识齐桂芳了?”老王说。

“不。”我说。

“我朋友的太太。”

“你是不是就要说到关于她的故事?”我说。

“对了,”老王说,“德洪,你抬起头来,就可以看见那座高插云霄的七星山。”

“是的。”

“那女人的舌头能把它铲平。”

“啊。”

“她是一个绝物,”老王说,“世界上有这么一种人,你和她一旦相识,便等于把辫子交到她手里,任凭她摆布了,她会使你后悔巴不得和他根本不相识。齐桂芳便是这么一种人。”

“你吃过她的亏,是吧?”

“凡和她相识的人,没有一个平安。德洪,我想你一定洪福齐天,再不然就是祖先有深厚的阴骘。”

“别开玩笑,老王。”

“我向不跟人开玩笑,我说你有福,是因为你从来不认识齐桂芳,而且以后也永远不会认识她。”

“说她的故事吧。”

2.

“齐桂芳的丈夫叫魏白，”老王说，“我们原来住在一起，我的太太玉薇跟她是同学。天晓得，那是一种什么性质的同学，她们年龄相仿，但玉薇读高中三年级的时候，她才刚刚考进初中。”

“即令是同学，也不严重。”

“当然严重，同学的关系使她成为玉薇消息的权威，我和玉薇是苦恋成功的，她抛弃了千万家产的继承权和去美国读书的巨额奖学金，跟我结婚。”

“我知道。”

“可是，”老王说，“只过了三个星期，我们的蜜月还没有度完，别人就告诉我，我的新婚太太已经和隔壁那个餐厅经理吊上膀子了。”

“这是什么话？老王。”

“稍微有点常识的人都会知道这种谣言不着边际，我们隔壁住的那个餐厅经理，不识几个字，有妻有子，年纪大约五十岁，每天骑着摩托车上班下班，玉薇有时候在门口，见了面总要点点头的。我把消息告诉她，她气得要死，追查那谣言的来源，只一查便查到齐桂芳身上。她告诉别人说：

“‘玉薇，嗨，就是对门那个新娘子王太太，她爱上了那经理啦。’

“‘不会吧。’别人说。

“‘不会？’她说，‘你不信的话，明天起早一点看看就知道，玉薇天一亮就拿把扫帚到门口扫地，要一直扫到那男人上班，两个人见过面才回去。’

“‘邻居们打个招呼算不了什么。’

“‘可是她那种笑的样子和普通人不同，你为什么不早一点起来看看，那场面真有意思。’

“‘她刚结婚，怎么又能爱上别人呢？’

"'那经理家有电冰箱呀,'齐桂芳说,'还有电唱机、电视机,有钱得很,不过主要的是,玉薇爱他英俊哩。'

"'天,你怎么知道那样清楚?'

"'我当然知道,'她愤怒地说,'我们是老同学。'

"这是我和她第一次打交道,德洪,我当时恨不得杀了她。"

"不怪你,老王,任何人都会生气。"

"玉薇哭了一天,"老王说,"要找她算账,被朋友劝下来。可是以后的日子便不好过了,用不了太久,我就从玉薇口中,再度听到新闻。那天吃晚饭的时候,我刚拿起筷子,她便像开了电钮的广播电台。

"'阿王,'她说,'我们这巷子里三十八号姓赵的那家,昨天晚上跟太太打架,把太太打得头破血流,连夜送到医院。你说那作丈夫的对不对?'

"'当然不对。玉薇,汤怎么这样淡?'

"'你知道那赵先生用什么打的?'

"'不知道,这汤能不能再放点盐进去?'

"'用面棍子打的呢,你们北方人真野蛮,有人说赵先生在太行山当过土匪。这一次因他和一个酒女在外边同居,太太说了他几句,他就凶性大发。'

"'谁告诉你这些事?'

"'反正有人。'

"'不要替人守密了,那人一定是齐桂芳。'

"'她早上来对我讲的。'

"'告诉你,玉薇,赵太太害的是急性肠炎,我的一个同学恰是她的主治医师。我早上去看牙时碰到他。'

"玉薇沉默了,我想她再也不会听那女人的闲话。第二天,她果然没有向我说什么。可是到了第三天,平平安安地吃过晚饭后,我扭亮电灯,坐下翻开晚报,玉薇羞怯怯地走过来,坐在我身旁,用一种求我援助的眼神望着我。我本能地想到,她一定怀孕了。

"'玉薇,'我挽住她的腰,'有好消息吗?'

"她摇摇头,我抓住她的手臂。

"'那你一定有什么重要的事,'我说,'不知道关于哪一方面?'

"'不是一件重要的事,阿王,而是一件可耻的事。'

"'天老爷。'

"'林太太偷人呢!'玉薇瞪大了预期着我要惊奇的眼睛。

"'哪个林太太?'

"'我们斜对面,朱红大门那一家。'

"'林先生在什么地方工作?'

"'听说在拳击协会当理事。她太太漂亮得很,已经有两个孩子了,大的读初中一年级,她还要红杏出墙,未免太不要脸。你猜她的姘头是谁?'

"'我不猜,玉薇。'

"'是教会那个马牧师呢,'她说,'别看他讲起道来一脸正经,却是恋爱能手,早上我买菜时看见他,他的态度忽然不自然起来,平常他都抢先和主妇们打招呼的,今天连头都不敢抬……'

"'闭嘴。'

"'你怎么啦?'

"'玉薇,我知道你不是长舌妇,可是你今天说的,可能要惹出流血惨剧,而且自己良心上也有亏欠。我觉得很不对劲,告诉我,你听谁说的?'

"玉薇目瞪口呆了半天,嗫嚅地说:

"'听齐桂芳——'

"果然是她,那个每天都把舌头伸到别人家灶底舔锅灰的女人!"

3.

"老王,"我说,"这种人太多了。"

"所以社会一天比一天不安,"他说,"这件事过去不久,有一天,我下班回来,家门却是锁着,玉薇不知道到什么地方去了,齐桂芳拉着她那五岁的孩子,挺着肚皮,一步一步走过来。

"'玉薇呢?'她问。

"'不知道。'

"'没有给你打电话吗?'

"'没有。'

"'也没有留条子?'

"'是的。'

"她看出我的焦急,便伸出脖子,像一头望见了嫩叶的花斑长颈鹿,我耳朵上立刻感觉到咻咻的喘息。

"'你真是一个好丈夫。'她说。

"'谢谢你。'

"'你如果再早回来一会儿就好了。'

"'怎么?'

"'我还是不讲的好。'

"'你最好是不讲。'

"她想不到我跟其他人不同。我以为她碰了钉子,会转身告退,可是她没有,她不断地舐着嘴唇,把嘴唇都舐干了。孩子在她手里哭,她大声呵责着,然后正色地看着我,像一个害麻风的女人择定了顾主,要出卖她的麻风。

"'我讲了怕你生气。'她说。

"'魏太太,你怕得很对,我一定会生气。'

"'玉薇一定有男朋友,'她不顾一切地挣扎说,'有一个男人经常来找她,一来就关起门。对了,那男人大约三十岁,比你漂亮呢。但你不能讲是我说的,你和魏白是朋友,按说我应该袒护玉薇,我们是老同学了,在学校里最最要好,可是她这一点做得对不起你。'

"'那男人是玉薇的大哥。'

"齐桂芳泄了气,像谁用针在她屁股上扎了一下,扭头就走。而这时候,玉薇恰巧回来,高跟鞋敲着地面的声音和平常不一样,我听出来那声音带着遏止不住的恼怒。果然,开门进去之后,她用力把手提包摔到沙发上。

"'你到哪里去了?'我说。

"'找你。'

"'有什么事吗?'

"她霍地挺起脊梁,我知道她在努力压制自己的怒火。

"'阿王,'在压制了一阵之后,她说,'自从我们相识以来,你给我做过几件衣服?'

"'没有几件呀。'

"'用你的指头细细地算。'

"德洪,我给我太太做的衣服,如果用指头去算的话,两个巴掌都用不完,连窄裙睡衣在内,一共给她做了九件,这是一个可怜的数目。

"'对不起,玉薇。'我赧然说。

"'我嫌过你穷吗?'

"'任何人都知道,你为什么说这些?'

"'我逼你做过衣服吗?'

"'更没有,玉薇,这是从何说起?'

"'那你为什么到处宣传我不知道持家过日子,只知道爱漂亮,做衣服?你没有钱,我就苦苦逼你,好像我虚荣到那种程度,不体谅你也到那种程度。阿王,你是何居心?'

"'我没有宣传……'

"'你如果有良心,应该自己想一想,我假使真的那样,我会嫁给你吗?我这个新娘子,才不过只穿了你九件衣裳,合在一起整整四套半,你还有什么脸乱讲?'

"'我没有乱讲呀,玉薇。'

"'你自惭形秽,用吹牛来掩饰自己的自卑,补偿内心的缺陷,是不是?你这样做够低级的了,但我仍同情你,可是你知道不知道你严

重地伤害了我,也严重地伤害了你自己——你为太太做几件衣服,有什么可以夸耀的?那只显露出你的肤浅。'

"玉薇声泪俱下了,我喊:

"'我发誓……'

"'不要发誓,无风不起浪,你没有讲,难道是我讲的吗?'

"'一定是齐桂芳,'我咆哮着,用手猛擂桌子,'我非和那猪女人当面对质不可。'

"'不是齐桂芳。'

"'你还庇护她?'我喉头嘶哑说,'她刚才还在我面前说你跟别人私通,她把你大哥当成你的情夫,说得神龙活现,幸亏我不像你这么冲动,不然一进门就会跟你拼命。'

"玉薇扑到沙发上,我抱住她,她浑身抖着,叹了一口气:

"'是那婆娘说的,她上午特地来告诉我,还教我发誓不透露她的名字。'

"'找她当面对质,我没有说过一句什么做衣服的话。'

"玉薇像从缸里捞出来的金鱼一样,僵卧在那里,低声说:

"'我答应她守密的,阿王,原谅我。'

"'不行,'我蚱蜢般跳起来拉住她,'对这种人讲什么信义!那婆娘的舌头闹得家家户户鸡犬不宁。'"

4.

"你们找她了吗?"我说。

"没有,"老王说,"刚走到门口,便碰见魏白,他是齐桂芳的丈夫,我当然不能放过他。魏白是个明白人,当他听我们从头到尾说了一遍之后,唉了一声。我急忙抓住他的臂膀,他算没有倒下去。我们夫妇架着他,像看护兵架着一个满身是伤的战士,架到我们房间,玉薇递给他一杯高粱酒,他用颤抖的手端着,几乎送不到口里。

"'老王,'他衰弱地说,'对不起,我想你们会原谅我的,假使不是为了两个孩子,我早跟她离婚了,甚至我可能早把她碎尸万段。用不着再说什么请原谅的话了,你们会可怜我的处境,我现在去法院给她探听消息。'

"'谁打官司?'

"'桂芳是被告,'魏白说,'你记得三个月前四十八巷失火的事吧,桂芳肯定地说火首是崔平,她说那天晚上她路过四十八巷的时候,看见崔平的女儿跟一个骑单车的男人在墙角鬼鬼祟祟,后来大概是闹翻了,女孩子跑回家去,那男人单车后面恰好载着一桶汽油,就悄悄地泼到她家窗子上,然后纵火。现在崔家告了她,这不仅是诽谤,恐怕还要吃诬陷官司。我不知道她的嘴是怎么长的,那天晚上,桂芳在家根本没有出来,从吃过晚饭一直到望见火光,她一直在精神百倍地报告隔壁上次被小偷光临的经过。我想她上辈子定是一个没有舌头的女人,大概因为她更上辈子话说得太多,被阎罗王把它拔掉了。'

"'不要在意,魏白,我们不过开玩笑。'我说,从一个要发狂了的敌人变成一个悲切的俘虏。

"'这是上帝惩罚我,'魏白说,'竟给我这么一个妻子,我这一生是完了,老王,上帝不公平,他待我太毒、太狠。'

"魏白踉跄告辞后,我和玉薇坐下来,半天说不出一句话,但我们心里却萌芽出来一个不约而同的想法,那就是,我们应马上搬家,搬得越快越好、越远越好。第二天,我遇到魏白,把这决定告诉他,他触了电似的说:

"'你们得救了,只有我永不能超生。老王,真的,我的苦难没有止境,今天又有人打电话给我,汤太太明明是头胎,桂芳偏说是二胎,汤太太的母亲要打桂芳耳光。'

"我们终于搬了家,而且恰恰我的工作岗位调到风城,于是一举两得地解决了问题。到了风城之后,因同事们公私上来往很多,所以仍不断听到齐桂芳的新闻。在法庭上判她一笔罚款,结束了崔家那场官司后,魏白揍了她一顿。德洪,我告诉你,他那一次没有把她打死,是一个绝大失策。"

"打死妻子,丈夫恐怕非抵命不可。"我说。

"两害取其轻,那岂不比一下子死二三十人更好。"

"说下去,老王。"

"齐桂芳并没有安分多久,"老王说,"她的舌头构造一定十分特别,老鼠的门牙如果不乱咬东西,会越来越长,终于把自己饿死。齐桂芳的舌头大概和老鼠的门牙一样,如果不努力搬弄是非,可能会长得垂到地面。

"在那约半年的时间里,首当其冲的是于太太,齐桂芳说于太太穿着尼龙透明三角裤出来买东西,大人小孩围着她,指手画脚地看。第二个是周家——我们搬走后,继我们而来的新房客,她说周先生每天上班都要把太太锁到家里,怕她不正经,再也料不到他太太真的不正经,也追起那个英俊而又有电冰箱、电唱机、电视机的餐厅经理了。第三个是……好了,反正还没有到半年,她在那条街上的原形已完全暴露,人们发现法律行动太慢太轻,有一天就约了十几个太太,包括被丈夫殴打的赵太太,跟牧师恋爱的林太太,以及跟男朋友闹翻了的崔小姐,大家一拥而上,把她痛打了一顿,那一次打得很凶,使她一直到忽然光临我家时,还口吐鲜血。"

"你说什么,老王,"我说,"那女人到了你家?"

"是的。"

"你把我搞昏了。"

"事情是这样的,"老王说,"我和魏白是再好没有的朋友,他遭遇了困难,我不能袖手旁观。魏白在那一带住不下去了,他打了一个长途电话给我,在找到新房子前,要我允许他太太来暂住几天,我真后悔我当时没有拒绝,我如果有勇气拒绝,可能不会发生惨剧,那当然是以后的事了,反正是我当时在电话里竟然满口答应,不过一放下听筒我就想打自己的嘴巴。德洪,别的不说,请你告诉我,我怎么说服玉薇赞成这个重大决定呢?家是两个人共同的家,我却不经她同意便招惹一个比马鞭还长的舌头上门。我怕得要死,恨不得我没有活在这个世界上。”

“玉薇不是一个糊涂人。”

“幸好她不是一个糊涂人,”老王说,“我只稍微加以解释,她便答应了,而且另外收拾出来一间房子。第二天,齐桂芳和她的两个孩子来了,大孩子八岁,小孩子五岁,两个孩子倒十分可爱,可怕的是,他们的舌头大概接受了母亲的遗传,具有特别活跃的细胞。他们来了不到三天,全街孩子们都知道他们的父亲是美国人,是一个美国大官的私生子,由他们现在这个父亲继承过来,一旦他们成年,那洋父亲就会出面领他们去美国。

“齐桂芳对我们不记旧怨是十分感激的,等到感激的情绪稍微淡了一点之后,她并不斥责她的孩子们胡说,反而使她自己的舌头也像蜗牛的触角一样伸出来。只两天光景,我的邻居太太就悄悄问玉薇:

“‘听说你们在台北是被邻居赶走的,是吗?’

“‘赶走?’玉薇吃惊说。

“‘我们感情总算不错,我才这样规劝你,’邻居太太说,‘背后造谣,或背后揭人家阴私,都不是好事,尤其一个年轻人,总应积德远祸。’

“玉薇当时就几乎昏过去,连邻居太太走了很远都没有发觉。但我们却发觉我们是被孤立了,街头上打招呼的人还跟从前一样多,但肯站下来像从前一样谈谈的却少了,再也没有一个人邀玉薇去她们家,玉薇也邀不动她们,只有那位邻居太太还继续和我们往来。

“‘不由人不信,’在我们苦求下,她说,‘是你们客人对我们讲的,魏太太是你们的至好朋友,又跟玉薇从小同学,如果不是真事,以常情判断,她不可能信口雌黄。’

“德洪,你猜我做的第一件事是什么?”

“一定当面责备她。”

“不,”老王说,“我马上打一个电报给魏白,然后买了一张飞机票。第二天一早,玉薇还躺在床上抽噎,我就把齐桂芳像囚犯似的押到飞机场。

"'魏白没有给我信呀。'她抗议说。

"'用不着给你信。'

"'你这是对朋友之道吗?'她号叫说,'魏白付妻托子,我还没有住十天,你太太呢,哭哭啼啼,好像受了多大委屈,你也翻脸无情,硬送我们母子回去。'

"'嫂夫人,我奉劝你一句——'

"这时栅门开了,我推她进去。

"'我奉劝你一句是,记住,请你以后再也不要搬弄是非。'

"我的话刚出口,齐桂芳立刻转过头来,指着苍天,大声赌咒:

"'我向来不管别人的闲事,'她说,'你怎么能说我这种话?我齐桂芳,如果搬弄过一句是非,教我坐飞机摔死。'

"我急忙掩她的嘴,可是全机场的人,连驾驶员,二十五位乘客,和送行的亲友,全部听到了。"

"天啊,"我说,"她怎么说出这种不恰当的话。"

"德洪,这是不祥之兆。"

"你未免太迷信了。"

"迷信吗?"

"嗯。"

5.

"那么,德洪,"老王说,"请你判断,飞机起飞后是不是平安?"

"当然平安,"我说,"众神不会只为一个长舌的女人服务。"

"你说的是理论。"

"事实呢?"

"事实是,"他说,"那架飞机就是中西航空公司'盛平号',起飞后二十分钟,因云层过厚,撞到七星山上,机上人员没有一个生还。"

"包括齐桂芳和两个孩子?"

“是的。”

“天，”我说，“啊——”

隆 格

1.

从海上传来一声凄厉的呼救,发自那个行将溺毙、可怜得快要窒息的咽喉;嘶哑而绝望,在波浪滔天的大海深处爆裂,没有人知道那人为什么会在这时候坠海,附近没有过往的船只,也没有出海的舢板,但那呼救的声音是真的,空气像血液一样凝结。而且只霎时,海天相接的地方扬起一只手,月光从一块块飘动的浓云中不时显露出来,射出它的光芒。那挣扎求救的手就更看得清楚,苍白而枯瘦。在凝视下,甚至还可以看见手背上突出的青筋。那遭难的人每抬一次手臂,就发出一声刺耳的惨叫,向岸上呼喊:

“救命!”

2.

隆格海滩在夏天本来是一个小规模的游泳场,沙滩缓缓地向海底下降,沙粒跟按摩师的手一样柔和,三面是连绵不断的山,任何强烈的风到此都化小化轻,有气无力地拂着水面。海湾像游泳池那样平静,呈现着一层层娇弱的涟漪。可惜它的位置太过于偏僻,即令在盛暑,愿意坐四小时火车,再坐一小时汽车去那里的人也不多。夏天的时候,有一个简陋的茶棚搭在沙滩的一端,卖着汽水、点心、纸烟,另外还准备了一些长椅和阳伞,生意勉强可以维持,有些特别喜欢那种类似世外桃源情调的客人,经常一住就是三天四天。就在沙滩尽头，穿过大约十分钟的茅草荒径，有一家勉强可以称为旅社的旅社，它是当地唯一寄住之所，兴浓的客人就在那里下榻，设备虽然很差，但他们的老板，那个大胖子陈姓的房东兼经理，却是笑口常开，而且诚诚恳恳、老老实实地做他的生意，很容易使人产生一种宾至如归的深厚感情。

盛暑一过，季节性的买卖结束，茶棚撤去了，海滩上开始寂寞。每天虽然仍有游客前来游泳、划水、野餐，但总是一天比一天减少，所以当姜志和莉芙，远远地从台北慕名而来，度他们第三天的蜜月时，秋天的太阳仍很骄热，中午时候简直跟夏天差不多，他们纵身到海里，泡了个够，可是已没有茶棚供应了。晚上，他们就下榻陈老板的旅社，打算着实享受一下在闹市享受不到的宁静。尤其是那油灯，把他们带进太古的幽境。而月色是那么好，中秋节刚过，十六的月亮实际上比十五的月亮更圆，但所有的荣誉都归到十五。姜志昨天还跟新娘以及亲友们，在充满了香味鲜花和欢笑的新房里赏月的，今天却换了另外一个世界。月光照到玻璃窗上，冷冷清清，那油灯几乎要被洒下来的月光淹没了。

旅社那天恰恰没有别的住客，所以好心肠的陈老板有充分的时间和他的客人聊天，年龄和职业使他了解客人们的需要，即令是当天才结婚的夫妇，如果给他们说一个当地特产的鬼故事，也会受到欢迎。当姜志和莉芙吃过晚饭，正商量如何度过良宵的时候，陈老板衔着旱烟，来向他们打听行踪。

"我们想去海滩散步。"姜志说。

"海滩的夜景最奇妙不过，姜先生，包管你散步到天明都舍不得回来。"

莉芙脸上带着少女的矜持和新娘的好奇，她有一种万人称赞的属于冷静的聪明——这跟如痴如醉性格的姜志，距离是太大了，大概上帝要创造奇迹，才使他们配在一起。

"我们可以把脚泡到海水里，"她诗意地说，"一面吃，一面看月亮，一面看海；对了，我们还带有鸭肫鸭翅呢。"

“就这么办。”姜志说。

“我奉劝二位,千万不要往山的方向走。”陈老板说。

“为什么？有鬼吗?”

“姜先生,你一猜就中。”

“你故意吓人。”莉芙尖叫起来。

陈老板肥胖的大嘴发出一连串笑声。

“你吓不倒我,我偏要听。”莉芙说。

“走吧,”姜志说,“我们这么远来,不去大玩特玩,却挤在小客厅里听鬼故事。”

“不是鬼故事。”陈老板说。

“你刚才还说是鬼故事,”莉芙说,“不管,我们听了再走。”

陈老板重新燃一袋烟,那蹩脚的烟丝发出只有他自己才欣赏的近乎恶臭的味道。莉芙的反应十分迅速,她立刻打了一个喷嚏。陈老板歉然向后推了一下椅子,那椅子因太古老的缘故,咯吱咯吱不断响着,他清理了一下喉咙。

“这是一件真实的事,”他说,“二位,你们不妨向南看,那在月光下像画一样的山峦,没有一户人家。人家都住在山下,白天上山操作,辛勤耕种他们贫瘠的梯田,晚上下山回家,生活过得非常俭朴,所以一直要到中秋节那一天,也就是昨天——当然不是今年的昨天,那是十年前的昨天了——他们才请一位屠夫到他们村子,为他们杀几头猪。

“那天早上,天还没有亮,屠夫——我们都叫他老张,从距此约五里远的轮镇赶来,那时不过只有四更时分,他还有点睡眼矇眬,手中拿着锋利的杀猪凶器,一步一踉跄地顺着山径走着。大概半个小时后,他已爬上了北面的山坡,山坡上满是矮小而肥大的菠萝树,一株连一株,黑魆魆得像一片埋着死人的荒冢,他不由得觉得一股凉气从脊椎升起。在这里,我要先说明一点,老张虽是一个使人不易产生良好印象的屠夫,但他却确确实实是一个善良的人,有一副可以和任何基督徒媲美的仁慈性格。

“于是，就在他潜意识突然产生恐惧的时候，他看见山径旁有一座茅屋，茅屋门紧闭着，从门缝漏出一线灯光。老张停住脚，荒山僻壤中的住户竟然彻夜燃灯，使他觉得不可思议。然而，更不可思议的是，茅屋门呀地开了，一个中年妇人像云雾一样地走出来，站在门口。老张看见她满脸笑容，他就感到口中焦渴，像马上要喷出火来那种焦渴，其实他是不是真的渴成那个样子，连自己都不知道，或许是他急于想找一个地方躲一躲那满山像坟墓一样的菠萝树，所以他根本没有考虑到荒山深夜，一个妇女怎会开门外出。

“‘太太，’老张说，‘我可以在你府上落个脚吗？’

“‘欢迎，’那女人说，‘我同时也正遇见困难，只有你可以帮助。’

“老张一听说有人向他求助，胆量就开始茁壮，立刻跟着那女人走进破烂茅屋。茅屋里十分简陋，什么都没有，没有桌子，没有椅子，四周全是几乎朽烂了的木板墙壁。

“‘请坐，’女人说，‘对不起，我本来没有椅子可坐的，加上我快要走了，明天这个时候，我就不在此地，将由另一个女人住进来，她可能有她的布置。我在这里十二年了，阴冷入骨。’

“老张只好坐到地下，潮湿而发霉的地面使他浑身不舒服，女人不知道从什么地方捧来一杯冷茶，映着也是放在地上的摇曳的灯光，那茶水清可见底。于是他忽然觉得有点不对劲，不是茶水有点不对劲，而是整个都不对劲，他霍地站起来。

“‘谢谢你的招待，我要告辞了。’

“‘你不再坐一会儿吗？’

“‘不坐了，告诉我你需要我什么帮助？’

“那女人收起脸上的笑容，发出冰块相撞的声音。

“‘天亮以后，请你不要管闲事，假使你不管闲事，就是帮了我。’

“老张把茶杯还给女人时，他瞥见茶盘上印着‘兴义堂记’四个猩红字，那大概是一个家族的堂号。他没有留意它，茅屋门在身后砰地关了，这时远处已传来鸡啼，他想那个茅屋和那个女人真是奇怪。

“事情就发生在天亮后的中午，老张杀完了猪，一面跟村子里比较殷实的一家主人闲聊,一面等着各家送来工资。主人对他非常客气,另外加赠了他一口袋花生,还留他一定吃了午饭再走。在老张说,真是巴不得有人留他吃了午饭再走,所以只假装推辞一下就留下了。那一顿饭因为过节的关系,要比往常丰富得多。

“往桌上送饭送菜的是主人的儿媳,她大概二十岁,老张第一眼就看见她那高耸的眉骨,充分显露出她刚强的个性。

“吃过饭之后,也是她来收拾盘子,于是,就在她回厨房途中,刚跨过门限,不知道什么缘故,她栽了一个跟头,捧在胸前的盘子跌成块块碎片。那儿媳还没有完全爬起来,主人已像一头中了暗箭的猩猩,咆哮起来。

“二位,据老张事后告诉人说,那位外表上温柔敦厚的老头子主人,和一直到打碎盘子才露面的女主人老太婆,只一刹那,便露出凶恶的原形,他们对儿媳额上血如泉涌的伤口好像根本没看见,反而对她百般怒骂,大概怒骂仍不足以解心头之恨,就更进一步地,不顾客人在座,老夫妇竟拳足交加地殴打起来。老张看那可怜的少妇在地上哀号求饶的情形,他真恨不得举起他的屠刀。

“打了一阵后,儿媳终于浑身血渍回到她自己房中,老张听见她细微的饮泣声,他再也忍不下去,站起来想向主人告辞。可是,就在他转身要走的时候,看到了那些盘子的碎片,而且还看到了‘兴义堂记’四个猩红大字。

“‘老板,’他问,‘你们村北有人家吗?’

“‘你问它干什么?十里之内连一个草棚都没有。’

“老张打了一个冷颤,使他身不由主地撞到门上。

“‘你怎么了?’主人抓住他。

“‘鬼,’他呻吟说,‘快去看你的儿媳,我想她要死了。’

“二位,那儿媳从梁上被救下来,用姜汤把她灌活,两个老家伙从那一天起,就再也没有骂过她,他们怕吃人命官司。可是,老张却苦了,他被那茅屋的女鬼砸断了腿。”

“老天,”莉芙喊,她紧挤着她的丈夫,“老张断了腿,太不公平,他是一个好人。”

陈老板洞察肺腑般地向他那主持正义的女客人朗声而笑——他已吸了四袋烟了,他有一种能把旱烟袋像噙纸烟似的噙着的本领。

“老张的遭遇无论如何是不幸的,”他继续说,“他拯救了那个年轻儿媳,全家人一致衷心感激他,非留他吃过晚饭不可,甚至把他的杀猪家伙藏起来表示他们的诚意。所以老张离开他们村子的时候,天色已经黑了,临走前大家才想到那幽灵——找替死鬼的女人可能会在途中等着他,就劝他不妨住下一宿,第二天再走。可是,二位,你们听说世界上还有怕鬼的屠夫吗?老张终于走了。”

“结果呢?”新娘害怕地问。

“在意料中的,他遇到了那女人,女人在惨淡的月光底下等着他,手里拿着一盏发着绿光的油灯,脸色像一张在火上刚烘过的白纸。

“‘我不能饶你。’她披头散发地喊。

“‘我有什么地方不对?’老张问。

“‘我警告过你,不要多管闲事。’

“老张想分辩他并没有管什么闲事,但已来不及了,女人把油灯照他扔过来,恰恰击中他的前额,就在那里打了一个大洞。然后一阵阴风把他往后推,一直推到悬崖,他跌了下来,跌断了一条腿。”

“好人没有好报,”莉芙说,“真是没有天理了。”

3.

姜志不喜欢这故事,陈老板当然察觉到他客人的情绪,为了证明他说的有根有据,他说:

“老张明天可能到旅社来,又是那村子请他,如今儿媳成了管家婆,他更成了上宾。每年中秋,村子里杀猪的时候,老张一跛一跛来时,管家婆一定留他住上三天。他归途中,准备和往年一样,绕到我这里吃午饭,我这房子是他遇鬼后第二年盖起来的,成了他每次非落脚不可的地方。要知道,我们都喜欢喝两盅老酒。”

故事说到这里结束了,窗外只有一种来自海上的奇妙寂静,陈老板因为新娘子瞪大了害怕的眼睛而感到满足。这个鬼故事他已说了至少一千遍,所以每次都用不着大脑,开始以后就像录音带一样泻下来。

“跌断一条腿?”姜志喃喃地说,“管闲事的报酬。”

“你自言自语什么?”莉芙摇他。

“你说过我们要去海滩的,恐怕已经开始涨潮了。”

“我不去,我害怕。”

“怕什么? 鬼吗?”姜志说。

“嗯。”

“陈老板,还有其他的鬼故事吗? 继续讲好了,反正一个和一百个效果差不太多。”

陈老板又纵声笑起来,椅子在他因大笑而颤动的肥胖身子底下发抖,烟袋从嘴角掉到地上。这个乐天派巴不得他的客人都缩在房间里小酌,他就可以推荐他那至少加了一半水、去年才酿好的百年老酒了。

“走!”莉芙说。

“回房间?”

“到沙滩上。”她变卦说。

“怎么回事?”

“让我紧拉着你,这样才够刺激。”

然而两个人一到海滨就把鬼故事忘了,沙滩平坦而细致,像是一条巨大高贵的地毯,莉芙第一个动作就是把她的高跟鞋脱掉,赤脚踏到上面,像是踏上花瓣织成的锦被,她立刻惊喜得呼喊起来,拉着她至爱的丈夫的手,向海和沙相接的那条动荡不定的白线跑去。

“小心摔断腿。”姜志说。

“我从来不管什么闲事,为什么让我摔断腿?”

“你不厌恶这种观念吗?”

“什么观念?”莉芙偎着他,抗议说,“你不要像父亲一样地教训我,我结婚前已听够了——我不要观念,只要你。”

“两者应该是不相悖的,也不冲突。”

“你给我上哲学课吗?我们还在蜜月期间,你就这么凶,以后的日子怎么过呢?”

姜志发现莉芙又胜利了,她不一定哭,女人的眼泪固可表示自己的委屈,但哭得太多了同时也表示丈夫的罪恶。莉芙虽然刚作了妻子,却已深深懂得其中到底怎么回事,她只要一用痛苦的声调,姜志就会屈服,甚至连原则都会放弃。这一次也是这样,姜志提起她的高跟鞋,把她像婴儿一样地抱起来,一直抱到海水所及的沙滩才放下,柔和而微凉的海水轻吻着她那皙白纤小的脚,她得意地高声笑起来,一面称赞她新婚丈夫臂力竟像牛一样的大。

“因为我臂大如牛,”姜志说,“所以才能轻而易举地抱得动一只小羊。”

她扑到他怀里,双手攀着他的脖子,踮起脚尖吻他。

“你吸烟吸得太多了。”她说。

“烟味是一个成熟男人的表征,你应该喜欢才对。”

“我不喜欢,阿志,答应我把它戒掉,你当初发过誓戒掉它的。”

“当初发誓不是出于我的本心,处在那种压力之下,任凭谁都会发出各式各样誓的。”

“原来你是骗我……”

姜志不用看莉芙的态度,仅从她的音调上,他知道他非真的戒烟不可。莉芙和每一个发现被骗了的少妇一样,挣脱了丈夫的臂膀,哭泣着向回程跑去。姜志追上了她,经过一番恩爱夫妇们那种在别人看起来十分无聊的争吵,妻子不停地数说丈夫的错误,丈夫不停地道歉,而且在强迫下再度发出非出自本心的誓言。

所以不久之后,两个人就手牵着手——假使他们不是夫妇而是一对情侣的话,这时候一定互相揽着腰了——踏着浅浅的海水在沙滩上来回踱着。月亮升得很高,整个海湾都笼罩在凉凉的月光之下。

刚拆走的茶棚仍留着几块水泥做的梁柱地基,明年夏天来时,只要铲去泥沙,便可以马上架起棚子营业了。旅社被抛在身后,可以看见从窗子上透出的摇曳灯光。无论海上和群山上,没有第三个人影。

“这无尽的江山,”姜志说,“全部属于我们,我们真可自傲了。”

“恐怕没有什么可以自傲的,到了明天,我们便走了。”

“江山本来不属于任何一个人,每个人占有这月白风清,都是短短的一刻,我们能有此一刻,就应该心满意足了。比那都市里的嚣闹又如何?我恨死了台北,你觉得不,距台北越远,天地就越觉得宽。”

“我想还是台北好,”莉芙说,“在这里太久,会寂寞死的,白白的老了丑了,对吗?”

就在这时候,他们听见从海上传来凄厉的呼救,那声音发自一个行将溺毙、可怜的快要窒息的咽喉。莉芙的血跟着空气同时凝结在一起,她在同样也陷于惊慌的姜志的怀里,瑟瑟地抖着。第一个念头就是后悔没有接受陈老板鬼故事的暗示,留在房里,而孤零零地来到这荒凉的海边。

“我们快走……”她低声说。

“你看!”

顺着姜志的视线,他们在时明时暗的月光底下看见那只手,在海天相接的地方挣扎着向他们扬起求救;每伸出水面挥动一次,就发出一声刺耳的惨叫:

“救命!”

“一个落难的人要淹死了。”

“这里危险,阿志,我们快走,快走吧。”

莉芙一直向旅社方向跑去,跑了两步停住,她发现姜志没有像她所预料的那样尾追过来,这对她是一个很大的打击,她大声喊他、叫他,最后他果然向她跑来了,但他却抓住她,说出的话使她吃了一惊。

“那分明是一个向我们求救的人,你去通知陈老板,我马上下海。”

那哀叫的声音又起,莉芙的头发都竖起来。

“快去。”姜志说。

“天啊，你说什么？你下海！你又不认识他，又没有船。阿志，你疯啦，叫陈老板来收你的尸首是不是？为什么不通知他，教他来救？你为什么要管这种闲事？”

“通知陈老板已来不及了，而且他也不可能有别的办法。你只告诉他准备姜汤，阿芙，请放心，我的游泳技术相当有根柢，再游比这个更远都没有关系。”

姜志脱下外衣，莉芙抱住他。

“你真的不顾我？”她哭着说，“我还是一个新娘子，你就教我穿黑衣服回去？你只管救别人，为什么不想到自己？你以为我放心你下去吗？”

海上那可怜的手臂又向上挥动，再度发出一个垂死的人的绝望的号叫，姜志几乎可以看见从黑魆魆远处向他们投过来那副充满了希望和满布着红丝的乞怜的眼睛。

“我不能见死不救！”他说。

“你要去，证明你只是一个好事的和残忍的赌徒，我们只有分开。即令你生还，我也要分开，我不能一生老是冒这种风险。阿志，记得我们永不分离的誓言吗？不要离开我，回去！”

姜志软下来，他想这过错并不在他，他已尽到心了。但就在他要放弃救人念头的一瞬间，海上的惨叫又传过来，而且分明地又扬起手臂，那可怜的人似乎已经知道唯一能救他的人要走了。姜志把莉芙推开。

“我不能假装看不见，阿芙，快去找陈老板！”

“你真正地疯了，鬼迷了你……”

姜志以最快的速度向海上跑去，等到海水打着腰窝的时候，他才感到刺骨的凉，遭难人的呼救声和他妻子呼喊他回来声，断续地从不同的两个方向传来，他努力排开他们，脱下衣服，一心一意地游过去。逐渐上涨的潮水使他前进很困难，但他得感谢上天使他发现呼救的时候尚早，如果再过半个小时，波浪汹涌，他就游不动了。

一个人最伟大的时候莫过于坐在办公桌后面，而最渺小的时候却莫过于投身大海。现在姜志正置身于大海，使他不沉下去的只有他那救人的意志。双耳和全身都泡在水里，听觉困难，不过那扬向天际的灰白色手臂却更显著，他想到他这时如果淹死，那简直是一种可怕的讽刺。他同时又想到他自己是不是有能力去救别人？大海神秘而阴险，浪潮的阻力已够可观的了，他不能想象大海的愤怒。

4.

十五分钟，对于在大海游泳求生的人，是一个永恒的时间，姜志专心向那将要溺死的人游过去，而且游到了。于是，一只海鸥号叫着飞起来，于心不甘地盘旋在惊它飞起的姜志的头顶，打算伺机往下再扑，它显然对突如其来的人类不太高兴。姜志双手攀着一块满缠着海草的朽烂了的木头，喘着气。但他找不到那个垂毙呼救的人。最后，姜志以为那可怜的人支持不住，已沉入海底，可是等他定了定神之后，不由双手一松，几乎滑了下去。他不得不承认根本没有谁沉溺，也根本没有谁呼救。在他来之前，大海除了那只海鸥外，也根本没有其他任何生物——当然还有鱼虾，尤其是杂在海草里的鱼虾。海鸥是不是吃鱼虾，姜志不知道，但他知道事情的发生是怎么回事了。那只失群的海鸥啄食着木头上的海草，海浪激动地打着那块木头，木头滚动着，有时候还暂时沉没下去。海鸥的食欲受到不断地干扰，它只好每一次都飞起来，发着像是人呼救似的凄厉怒号，它飞翔的高度恰巧像一只手臂。

姜志攀着木头，失望和羞愧使他恨不得自己立刻就死在那里，他呆瓜一样地被愚弄了，那海鸥在飞起不久就发现这一次的干扰较木头的滚动似乎更强，它就更为不满，双翅紧拍着，号叫得就更加尖锐。

姜志只好空手游回去，他总不能抱着那块木头等到天亮。月光似乎比海水更冷，他向岸边望望，视线一片模糊，当初竟然误以为那受难的人会看见自己，简直没有一点常识。现在他唯一的希望是莉芙惊动了陈老板后，能有一条小艇来接他，这里既然是海水浴场，总应该有小艇的，也可能小艇随着茶棚一齐走了，不过他认为他的妻和旅社老板，不会任他这样而毫不关心。

他开始向岸上游，假设他手中拖着一个落难的不幸者，他可能应付自如，虽然是一只手划着，他有信心平安抵达，但他现在几乎是游不动了，游了只两分钟就咽下一口足可把咽喉烧焦了的海水。

“隆格真是一个有鬼的地方。”他想。

不过，那时正在涨潮，到了最后，一个特别大的浪，把他抛到岸上，一直抛到站在岸上束手无策、焦急得眼珠都要突出的陈老板的脚下。陈老板颤抖着扶起他，连月亮都可以看出两人脸上同时都有如释重负的颜色。

“谢谢你。”姜志呻吟说。

“好了些吗？”

“一切很好。我太太呢？”

“在房子里哭呢。先生，人救到没有？”

“不知道，大概没有，你准备姜汤了吗？”

“姜汤？”陈老板说，“什么姜汤？天啊，我怎么没有想起来煮姜汤。”

5.

隆格海滩一直保持着它一向所有的朴质面貌，当夏天像火一样地燃烧时，茶棚和人群适时出现。全世界的海滩差不多都是一样景色，隆格海滩不能例外，唯一不同是，今年的隆格海滩盛传着一件趣事——关于一个感情冲动的男人，冒着生命危险去拯救一块木头……大多数人听了之后都哈哈大笑，尤其是那男人竟把度蜜月的漂亮新娘抛下来，更使大家笑得厉害。当然也有少数人懔然地表示他们的敬意，他们认为那男人并没有什么不对，而且万分可敬，值得效法；那当然是值得别人效法，这些人庆幸着自己没有去那样，而且也不希望他的父亲、儿子,或她的丈夫去那样。他们能这样赞扬那男人,已足够说明自己的品格很高了。

第二年秋天,茶棚、小艇、嘲笑、敬意,统统归于消失。沙滩上又恢复了每年到了秋天之后都一定重来的寂寞,月光重新蒙上冰层,那冰层随着一天比一天寒冷的日子,而一天比一天厚。中秋节过去的第二天,姜志又来到隆格海滨,又住到陈老板旅社,陈老板用胖子的喉头喊出对他的欢迎,接着又是一阵爽朗的笑声,再接着他告诉姜志,那个老张,去年他说来而竟没有来的那个年老的老张,今天也来了。晚上,三个人坐在去年姜志夫妇和陈老板坐过的老地方。两位互相熟习对方故事的姜志和老张,面对着面。姜志看老张是很老了,但并不衰弱;老张看姜志并不是傻瓜,但他也看出他的气色不好。

三个人谈了很久,实际上是陈老板和老张在谈,他们喝了不少的白干,酒劲加上胸无城府的性格,使他们有说不尽的朴实和简单的动人故事,姜志只一味倾耳听着。一直谈到深夜,圆圆的月亮从东方山凹那里移到中天,阴影紧含着墙基,他们终于谈到各人心中一直想问的问题。

"老张。"姜志插嘴说。

"嗯。"

"你真的遇到那个女鬼吗?"

老张咧了咧嘴,陈老板唇上闪亮着旱烟袋的光,映出他嘲弄的笑容。

"我但愿我遇到那女鬼,我还没有结婚,只有女鬼才肯嫁给我。不要听陈胖子瞎吹,他是知道内情的人物之一,我要不及时地撒一个女鬼的谎,那儿媳妇即令逃得了命,也逃不了虐待。"

"可是你跛了。"

"那家人如果也灌了你那么多老酒,你也会跌到山沟里跌得不可开交。你以为我不会利用题材吗?"

陈老板又纵声地大笑了,他用旱烟袋敲着自己坐着的,吱吱作响、快要分崩离析的椅子说:

“姜先生,我看你们夫妇不相信鬼话才那样告诉你。对了,你的夫人呢?”

“不知道。”

“天啊。”胖子和屠夫一齐叫。

“我想我不可信赖。”姜志不知所云地说。

两个乡下人虽然对城里人不太懂,但他们却觉出事情很复杂,也看出他们的客人皱着眉头。两人呆了半天,想不出用什么话去安慰他。其实姜志并不需要别人安慰。他去年做了一件事,他不知道他做得对不对,但那件事无论什么时候再发生,他还是会那样做的,他想他至少和那屠夫一样的高贵,他弄明白了这点,他就很快乐了。

周琴

1.

我和世康是三十年老朋友,从我们曾祖父那一代起,两家便只隔着一道短墙。那是理想的邻居,两家感情几乎是百年一日,无论男人之间或眷属们之间,从没有过什么争执,更不要说吵嘴了。我和世康在读幼儿园的时候,便形影不离,一块上学,也一块逃学。打群架也好,在厕所墙上写女学生的坏话也好,都要事先商量,但我往往主动的时候多,他往往附和的时候多。后来两人分道上大学,才各奔前程,聚散无常了。不过我总忘不了他那经常挂在鼻头底下的两筒鼻涕,和爬上杏树偷杏子,等到把杏子吃饱了之后,却爬不下来那副战战兢兢的模样。但这不是说他不勇敢,有一次一个比他高又比他大的孩子骂了他一句"小瘪三",他扑了上去,虽被打得满口流血,而仍死拼,一直拼到那孩子哭着逃走为止。

他的妻子周琴是我姑母最小的女儿,她具有世界上所有最小女儿都具有的那种使人起鸡皮疙瘩的特性——骄傲、蛮横、平凡,越是不顺心的时候,脾气越大。对于她所不愿承认的不愉快的事实,好比说,她不愿承认她的眼皮上有一块疤,在她哭闹咆哮了一阵,又把家具摔了一阵之后,一家子,包括我的姑母姑父、表兄弟表姐妹,以及所有的佣工在内,都得自动自发地发誓说她眼皮上根本什么都没有。

他们于两年前在台北结婚,我那时正在韩国,经济情况很是不好,而且隔着万里重洋,实在也无法专程回来参加她的婚礼。我想她不会为这不高兴的,不过我不久就知道她真的为这不高兴了,她把我由航空寄出的贺礼，一个韩国装束、价钱昂贵、足足用了我半月薪水买的那个男娃娃，从邮局退了回来。她在信上很客气地说，她整天都在思念她的表兄，相信她的表兄一定会星夜赶回参加她的婚礼，却料不到仅仅寄来一个包裹，使她在亲友面前丢尽了脸。

在那封很客气的信上，有下面一段话：

“如果在筵席上，听见人们议论新娘的表兄为她特地从韩国赶回来，我该多么光彩呀！可是，代替你的却是一个难看的木偶。我不能看见它，我一看见它就非常痛苦，因它使我回忆一个对骨肉之情过度轻视的往事，所以我觉得还是退还给你为宜，你一定不会见怪吧。”

结果害得我再把礼物寄给姑母，由她老人家转交给她，她才总算勉强收下，但她却一直把它放在阁楼上一个终年不见天日的角落里。连世康都为我抱不平，可是他拗不过她，争执过几次之后，也只好算了。

我是上个月回国的，在基隆上岸时，姑母带着表弟前来迎接，我向老人询问周琴的消息，老人的脸色很是惨淡。表弟暗暗地踢了我一下，我不知我有什么不对，但我仍警觉地住了口，难道我不能问周琴？或是周琴有什么不幸？脑海里马上浮出很多景象。我想一定是周琴出了事，再不然是她病了，也可能是离了婚，甚至他们夫妇中间，有一个先行亡故。

但姑母却在谈话中止了一会儿后，从沉默中惊醒过来，蓦然地喊了一句：

“周琴吗？”

“是的。”

“她很好。”

“我听说……”

“你听说什么？”老人的神色又紧张起来。

我仓皇地摇摇头。

姑母用一种怀疑的眼光看着我，那眼光像一把匕首一样插进我的心窝，我身上的汗水不停地顺着两肋淌下来。

“听说是，”我不再理会表弟更猛烈的脚踢警告，老老实实说，“听说周琴生了一个可爱的小女孩，我带了一点礼物送给她。”

姑母的脸色这才逐渐温和，我知道我没有说错话，精神振奋不少，态度也自然起来，空气很快地恢复我们初见面时那种愉快，老人亲切地告诉我周琴果然有一个可爱的小女孩，而且他们夫妇的感情也很好。姑母说，世界上恐怕没有比他们再恩爱的夫妇了，只是世康好像有点不太灵活，脑筋的反应也有点迟钝，假使不是他妻子随时督促他教导他的话，他不但在他的工厂里做不好什么，便是下班后回家做做家事，像洗锅、洗碗、扫地、洗衣服、缝被子等等，也没有一样干得来。姑母唯一欣慰的是，世康为人处世，倒是规规矩矩，他从不单独去外面行动，即令是最最要好朋友的婚丧大事，他也都不去参加，只整天守在家里。在没有孩子之前，他陪着妻子谈天，在有了孩子之后，他全部时间都在抱孩子。

“他是一个丈夫。”姑母说。

“你觉得那样对吗？”

表弟再踢我一下。

“那有什么不对？周琴不喜欢男人们狐群狗党。”

“是的，那太好了。”我改口说。

在等候检查行李期间，我们到餐厅吃冰，我希望听到几句姑母对我关心的话，以她跟我父亲深厚的手足之情，她应该关心她胞兄的儿子的，但她没有。于是我想她至少也要谈谈别的表兄弟和别的表姐妹，但她也没有。像一个把太阳光集中到焦点上的凸镜一样，她只不嫌其烦，反反复复地告诉我周琴如何如何。在谈过周琴如何如何之后，接着就又告诉我那新添的小女孩如何如何。我想老人来码头接我，目的大概只在找一个驯顺的听众。

“东元，”姑母说，“那小女孩再漂亮不过，虽只九个月，已经会坐了，脸蛋儿红红的像熟透了的苹果，两只眼睛才大呢，睫毛又长，长大了一定和她妈妈的脾气一样不太好。”

"生牙齿了吧。"

"还没有。你们男人永不会懂,牙齿生得越晚,孩子的智能越高。她的耳朵才显出她有福气呢,大大的耳垂,好像天生的戴着耳环,周琴说过几天一定给她穿耳孔,金耳环都打好了呢。"

"我一定会喜欢她。"我说。

"你当然会喜欢她,"姑母说,"神经正常的人没有一个不喜欢孩子的,尤其是人见人爱的孩子。"

"这样讲我恨不得马上看到她,不过我听说……"

表弟又踢我了。这件事过去了之后,我才知道他为什么总是踢我,以及他以为我要说些什么。但我当时很难把话收住,姑母像对待小偷似的双目灼灼地看着我,我身上的汗珠就更像大雨样的下淌。

"我听说……"我说。

"你要死了。"表弟喊。

"小孩子住嘴。"姑母喝他。

"我听说,"我紧张地拭着汗,低着头,躲开母子二人的怒目,结巴说,"我听说周琴的小女孩进了医院,是吗?"

"天!"表弟喊。

"我听说孩子害的是头痛。"我补充说。

表弟吐了一口气,我的话显然没有出错。

"最初是头痛,"姑母柔和地解释说,"住进医院才发现是扁桃腺化脓,但不久就痊愈了。你倒很关心呢,你应该去看看他们,一个比天使还要惹人疼爱的小女孩,笑起来和绽开的花一样。"

大概费了四小时,入境手续终于办妥了,姑母主张坐出租车去台北,我主张坐火车,坐火车要便宜得多,但讨论的结果还是坐出租车,姑母表示是她请我坐的,因为她对我这个言语得体的侄儿,很是高兴。这使我非常吃惊,我在那时候实在还不知道我做了什么,竟使老人如此满意。

2.

第二天星期天,吃过早餐,就去探望周琴和世康,带着我在韩国和途经日本时买给他们夫妇和孩子的礼物。在刚刚升起的晨曦下,看起来台北似乎仍然如旧。我去国已经五年,那是一个不能算太短的日子,但从空气中闻到的却仍像是昨天才闻到的气味,连一颗微粒都没有变,而且还更加沉重。

我谨慎地敲着那扇油漆朱红颜色的漂亮大门。开门的是世康,他虽然已经得到姑母的通知,但仍兴奋得把正在扫院子的扫帚几乎都扔到墙外去了,一面喊他的妻子,一面和我握手。周琴应声从房里跑出来,用当初根本没有退过我礼物的那种毫无芥蒂的热情,飞奔着,张开双臂迎接我。

"啊,东元,"她抓住我的胳膊摇着,"你还是那个样子,一点也不显老,而且比出国的时候更结实了,多走些地方简直太好不过。世康就比你差得远,他和蛆一样地老是死守着一个小天地。"

"世康比我安分。"

"对了,东元,昨天我们本来也要去基隆接你的,可是小女儿恰恰约定昨天出院。我忘记告诉你,她刚动了手术。你知道吧,医生把她腿上的皮肤割下来补上,再好没有,简直跟天生的一模一样。普通病人只要住七八天就可以了,只有她住院半个月,是我坚持她多住几天的。"

"孩子呢,我要先看她一眼。"

"请进来,东元,我马上抱她来见舅舅。"

他们住的房子很大,样子很好,质料也很好,只是有点太陈腐了,我一进去就嗅到一股像是黄梅天发出的那种霉味。地板漆早已褪光,只有墙角那里还留着斑斑残迹,窗棂黑漆如烟,我坐的那张沙发上的弹簧,至少有两根已弹不起来,以致我像坐到密布着犬牙石子的河滩上。就在门后水泥墙基上,泛着一圈圈雪白的只有阴暗肮脏的地下室才有的硝屑。这跟周琴的华贵衣裳,成一个尖锐的对比。

“请喝茶。”她端上杯子。

“你更漂亮了,周琴,不但人漂亮,衣裳也漂亮。”

她向我笑了笑,然后用一种唯恐我不继续坚持下去的声调否认着。不过事实上她也确实漂亮,我的恭维并不过分,尤其是她那华丽绝伦的服装,是她维持漂亮的最大工具。我对于衣料的辨识能力等于零,说不出她穿的是什么,但我看得出她那过分华丽、过分高贵的装饰和她的环境的不太调和,好像她不是女主人,而是一位公主驾临贫民窟做客。

“我去给你拿柠檬汁。”她高兴地说。

“那好极了,我一口气能喝一大锅,今天上午至少有三十八度。”

“要冰吗?”

“当然要,放四块进去。”

“甜一点还是酸一点?”

“适度就好,”我说,“但是稍等一下,先把送给小女儿的礼物拿出来。”

我打开皮包。

“这是五件日本制的尿布,既吸收水分,又有海绵作边,绝对不会伤害她细嫩的皮肤。这是一套小女儿的袜子和鞋子,从一个月到六岁,每年两双。这是两件斗篷,一件两岁前穿的,一件两岁到五岁穿的,保证比皮大衣还要暖和……”

“天啊,”周琴逐件接过来,每接一件就发出一声惊喜欢呼,“东元,你太好了,我昨天还和世康发誓说你好,果然你最爱我们,不是吗?你不过在韩国做一个小生意,却送给我们这么多东西。”

“你欢喜就好了,我真怕你会拒收。”

“你的气量太窄,东元。”

“我希望我的气量跟你一样大,”我说,“请再等一会儿,我送给小女儿的礼物还没有拿完呢!这里有一盒婴儿专用的口红,涂到孩子嘴唇上有特别反应,但涂到其他地方就显不出颜色了。啊,你看,让我说句笑话,如果小女孩是一个兔唇,那就十分滑稽了。即令用人工修补好也没有用,因为细胞的性质和皮下脂肪的构造不同,涂上去仍会判若泾渭的。我说这话当然是故意使你轻松,周琴,不要板起面孔,这口红的好处是,它含有钙质和多种维他命,婴儿吃下去不但没有坏处,反而会增加她的营养,不是吗……"

世康跟表弟一样,在背后踢了我一下,其实并用不着他踢,从周琴迅速收起笑容和迅速转变成铁青的脸色上,我立刻明白我是终于闯出祸事了,虽然我还不知道闯出什么祸。就在我收住话头之前,周琴已站了起来,头也不回,悻悻然一直向卧房走去,关门的声音几乎把我拿在手上的口红震掉。

"这是怎么回事?"我愚蠢地问。

"东元,"世康叹了口气,低声说,"你一拳打到她要害上了。"

"我不知道她有什么要害,我是无心的。"

"问题却在于她是有心的。真抱歉使你受窘,我早想抢先告诉你,一直找不到单独跟你在一起的机会。事情是这样的,东元,我们的小女孩一生下来便像刚才你所调侃的,嘴唇缺了一块。据医生说这是遗传,周琴的曾祖父便是一个兔唇。啊,说到这里,我非常难过,为了我的孩子,我落过无数眼泪。可是,我的痛苦还不止于此,周琴不准任何人谈到这些,不管是有意的,还是无意的,因此我们的朋友越来越少了。"

我搭讪着把口红塞进口袋,不断努力擦着汗。

"我踢你一下你应该有所警觉的,你不知道周琴是一个什么样子的人,知觉迟钝而嗅觉灵敏。东元,请坐一会儿,我去安抚她,把她请出来。以我们的关系,你不在意吧。"

"我当然不在意,世康。"我呻吟说。

他转身走去,透过纸一样薄的汗衫,可以看见他的肋骨,我坐在沙发上像坐在火炉上似的抖着。

3.

我不知道世康用什么方法说服周琴，卧房门半掩着，传出世康嗫嚅的恳求，和周琴诚心诚意的指责，伴着那些指责的，是不停的哭泣，每一声哭泣都使我眼前冒出一片黑云。我听不清世康说些什么，因为女人的嗓子总是比较高的缘故，从周琴口中，我隐约听见她肯定地说我是一个无赖，从我拒绝参加他们的结婚典礼上，已充分证明我这个人的本质顽劣不堪。她又愤怒地对丈夫说，她对我如彼的宽恕，我不但不知道感恩，反而得意忘形，利用无辜孩子先天的缺点，向她奚落，即令毒死我都不能消解她对我的厌恶和痛恨。世康用细小的语气替我道歉，只有天晓得他道歉的内容是什么，但我再也坐不住了，我站起来，绕着房子走着，膝盖都在发软。

三十分钟后，世康走出来，我像一个听候判决的囚犯，怀着因祈祷上帝而生的一线希望望着他，他向我做了一个使我安心的手势，拉我到旁边。

"好容易把她说服了，"他附耳说，"她正在重新化妆，马上就把孩子抱给你看。东元，孩子确实很乖，然而那并不关紧要。你的年龄比我大，你会搞清楚的，千万拣她喜欢听的讲，那不但不花一文钱，而且还受用无穷。"

我满怀感激地点着头，两人并肩坐下，谁都没有再开口说话，时间过得非常之慢，好像我在韩国住了五年只不过刹那间的事，而我坐等周琴从她的闺房出来，似乎已有五年之久。但她终于出来了，神色看不出刚才曾经发生过什么，她甜蜜地笑着，怀里抱着她的女儿。

我机警地跳起来。

"让我看看外甥女。"我说。

但我不知道下一步应该怎么做才对，犹豫了一会儿，我觉得还是把孩子接过来才能表示我的确欢喜她，我就那样办了。九个月的婴儿在我紧张的胳膊里，像是被裹在丝絮里的虫豸，我堆着不允许任何人有误解的笑容看着她。在这位第一次见面的小女孩身上,找不到一星一点姑母说的那种赞美,我真担心我脸上的笑容不能持久。她好像比虫豸还要小,而且因为作母亲的并不懂得作母亲之道的缘故,太热、太饱、抱得太多,有时候却又太冷、太饿,没有看顾周到,使孩子瘦削的小脸上像蒙着一层沉闷而苍灰色的暗纱。我一面抱着她,一面思索着用什么词句歌颂,才不致引起猜忌。显然的,我不能说她很活泼,也不能说她很健康,更不能说她的眼睛很圆很大。

最后,我只好用一种看起来真是出自内心的狂热,喊道:

"我太爱你了,孩子,我爱你是无条件的,我愿为你做任何事。"

我频频吻她,在吻她当中,我发现可怜小东西的唇上,显明地突起了一条赘肉,即令再没有常识的人,一眼也会看出那是割补后的兔唇,可能因手术较差,或是孩子年纪太小的缘故,那条赘肉堆积成一道肉瘤,竖垂在鼻子的右下侧,使孩子的小脸更像漫画家笔下专做坏事的小妖精。

"啊,你知道你多么惹人爱啊,"我害怕只是看而不说话,会引起周琴的不快,所以我喊,"一见你我心里就高兴起来。明天舅舅还要再送你一个发出叮当声的电车玩具,那是舅舅要送给别人的,现在决定送给你了。"

接着我又继续说了很多周琴最乐意听的话,说到后来,我自己都弄不清楚我是在说什么了。但从周琴的矜持态度上,可以看出我跟每一个谄媚者一样,是有相当收获的。她起初可能还怀疑我不是真心,不过久了之后,因我所说的全部是她所最希望听的,她就不得不开始对我相信起来。于是我们间的距离重新接近,等她从我怀里把小女孩抱回去的时候,她声明一定要留我吃午饭,并且不由分说地吩咐世康换出门衣服。

"你要我干什么,"世康说,"下馆子吗?"

"我们一齐去买菜,"周琴说,"东元也去,把你喜欢吃的菜告诉我,省得你一时想不起,到市场上一看就想起了。"

"啊。"我说。

“走吧，”世康说，“趁太阳还不太强。”

太阳虽不太强，但已够人汗流浃背了，马路上像害了疥疮似的鼓着脓包，我小心翼翼地走着，以防沾到鞋子。世康的衣着很平常，只有周琴穿的是窄窄的旗袍和三寸半的高跟鞋，不像是去菜市场，而像是去出席女王召开的御前会议。但使我芒刺在背的却是小女孩的服装，那时正是七八月之交，做母亲的给她穿着长袖的奶油色丝绒上衣和紧裹着小腿的绒裤，脚上一双新而硬的小皮鞋，塞到一辆精致的小车里，和煮在滚水里一样，她满脸涨红，大汗淋漓。

“她穿得太多了……”我忍不住说。

“穿少了她会受凉的。”周琴说。

“东元，你不懂，穿少了她会受凉的。”世康说，像一架留声机。

世康在说了之后才暗暗地捣了我一下。这时候，周琴已推着小车，走进一家蛋行，很快地和店员讲起价钱来了。我和世康面对面站在人行道上，他望着我，笑了一笑，那笑不带任何感情，只不过是剧中的锣声，表示他有话要正式告诉我。

“东元，”他说，“你真是禀性难移。”

“所以我就赶忙住嘴。”

“不要教她认为你比她聪明，她宁愿假装着自己悟出来，也不愿别人为她指出来，太多的建议徒伤感情。”

“苍天，孩子是你的女儿。”

“我知道，但我没办法，一想起我的孩子我就万分痛苦，但我如果一定要坚持我的意见，那只有决裂。可是我不能，你知道我的工厂全部是你姑母的投资。”

“你不觉得你懦弱吗？”

“现在是这样，但我总有一天摆脱她的。”

周琴从行里出来了，订购了五打来亨蛋，送她出门的那个蛋行店员躬着腰向小车子盯着，惊喜说：

“好漂亮的小妹妹。”

“不漂亮。”周琴说。

“说她不漂亮是不公平的，看她的皮肤像雪一样。”

“啊，”周琴站住问，“你看她像谁？”

“像妈妈，”旁边一个卖虱目鱼的中年妇人插嘴说，“我敢说她大了跟妈妈一样漂亮。”

“像我吗？”

“像极了，太太，”另一个卖火柴的老汉保证说，“小妹妹真是一个美人胚子，看她的眉毛又弯又细，眼睛大大的，活像两颗夜明珠……”

世康把身子背着他的妻子。

“那些人不得不如此。”他自言自语说。

“假使那些人坦诚地指出孩子兔唇呢？”

“天下有这种傻子吗？”

“退一万步讲，假使那些人建议孩子应该少穿一点呢？”我说。

“那他这一生就别想周琴买他一分钱的东西。”

“对了，”我说，“我忽然想起来，十一点以前我必须赶到外交部，假使赶不到的话，护照会被吊销的，可是偏偏周琴留我吃午饭，你看怎么办？我一定要拼命地赶才来得及。”

我想我要离开他们一定遭到很大的困难，料不到因我的理由太充分的缘故，只经过一两遍解释，周琴便非常同情我的处境起来，答应我马上走，而且还特地为我叫了一辆出租车。我一再抱歉地向他们告辞，发誓一有时间就再来看他们。

出租车已发动了，我还不敢十分确定他们会不会发觉我在说谎。车子走到十字街口，在红灯前停下，我从后窗向他们望去，看见世康一只手提着两条用人类粪便养大的虱目鱼，另一只手拿着两大包火柴。

车子经过一家咖啡店门前，我下了车，进去坐下，要了一杯柠檬汁，慢慢地喝，觉得凉爽得多了。大街上人声车声和人潮车潮，不停地翻腾着。天仍燥热，直射的太阳从灰尘满布的地面，反照到人行道上和窗玻璃上，发着炫目的闪光，望着放在我面前的柠檬汁，仿佛看见周琴眼皮上那块疤。于是，我不由得呆住了。

晚　霞

1.

月色像死人的脸，墓碑稀疏地林立着，仿佛老人牙齿。这里是一座公墓，冬青树在四周筑起一道围墙，蔓草几乎跟墓碑一样的高了。当中甬道上没有草，分向个别坟墓的支道上也没有草，但生长在甬道两旁的草，却几乎把路面埋葬——在草隙中可以看见龟裂了的甬道路面。王铭走到墓亭那里站住，他咳嗽了一会儿，然后走上台阶，向横梁上望了望，从口袋里掏出一条绳子。

像表演一项什么节目，王铭把绳子向横梁上抛去，它却滑了下来。他抛了几次，都没有把绳子抛上去，它每一次滑下来时都带下细雨般的灰尘。于是他叹了一口气，揉揉眼睛，靠着栏杆坐下。这时候，一个声音从一座坟墓里发出，那声音似乎只是一种叹息，漫长而分明。

“谁？”王铭喊。

于是他看见一个人从墓碑后面露出身子，蹒跚着向他走来。霎时间他毛发悚然，一股冷气从足跟涌到眉心，他觉得喉头发干，像被一只毛手卡住。但这种恐怖的本能在猛烈震撼了一记之后，跟暴雨过去的湖面一样，倒好像根本没有发生过什么。那人穿着一件长可及膝的夹克，一条短到足踝的裤子，虽然在月光底下仍显出斑斑补丁，和一双也有斑斑补丁的破皮鞋；影子在那人脚下迤逦着，直向墓亭走来。

那人一直走到王铭面前，王铭才看清他的脸。任何英俊的脸只要有一个月不理发,不剃胡子,都会不堪入目,那人的脸正是如此。他们互相注视着,最后那人退回几步,坐到跟王铭相对方向的栏杆那里。两个人都保持沉默,这沉默还是王铭先开口打破。

“你是鬼吗？看起来你真像一个鬼。”

“你信世界上有鬼吗?”

“信的。”

那人不说话,燃起一支烟,火柴微光照着他脸上的皱纹。王铭也燃起一支烟,火柴在蔓草中熄灭了,他想他真应该设法引起熊熊野火。

“你以为我故意说自己信鬼吗?”王铭又说。

“或许。”

“我实实在在是信的。我信鬼,信神,信鬼话,信神话。很多事情我当初绝对不肯信的,可是我终于都一一信了。”

“贵姓?”那人说。

“我们何必要知道姓名。”

“倒不是为了交朋友,只是为了称呼方便。你可以随便捏造一个假的。我现在先告诉你,我叫夏文。”

王铭也告诉了他。

“我们都很贫贱,是吗?”夏文说。

“除了被谁谋害分尸,我们不可能上报。”

“不见得吧？如果杀了别人,或是把别人分了尸,照样可以上报。”

“旧小说上常有描写,”王铭说,“穷苦朋友往往假装吊死鬼或其他什么鬼,从棺材里猛地跳出来,把行人吓死或吓走,然后再抢他们的财物。我看见你从坟墓里爬出来了,可惜你没有发出惨烈的号叫,也没有拿着哭丧棒,反而跟我像朋友一样谈了起来。”

夏文笑了笑,把头向后仰着,长而乱的头发垂到栏杆外。

“你说错了。我如果是那样的人,就不会跟你聊下去。我看见你努力向横梁上抛绳子,知道你要打什么主意,便不得不起而干涉。

你如果想自杀,请找别的地方,我不允许你在这里。"

"我选定了这地方,任何人的干涉都不接受。"

"你会接受我的干涉的。"

"你要动武吗?"

"不,你想借我的手杀你?我不会那么无聊。如果你坚持非在这里上吊不可,当你把头伸进绳圈的时候,我就把它割断。"

"你为什么这样?"

"这公墓是我的院子,那座墓是我的家,我不允许警方注意这里,即令一分钟一秒钟的注意都有危险。"

王铭把烟头踩到脚下,快要干竭了的胃,被尼古丁刺激得感到一阵恶心,他呕了两声后,终于吐出几口白沫。

2.

"你为什么要自杀?"夏文问。

"我什么都不为,每一条路都走过了,每一条路都不通,连往后倒退的路都不通;只有这一条路还给我留着。朋友,你又为什么要睡公墓,假使你有温暖的屋子和柔软的床?"

"看你的穿戴,你似乎有温暖的屋子和柔软的床。"

王铭不再说话了。两个素昧平生的人在这种奇怪的场合相遇,他们谁都不知道对方是谁,但他们却知道对方和自己一样的绝望,一种自然的力量使他们忽然间亲近得好像兄弟一样。

"告诉我你的事。"夏文说。

王铭摇摇头。

"你死了之后,报上会掀你的底牌,为什么不早一刻工夫告诉我?我或许可以帮助你。"

"帮助我渡过难关吗?"

"帮助你找一个较好的自杀地方。"

王铭沉默了一会儿,叹口气说:

“我有一个温暖的屋子和一张柔软的床。”

“是的。”

“还有一个可爱的妻子和四个儿女。”

“是的。”

“你不恭维我有福气吗?”

“不。”

“那就对了。两个大儿子读中学,两个小女儿读小学,他们是世界上最可爱的孩子。他们的妈妈时常害病,那是薪水阶级所特有的病,主要的是营养不良。牙痛、头痛、昏眩,双目失明。不要因为我说得太平淡而忽略了她受的苦,一直到今天,医生都说她的失明可以割治,可以使她恢复视觉,但我们付不出手术费。假使我有力量,她根本不会失明。”

“需要多少钱?”

“如果去日本开刀的话,至少也得四五万。”

“为这个自杀吗?”

“当然不。妻子失明,我曾经想到杀了她然后再自杀,我不忍心她活下去;她对我的贫困毫无怨言,只有耶稣的使徒才有她那种高贵的气质。她摸索着走路的姿态使我发疯,每天早上,她再也不能推我:‘阿铭,醒醒吧,天亮了。’她并没有作孽,却堕入了黑暗地狱。”

“你杀了人吗?”

“杀谁? 朋友,我杀谁?”

夏文轻蔑地眨眨眼。

王铭说:“你还有烟吗?”

夏文从压瘪的纸烟盒里摸出一支,掷了过来。王铭双手接住,擦起火柴,墓亭里闪耀着一星鬼火。

“妈妈瞎了眼,男孩子们就买菜、洗碗、扫地;女孩子们就做饭、洗衣服。最小的女儿今年才十一岁,和哥哥比赛着挑水;她一次可以挑两个半桶,当我看见她的小身体像龙虾一样地担着水蹒跚时,我忍不住哭了。”

“就为这个自杀吗?”

“当然也不。”

“那你为什么要说?”

“我不由自主地要说,说出来心里松动一些。我欠他们太多,只有说一说才能减低我锥心的痛苦。”

“我只听你为什么要自杀。”

“我大女儿读小学六年级,小女儿读五年级,”王铭说,“妈妈虽然瞎了眼,仍可以为人编竹筐,坐在墙角一只一只地编着;她很少吃饭,瘦得像一个僵尸。我一个月的薪水是九百元。九百元不够人家去第五街买一双皮鞋,我却要用来维持六口之家,我妻子编竹筐的工钱也不过三百多元。我们只能有米,不能有菜;一年四季都以盐水煮黄豆作为主食。有一次,电台上呼吁节约,早餐便改成筷子沾盐水了。”

夏文大笑起来,深夜的公墓上传出他那种显不出含意的笑,好像每个坟墓的尸体都会响应着也跟着大笑。王铭愤怒起来:

“我看不出有什么好笑的,我说的全是真话。”

“对不起。”

“我原以为你会为我流泪。”

“我不会为你流泪的,我的眼泪要为我自己流。好吧,继续下去,你说得似乎太乱。”

“我已尽了最大的力量,然而两个女孩子接到学校通知,要缴补习费了。大女儿因是毕业班,一个月八十元;小女儿一个月五十元。”

“你缴不出吧?”

“是的,但我不忍心看两个女儿的脸色,我知道她们在学校受老师的歧视,也受同学的欺凌。因为一直缴不上去,她们都被编到不升学组,连给老师讲句话都吓得发抖,可是她们回家后又不敢向我讲,只能垂泪。有一次,两个女儿的手都被老师打得又红又肿。”

“你说谁打?”

“老师。那老师狠狠地打,一面打一面骂:‘打死你们这种不上进的野孩子!’朋友,我决心卖血为她们缴上去。”

“为什么不杀了那老师?”

“你说什么?”

“老天!那老师真应该感谢上苍,他打的不是我的孩子!如果她们是我的孩子,我会叫他胸口插一把钢刀,或者是插一把弹簧刀。”

“我不怪他。”

“你真是一个典型的懦夫。”

“你能怪他吗?一个小学老师一个月也不过七八百元,不能不为生存挣扎。我想他打女儿的时候,他心里是在恨他自己;假使他过得很好,他不会冒着挨类似你这种家长刀子的危险。他也是一个可怜虫,一条被蹂躏的可怜虫。”

“然后呢?”

“为了每月省出一百二十元补习费,我们全天改吃盐水,三餐都用筷子沾盐水,但这样毕竟不行。我妻除了哭泣,没有说什么;她自瞎了眼后便很少讲话。我的大孩子首先病倒了,发着高烧,四天都没有大便;二儿子害上夜盲。我去卖血,可是卖血也不简单;我不能先交介绍费,所以始终卖不出去。而到了昨天,女儿们从学校回来,老师又打了小女儿的屁股。她用手去护,手指都被打断了,她知道爸爸穷,连垂泪都没有,只说:‘爸爸,我滑滑梯扭了手。’是姐姐告诉我的,孩子未进家门,在巷口捧着手指先哭了个够。”

“你是为这才决定自杀的,对吗?”

王铭点点头。

3.

“你是一个小职员?”夏文问。

“是的。”

“你为什么不贪污?”

王铭吸着纸烟。

“一定是没有贪污的机会。”

“不,我正管购料业务。”

“购料?天要你活下去,你却自绝于天。这不是上帝埋葬你,而是你自己埋葬自己。”

“我认为贪污是不对的。”

“但你使可爱的妻子瞎眼是对的吗?你使儿女卧病、小手被打肿打断,是对的吗?你断送自己的生命,留下来一个瞎女人带着四个儿女在世上,是对的吗?如果贪污的话,你觉得你犯了罪;而不贪污,你却犯了更大的罪。朋友,你是怕良心责备,还是怕法律制裁?”

“都有。”

夏文站起来,歪歪斜斜走到王铭跟前,一只有力的手托起王铭的下巴。王铭想,他要打我耳光了,他看见夏文嘴角浮出一丝狞笑,那是一种嘲弄的狞笑,然后,就在他想可能有一把刀子插进胸口的时候,夏文唾了一口唾沫,正唾到王铭脸上。

“猪猡!虫豸!”

王铭没有还嘴,只用手擦了擦,夏文已回到原来的位置上了。两个人再度沉默着。

“现在该你问我为什么到这里来了。”夏文说。

“我想还是不问的好,听了徒然增加伤感。你已经耽误了我不少时候,趁夜还深,我该走了。”

“去偷吗?”

“不。”

“去抢吗?”

“不。”

“那么,你还是坐下来。你换一个地方去死,跟你想了想打消死的念头,结果对我都一样。可是,我的故事对你或许会有帮助。”

“你能借给我钱吗?”

“我借给你一把刀。”

王铭错愕了一下,夏文已从小腿扎带中抽出匕首,熟练地用五指转动着,突然间向王铭飞去,像流星一样快,插在王铭头顶的圆柱上。

“拿去。”夏文说。

“我不杀人。”

“让我说我的故事。朋友,你难道真不知道我的大名夏文?”

“不知道。”王铭说。

“你没有看报吗?”

“办公时间太忙,不能看报,家里又不订报。”

“那就无怪你孤陋寡闻了,”夏文吸下最后一口烟,把烟蒂扔到蔓草里,山风吹荡着,那星星之火熄了。王铭又咳嗽起来,引得夏文忍不住也咳嗽两声。等咳嗽已罢,夏文说,“我们的遭遇大致上是一样的,那就是受尽人家的迫害。你是一个有知识的人,而我不过只受过国民学校教育,当一个木工;可能手艺人活下去比较容易,所以一个中学毕过业的女学生,阴差阳错地嫁给了我;我不要对她嫁我的经过再说什么了,报纸上登得很是详细,而且还肯定地说她当初嫁给我,是受了我的欺骗和强迫。她的名字叫香苒,我不应该多说她什么了,在她看来,嫁给我们那里唯一的一个住在都市的青年,是最光荣最幸福的了。——任何工于心计的人,尤其是工于心计的女人,真是世界上最可怕的动物。”

“你们有孩子吗?”

月光在夏文脸上洗刷着,终于洗下一层面具。

“有一个男孩,叫裕光,‘光’是我下一代的排行。”

“提起孩子,你说话的声音都温柔起来。”

夏文闭上眼睛。

王铭没有催他,夏文一直等到能控制泪腺。

“朋友,你如果看报,那就免得我再叙述了。简单一点说吧,那是今年春天的事,当孩子已经两岁,开始讲话的时候,香苒走了。临走时留下一张便条,写着廉价小说上女主角临走时写的那一类话,说她并不爱我,要我原谅她和忘掉她。啊,她在这方面估计得却太单纯了,我怎能无动于衷,又怎能原谅她、忘掉她,尤其后来我发现那男人竟是一家工厂的董事长。朋友,阔老爷看上了穷木匠的妻子,好像不太可能,但我知道香苒的美丽。贫苦的女人,只要她美,终究会脱颖而出的。香苒是走了,我费了半年时间才打听出她住的地方,但第一次找她便被那男人指使佣人打伤了我;以后我便再也看不见她。我也曾到法院去过,法院却根据香苒的控告——她指控我虐待她,而批准她同我离婚。我知道那是怎么一回事,真想不再自找麻烦了。但我爱她,她过去给了我过分的柔情蜜意,使我痴迷。就在二十天前,我到底打听出她的地址,而且潜到她的卧房,她正赤条条地坐在镜子前面供那男人素描——天啊,他倒不是满身铜臭的,却很高雅呢!于是我跳了进去,把睡衣给她披起。"

"真够大胆!"

"爱情和愤怒使我不顾一切,但我带刀原只是准备自卫,因为怕他们把我揍成残废。我向香苒苦苦哀求她回去,她却像陌生人一样向我冷笑;最后我要求看看孩子,她也不肯。而那人在一惊之后要按电铃了,我就拔出刀子制止。"

"你还有烟吗?"

"没有了。可是想不到香苒却像疯子似的推开窗子高叫'救命',我不得不穿过甬道逃走。更想不到她竟会扑过来挡住去路,嚷着:'你不能走,你这无赖应受到惩罚。'她对我的匕首好像毫不在乎,我只好杀了她。"

王铭长长地叹了一声,把绳子在手上折叠着。远远的山坡上有一盏自入夜之后一直亮在那里的灯,这时熄了。

"就杀了她一个人吗?"

"我又转身杀了那臭男人——用钞票、肉欲和文雅外貌堆砌起来的企业家。"

"杀得太多了吧?"

"闭嘴。"

4.

“杀香苒不是我的本意，”夏文说，“当我看见她哀号着倒下去的时候，我急忙抱着她，她脸上那股狰狞恶毒的表情随着生命消失了。我用头撞着地板哭，我的孩子听见爸爸的声音从小房间跑出来。可怜的孩子，那人一脚把他踢到楼梯口；幸亏我连忙抓住，不然他会滚下去。这样我才杀了他，我是故意杀了他的。杀了他我很高兴，尤其是今天，我更高兴，感谢上帝，我当时幸而杀了他。”

王铭以为又要听见夏文的笑声了，但是没有。他不知道夏文为什么没有笑。

“朋友，”夏文说，带着怒，“你怎么能不看报？”

“我已经说过了。”

“警察局悬赏四万元，那家工厂悬赏十万元，用来捉拿凶手。告诉你，我已逃亡了三个星期；如果能再躲一个星期，奖金可能还要增加。”

“是的。”

“好了，朋友，你可以出卖我了。”

“你不要以为天底下只有你一个人顶天立地。”

夏文再走过来，拔下柱上的匕首，在左袖上反复地擦拭着，然后笑了笑。这笑，王铭感觉它来得太迟。

“我逃不脱的，朋友，”夏文说，“有钱的人才有资格做坏事。逃亡需要钱，懂吗？而我分文没有。难道我能靠着空肚皮和一双病腿逃出公私双方的罗网？我只想和你合作一件事。”

“再去杀人吗？”

“你连心都抖起来了。”

“我不杀人。”

“我不教你杀人，一切都是合法的，甚至是荣誉的。你只要听我的吩咐，我就可以付你十四万元，你用一半作为妻子和儿女的医药费、补习费、伙食费。”

“你疯了!”

“剩下的一半,兄台,就请替我儿子保管着——可怜的孩子,母为荡妇,父为凶手,看慈悲的神明分上,请你用那七万元抚养他——那是他父亲出卖生命的钱——使他求学,使他忘掉父母。”

“你的意思我已经懂了。”

“谢谢你,就去做吧。”

“但我不。”

“蠢材!虫豸!”

“我永不做线民。”

“这只是我们之间的交易,我帮助你弄钱,你为我教养孩子。我们谁也不亏欠谁,谁也不辜负谁。告诉你,假如我落到别人手中,我的孩子得不到照顾,我会恨你入骨。”

夏文说罢,将匕首举到王铭面前。

“这是那天杀人的凶器吗?”王铭问。

“一点不错,我可以随时插到你肚子里。你这个狼心狗肺的东西,残酷恶毒的伪君子,竟忍心丢下盲妻弱子,竟忍心让一个无辜的孤儿沦落终身。我真想杀了你,但我却求你,兄台,我跪到你脚下求求你,去和警方取得联络吧,先把领奖手续办妥,然后走到公墓甬道上,大叫三声‘晚霞’,我就会从墓洞钻出来。兄台,我提醒你,一定要把钱办得妥妥当当!”

王铭觉得双眉发紧,那刀尖正指着他的鼻梁,拿匕首的手微微地抖,从那破烂的袖口散出汗臭和泥土的气味。

夏文仿佛是在为别人安排一个火车上的卧铺,而不像是面对一件有关自己生死的大事。一转瞬间,那匕首当啷一声掉到石板上。夏文跪下来,抱着王铭的腿,把脸贴到上面,哭了。

“我答应你。”王铭说。

在王铭吃力地扶持下,夏文沉默地走回他的座位,把头转回去。

“兄台,我死而有知,变犬马相报。”

“不要说这话。”

“不要让我儿子来监狱看我，更不要叫他到法场送终。我不愿在他小小的心灵里留下监牢刑场的印象。”

“我会做到。”

“让他知道，父母都是病故的。”

“是的。”

“告诉他，爸爸妈妈爱他。”

“请放心。”

“告诉他，他如果有痛苦、有灾难，就呼唤爸爸，我那带血迹的灵魂会一直在他身边呵护他，一直到他长大成人。”

“我一定这样。”

夏文再闭上眼睛，整个公墓随着他冻结了。他想了很久之后，衰弱地抬起头。

“兄台，请你发誓爱我的孩子。”

“我发誓——”

“那么，走吧。我希望你明天上午十点钟来，在光天化日、众目睽睽之下，因你的带领而捉到了我，那十四万元便更可靠了。神明特别恩待我们，使我们相遇，不是吗？”

王铭没有动。

“你要我用刀了把你刺伤了再走？”

王铭走过来，两个人握住手，两只都是发抖的手。

夏文终于把手抽出来。王铭走出墓亭，那苍白得像死人脸一样的月光立刻抓住他，投影就堆到自己脚下。回头向墓亭望望，夏文挥手叫他赶快离开。他拨着蔓草，心神不宁地越过冬青树围墙，夏文仍在墓亭里坐着。

王铭口中不断地念着“晚霞”，这两个字有什么含义或解释呢？他不知道，他想回去问问夏文，可是夏文端坐在那里像一具雕刻的石像。他不敢再去惊动，咳嗽了两声，脚下蹴起一颗石子，滚动着顺着斜坡滑下去。

于是，他几乎喊起来。

微　笑

1.

山坡上有盏灯。

那盏灯在风里不停地摇曳着，很多次我想它一定被吹灭了，却都在奄奄一息的时候，挣扎着又挺起来。满天是残碎的和漆一样黑的云，下弦月乍隐乍现。我刚从邻镇朋友那里借了钱回来，朋友的情况也不甚好，他留我吃晚饭，特地炒了一盘鸭蛋，孩子们大而无神的眼睛一直紧张地注视着它，使我不忍心下筷子。饭后两个人谈着，空气很是沉闷，等我起身告辞时，竟把最后一班公共汽车耽误了。我没有让朋友知道，便徒步向台北走去，公路上寂无一人，偶尔有辆汽车从身旁驰过，那苍白的灯光首先从背后抓住我，然后隆隆地逼上来，我几次试探着伸手招呼，希望能搭上便车，但没有用，只好放弃这种奢望。逐渐地，因为已过了夜半的缘故，连汽车也少起来了。我拖着蹒跚的脚步，嗓子干燥难耐，初秋天气，在这亚热带地带，和初夏初春，没有什么大的差别，只有头上的天，显得更高，蛙声也更稀落。

没有多久，我就走到山坡底下，一条隐约的小径从公路岔出去，曲折地向坡上伸展，那盏灯就放在十几步外小径旁的一块大石头上。它是一盏仅仅有四片玻璃镶成的那种老式风灯，油壶约有茶杯大小，火焰就在壶口上下跳动，似乎用尽它最后的衰弱力气去抗拒黑暗，使我想到一个被遗弃在森林中的孤儿，他在怎样无望的情况下号啕着，抗拒围绕在他四周那些野狼的巨口。

“谁在那里？”我向山坡上喊。

没有回答。我迟疑着，等我的眼睛完全适应了荒草的颜色之后，就在那盏灯附近，我看见了一辆脚踏车。那是一辆很破旧的脚踏车了，除了全是铁锈的车架，便只有两只秃秃的轮子。轮胎花纹早已磨光，像两条鳝鱼的肚皮缠在那里，后轮上还补着一道皮箍。我试探着再大喊一声，仍得不到回答。四周沉静得可怕，山坡越往上越陡起来，黑魆魆地一直向空中上升，山峰和天相接的地方浓云弥漫着，仿佛凡是可见到的东西全都连在一起，而沿着山麓吹来的风又特别尖锐，我觉得我不应停得太久了。

就在我想回身继续我的行程的时候，从那盏风灯附近，传来一阵呻吟，声音非常低，但我却听得清清楚楚，呻吟中隐约还掺杂着微弱的和断续的呜咽。不过等我好容易静心谛听下去，一切声音却中止了，只有微弱的呻吟仍残留在心里，沉重地压着。那是我从没有听到过的一种悲痛的叹息，使我被沉重压着的心缩成一团。

顺着小径走去，就在大石一侧，看到了他，一个年龄大约四十岁至五十岁之间的瘦削的中年人，紧靠着石头蜷卧着。当他被我唤醒，抬起他那满头大汗的前额，睁开充满着泪珠的眼睛望着我时，我打了一个寒颤，他和一具半活着的僵尸没有分别，只不过他的头能够微微地抬起来，灯光闪烁地从侧面照着他的面庞，也照着他那只放到一堆碎石上的肿得几乎跟炉子一样粗的赤脚。

“我愿意帮你的忙，朋友。”我嗫嚅说。

他怔怔地望着我，喉头缩动着，下巴不停地抖擞。我知道他有话要说，就蹲下来，面对着他那肌肉全松了的枯瘦而又染满了尘土的双颊，耐心地鼓励他开口。

“我叫王有德。”他终于说。

我点头表示听到。

“我住在临江街一百八十六巷七十五弄四号之三，”他吃力地克服他那不太灵活的嘴唇，“先生，求求你！”

“讲出来，”我说，“我一定办到。”

“我被毒蛇咬了。”

“天啊,”我叫起来,“我要立刻背你去台北治疗。你为什么半夜跑到这里？你应该在家睡觉的。”

我站起来,没有考虑到我背动背不动他,也没有考虑到即令背得动,到台北又将如何投医。我弯腰去扶他起来,但当我的手触到他身子的时候,他发出痛苦而尖锐的哀号。我惊慌地退了两步,他额上的汗珠霎时间沿着眉毛往下淌着,双手痉挛地绞在一起。在抵抗一阵局外人无法察觉的恶魔暴行之后,他长长地吐出一口气。

“对不起,老王。”我搭讪说。

“我知道我死定了,”他缓缓地说,似乎每吐一个字都使他痛苦,“草药失了效,我嚼了比平常两倍还多,都没有用。浑身像绷紧了的鼓皮一样,连风吹到上面都痛彻心肺,你的好意我心领了。”

我只有听他继续说下去。

“求求你,先生,那一盏灯,还有那一辆脚踏车,求求你替我送回家,不要告诉我的妻子我死于非命,告诉她我临时被约到船上出海捉鱼去了。”

“我会这样讲的,老王。”

“我的身份证放在家里,我死之后,希望能当作无名尸处理,埋掉烧掉都可以,我恨我不能毁灭我的尸体,我怕它使我的妻儿蒙羞,还要使她花钱埋葬。”

我想说话,他用手势阻止我。

“我身边那口袋里,还装着三条蛇,我不知道你肯不肯也带到我家,那大概可以卖三十元,脚踏车或许也值三十元,这是我的全部遗产。”

最后一个字刚出口,他停下来,忽然间他的身体像被蚂蚁围攻的蚯蚓一样反复地扭曲成一团,用他的头部猛烈地向地上撞击着。我拼命抱他的头,却料不到他那麻秆似的脖子竟有超人的蛮力,我不得不坐下来,把腿垫到他头下。经过一番挣扎之后,他才软瘫到我的膝上,哮喘着,汗珠大雨般地流着。

“先生,”他张大了嘴,“对不起,我恐怕这是最后一阵剧痛,腹部以下都已经麻痹,毒液马上就要到心口了。”

我抓住他的肩头,他仍是闪避着想要摆脱,我只好再度放开。

“你走吧,先生,脚踏车下午刚灌过气,你可以骑它。萍水相逢,我不应该这么烦你,只求你念及我是一个垂死的人。听你的口音,也是北方人吧。”

“对了,老王。”

“我老家还有二十亩稻田,这样死了,我的妻儿将来怎么回去?她们以后的日子使我死不瞑目,我对不起她们!啊,先生。”

他的声音低下去,接着又是一阵抽搐,口中喷出大量白沫,像倒悬着的螃蟹一样,白沫全流到我的裤子上和袖子上。我没有推开他,突然的遭遇使我一时想不出来应变的方法。我像一个吓坏了的呆子似的,目不转睛地注视着倒在我怀里的陌生人,我不认识他,却接受了他托付给我的后事。显然他以捉售毒蛇为生,而终于在可怕的煎熬中死了。我看着他那逐渐变青的脸和那臃肿的脚,山风吹过,那盏灯突然从石头上滑下来,我急忙把它接住,耳边只听见乱草索索和我自己的心跳。

2.

我到临江街的时候,夜已更深,街上只有两三盏尚未损坏了的路灯,在屋檐下发着惨淡的黄光。我举着那盏到了临江街之后重新燃起来的风灯,寻找老王家的门牌。我一度想要先回到我自己家,明天再去的。玉珍和孩子也一定盼望得心都碎了,但我还是决定先到临江街,没有什么理由,更不是什么崇高的道德力量,而只是做了先到临江街的决定后,我的心才安下来。

在一条满是刺鼻的从猪圈里发出的酸臭气味的狭小巷子里,我伫立在一家一团漆黑的门前,踌躇着,想举手敲门。但是,几乎使我惊呆了的,那油漆剥落的破旧屋门却在我刚要举手的当儿轻轻地打开了,从阴影里伸出一团蓬松着长发的头。她向四周张望着,疲倦的眼睛停留在我手里推的脚踏车和拿在手里的风灯上。然后她全身走出来,木拖鞋几乎使她栽倒,但她把身体站平衡了,惊慌失措地看着我。

“我找老王——”我说。

“我就是他的妻,”她说,“他出了什么事?”

“不,他刚刚出海。”

她让我到房子里,扭亮灯光,一个四口之家的担子呈现了出来,床上另外还睡着两个女孩,一个约七八岁大,一个似乎只有三四岁。没有蚊帐,几只蚊子正在她们脸上盘旋着,灯光底下,她们小脸上已布满了被叮过的红斑。在墙角那张满是锅碗的方桌上,有一张用镜框装起的男孩子的照片,照片前面,供着一块早已干瘪了的椭圆形的廉价蛋糕。

“他是谁?”我问。

“我们的大儿子,”她说,“十岁了,一个星期前淹死的,因为他爸爸的生意不好,一家人两天没有吃饭,他去水沟里捞人家冲掉的米饭,滑进去了。”

“蛋糕是上供的吗?”

“是的,孩子从出生到现在,不知道蛋糕是什么滋味,作父母的对不起他,他爸爸说有钱时还要买一块巧克力糖供他的孩子。啊,孩子,我知道你恨你的妈妈,连梦都不肯托给我。”

我没有什么话接下去,只呆呆地坐着。

“有德出海太突然了,”她说,“晚上走的时候,还一点消息都没有。”

我尽可能把故事编得很严密,我告诉她我就是刚从船上下来的船员,老王就是抵我的缺,渔船不能等他回家通知他的家属,必须马上出海,所以才托我把脚踏车和风灯带回来。她立刻便相信了,她那过度愁苦的脑筋似乎永不会想到,即令一个渔夫出海,手续也十分复杂,几句话便可扬帆而去的时代已经过去了。

“我多高兴,”她说,“我多盼望他能找到别的事情。先生,我们一家人的生活逼迫他去和毒蛇握手。天天晚上,把孩子们哄睡,关了灯,我一个人在黑暗里坐着,仿佛看见他在郊外佝偻着腰,用枝条去探测毒蛇的巢穴。因此我常常地,陡然地,会无缘无故地心跳,我会幻想着他被毒蛇咬伤了。这样的,天天,都要一直等到他的脚踏车在门口停下来,开门看见他那真实的身子,我才向上帝感恩,他又一次平安无事。"

"捉蛇的生意一定很好。"

"最毒的像竹叶青、百步蛇,一斤可卖到二十五六元。"

"哦,"我失声说,"那不过两张电影票的钱。"

"普通的毒蛇一斤只能卖到八块钱。"

我忍不住叹了一口气。

"这是我们逼他的,"她沉思着说,"假如不是我们母子,有德可能好一点。初来台湾的时候,我们都在教书。"

"教书?"

"是的,先生,"她木然说,"我和有德是济南师范的同学,证件在战乱中遗失,来台湾之后,当了一年的代用教员,后来教育厅要提高教员水准,我们没有证件,只好解聘下来。家长们也曾联名留我们,校长对我们也很好,可是,我们拿不出证件。真的,既没有证件,再加上没有人事关系,而第二个孩子又要生了,有德……"

我这时才悟过来他们夫妇的谈吐都不像没有受过教育的苦力,霎时间我想他们如果真是没有受过教育,所担负的痛苦一定比现在要少得多。她坐在那张吱吱作响的小竹凳上,眼睛看着地面。我打量她,她脸上像贴着一张淡黄色的纸,鼻孔适宜地微微地往上翘着,太多太久的忧愁把她的眼皮沉重地拉下来了。那一只曾经握过粉笔的手,黑黝而粗糙,大拇指外侧更明显地露出裂缝。于是,在举止间,我蓦地看出她的右手,猴爪一样地缩在袖口里。

"我的右手是残废的,先生,"她说,似乎说的是别一个人,"那是有德失业的第二年,我们没有钱买床,就睡在水泥地上,所有的东西,也不过只是一张毯子罢了,都垫在有德和孩子的身下。只几个月工夫,我的右臂便害上小儿麻痹,又没有钱去医治。先生,我并不难过,我常常想到我的母亲,便觉得舒畅得多。"

最小的女孩扭动着身子,母亲走过去,用她那裂着伤口残存着的左手,轻轻地拍抚着,眼睛无神地盯着一无所有的满是尘灰蛛网的墙壁,不言不语了一会儿,接着说:

"天冷了,孩子还穿着单衣服,蛇店里欠我们四块钱,有德说要攒到二百元,便可给她们姐妹一个人做一件棉袄,去年她们小手上都长了冻疮。"

"是的,是的。"

"二百元不好攒,眼看着寒流就要来了,棉袄又没着落。如今能到渔船上该好多了,我早就想买一瓶面霜。"

我站起来,在房子里踱着,思索一件事。虽然是秋天,而且有习习的凉风,但我仍觉得很热,那盏放在桌角上的肮脏风灯,袅袅地吐着熄灭后灯捻上残余的细烟,我觉得我的嗓子更干燥起来。

"我们每月初一和十五吃两次肉,虽然只是可怜的一点点,"她继续说,"明天便是十五,孩子们几天前都在问了,她们的爸爸今天会捉很多毒蛇回来的。可是明天我怎么回答孩子呢?他的脚踏车牌照,税捐处说要罚六十元。先生,你知道,有德必须有个脚踏车,毒蛇总是在郊区落窟的。"

我决定我要走了,我把口袋里的钱放到桌上。

"我的脑筋真坏,"我说,"要不是你提到钱,我便忘个干净,这一百元是老王借支的薪水,托我带给你。"

她那残废的右手几乎都要举起来,她用左手接过那十张几乎被我的汗水浸透了的钞票,捧到胸口,眼睛闭起来,一颗泪珠摇摇欲坠地垂在睫毛上。

"天啊,看顾我们!有德,我的夫,难为你,一百元,多么大的数目,我要把它留下来,再攒几个钱先给你买一双鞋,你已光脚很久了,我对不起你,你都是为了我。啊,有德,祝福你在海上平安,真的,平安,平安,上苍会保佑你,你的妻子和你的女儿日夜都盼你归来。"

我悄悄地打开门走出去,她被开门的响声惊醒,像游魂一样地发着嘶哑的声音,向我抱歉她没有招待。她今天拣的柴已用尽了,所以连开水也没有烧一杯。我告诉她没有关系,我以后会常来看她的。她送我到街心,伫立着,一直看我走出巷口。

3.

整个台北像一座被夜的灰尘埋葬了的废墟,只有我一个人像虫子一样,向我的巢穴蠕动。我的巢穴,那被世人称为家的地方,有半生坎坷生活的妻和一个六岁大的男孩,他们也在盼我归来,而我却真的是归来了。我在越走近家门的时候,越觉出心头畏怯,而且十分后悔,我竟做出了不可原谅的傻事。

“借到钱了吗?”玉珍打开房门,没有等我完全踏进屋子里便迫切地问。

我坐到椅子上打量她,在她脸上寻找和王有德太太相异之处。钱,钱,钱!我不相信她竟真的曾经是艺术系的高材生,她在灯影底下僵直站着,我不安地看着她的右手。

“没有借到?!”

她像受到枪击的母牛一样跳着,奔到床前,不声不响地躺下来。我把她露在外面的枯干的腿推到补丁斑斑的蚊帐里,房子里充满着窒息的霉味和厨房里发出的煤味。

“我是借到钱了的,数目是一百元,”我说,微笑着,“但是我拿它活动了一个工作,那就是出海,出海打鱼,最贵的五十元一斤,真的。我们不是没有证件吗?这种工作没有人事关系一样可以做的,老板告诉我明天就可以出海了,还有脚踏车,晚出早归,生意很不错。对了,我还有一盏风灯,大海里,也就是那大海里,不是山坡上,天非常的黑,我们以后也可以每逢初一和十五吃肉。玉珍,不要难过,我已找到工作,明天,我就去,就去……”

妻没有说话,但我知道她正在枕上耸起耳朵倾听,我想我的微笑是出自我的真诚,我终于找到工作,工作使我高兴,可惜我没有把老王那口袋拿回来,明天一定还在吧!我想着,坐在床沿上脱鞋子,鞋底上那个大洞带进来不少沙砾,把它们抖到地下。隐约间,附近已有鸡在叫,天也似乎突然很冷,我拍拍面颊,发觉面颊刺骨的凉。

夜 归

1.

从那扇朱漆大门里退出来,李霖的膝盖不停地抖。

两根圆柱顶端上的门灯,仿佛神话里把守妖洞的火龙眼睛,眈眈地注视着他。他不安地举起手来,似乎打算拒抗那马上就射出来的洞穿他胸腔的子弹。这时候在面前发出一声巨响,朱漆大门猛烈地关上了,他不明白为什么要发出这么大的声音,但他隐约地听到里面有人在咒骂,咒骂一个不知趣的访客。李霖脸上热辣辣的,心头却在冰冷,连主人刚才和他握手道别时给他的温暖,都忘记了。他觉得他和主人的友情,已经隔了一个世纪,是那么遥远。

李霖的膝盖仍不停地抖,虽然是六月天气,火球样的太阳早已坠下山峰,但它残余下来的炎热,仍遍占大地。他浑身都是汗珠,不过那些汗珠都是凉凉的,至少在他心头是凉凉的。他用手帕擦前额,一股自己的汗腥臭味使自己都要呕吐出来。

“这是前天洗过的手帕!”他想。

一步一步,李霖离开巷子,灯光把他那瘦削的影子往前推,越推越长,他咳嗽了一阵,用纸把痰包起来,丢到墙角。转过巷口,就是热闹的街道了。

以都市的标准来说,现在还不能算是深夜,一家表店门口,悬着一个比汽车轮胎还要大的巨钟,时针正指着十一点。李霖茫然地站在巨钟下面,仿佛看见那分针不断地往前跳动,市廛上的喧哗永远是那么单调、那么枯燥,不外是车轮摩擦地面的奔驰声,马达加油的隆隆声,其他便是人们的叫喊声和杂乱的脚步声了。

李霖像被无数豺狼追逐的野兔,四面八方的咻咻吼叫似乎越逼越近,他想象得到那些豺狼吞食骨头和舐着鲜血的情形,一股战栗从脚跟往上升起,他赶快扶住电线杆。电线杆在他手下弹簧一样地凹下去,他立刻知道他已昏眩,马上就要倒下了,他闭起双目,努力镇定自己,酸辣的胃液在无情地搅动。

他不过三十八岁,但生活的利刃已在他脸上恶狠狠地划下无数条可怕的伤痕,西装远看着还很整齐,稍微近一点就会发现上身和裤子是两样颜色,但却是同样的劣质货色。他每天早上离家的时候,总得亲自熨烫一遍,可是,那质料是太差了,等到下午,上衣就成了松懈的棉袄,裤腿也早鼓出很大的气包了。李霖希望他的衣服能够笔挺,这样对他去拜访他的朋友或是他的上司,多少会增加他一点自尊。

终于,他清醒了一点,饥饿的苦难像浪潮一样,是一阵阵地冲击,血管里仿佛爬满了大小螃蟹,而且在那里拼命地吐着泡沫。

“我应该再走一家试试。”他吩咐自己。

他振奋起来,每一个希望在他都是一线生机,这一次总会成功的,他思索着他和将要拜访的那个人的关系,他们是老朋友了,不是吗?记得有一次,在一个欢送另一个朋友去泰国考察的宴会上,那人拍着他的肩膀向别人介绍:

“他,李霖,”那人亲昵地说,“知道吗?我们朋友群中的才子。”

而恰好,那人就住在这条街上,李霖记得他的门牌号码,而且以前,李霖还是他家高谈阔论的座上客。

不过,当李霖加快脚步走到他熟悉的那个大门前的时候,不由自主地害怕起来,累积心头过多的挫折,使他生出这种害怕。在失业之初,他去找朋友,尚是昂然而入的,和没有失业时一样,但不久他就发现他的昂然而入是太不合时宜了。

大门忽然开了,这免去李霖按电铃的苦恼,他把名片递给佣人,他想这是个好办法,使他的朋友能有时间考虑见他不见他。在那半开着的门缝里,他窥见客厅中正灯火辉煌,而且不断地爆出笑声。一个人影站起来,把杯子举到半空,大概是在敬酒吧。像一个没落的明星在欣赏他当年主演的影片似的,李霖浮起一种淡淡的伤感,无数层血疤把他的心灵紧紧包住,再过些时候,恐怕这淡淡的伤感也没有了。

"我马上就回来,"李霖听见主人在干杯后对他的客人们宣布,"时间早得很,大家一定尽欢。"

于是,一只暖暖的手握住李霖,刹那间李霖连脊椎骨似乎都可以挺直了。他想,如果主人一定让他进去坐坐的话,他是不是进去坐坐呢?幸亏主人没有开口邀他,这减少了不少困难。主人就站在大门口,隔着那新漆的门槛,像往常一样拍着他的肩膀,用极其悲苦的声调,表示对他的同情,再用天上劈下一个雷也不过如此惊讶的表情,来惊讶他的不幸。然后,主人重行握住他的手,关切地说,他一定为他想办法,朋友就是在这个时候才用得上的。

"不坐一会儿吗?"最后,主人说。

李霖当然不坐一会儿,世界上常常都是这样的,一样内容的东西,往往拥有很多种外在的形式,他想,这个"不"字用得很好,这种问法也很技巧,和"快滚你的蛋吧"有什么分别呢?但是"不坐一会儿吗?"听起来就亲切得多、厚道得多了。

这场会面的结果,出乎李霖预料之外,但也同时在意料之中。他不是一个傻瓜,明知道是一块石头而非去碰不可,他唯一的希望是它可能不是块石头,现在,它已被证明是块石头了。他觉得人生就应该如此荒凉,否则的话,他早发疯了。

2.

李霖回到大街上,这时候街上的喧哗已经开始减退,庞大的市廛像一个穷途的英雄,人们逐渐离他远去,只剩下他一个人叹息。李霖好像可以听见这种叹息,他偶尔停下来,体会一下一个穷途末路的人到底是什么心情。他说不出他体会的心得,他只感觉到,有时候一根芦苇都能把人压死。

“我被挤到深坑里了。”他向自己说。

那个坑，就是可怕的贫困——穷。穷是无情的，而且它的含义也因人而异，有的人穷得不能一下子购进一条邮轮，有的人穷得买不起一辆汽车，而有的人则穷得一天吃不到三餐。李霖对他的朋友们忽然有点了解了，他们确实都非常穷，一位董事长的太太为了向她丈夫要一万元美金到美国旅行，作丈夫的一时拿不出来，闹得天翻地覆，偏偏李霖那时候敲门进去。

“老李，”主人垂头丧气向他说，“这日子只有逼死我，我连纸烟都不敢吸，今天菜钱都几乎凑不出来，她会瞎了眼以为我有钱，我身上如果有十块钱，就教我横死。”

这些话和那一万元美金太不相称了，但李霖不能说什么，他用手打自己的头，他恍然大悟董事长的话是真的了，董事长的目的只是在申明他的穷，但其效力却像法院封条一样地封住了对方的嘴。

“某些话对于有些事具有免疫性。”李霖想。

一家百货店矗立在他面前，热闹哄哄，在那开始逐渐冷静的街头，显得顾客特别多。李霖停住脚，向那使人眼花缭乱的玻璃柜凝视着，仿佛里面有一块吸铁石牢牢地把他吸住，而他也真的被吸住了。吸住他的是一个眼睛会一开一闭的玩具洋娃娃，洋娃娃有一尺多高，正好供给一个七八岁女孩抱着。它被放在一个电动架子上，架子上仰的时候，洋娃娃的眼帘打开了，露出带着喜悦的眼珠。架子下倾的时候，洋娃娃的眼帘下垂，她脸上那微笑的表情告诉抱她的孩子，她要睡了。

“真是巧夺天工！”他吸口气。

那百货店还有别的很多东西，李霖眼里冒着光彩，他可以毫无错误地指出那些东西的名字，像上衣、裤子等等，但他指不出它们是什么款式和什么质料，他只从画报上看见过，穿这种衣服的人，似乎生活在另一个地球上。

他认得那洋娃娃，那洋娃娃跟一团烈火似的烤得他满脸通红，冥冥中有只手，把一个强烈的念头放到他心里，使他盘算着该怎么采取行动。他环顾一下，附近没有石头，真的连一块拳头大的石头都没有，但他可以在巷口找到，用力投过去，趁着玻璃粉碎的当儿，就可以抓过来狂奔。

“我会被逮捕的！”他一惊。

这一惊带给他恐惧，而人生，正是被很多恐惧密密包围着，因此才能克制和约束自己。

他从百货店门口走过去，抑制着冲动，一面回忆他这几个月来所看到的那些笑脸，有搭讪着的笑脸，有非常不自然的笑脸，但它们却都表现得非常生动，朋友们没有一个不惋惜他的贫困，没有一个不慷慨地答应：“有机会一定替你留意。”那就是说，朋友们全都表示过恰当的亲切和关心。李霖冷冷地咳嗽一声，他本来就不敢想象朋友们仍会像往常那样，但他却敢确定他们至少对他不会太坏的。而现在，在这黑夜的人行道上，灯光点点，直矗天际的百货公司被他抛到背后，他终于责备自己太过于天真了。

第一个伤害来自他最要好的朋友。他秘密地告发李霖和一个有夫之妇勾搭，这样，不由分说地，李霖受到了开革处分。他跌得如此之重，行为不检，使他受到朋友们普遍的卑视。

“再也不能找到工作了吗？”

李霖猛地省悟，他应该看出朋友笑脸里包含着什么，他从前没有看出，他发现只知道一味分辩和解释，那不过更详尽地供给别人讥笑的资料。

忽然间，他觉出两只柔软的小手抱住他的大腿。踉跄了一步，还来不及叫喊，已是走不动了，一个不知道从什么地方跳出来的小女孩，整个身子扑到他身上。

借着微弱的路灯，他首先看到她的蓬发，然后，一个十分清秀，也十分憔悴的面庞仰起来望着他，脸上堆着不是她那个年龄应有的媚笑。那女孩不过八九岁，李霖迷惘中判断不出她面临什么情况。

“买一张吧。”女孩子唤。

他怔在那里，像一个小兵被人误认为是大将军似的失措，那女孩抽出一只手,举起一叠明天开奖后就要作废的爱国奖券,一张五元。李霖摇摇头,可是小女孩误会了他的意思,她的媚笑绽得更开,身子像幼藤一样缠住他,而她那另一只童稚的小手却大胆地向他的裤裆里伸去,探索着什么……

"你不买?"她说,"我不依。"

李霖跳了起来。

"不买。"

他狂喊着,几乎把小女孩推倒到马路上,连一句抱歉的话都没有说,只在她那惊恐可怜的脸蛋上吻一下,便三步并两步奔到马路那边。

3.

他一直跑到公共汽车售票亭,喘了一口气,恰巧一辆公共汽车驶过来,车上只有两三位乘客。从前面挡风玻璃那里,可以清晰地看到车后的街灯,他能够有个座位坐下来安抵家门了,只要他向售票小姐买一张车票,就可以马上回去了。

不过,李霖突然握紧了口袋,把那张车票又从洞口塞回去,转过身子,痴呆地朝着那辆末班车望着。售票小姐看了看他,发现他不像上车的样子,一声铃响,马达隆隆地,车开走了,只剩下他一个人孤单地站在那里,接着是清脆的关灯声和锁门声,售票亭小姐结束了一天工作,走了出来,他羡慕地盯着她的背影。

"五毛钱花生米。"

他走到花生摊子跟前,把仅有的握了半天的五毛钱掏出来,五毛铜板上的汗珠映着灯光发亮。老板看了他一眼,似乎惊讶他这么大的人竟只买这么一点点,但仍然抓了一撮放到他那张大着的手掌上。他接过来,迅速扭回头,捏一粒塞到嘴里,细细地咀嚼着,一股他十分熟悉的香味顺着咽喉充满全身。就在这时候,一个肮脏的小男孩跑到他跟前,向他伸出手。

李霖不像刚才那样吃惊了,他明白他是小乞儿,路旁远远地蹲着一个老人,双臂从肩膀那里断了,用一种使他心碎的衰弱声音乞求李霖施舍一文。孩子是个哑巴,父子两人已饿了一天了。李霖激动地想掏出他的花生米,但他的手突然又松开来,花生米一粒一粒地从他觳觫着的指缝重新漏回口袋,不发一言地一直走过去。

然而,他几乎迈不了脚,哑巴孩子向他哀号着,指着他爸爸,又指指自己的肚子,李霖像魔鬼附了体似的,瞪直了眼珠。

"滚开!"他吼。

他不敢相信这吼声发自他自己,但那哑巴孩子被吓退了两步。他迅速闯过去,头也不回,他怕他一回头就会掏出他口袋中仅有的花生米。他迷糊地往前走着,人行道被他走尽了,他听到他的脚步开始蹴着凌乱的碎石子,好像蹴着他的心。

市区被他遗落在身后,乡村道路静得像一条通往幽谷的山径。偶尔有一辆汽车咆哮着从身旁驰来,把他卷进比海浪还要汹涌的灰尘里,等着灰尘落净,道路又恢复宁静。李霖浑浑噩噩地往前走,肚子的饿火已烧焦了他的五脏,一阵阵的晕眩,他只好走一会儿坐下来休息一会儿。

淡水河正沿着公路流着,天上布满着星斗,李霖希望能在水里看见一些星,水却是黑黝黝的什么都看不见。乱草中传出断续的蛙声,它们叫些什么,他不知道,他只知道不停地走,右脚鞋跟大概在刚才奔跑时跑掉了,一枚钉子正扎着脚掌。他摸到一块石子,蹲下来敲打着,敲打的声音和蛙声相和应,从这寂寞的旷野,传向很远很远。敲打好了之后,他继续走下去,柳树的枝梢不断地拂着他的额角,有一次几乎拂到他眼上。他只好改走到公路当中,两只脚霍霍地像煮在滚水里,他走的路太多了。

"快到家了。"他对自己说。

李霖不知道他又走了多久,他没有表,他只认识他住的那村庄的外貌。家是他在这世界上唯一有温暖的地方,他愿为它受苦,像一个坚固的堡垒,一个人在战斗了一整天之后,回到自己堡垒里,才能安心来舐伤口。

终于,他走到了。对着家门,他踌躇起来,手心流着冷汗。他将如何答对呢?每天这个时候,他都拖着仅有一口气的身子,来敲他半年来都没有付房租的家门。他怕房东又要吆喝,还怕那充满了恐惧和盼望的小脸和两只大眼睛。但他用不着敲门了,当他犹豫不决的时候,门向里呀地开了,一个八九岁的小女孩站在那里。她没有动,他也没有动,好像两个人从没有见过面似的。僵持了一会儿,他凄凉地拉着她的小手走进房子,在那幽暗的灯光下,他吻着他的孩子,问她,"怎么还没睡呢?"

"爸爸,"孩子痴呆地说,"我饿。"

他把花生米掏出来,孩子脸上立刻像一朵花似的露出笑容,贪婪地抓到手里,先拣一颗送到作父亲的嘴里。

"不,乖乖,爸爸吃得很饱。"

孩子笑了,孩子一天只有这一顿饭。李霖暗自庆幸,他幸亏身上只有五毛钱,如果有七毛钱,就坐公共汽车回来了。他站起来,对着墙上挂着的、三年前离开他们父女逝世的妻子的照片,注视了一下,再回顾一下孩子,孩子像吃人参果似的,正在那里小心翼翼地将花生米一粒一粒往小嘴里送。他觉得有一股难以忍受的苦楚向他袭来,腹部绞痛得厉害,他这一天也没有咽下什么。

李霖走到自来水那里,用嘴接住龙头狂饮了个饱,然后闭上眼睛,耳边还听到孩子香甜地在那里咀嚼着。他唯恐孩子吃完了之后仍然喊饿,但是,等到咀嚼声停的时候,孩子并没有说什么。贫困已把她压榨成一个白痴一样的小动物,她只需要不肚子痛便满足了。

"睡吧,乖乖,"李霖喃喃说,"明天,爸爸找到工作,会给你带来一个眼睛会动的洋娃娃。"

"我要馒头。"

"当然有馒头,又白又大的馒头。"

孩子没有反应,只傻子似的点了点头,就往床上爬。李霖转过脸,忍住那就要夺眶而出的眼泪,笑了一笑,想到他必须去洗他脚上的袜子,明天还要穿呢。

屈膝

1.

赵隆从一张十分凌乱的桌子后面仰起脸，像一头刚刚睡醒的病猫，朦胧地望着来客。来客走到他跟前，身上的衣服发出一种似乎摩擦着骨骼的响声。

"柯其。"赵隆说。

柯其想不到赵隆会先开口叫他，赵隆是《星期》杂志的编辑，任何编辑在作者眼睛里都具有崇高的地位。

"有什么事吗？"赵隆说。

柯其马上笑一笑，虽然他愤怒地想喊，"你不该这么问，你明知道我有什么事。"但他知道他最好是笑一笑。

"我的那篇稿子——"

"看过了。你怎么一直这样的瘦？"

"我不瘦，赵先生。"

"你应该去理理发，我想你上次进理发厅一定是两个月前的事了。"

"差不多。"

"不觉得难过吗？"

"不觉得难过。"

"你很有本领，柯其。"

"人到了两个月不理发都不难过的地步，恐怕是没有什么本领了。"

“去刮刮胡子吧，蓬乱的头发和蓬乱的胡子，使你瞧起来跟囚犯一样。”

“我不如囚犯，囚犯还有囚粮。”

沉默了一会儿。

“赵先生，我来打听我那篇稿子。”

“抱歉得很，”赵隆疲倦地用手指敲着桌子，“柯其，请看一下我们这期退稿份数的统计表，前两期只退回百分之十，上期退回百分之二十，这期竟退回百分之二十七。没有人敢预料下期要退多少，发行人急得天天骂大街。”

“这使我感到意外。”

“我也是一样。”

“什么原因？”

“因为我们刊登的小说不适合读者胃口。”

“啊。”

“柯其，你相信不相信我对你的诚实？”

“相信。”

“那么，不要一直站着，坐下来，让我告诉你。你从前所写的和你这篇所写的，我都看过，写得很好，至少我认为你写的每一篇，都是中国文坛近三十年来难得的创作，我向你道贺。”

“谢谢你。”

“吸烟吧。”

柯其接过烟，焦黄的手指微微抖着，没有人知道他为什么抖，可能是编辑的赞扬使他激动，也可能是由于编辑先生递给他那支香烟的牌子太高贵。他平常只吸新乐园，而赵隆却吸的是美国幸运牌，它们之间就像一碗稀粥和一席大菜那样的悬殊。

“有希望发表吗？”柯其说。

“没有。”

柯其的手更抖了。

“抱歉得很。”赵隆说。

“为什么呢?”

赵隆吐了一个烟圈。

“告诉我什么原因?”柯其说。

“我想还是不要告诉你。”

“一定要告诉我,赵先生,什么打击我都能忍受。”

“你写得很好,柯其,但读者和老板却跟我的看法不同。”

柯其没有反应,这使赵隆十分失望,似乎一头羊已被牵进屠场而仍不哀鸣一样。赵隆在失望中不耐烦地顿了顿,这才发现柯其的手已停止抖了。

“半年以来,”赵隆说,“我们做了十二次读者意见调查,其中百分之九十,甚至可以说是全体,没有一个人在你名字上画过圈。”

柯其面颊上烧得可以划着火柴。

赵隆说:

“小说就是故事,越迷人越好,越使人官能上和性感上有刺激越好。文字自然要通顺,其实通顺不通顺并没有关系,但一定要天花乱坠,一定要有惊心动魄的高潮。这不是说你写的没有高潮,而是说应该有一种你所不欣赏的那种高潮。而且应该有一种使人看了十分舒服的结局,再不然用最流行的那种什么派的结局也好。”

“什么是什么派的结局?”

“不外光明的尾巴,玄而又玄的尾巴。”

“对的,赵先生。”

“你的作品太有个性了,而我们这个时代没有谁欢迎有个性的东西,无论它是人或是小说。我还要提醒你,最最畅销的小说都离不开女人,不是男的爱女的,就是女的爱男的,或者是男的不爱女的,女的不爱男的。连得文艺奖金的作家都跳不出这种圈圈,而你却打算硬跳。”

柯其手上的烟头掉到地下。赵隆等他把它捡起来,然后懔然地说:“我们需要这一类的作品,你为什么不照着广大的读者胃口写?”

柯其茫然地点点头。

“写得软一点,黄一点,”赵隆说,把一大口烟喷到客人脸上,“恋爱就是性,谈性就要脱裤子。既然可以描写恋爱,当然也可以描写性爱,也可以描写脱裤子。柯其,你要认清读者。”

“读者?”

“是的,读者。你必须了解,在我们所处的这个时代里,中华民族是一个不读书的民族。”

“天,赵先生,你恐怕以偏概全。”

“我希望如此,可惜不是如此。”

“我承认。”

“大多数人都是为了升官、考试,或为了消磨时间才去读书,很少人是为了增加知识或为了提高灵性去读书。我想这种分析可帮助你明白情况。小说的读者绝大多数是女店员、女工、舞女、酒女、家庭主妇和一部分中学生,他们只不过为了打发他们的时间。美国林肯总统因看《黑奴吁天录》而萌芽了解放黑奴的政治理想,中国正统人士却是以不读小说为荣的,你以为有学问、有身价的人,能看你的小说吗?”

“不能。”

“那你为什么还要坚持你的水准?”

“我想,我们可以改变读者的兴趣,提高他们阅读的程度。”

赵隆再吸上一支烟,这一次他没有给柯其。

“我,”柯其说,“不知道我是不是可以先借——”

“柯其,我们是政府机关吗?”

“不是。”

“改变读者兴趣,提高阅读程度,那是‘教育部教育厅’的事。今天把民众知识跟灵性降到这种地步,难道能怪我们?我们只有迎合读者的口味,因为我们也是可怜的人。为了活下去,我劝你不必怀着超过你力量的理想,让那些不靠写稿吃饭的家伙们去改变吧、去提高吧。”

“对的,赵先生。”

“再写一篇来，柯其，我们是老朋友了，我一定用你的稿子。但先决条件是不要有理想，不要有智能，而要低级，要黄、黄、黄。”

柯其正襟危坐听着。

2.

谈话结束后，赵隆礼貌地把柯其送出大门，太阳光照在他朦胧的眼上，他朦胧地握住客人的手。

“我问你一句话，柯其。”

“我是不是可以先借——”

“不是这个，而是，”赵隆说，“男女间的爱情几乎是以接吻达到顶峰的，在所有的作品里，都是如此。我不知道第一个强调接吻的作家是谁，中国古典文学从来没有接吻的描写，但现在也接吻，这是了不起的进步。”

“了不起的进步。”

“可是，比接吻更性感、更能表达爱的，还有抚摸乳房，还有脱裤子，我们的作家们为什么不写？是不敢？是不屑？抑是不能？柯其，尽量写吧，那和接吻有什么区别？你的脸色有点怪，真的，你一定是病了。”

“是病了，赵先生。”

“下期发排前交卷，再见。”

柯其在大街上走了一段，因为天气太热，他也跟着热起来。汗珠穿过眉毛淌进眼帘，他想起来他怎么没有坚持借稿费？他们谈得不是很投机吗？赵隆可能会借给他的。

但在一家药店门口，柯其仍是站住了脚。他把《星期》周刊退给他的那叠稿子塞进口袋，然后掏出所有的钱，重新数了一遍，整整十一元，扣下一元作为回家的公共汽车票价。把剩下的十元巨款紧紧地握住，走进药房。

“眼药，阿尔迈训。”他说。

"药膏吗?"

"是的。"

店员拿到柜台上。

"多少钱?"柯其说。

"十一元。"

柯其咳嗽一下。

"还有一种别的。"店员说。

"拿来我看。"

"这一种叫特尔迈训,比阿尔迈训要好。"

"多少钱?"

"十八元。"

"啊——"

"特尔迈训搽上,眼睛不会发痒,而且效力要大五倍。"

"我要阿尔迈训。"柯其说。

"特尔迈训是新发明的,阿尔迈训已落伍了。"

"我要阿尔迈训。"

店员把药膏包好递给他,柯其躲开那使他不舒服的店员的眼光,走出药房,一直走到他要去的报馆。他找到了副刊编辑王钧,副刊编辑更是每一个作家都尊敬的人物,比杂志编辑更要受到加倍尊敬。王钧正在看副刊清样,他欠了一下屁股,向柯其招呼。

"你很忙?"柯其说。

"没有什么。"

"我有一篇稿——"柯其说,一面向口袋伸手,但他没有掏出来,王钧的漠然反应使他碰到纸头的手指重新缩回。

"小说吗?"

"是的。"

"正正当当的创作?"

"是的。"柯其不自然地咳嗽着。

王钧把笔放下来,像战士放下了机关枪。他吸一口气,举起桌角上的玻璃杯,喝下一大口。

“请坐,多少字?”

“五六万。”

“在手边吗?”

柯其把稿递上去。王钧翻看着,约莫只费了两分钟,已经从头翻到末尾,然后惋惜地对它的作者皱起眉头。

“老兄,”他说,“很好。”

“谢谢你。”

“告诉你一件事。”

“说吧。”

“看到我们现在连载的那个长篇了吗?”

“我几乎天天在读,写得很成功。”

“后天就要腰斩了。”

“为什么?”

“编辑部于上星期通知原作者马上结束。当然,我们希望按原先计划刊完,当初稿子是我坚持要用的。我想你一定和我有同感,他比霍桑写的都好,霍桑写得要沉闷得多。但读者来信却骂得要死,有一天就接到十个电话抗议,我几乎要钻到地板缝里。”

“有什么不对吗?”

“当然有——作者仅只描写一个杀人犯逃亡心理,就写了两天,那就是说,就写了两千字。”

柯其像被牵到法庭上的囚犯,他不敢抬头。

“真正致命的抗议来自经理部,”王钧说,“他们面临着纷纷退报的危机。告诉你,老兄,读者只要低级的趣味,廉价的爱情,和神话式的武打;我恐怕要受到处分。”

“我真像阿尔迈训一样地落伍了,王先生,上天注定我要挨饿。”

“识时务者为俊杰,柯其。”

“这句话谋杀了不少人,也谋杀了不少真理。”

“你愿意被马上饿死,还是愿意被慢慢谋杀?”

“我不是圣人。”

“那么，改写神怪武侠小说吧，连部长主席都喜欢看呢。”

工友把王钧的清样拿走了，两个人同时燃上纸烟。

“老兄，”王钧说，“你最大的缺点是有思想。看过《万夫莫敌》的电影吗？那个罗马贵族说，有思想的奴隶是危险的。我干编辑已干了四十年，我也可以这么说，有思想的作家也是危险的。你不要打冷战，老兄，我可以换几个字，那就是，有思想的作家都是寂寞的，没有人喜欢他那一套。”

“我想是的。”

“武侠小说没有使人伤神的毛病，也没有使人不舒服的毛病，读者只要有眼睛就可以读得津津有味。一个十七八岁的美丽女郎，一伸纤手，就能把喜马拉雅山击个粉碎。读者们看了之后，等于没有看，脑筋甚至比不看时还空洞，但读者喜欢这个调调。”

“是的。”

“看过京戏《乌龙院》吗？”

“看过。”

“宋江说的，花钱的大爷喜欢这个。”

“是的。”

“照着这个方向写。”

“啊。”

“先写一万字给我，”王钧说，“一万字，后天可以不可以出笼？”

“拼命试一试。”

“如果你的运气好，老板看了中意，每天一千五百字，每千字三十元。我用不着你请客，也不像别的编辑，要你送礼，拿你回扣。你可以一个月结结实实拿一千三百五十元，只要写得花样多，可以蒙住那些半票读者，你就可以一直写下去。”

柯其猛地震动了一下，是那一千三百五十元使他震动的。

3.

一个月来，柯其太太的眼疾大为减轻。入夜之后，她搽上阿尔迈训，躺在床上休养。她对丈夫有力量为她看病，有无限感激和骄傲，医生从前不断警告她的沙眼太重，如果不马上治疗，会很快失明。而今丈夫的收入逐渐好转，她想她绝不会瞎了。大儿子和大女儿正坐在床沿上，在微弱的灯光下做功课，皮肤像老年人一样悬在骨骼上，另外三个小孩蹲在屋角玩一只刚从水沟里捞出来的癞虾蟆。

“爸爸，”大儿子说，“我们明天要缴级会费，校长他妈死了，老师要送一个乐队。”

“好的。”柯其说。

“明天一定要缴。”

“多少钱？”

“十五元。”

“明天我去想办法。”

“又是明天，又是想办法。”

“你叫我怎么说，孩子？”

“我不上学了，他们都说爸爸是文丐。”

“我很惭愧。”

“爸爸，我们是叫花子吗？”

“也可以说是，但你不懂。我明天上午去借稿费，他们现在会借我的，你下午再到学校去。以后我还要给你们每天买一个蛋，你们太瘦，也该注意营养了。”

“我不要蛋，我要十五块钱。”

“我要蛋，”大女儿说，“老师说我脸上焦黄，像害三期肺病，我们的便当从来没有一片肉。”

“我们也要蛋。”屋角里的孩子们喊。

“好了，”柯其说，“静下来，爸爸要写稿了。”

柯其翻动着他的原稿,已有七八张堆在一侧,那是明天要送给赵隆的。他略微看了一下,又咳嗽几声,感觉到心里闷得发慌,但他仍心平气和地接着写下去。他不知道应该怎么办才好,他只知道他必须再填满十二张稿纸。

他接着晚饭前未完的那一段,沾了沾墨水:

——“公园里一点声音都没有。”

“谁晓得它有没有声音。”他想。

——“她在椅子上躺着,那双穿着白色高跟鞋的玉足就斜摊在椅子边上,”天,椅子边上怎么斜摊法?柯其想,“树彪偎在她身边,皎洁的月亮从椰子树上泻下来,笼罩着她的胸脯,一只手试探着伸到她的腋下。她微微抬起上臂,那是一种暗示。”

“完全是新潮派手法。”他想。

——“他的手终于摸到一个东西,浑圆坚挺而有弹性,那乳房像雪球一样弹了出来,被解开了的短袖褪到肘部,他俯下身去,可以察觉到她的喘息,他叫一声:‘倩妹!’她咿唔地唤一句:‘树哥!’她的裙角竟然跟他的手指搅到一起。”

“他妈的‘树哥’,我应该更色情点,”他想,“赵隆说过,这是不可避免的。”

——“但是她刚刚露出亵衣的时候推开他,她说:‘不!’树彪愕然了,他说:‘倩妹,我爱你,我从第一眼就爱你,我不是爱你的外貌,而是爱你的内在美。’他再吻她,把舌尖伸到她口里搜索,她身上立刻火也似的焚烧起来。”

“就凭这一段明天就能借一百元,我不能只为十五元使孩子自尊心受摧残。”

大女儿悄悄走到他旁边。

“爸爸,你写什么,让我看看。”

柯其迅速地把稿纸按住。

“我看看有什么关系呢?”大女儿说。

“不行。”

“我也要看!”大儿子说。

“睡觉去。”

“你平常总是叫我看的,爸爸,”大女儿说,“只有最近,你天天把抽屉锁得严严的,好像我和弟弟全是贼。”

“胡说。”

“我一定要看,我以第一个读你原稿为荣,爸爸。”

“不可以。”

“我要——”

“滚开。”柯其吼着。

孩子们面无人色,像一群鸭子被赶回到竹笼里。柯其小心翼翼地写了个段落,装进信封。然后他听见房间里传出大女儿的抽泣,他呆呆地听着,几次都要跑过去抱住女儿,吻她,告诉她不能让她看的原因,但他觉得他告诉不明白的,而且他还要为王钧续稿。因为,果然像着王钧祝福的,他的武侠小说已开始连载了,他明天必须缴出下星期的稿。

“还是写吧!”他想。然后开始在另外一叠稿纸上:

——“只见一条黑影,燕子一般,从太行山王屋岭绝顶纵身而下,双脚刚刚点地,再上提丹田……”

“丹田?什么是丹田?”他想。

——“一直斜刺里向官道上奔去。那太行山距济源有六十里之遥,”六十里?天晓得是几里。“但那黑影只一霎工夫,便抵城下,只听护城堤那里一声娇喊:‘来者莫非三妹玉面圣手香莲吗?’黑影转声应道:‘正是。敢问莫非粉掌勾魂玉姐姐?’玉姐姐应声跃出。”

“真糟,她跃出干什么呢?”他想。

——“这时才看清二女侠面貌,香莲不过十六七岁,生得瓜子脸蛋,眼如秋水,眉如柳叶,小口微张,真是千娇百媚。玉姐姐年纪稍长,也不过十八九岁,也如天仙化人。外人不知,还以为是一对姐妹花哩。”

“我在开那些蠢材读者的玩笑了。”他想。

——“话说二人会面之后，立即施展轻功，两丈宽的护城河，只要稍提脚尖，便一跃而过。尤其是玉姐姐，自从吃了五魂夺魄人参果，打通上中下三焦，功力增加一倍，城墙怎能挡住。当下二女侠越过城墙，直扑东南郑宅……”

“什么是‘五魂夺魄人参果’？”他想。

于是，柯其把笔放在桌上，吸了一支烟，向自己讥讽地笑了笑。

妻在床上唤他：

“阿其，你应该休息了。”

“才十二点，还早得很。”

“不要超过十二点，求求你。”

“我必须再赶两千字。”

“看你伏在案上的背影，活像一架骷髅，我有说不出的难过。”

“没有关系。”

“你吸烟吸得太多，咳嗽也太厉害，我们一家，大小七口，全靠你笔耕为生，阿其，你太辛苦了。”

“我并不辛苦。”

“但我和孩子很久没有看见你写的了，你写的都送到什么地方去？”

“我用的是另外的笔名。”

“怪不得，阿其。”

“不要为我操心，你为我操心，徒使我良心的负担更重，我在正常的道路上已尽了我的力量。记住，我还是幸运的人，他们还肯为我指出一条生路，还肯让给我一块地盘，有很多人肯这样做，还没有人要呢。”

“你说的什么呀，我不懂。”

“我也不懂。你快休息吧！”

作妻子的叹了一口气，柯其重新伏下身子，一面写一面在想他应该给太太做一件旗袍了，她那唯一的旗袍还是四年前做的。于是他回顾一下他的妻子，她刚点过阿尔迈训，闭着眼躺在那里，像一副僵冷了的蜡人，不禁急忙转回头，像挨了猛烈一棒。

鬼　屋

1.

“那是鬼屋，先生。”

“不是先生，是将军。”将军说。

“是的，”成垣说，“是将军。”

将军姓司马，大家都称他为司马将军。他的战功极多，例如，他奉命死守铅河堡的时候，曾致电他的长官，表示誓与该堡共存亡，当时报上还用大号字标出他的壮语，全国青年都为之垂泪。后来该堡沦陷，将军休养了一个时期，升了一级，再奉令死守黑山寨，这一次不再是致电他的长官，而是致电全国同胞，表示誓与该寨共存亡了。报上照样据实刊载，还写了很多专访和特写，甚至连遗嘱都登了出来，悲壮精神，使人感动。黑山寨沦陷后，将军回到京都，主持了一个机构，专门研究战争哲学，和改变青年气质。而李成垣就是在那个时候作了将军部下。将军非常儒雅，对人一向也很温和，而且还会做诗，有一部文集问世。

成垣和将军是昨天进山打猎的，为了方便，将军脱下戎装，扮得和普通小民一样，背着简单的旅行包。两支猎枪则由成垣扛着，他对成垣是如此的信任，过去每一次打猎，都是把猎枪交给成垣一人扛着，到射击时才接过去的。成垣不知道他为什么被选上作将军的猎伴，他连什么叫扳机都不懂，而且听到枪声，都会心跳。记得第一次出发时，将军把他带到金塔山，教他实弹射击。

“李同志，”将军说，“你连枪都不会放，实在可惜。”

“我怕枪管会炸掉,将军。”

“你太土头土脑了。”

成垣只好尴尬地笑着。

“你什么学校毕业?”将军问。

“没有毕业,只在初中读了两年。”

“噢,这没有关系,李同志,不断地学习可以弥补一切。现在第一步,我先教你——”

枪的后坐力很大,以致枪托凶猛地撞到成垣的锁骨上,连眼泪都痛得要淌出来。这件事成为同事们乐于闲谈的话柄,说李成垣在将军躬亲教导之下,竟然都不能有进步。但将军仍然选中他作为猎伴,同事中有些得过金质奖章的一等射手们,渴望着能有这么好的机会,都全部失望了。

不过成垣对这份差事的兴趣,并不十分浓厚,一年中虽有几天时间可以跟将军同卧同食,亲如家人,还可以接受大家的羡慕和尊敬,但实际上成垣所受的羡慕和尊敬超过他应该得到的,仅这一点就使他不安。差不多每次猎罢归来,将军的猎物至少有一手推车,而成垣总是空着双手。有一次他们到庙台厝打猎时,先后只不过三天,将军就射死了两头鹿、一头野猪和一头半大的乡民们走失了的毛驴,使得全县都轰动起来。为了将军的猎技,和为民除害的德政,全县曾举行了三天三夜狮舞大会。成垣却满面羞惭地躺在医院里接受地方代表们慰问,因为一头野猪在狂奔时把他撞倒,右腿受伤。

“李同志,”将军曾亲自到医院看他,“现在觉得怎么样?”

“腿已不痛了,但浑身却痛起来。”

“好好休息,我已关照过医生,用最贵重的药品,费用由公家照付。”

“将军,谢谢你。”

以后将军戎马倥偬,成垣一直没有能再看到他。出院的时候,写了几次呈文,始终没有批复,加上将军不久就调了职,朋友们筹了一笔钱付给医院。成垣唯一的收获是每逢阴雨天气,骨节处就隐隐作痛。

来到台湾后，将军还是被称为将军，成垣则由他推荐，在一个机关中当办事员。将军仍然常命他陪同打猎，有几次成垣都要拒绝，但朋友们警告他说，他这样做会被人认为忘恩负义，因为人人都知道是将军为他谋的差事。这一次，成垣恰好有两个星期的休假，将军一向是以自己的行动为主的，大概对成垣特别体恤和特别关怀的缘故，这一次却是以他为主，在得悉他将要休假的那一天上午，打电话给他。

“李同志吗？”将军说。

“是的。”

“晚上来我这里一趟。”

“是的。”

“记住带一本地图来。”

“是的。”

吃过晚饭，成垣去将军家，因为转了两路公共汽车，下车后又徒步走了二十分钟，到时已九点了。在那生有暖气的客厅里，成垣想，他假使有一天有这么豪华的住处，他连一步大门都不会出。

将军穿着龙凤绣花的大红睡袍。

“李同志，”他说，“我们又可以搭档了。”

“打猎吗？”

“一点不错。冬天比夏天更要有趣，台湾没有冬天，使我心烦，每一回想塞外行猎，冰天雪地，一望大川，马啼声像暴风般紧跟在野羊后面，便精神勃勃。”

“是的。”

“你去准备一下：皮手套、皮靴、耳罩、皮夹克、行军囊。后天出发，打一个冬日之猎。”

“到哪里去？”

“八仙山，新高山；管他什么山，我们只往高处爬。”

“是的。”

2.

头一天，他们住在梨山，享受到高级招待，虽然在万山丛中，他们仍睡的是钢丝床。可是第二天下午，他们在乱山中迷路了。将军那时已猎了一只白兔，但他只能看到山——山峰、山坡、山谷、山岭。除了山，还是山，在海拔三千公尺以上的地区，枯叶绕着石柱一样林立的原始巨木飞舞着，冷风直刺进皮肤，天慢慢黑下来。

“下雪了，将军。”成垣说。

“胡说。”

“真的下雪了。”

“倒霉，”将军凝视着灰暗的天际，“这是我第一次倒霉，无怪前天龙虎山人给我看气色，说我这个月中不宜远行。”

他们每一次以为只要翻过前面山头，就可看到梨山，却不料每一次看见的都是另一排山头。将军逐渐不能忍耐，而且显然的，如果不能迅速找到出路，一人深夜，两人可能全被冻死。

“李同志，”将军说，“我们应该怎么办呢？”

“不知道，将军。”

“你没有脑筋吗？”

“我们再翻一个山头试试。”

“猪猡。”将军大怒说。

成垣把两支猎枪斜背在背后，装在手套里的手都冻僵了，呵气在通红的鼻子前凝成了浓雾，他死心塌地跟着将军，盼望他能把自己带出迷途。

六点钟，深冬时已伸手不见五指，将军颓丧地坐下来，坐在一块已铺满一层薄薄积雪的石头上。

“我不该来的。”他戚然说。

成垣没有言语。

“换另外任何一个人，”将军说，“都会记住来路的。”

成垣低下头。

“我不该来的。”将军重复说。

“将军,”成垣说,“我看见了灯光。”

“你发昏了。”

“确确实实是灯光。”

于是,他们在三里路距离的谷底找到那家农家,农家的主人是一对年轻夫妇,和一个已经睡觉了的孩子,局促在一间茅屋里,除了人,还有两头猪。可是东厢房却是空着的,将军要求借住。

“那是鬼屋,先生。”年轻人说。

“不是先生,是将军。”将军说。

“是的,”成垣说,“是将军。”

“到底怎么回事?”将军说。

年轻人搓着手,床上的孩子哭了两声,在母亲怀里翻动着,终于又睡了,年轻人缓缓地舒了口气。

“那是我父亲的住房。”他说。

“你父亲呢?”将军说,“死了吗?”

“没有,他到梨山去买药,孩子有病。”

“孩子什么病?”成垣问。

“你父亲不怕鬼的,是吗?”将军抢着说。

“他住的时候没有鬼,可是他只要一离开,鬼就来了。我可以告诉你很多故事,附近村庄没有不知道的。有一天,也是一个借宿的人,恰好父亲不在,他就睡到父亲床上,到了半夜,忽然觉得床像地震那样的摇晃,而且逐渐向窗子那里移动,分明有人在床底下推着。他吓得浑身发抖,连吸气都不敢。那床到了窗子跟前自动停住,白光底下,他看见一条牛在窗外走来走去,牛角似乎触及到窗棂。一会儿工夫,那条牛忽然向他赫赫冷笑起来,他吓得大汗淋漓。第二天,我们雇担架把他抬到梨山。”

“后来呢?”成垣问。

“抬到梨山就死了。”

将军蓦地竖起脊梁。

“另外有一次，”年轻人说，“我父亲也是去梨山，和今天一样，也说一定要赶回来，却没有来得及赶回来，有两个人前来投宿，好像是什么官府人员，非要借住不可，我请他们和我们住在一起，他们嫌脏，我知道我们脏，但我们这里温暖而安全。他们指责我自私，硬把锁打开，闯了进去。结果，第二天天已经大亮，他们还没有起床，把门撞开一看——”

“死了吗？”成垣问。

“当时没有死，而是抬到梨山死的，临死之前，还会讲话，告诉抬他的人说，他们睡到半夜，忽然听见一种极为轻微的声音，像是谁在房脊上走动，而且分明是女人的脚步。不久，屋角那里竟伸下来一条女人的腿，穿着玻璃丝袜和发了霉的高跟鞋。我们山里人从没见过高跟鞋，那两人既是那样说了，我想一定是代战公主穿的那种鞋子吧。他们头发都倒竖起来，想要叫喊，觉得有口难开，喊不出声音，而那条女人的腿一点一点地往下伸，接着是身子，接着是——她终于下来了，竟是一个只有一只手、一只脚的女人，眼睛流着鲜血，向他们跳过来。”

“你第二天检查屋子了吗？”将军说。

“检查过了，看不出什么。”

“妖言惑众。”将军吼。

“是的。”成垣说。

年轻人脸上惶惑起来，成垣想他一定会向将军道歉，但大家足足沉默了十分钟之久。将军坐在木凳上，唇角不自然地抽搐着，可能也正在等候主人的道歉，而这时，床上的孩子又哭了。作母亲的哄了几句，才算乖乖躺下，但成垣已听见孩子那种因鼻壅塞而发出的粗疏鼻音，他想到将军身上带的药包，一定会有感冒特效药。

“你孩子生的什么病？”他说。

“大概是伤风，我父亲就是去……”

“我想，将军……”

“他今天晚上回来吗?”将军问。

“老人家说是回来的,可能因下雪的关系回不来。”

“你的鬼故事是真的还是假的?”将军说,“说呀!”

“我说的全是真话。”

“混蛋,”将军耸耸肩膀——这是出洋后学会的,将军本来是不会耸肩膀的。他大声说,“假使是从前,我会枪毙你。二十世纪科学已进步到可以登陆月球了,你竟鬼话连篇。我不知道你为什么要鬼话连篇,但我知道我们今晚非住下不可了。”

“是的。”成垣说。

“此地离梨山多远?”将军说。

“二十华里。”

年轻人带他们去东厢房,雪还是飘着,拿在手中的油灯在风雪中几次压成一条细线,但仍是挺了起来。房门没有下锁,一推便进去了。房子只有两间,一间堆着一堆草料和一囤米,另一间放着一张大床,上面凌乱地摆着两条非常破,但却非常厚的棉被,将军不断地皱眉。

3.

年轻人脸上看不出什么表情,他把放在床头高脚凳上另一盏油灯燃亮。没有道晚安,中国人迄今还似乎没有这种习惯,他在燃亮油灯之后就退了出去,成垣跟上去闩住房门。

“不会是个黑店吧。”将军说。

“当然不,”成垣说,努力抑制他的紧张,“他们并没有开店。”

“荒谬。”

“是的。”

“我的运气不好,”将军叹气说,“我告诉梨山招待我们的人准备清炖鸡子,用香菇煨汤。香菇是梨山的特产,虽比不上云南的银耳、吉林的人参,但到一个地方一定要吃一个地方的特产,才能对那个地方有深刻的了解。唉,说得太远了,我现在饿得很。"

成垣也开始饿,不过他只有忍耐,将军连鞋都没有脱就上了床,用两条被子紧紧地裹着。成垣把稻草摊开了一片,蜷伏到上面。幸好并不太冷,墙角那里有两三条大概是装煤炭的麻袋,他拉来盖到身上。

"老头的被子有股臭味。"将军说。

"大概很久没有洗了。"

"把我的枪放在床头。"

"是的。"

"我不信鬼屋,如果有什么可疑的动静,我就开枪。"

"小心伤了人。"

"那是活该,我做事一向光明磊落。"

过度的疲倦使成垣一倒下就合上眼,将军却不断辗转反侧,成垣想那一定是太饿了的缘故。不久成垣就沉沉睡去了,而且还做起梦来,梦中一会儿吃饱了饭,一会儿喝醉了酒,一会儿快乐大笑。

后来,成垣听见一声喊叫,所有的梦都被惊碎,他翻身坐起来,只见将军正用发直的眼睛注视着窗外,雪光和白色窗玻璃映着他的面孔,像一具用蜡纸糊的殉葬的纸人,成垣到他跟前。

"将军,"他说,"发生了什么事吗?"

当然是发生了什么事,那冻结了的目光告诉了一切,成垣扶他重新躺下。

"看到了什么? 将军。"

"鬼!"将军低低说。

成垣惊愕地向后倒退一步。

"那是冤鬼,"将军用他冰凉的手抓住他的猎伴,"是冤鬼,成垣,我看得清清楚楚。"

"你梦魇了,将军。"

"不是梦魇,"他呻吟说,"不仅是一个,而是十几个,几十个,有些都是当初情如手足的弟兄,为了事业和前途,我才把他们……而当初却是发誓生死与共的,天殛之,天殛之,盟言上是这样说的,我恐怕下不了山了。”

“将军!”

“我看见了他们,成垣,阳气已尽,冤魂才能接近,”将军抽噎说,“我如果活着下山,一定请国内外高僧为他们超度,一定查访出来他们的子女和后人,帮助他们。我如果死在山上,成垣,无论如何,都请你写一封信给我的儿子女儿,他们都在美国。我从前送他们去,为的是要留下一线血脉,现在他们已有资格入美国籍了,告诉他们,请人给我写一本传记。”

“是的。”

“成垣,”将军说,“老弟。”

“将军。”

“我喉头紧得厉害,恐怕是鬼捏住了,老弟,天呀,你看——”

窗外果然有一个人脸,成垣毛发全竖了起来,但他必须挺身保护将军,不管那脸是属于人类抑属于鬼魂。记得枪是放在将军床头的,他伸手去摸,却在将军脖子上摸到,大概将军刚才拿枪时太吃惊的缘故,拿它不牢,而滑了下来。成垣想,怪不得将军觉得喉头被鬼手卡得很紧。

他盲目放了一枪,子弹射到窗框上。

“再放,”将军吃力说,“消灭他,快。”

“他已经不见了。”

“放呀,放呀,”将军说,“任何阴魂中了火器都会被消灭的。”

成垣习惯于服从命令,尤其是将军的声音由衰弱变得有力,知道那是新的形势在鼓励他,就接连开了两枪,两枪又都射到窗框上。

4.

成垣坐在将军身旁,守到天亮。雪也停了,晨寒比夜寒更重,他服侍着将军披上大衣。将军的精神已恢复正常,只有手足仍冰冷得

厉害,看了昨晚上成垣的射击成绩,悻悻地咆哮道:

“李同志,你真叫我失望。”

开了房门,山风扑到身上,像刀子一样刺入骨髓,将军留在房里,成垣去找主人致谢辞行。在那白天看起来更脏更乱的茅屋里,年轻人抱着孩子,他的妻子正忙着劈柴煮饭。旁边一个枯瘦的老头子,正坐在墙角,闭目养神。

“谢谢你们留宿。”成垣说。

“没有关系。”

“将军说,要留下一点酬劳。”成垣说,其实将军没有说。

“我们不要酬劳。”

“孩子的病怎样?”

“我爸爸昨夜回来了,”年轻人说,“老人家放心不下,冒着风雪,走了半夜。”

“对不起,我们占了老人的房子。”

“爸爸并不晓得我把他的房子借出去,我只顾给孩子吃药,也忘了告诉他。老人家第一次回去,推不开,隔着窗子探望了一下,没有看见什么,以为门被什么倒下来的东西顶住了。第二次又去窗子那里探望,打算撬开它,却听到你们在里面讲话,他想打个招呼,你们却开枪了。”

“我想我们只是一时兴起,练习射击。”

“父亲吓坏了,他以为是在射击他呢。我告诉他,我们的客人是一位将军,他才放心。”

成垣向他告辞,走到门口。

“我有一句话问,那真是一个鬼屋吗?”成垣说。

年轻人恭恭敬敬地鞠了一个躬,继续搓着他那双无可奈何的手。

“不知道,”迟疑了一会儿,他说,“先生。”

重逢

1.

王立文拙笨地把身上那件印着号码的深灰色麻布衣裳脱下来，打开从管理科领出来摆在面前的破烂包袱，里面包着他十年前入狱时脱下来的凡立丁西服、背心，跟红白相间的领带，以及当时才新买不久的鳄鱼皮的皮鞋，还有袜子、衬衫。不过一切都是很落伍了的古老样式，也都十分脏十分旧了。监狱的保管不比当铺，他们把入狱时从犯人身上剥下来的衣物，像垃圾一样胡乱地堆积到仓库一角。除非一年一度大清扫，没有人想到它。幸亏在立文的包袱里，只有皮鞋后跟被老鼠啃去了一块，其他大致总算得上完全，但不可避免地都霉得很厉害了。当立文在地下轻微敲打皮鞋上胶附着的灰土时，几只蟑螂惊慌地飞出来，纷纷向黑暗的柜子底下和墙角钻去。这事如果发生在十年前，他会呕吐出来的，但他现在连轻微的皱眉都没有。

看守递给他五十元钞票。

“这是什么?”他吃惊地问。

“工资，”看守说，“你在监牢里十年的工资。”

立文接过来，谨慎地塞进新穿上的裤口袋。

“老王，”看守跟他握手说，“我不说‘再见’了，真的，我不愿和任何朋友在这个鬼地方再见。你是一个天真的好人，只有在苦难的生活里才可分辨出人的善恶。可是社会上把一个人往监牢里一丢，便不管了。非常抱歉的是，我不能帮助你早一天假释出来，我只有祝你好运气。”

立文心不在焉地向他表示谢意，握过手，在警卫们眈眈地注视下，跨出为他打开的铁门。接着，那铁门又在他背后关住，而且锁上了。他回头望一下那把他禁闭了整整十年之久的苍灰色的高墙，每隔不远便矗立着的碉堡中，还可看见刺刀在射击孔里晃动，他知道那装着刺刀的枪正握在警卫人员的手里。

阳光在万里无云的东方天际抹成一片白浪，三月天气，使人连心都跟着温暖了。立文孤独地站在马路旁边，继续拂弹着衣服上残留的污渍，那不是短时间就可擦掉的；上边乱七八糟揉折的皱纹，也不可能马上平复。他现在的装束跟马戏团的小丑一样，不过没有人会误会他是马戏团的小丑。他那被剃光了十年的头，刑期届满前三个月，虽然准许留起头发，却因鬓角那里和头顶那里都是同样长的缘故，一看就知道他是刚从监狱里放出来的囚犯。

沿着铁路走着，他想走到最近一个车站，然后搭车去台北。一个服刑长达十年的囚犯，跟一个麻风病患者一样，他不知道他将被社会、被朋友、被亲属容纳到什么程度。立文是有一个甜蜜的家的，但他却没有考虑到回家，因为他已将近五年的时间，不知道家在什么地方。只不过在前些日子，他接到他妻子的信，信封上却没有地址。

“立文，”玲华在信上说，“我从法官那里得到消息，恭喜你马上就可以脱离苦海了。到那一天，我很想去接你，但如果临时万一有事分不开身的话，务请你当天一定要赶到台北，下榻车站附近的格兰旅馆，至迟，我晚上会去找你。十年了，立文，多么漫长的十年，我有无限的眼泪和说不完的话，要向你哭诉……”

沿着铁路的小径，并不太容易举步，不断有石子顶得他跳起来。两条铁轨平静展开，立文想到他读书时的几何作业，而他的几何作业一向都是得一百分的。现在他脚下的铁轨正像他作业簿上的两条并行线，除了远处一丛树林外，看不见其他建筑物。

立文低着头走着，不久之后，他就听见叮当叮当的声音，一个人迎面过来，一面走一面扬起他的长柄铁锤，敲打着每一个枕木铁钉。初春的原野，被两个沿着铁路移动的影子，衬得格外壮观，立文不断地深深吸着空气。

“我不一定沿着铁路走,”他想,“我如果想到附近村庄,甚至我如果想躺下来睡一觉的话,都不会有人干涉,我自由了。”

但他仍沿着铁路走下去,当他走到跟那领班面对面的时候,他看出那领班是赵镇。和老友不期而遇的惊喜使他浑身电掣了似的兴奋起来。赵镇扔掉铁锤,双手抓住他。

“你出狱了,什么时候?”

“今天。”

两人并肩在铁轨上坐下,赵镇掏出纸烟,立文接过一支,这是十年来第一支。他疯狂地吸了一口,把烟雾吞到口里,然后徐徐咽下。

“你以后的日子应该非常舒适了,是吗?”赵镇说。

立文没有做声。

“三百两黄金,一个庞大的数目。”

“对的。”

“现在你可以安心享受了,立文,不要误会我讽刺你,”赵镇说,“你一开始就是对的,南南染上脑膜炎,在发三十九度半的高烧中,你以一个普通的小职员,没有力量把孩子送进医院,挪用了公款,而终于被发觉了,于是你一不做二不休地把保险箱里的三百两黄金取走……”

“不要谈了,”立文说,“我不得不安排我的妻女在我入狱后的生活。”

“但据我所知,他们不会放过那黄金的。”

立文知道“他们”指的是谁,那是公司出纳主任和稽核。

“卢旺达知道你今天出狱吗?”

“不知道,”立文说,他不是说卢旺达不知道,而是说自己不知道,“告诉我玲华的消息。”

赵镇摇摇头。

“但这是你知道的。”立文说。

“我只知道她们很好。”

2.

赵镇无聊地拣起一块小石子向电线杆投去，那是很难投中的，所以他改用他的长柄铁锤，击打着地面。立文已吸完第三支烟了。

“你应该马上找一个工作。”赵镇说。

“没有人肯用我的，如果他们发现我是坐满了十年牢狱大舞弊案主角。”

“你必须努力，从头努力。”

“你刚才还说我以后会过得十分舒服的。”

“哦！”

“玲华还住在老地方吗？”

“她搬了。”

“她现在的地址？”

赵镇侧过头凝视着立文，似乎要从他老友面上看出有没有阴影。他没有回答立文，却岔开说：

“告诉我，你从现在开始，第一步做什么，第二步又做什么？”

立文那本已不平静的心绪，忽然更不安起来，在他脑筋里认为他和赵镇相逢是上帝帮助他，他不能确定希望赵镇会为他做些什么，但他知道赵镇在铁路局当技佐已经十七年了。

“玲华的生活如何好法？”他追问。

“嗯。”

“孩子，南南呢，她该十四岁了。”

“啊。”

“我想走到一个火车站，”立文说，“搭火车去台北，我要回家。你并没有回答我的问题，你以为我不应该这样做吗？我急于要看她们，我要告辞了。”

赵镇抓住他，“不要走，老王，”他说，“我家就在前面村子，我和我妻子都欢迎你去住一个时期，我想我可以给你介绍一个糊口的工作,然后再抽时间去找玲华。我们都不老,是吗?”

立文突然觉得这世界和从前已大不一样,他踏上的是一条又窄又长而又冷漠的道路。于是,他站起来,顺便地摇摇手,沿着铁路继续走下去了。赵镇被抛到身后,立文最初还回头招呼一下,不久两个老友便背对着背,各奔各的前程。立文一心走他的路,而且又是越走越远,所以他没有听见赵镇发出的沉重叹息。

好容易走进一座小火车站,他的脚着了火似的在鞋子里燃烧,而且从胯骨直到大拇指,都像断了一样的刺痛。他已十年没有用过他的腿,脚更是第一次穿上鞋子,趾缝里不久就磨出水泡了。靠在那狭小的破烂椅子上,他弯腰解开鞋带,想松动一下。一列快车却适时地狂奔着进站,车轮的隆隆声和哨声、喧声,融在一起。出站的绿灯已亮,立文抓起车票就奔上去,刚停稳的火车很快恢复它激烈的奔驰。

“喂!”一个站员大声阻止他。

“走开。”

“为什么不乘下一班的?你跳不上去的,那会轧死你。”

“走开。”

立文抓住车厢口上的栏杆,一个箭步跳上去,月台立刻消失在车后,他喘了一口气,想到那尚未结上的鞋带。一个查票员已停到他面前,他把票递过去。

“这里是头等车。”

“我会到三等车上去的。”

立文扭开车厢玻璃门,向里走去,只要穿过这一节车厢,再穿过两节二等车厢,便是三等车厢了。就在他刚把车门在身后带住的时候,他看到了玲华,不过他那股不顾一切跑上去把她拥到怀里的冲动被压制住了。显然的,玲华没有看见他,她正流着眼泪,靠着一个中年男人的肩头。那男人怜惜地握着她那涂着鲜红蔻丹,而又柔顺地放到他掌中的纤纤手指。

“不要难过,”男人安慰她说,“事情总要解决的。”

立文本能地掩蔽自己,像一条蛇一样,轻快地从玲华身旁滑过,但他没有一直走去。而是,他假装着有点头晕,停下了,他扶着前面一个座位的椅背,屏声静息地倾听他身后的一对说什么。

“你应该把你已跟他离婚的事实告诉他。”男人的声音。

“仅只登登报,”玲华抽噎说,“那不合法的。”

“合法是太容易了,他判过徒刑。”

片刻的沉寂。

“你仍舍不得他,是吗?”

“我心绪很乱,我觉得对不起他。”

“是他对不起你,一个为人父、为人夫的人,有他为人父、为人夫的责任。他至少应该给他妻子一种荣誉和一种安全,而他没有。”

“但他却是为了孩子的病。”

“我不再建议什么了,我只叫你知道我爱你,我们的孩子已经四岁,跟他的姐姐和亲姐弟一样,你已经遭遇到一次家庭破碎的痛苦,不会愿意再遭受第二次吧?世界上的事很难两全的,本来一封信就可以把问题解决,你却要亲自会他。要记住,玲华,对一个你曾经背弃过的人,不要希望他忘掉这件事。”

“天啊,叫我如何是好?”

查票员查完回来了,一脸不满意的颜色,在立文身旁停下,拍拍他的肩膀,想向他发作几句,却被立文那副苍白得跟死人一样的脸和玻璃似的眼球吓住了。但立文已经了解他驱客的意思,就点点头,向三等车厢走去。

3.

台北的夜,比十年前有百倍以上的繁华,初春时分,天到六点半便黑下来。立文已经理过发,并且在上海式安乐池澡堂洗了澡,现在刚在街头摊子上,胡乱吃了点面。他怕碰见熟人,吃面的时候尽量地低着头,其实他错了,肯向落魄老友打招呼的时代已过去了。他回到格兰旅馆二〇一号房间,扭亮电灯,茶房紧跟着走进来。

“有人找我吗?”立文说。

“没有。先生,我们这里规矩,房钱先付。”

“我会先付的。”

茶房抱歉着退出去。

立文搜索一下自己的口袋,只剩下六元了。而屋门那里适时地响起来敲门声,他迅速地把它塞回去。他想,一定是她来了,十年以来他一直在脑海里描绘着重逢的图画,如今,这幅图画已逼到脸前。

进来的果然是玲华,她似乎老了点,但却有一种更诱人的成熟的美,仍穿着火车上那件紧身的纯黑旗袍和发亮的黑色高跟鞋,颤巍巍地站在那里,衬得她浑身肌肤,从双颊到足踝,更是雪白鲜嫩。不过她并没有像他在狱中所梦想的那样扑到他怀里。

“请坐下吧。”立文搭讪说。

看着她在高背椅上坐定了之后,他就闭上眼睛,努力排斥她刚才走路时那摇摆的身段,但他的心仍挡不住跳得厉害。十年的岁月就是为了今天,他无可奈何地抓住头发,猛烈地摇撼着。

“南南呢?”他低声问。

“我没有把她带来。”

“哦。”

“她很好,已读小学六年级了。”

“啊。”

“你想她吗?”

“或许不。”

“你变了,立文。”

“十年可以改变很多东西,不是吗?时间能办到上帝都不忍心办到,魔鬼都无法办到的事。告诉我,玲华,孩子在学校叫什么名字?”

“她叫南南,是你起的。”

“我是问她现在姓什么?”

“你为什么问这个?”

“她弟弟呢?”

“…………”

“玲华,”立文说,“你又哭了。记得我判决的时候,你在法庭上哭昏过去吗?记得你送我上囚车,把孩子高高举到半空,泪流满面吗?你在信上告诉我,你常从梦中哭醒,我相信那是真的。我也曾多少次梦见恢复自由,梦见我们拥抱在一起,孩子仰起小脸看她的爸爸,细听我们倾诉离情。你将告诉我,我入狱后所受到的痛苦和亲戚朋友们各式各样的冷落白眼。我也会告诉你,我在牢狱里度日如年的羞辱和孤苦生活。我们要说上三天三夜。可是梦还是醒了,满是灰尘的梁柱上垂下的蛛丝,使我凄凉地发现,我仍身系囹圄。我不知道我为什么含垢忍辱地活着,我只知道,你,孩子,占据了我整个的心。只有在你们面前,我才觉得羞愧。如今,我们总算见面了,却想不到竟是这种场面。”

玲华紧握着她的手提包。

“原谅我吧,”她颤抖着说,“立文,你知道,公司的人日夜跟踪着,我没有办法把金子拿出去变卖。金锭上铸有公司标记,一拿出去便等于落入陷阱,我只有希望公司的追查能懈怠下来,但他们却一直继续了八九年之久。还是去年,公司才正式宣布放弃这笔款项。立文,在这处处都充满了轻蔑和敌意的社会上,叫我跟孩子怎么活下去?”

“所以,你和人姘居。”

“不,啊,立文,原谅我,原谅我吧。”

“你现在预备怎么办呢,玲华?”

“我不知道。”

“你是知道的。”

“我想你什么都明白了,是吗?”玲华说,“那么,不要折磨我。”

“我本来应该回到我的家。”

“一切都是不得已,那时候如果还有一线路可走,如果还有一丝的友情温暖,我不会那样。我自认不是一个忘恩负义的人,可是叫我怎么办呢?立文,这里我带了你为它不折不扣坐了十年牢的三百两黄金，我没有动用分文。假设不是它，你可能只坐两年三年，我也不致被迫离开你。它使我心如刀割，那是你自由的代价，也是弄到我们现在这种地步的代价。现在你身无长物，你需要它，我把它带来了，交还给你，放我走吧。孩子很好，你是她生身之父，在她懂事的时候，我会告诉她，她不会忘记你是为了她才犯法的。”

玲华把手提包递过来，立文觉出它的沉重，他把盖子打开，里面像蛇窟一样盘卧着大约三十根灿烂的金条，那橙黄色的光泽使他眼珠都鼓了出来。他抓了一根到手里，回想那天晚上他开保险箱把它装进皮包时那副口干舌燥的情形，又回想到他把它交给玲华，玲华哭泣着抱住他，夫妻二人愁肠都断了的情形。

立文轻轻把手提包盖起来。

“玲华！”

“原谅我，立文，你原谅我吗？”

“多么可怕。”

“立文。”

“你难道始终没有考虑到我，玲华？没有考虑到我十年牢狱之后，你给我这样的一个打击，我能不能承受得住？没有了我的爱妻和爱女，我又怎能活下去？而你只求我原谅你，好像你只是在舞会上不小心踩了我一脚，那么平淡，也那么肯定。自私使你昏迷，但我还是原谅你。玲华，去吧，我们过去的生命像写错了的文章，被无情地涂了去，你已经开始重写了六七年，我恐怕是很难再写什么了。不过，告诉你，玲华，我要我的孩子跟着我，在这一点上，我是不会让步的。”

房门被猛烈地推开了，撞到檀木壁柜上，发出一种刺耳的震击巨响。除非用钥匙，门是不可能从外面打开的，立文立刻从空气中嗅到一股不祥的意味。果然，一个瘦长的中年人先走进来，后面跟着两个穿便服的青年和一个穿制服的警察。

立文陡地往前跨了一步。

“不要动，老王。”那中年人说。

“是你。”立文喘息说。

“恭喜，老王，”卢旺达热烈地握住他的手，“你恢复自由了，我特地来看你，一则向你问好，一则公司还是要收回那笔黄金的。老王，你不会拒绝吧。”

警察像狼一样蹿上去，把仍按在立文手中的手提包抓到手里。卢旺达接过来，不屑再看一眼地把它转递给两个穿便衣的人，他们才打开检点。玲华呆在那里，像一片在狂风中飘到地上的枯叶，她双手掩住嘴巴，眼睛绝望地瞪着。立文却没有动一动，他想到他如果拒抗，不过徒闹笑话，所以他没有任何表情。十年的监狱把他训练得知道必要时最好伪装成呆瓜。

一会儿工夫，便衣人员数完了。

“并没有动用，”他们向卢旺达报告，“仍是原封的三百两。”

“这就是你把它送来的目的吗？”立文对玲华说。

“天老爷——”

“老王，”卢旺达插嘴说，“我可以告诉你，是麦克风帮助我们的，这间房子大小一共藏着七个麦克风，你们的通信和其他的事情，公司都知道得很清楚，我所做的只不过请茶房把你领到这个房间而已，却想不到竟如此的快。老王，我不能说什么，我是出纳主任，这是我的职责，再见吧，只要我有力量，我仍愿帮助你。”

一群人退出去了，和他们进来时同样的突兀，房间里霎时间十分沉静，没有人能看出一分钟前曾发生过戏剧性的巨大变化。玲华警觉地拔腿向房门跑去，高跟鞋的声音把立文引得抬起头来，他厉声喊了一句。玲华不由自主地站住了，他慢慢向她走去。

“好计谋！”他说。

“你要……”她面无人色地喊。

立文不回答，他逼到她脸上，像看一个陌生人似的凝视了一会儿，用手托起她发抖的下巴，忽然间他抱住她，吻她，眼泪像泉水一样地淌到她脸上，然后又被自己吮进自己嘴里。玲华也还吻着他，不过她只用一只手抱着他的肩膀，而她另一只手，却小心地伸出来，把屋门悄悄拉开。

秘
密

提 要

“人生中最惆怅难过的莫过于爱情”，这是序言中的一句话，这样的人生观察，正是柏杨在上世纪五六十年代集中全力以小说去探索爱情的主因。

《秘密》(1965)收八篇小说，其中有些写爱情，“没有一桩爱情不是一桩悲剧”，都与金钱息息相关，读来令人不胜唏嘘。其中《秘密》是爱情的试验，对拜金主义者强烈嘲讽；《龙眼粥》写前世今生之爱，有灵异色彩；《沉船》写一个帮助妻子成名最后失去妻子的痛苦；《窗前》中男的是爱情的理想主义，女的是拜金而且现实，结果当然可想而知了；《莲》是一场灵肉之争，写出污泥而不染的崇高爱情；《拱桥》也是一出爱情悲剧，造化弄人，充满无奈。另外两篇《强水街》亦涉鬼魂，处理死去的小孩救父的故事；《塑像》写一位母亲对于死在南洋的儿子那种深沉的痛苦。

贫穷常是这些故事之所以成为悲剧的主要原因，这是柏杨一个非常重要的观点，其所铺叙，相当程度反映出写作时的社会背景。

序

宇宙间最奥秘难测的莫过于人生，而人生中最惆怅难过的莫过于爱情。人生短暂，宇宙永恒，已够使人酸鼻了，更何况宇宙也终有毁灭的一天！我们从何处来，又向何处去？将来的结局是彻底地消失，抑真的有灵魂？而灵魂又从何处来，又向何处去？我们如果有灵魂，恨固无尽期；如果无灵魂，恨更无尽期。

爱情支配人生，可能附丽于权势，可能屈服于金钱，但也可能挺身正面出现。然而，没有一桩爱情不是一桩悲剧，包括成了美眷，而幸福如海的男女在内，因为最后还有一个“死亡”，要把他们活活拆散。再多的欢乐日子结终归于一把眼泪，何况有欢乐的爱情并不多。感情越丰富的人，他的创伤越重，有时远超过他所能忍受的。

面对着谜样的宇宙和人生，我彷徨无主。面对着闪动而脆弱的爱情，更感到四顾苍茫。随着年龄的叹息，随着午夜的梦回，不但没有责备的勇气，甚至连歌颂的勇气都没有了。太多的创伤——自己的和所看到，所听到，所感受到的，使人气馁，而气馁更增加痛苦。我想借着《秘密》探讨一点什么，不知道办到办不到，但这至少是我对人生和对爱情的一种思索和一种凝望。

1965年2月1日于台北

秘　密

1.

出租车在栅栏门前停下来，徐辉扶着叶琴走下车子，两条细长的人影立刻穿过那稀疏的园门，躺到栅栏里洁白的石子甬道上。

“怎么回事？徐先生，”叶琴说，“我恐怕不能在这深更半夜陪你逛公园。我告诉过你，我今晚有约会，你以为我说谎吗？”

“这不是公园，小姐，这是花园。”

“反正都一样，你说你送我回家，我在车上不便和你争吵，我们都是受过高等教育而又都是有教养的人。”

“无论如何，”徐辉吸一口气，“公园和花园不一样，公园是国家的财产，人人可以进去，花园便不行。我们现在来的是徐家花园，就在前天，已由它的主人，指定由他的独生子全权接管。”

“谁是他的独生子？”

“我。”

徐辉从怀里拿出钥匙，把门打开。在开门的时候，叶琴几乎要大声喊叫出来。

“为什么不唤佣人开门？”她说。

“为了我不愿作威作福，他们也是人，任何人的清梦都有不被打断的权利。不过因为你这一说，我不得不打断他们一次了。”

“不要——”

“没有关系，拿人家钱的人，自然要为人家做事。”

徐辉按一下门柱上的电铃，他们在门口都可听见住在花园中央那栋三层红瓦别墅里的清脆铃声。一会儿工夫,一个人踉跄地走出来,一面走一面诅咒那使他吓了一跳的按铃家伙。但等到看到了徐辉,他立刻堆起笑容。

“先生,对不起,有行李吗?”

“我们只是来散散步。”

“我去通知张妈煮咖啡!”

“不,”徐辉向叶琴介绍说,“他是老李。”

“要打开园灯吗?”老李说。

徐辉望了望叶琴,她不知道园灯是什么,但她觉得她有义务也回答一个“不”字。

“不要跟着我们,”徐辉说,“需要你时,会叫你的。”

老李抢前一步,把栅栏关好,然后恭敬地鞠了一躬,走了。叶琴不由自主地把她右手上五个纤细手指插到徐辉的左肘里,徐辉把它夹在手臂和腰肢之间,并肩地走着。

“我刚才回答得太快了,叶小姐,我们应该去别墅坐一下的。”

“不用,那未免辜负了月光。”

柏树墙的影子在甬道上划出黑白分明的一条线,沿着荷花池向远处一座假山那里延伸过去,大概是夜太深了的缘故,花园寂寞得像一座废墟。

“多幽静啊!”叶琴说。

“我们至少该听见青蛙的声音,青蛙和有些政客一样,他们永远地呱呱呱呱叫个不停。”

“你对政治很有兴趣,是吗?”

“正因为没有兴趣,我才这样比喻。”

“但我相信你的才能是多方面的。”叶琴说。

他们走到荷花池边站住,地上斜伸着一条狭长的影子——那影子在两人膝盖那里合二为一,尖端正接触到八角石亭的红柱子上。

“父亲为了挖掘这个荷花池,”徐辉说,“雇了两百个工人,用三个月的时间完成。等一会儿我们可划划小船,绕池一周要三十分钟,正对面便是假山，父亲在国内时，这里还养着猴子，昨天老李告诉我，早都送给动物园了。啊，等一下，我看见那只小艇了，你要不要采点莲子。”

徐辉把小艇扶妥，他先跳上去，叶琴用她那瘦削的脚尖试了试，于是，不容她缩回去，徐辉已握住她的手，另一只手正揽住她的腰，凌空一样地被架到小艇中央。

“小心，”徐辉说，“不要摇，我们会被扣到池底活活淹死呢。”

“你专门吓人。”

他们面对面坐着，徐辉熟练而优美地操着桨，桨梢在水面刻下轻盈的漩涡。叶琴端坐在舱板上，看见徐辉的眉毛似乎更显得粗壮了，大眼睛庄严地凝视着自己。她发现自己也同样庄严地凝视着他，就不由得会心地笑了。而且她蓦地被一个念头惊呆，他竟然顶英俊的呀，有一种特别奇怪的魅力，使她觉得一股热气在被他揽过的腰肢那里燃烧。

“建筑这假山也不容易，”徐辉一面摇桨一面说，“父亲天性喜欢讲究排场，假山一定要全部用大理石。阿琴，对了，叶小姐，我真昏了头。”

“我喜欢你叫我阿琴。”她甩一下头发。

“那太好了，自从上次叫你阿琴吃了排头，一直到今天心里都在害怕。我真不敢向你说我爱你，你会笑我不自量的，但你能允许我叫你阿琴，我就满足了。”

叶琴娇媚地笑了笑，颈子扭动了一下，那是一个不容徐辉有任何误解的表情，她没有说一个字，但已经够了，他已经知道她告诉了他什么。

“每块大理石都是精工细磨的，价钱贵得使人咋舌，可是为了不太招摇，在建造完成之后，只好用泥土把它包围起来。父亲的魄力可真惊人，大理石假山不过是小小花园中的一部分而已。他在马来亚开的橡胶工厂——那个工厂每小时为他赚进一千元美金，他在工厂院子里，用纯金为我母亲做一个雕像，我母亲是十年前去世的，他最崇拜我母亲。”

叶琴努力压制着向双耳升上来的澎湃血液，但耳朵里仍不停有东西在吼，她猛烈地拍着耳根，因为她必须听清他说的每一个字。

2.

他们下了小艇，爬上假山。

“终有一天，”徐辉说，“就是当我结婚的那一天，我要冲洗假山，使它恢复本来面目，我也要用纯金雕刻我妻子的塑像，竖立在荷花池中央——在荷花池中央似乎比较容易保护些，仅只为了保护我母亲的金像，父亲就雇了八个保镖。”

叶琴咽下一口唾沫。

“阿辉，”她说，再笑了笑，“真不知道谁是那幸运的女孩子。”

“我恐怕要使父亲失望了，没有一个女孩子愿嫁给我这个穷光蛋，这是我和父亲不同之点，我不愿女孩子因我有钱才嫁给我，我愿女孩子因爱而嫁给我，我将永远瞒着我的财富。”

“我相信你会碰到爱你的女孩子的。”

假山上的小径狭小而崎岖，叶琴那远近闻名、丰满适度，使全台北市男人都要发疯的窈窕身材，整个地贴住徐辉。两手合起来挂到他臂上，他的肘部正触及到她高耸着的乳房，不知道是出于故意抑或不是出于故意，或许两者都不是，徐辉不断加重地在那海绵禁地按下去，叶琴没有躲避，她想他做得并不过分。

“你家一定很有钱，阿辉，是吗？”

“并不很有钱，父亲在纽约有一个写字间——不是租的，而是自己的房子，仅只二十八层小楼，和美国第三流大亨都比不上。说到这里，我真为我父亲悲哀，他到处建造花园，纽约长岛有一座，马来亚怡保有一座，巴黎赛纳区又有一座，可是他却终日钻到写字间里，连看一眼的时间都没有。我要有他十分之一的钱，甚至只要有他百分之一、千分之一的钱，好比说，我只要有五十万美金，我就快乐了。”

叶琴惊叹了一声。

“我不喜欢我父亲那种用钱法，”徐辉说，“我宁愿卖掉一座造船厂而去办一个大学，不收一分一文学费，而且供给学生们膳宿衣服及零用。”

“你是一个有理想有抱负的人。”

他们走进位置在假山最高处的飞檐石亭上，石亭围着朱漆栏杆，里面摆着大理石长椅。徐辉停住脚，叶琴也柔顺地跟着停住脚。

“你不是吸烟吗？”她说。

“是的。”

“你现在为什么不吸呢？”

“我怕你反对，你最讨厌男人吸烟的了。”

“我过去可能太自负了些，以后你尽管吸好了，只要不吸得太多，吸得太多对身体毫无益处。”

“那我明天开始恢复吧，阿琴，我是前天戒掉了的，你为了我当你的面吸烟把我赶出来，我就发誓戒掉。”

“我并不那么当真，你懂吗？”

“当然懂，啊——”

徐辉把话咽下去，他觉得那只丰满的乳房正逐渐加强地向他压来，攀着他胳膊的那双雪白的小手，像合十的观音一样，紧紧地合在一起，他痛得要叫出声音了。

“阿琴！”

叶琴仰脸望了他一眼，这一眼已经很充分了，再迟钝的人都会从那大而亮的流着波动闪光的眼睛中读出它的内容。徐辉把胳膊从她手里抽出来，绕过她的背后，抱着她的细腰。

“有点凉吗？”他搭讪说，为了冲淡她的拒抗。

“我还要出汗呢。”她说，她没有拒抗。

没有拒抗就是应允，徐辉随着转过脸，把她拥到怀里。

“我爱你！”他嗫嚅说。

“不！”

但他们已吻在一起了，叶琴那个“不”字，只不过是她觉得在礼貌上必须喊一下，所以当徐辉的嘴唇压到她的嘴唇上时，她不再挣扎了。她闭上眼睛，任他吻着，然后由被动变成主动，双手攀着他的脖子。

“我也爱你。”她温柔地说。

“我以后叫你小乖乖好吗？”

“我永远是你的小乖乖。”

徐辉跳起来，把她从怀里推开，跑出几步，借着月光，上下向她打量，她的美使他心跳——瘦削的面庞，瘦削的腰肢；瘦小的腿和瘦小的脚。无一不使他巴不得能一一吻到，于是他再奔上去抱住她。

“你怎么了，阿辉。”

“我要疯狂，小乖乖，简直不可思议的转变。我明天就打电报给我父亲，我要他来主持我们的婚礼，结婚后我们就去欧洲做蜜月旅行。那将不是蜜月，而是蜜年，我们每一个国家都住上一个月。然后，天啊，我还没有向你求婚呢，你不会不答应我的求婚吧。”

“我会答应的，阿辉。”

“老天，你是——我的妻？”

“是的。”

“多么奇妙的称呼啊！”

“你也是我的丈夫，也同样的多么奇妙的称呼啊！”

“明天我们宣布婚约时，那些家伙会一个个气死，不过我想当他们知道我并不是没有来历，并不是穷光蛋，他们就会刮目相待了。我们不妨保密三四天，以使他们大大地吃惊，我提议下星期就在我们花园举行一个舞会，你我分别充当男女主角。”

“那太好了。”

“乖，你不气我一直瞒着我的真相吧。”

“我怎么会怪你呢？”叶琴用自己面颊摩擦着她未婚夫的粗糙胡子，“假使你早告诉我你很有钱，我或许就不爱你了。金钱固然重要，但我更重视爱情。”

“我知道,现在有许多看起来高贵得不得了的女孩子,却只知道要钱,或者只要能送她出国,她便连猪都肯嫁;只有你不是那种人,我为此骄傲。”

“是的,我的哥,谢谢你,谢谢你。”

“再叫一遍,小乖乖,再叫一遍‘我的哥’,你多么甜啊,我保证我们的婚姻是幸福的。我们将一直住在美国,取得美国国籍,高兴回来的时候,我们已成了华裔美人,地位自有不同,那一批追求你的人到时候会自顾形惭。”

“是的,是的,我的哥。”

“小乖乖——”

“嗯。”

“我要——”徐辉说。

“不。”叶琴推他的手。

然而现在这礼貌已是多余的了,雪白的大理石上两个影子倒下来,一只也是雪白颜色的高跟鞋,很可笑地落到朱红栏杆外的石子堆上。这世界除了咿唔和喘息,其他一切也都跟着显得十分异样。

3.

徐辉怜惜地把叶琴扶起来,然后为她找高跟鞋,终于在石子堆上找到了,替她慢慢地穿上。她把头放到他肩膀上,蓬乱的头发垂下来拂着他的鼻孔,他几次都要打出喷嚏。

“你要发誓永远爱我。”叶琴说。

“我发誓,但我担心的不是我,而是你。”

“你把我看成什么人了?我的哥,我是妓女吗?我是水性杨花吗?我对每一个男人都如此吗?”

徐辉把她抱到怀里,一个年轻富翁的呼吸都有一种特殊的力量,她在他双臂中变轻了,当然也可能是他们合作的好,于是她立刻就坐到他那发着火焰的腿上,像落在巨掌上的小鸟一样,她蜷卧在她未婚夫的腹前，舌尖堵住他再说下去的话头。月光直泻下来，这一次照出来的不是长长的影子，而是团团的影子了。

好久之后，他们才分开，徐辉低声说：

“小乖乖，我领你看一件东西。”

叶琴从他怀里依依地站起来，她想那东西一定是一粒五克拉以上的钻戒，那将使她所有的女朋友都为之失色。

两个人手拉着手，走到假山脚下。

“看见那隧道洞口了吗？”

“看见了。”

“还有洞口的那块石头。”

“是的。”

“它就是我要你看的东西，我几乎天天都坐在这里，心神不宁。”

“啊！”

他们并肩坐下，徐辉脸上像铺了一层冷霜，叶琴迅速地掩盖住自己的失望，她那被握着的尖尖手指被反复捏着，她心里喊：“他真庄严，我过去小看了他，他原来在尽量隐藏他的高贵，但他的高贵仍在无形中透露出来。”她过去一向为自己的美丽骄傲，现在她更为他的高贵骄傲。

“乖，”他迟疑地说，“我们既然成为夫妇，我就不能隐瞒你，假如说——或者说就是现在，有人指着我的鼻子辱骂：‘你是凶手！’而我也竟真的是凶手，你还爱我吗？”

“你为什么问这种话？我说过的，海枯石烂。”

“假使我杀的不是外人，而竟是我的嫡亲哥哥，你还爱我吗？”

“你胡来了，你说过你是独生子。”

“回答我！”

“即令你杀了你嫡亲的哥哥，甚至比这还严重的行为，我都爱你，生死不渝。”

徐辉再吻她一下，这一吻深而且长，等他抬起头来的时候，眼睛充满着泪水。叶琴从手提包掏出洒着香水的小纱手帕，抿着嘴唇，轻轻地为他拭去。

“你一定有伤心的往事。不要难过,只要告诉我。”

“啊,小乖。”

“告诉我吧,我不但要分担你的快乐,也要分担你的忧愁。”

徐辉再握住她的手,她把手像女儿交给父亲一样交到他手里,两条美丽小腿并在他笔挺的西装裤旁边。

“小乖,不要害怕,听我大略地告诉你。”

“讲吧,我的哥,我不害怕。”

“我不是对你说过我是独生子吗?是的,我现在是独生子,但从前不是,五年之前,我还有一个哥哥,他比我大四岁。没有一个男人比他更漂亮了,也没有一个男人比他更能干和更正派,我不知道上帝造人时当初为什么使他们之间有差别,我和哥哥就是两个相反的典型,他在美国一直读到博士,可是我在国内连大学都毕不了业。你从前曾嫌过我这一点的,是吗?”

“我已说过,我并不当真,我虽然大学毕业,但我轻视学历。”

“我不预备做丝毫的隐瞒,小乖,你可以从我把什么话都告诉你来判断我对你的感情。我哥哥很好,使我相反地显得很坏,父亲就决心把全部家产移交给他,而只给我一点点钱,不过二十万美金。不要这样,阿琴,我不在乎那二十万美金,我要的是家产的一半,那至少有一千万美金以上,我便是用钞票当柴烧,这一辈子都烧不完。”

“你当然有一半的权利。”叶琴张大眼睛。

“当我知道父亲这个决定的时候,我恨不得立刻前去理论,可是我身患重病,躺在医院里,寸步都不能移动。我不能告诉你我是什么病!不过,好吧,我已发誓不对你有一针尖的隐瞒。不要笑我,小乖,原谅我这么讲,我害的是梅毒,整个下部都溃烂,我在医院整整躺了……”

“天!”

“打我吧,唾我吧。你不再爱我了,是吗?”

“现在好了没有?”

"三个月后就好了,小乖,快责备我。"

"不,我不管你的过去,我只爱你现在这个人,但你以后要保重身体。"

"医生说我恐怕不会生孩子。"

"那没有关系,孩子徒增麻烦。"

"你的伟大度量使我不知道说什么才好,我也不知道我将来用什么方法才能报答你。"

"我不要你报答,我只要你爱我。"

徐辉把握着的手向背后牵去,两人又吻在一起。

"然而,"他继续说,"等我稍微能走动的时候,就赶到马来亚,向父亲提出交涉,父亲的态度却很轻松。"

"'阿辉,'他说,'你想要遗产是可以的,不要说一半,便是全部都可以,但你必须大学毕业。'——"

"小乖,你知我不可能,我的程度跟不上。"

"可怜的哥。"叶琴说,抚摸着她那受了委屈的未婚夫的面颊。

"我接着找我的哥哥,质问他为什么阴谋夺我的产业。我想他会向我道歉的,或许有别的什么说词,可是,一切都没有,等我向他大喊大叫了一通之后,他冷冷地说:'兄弟,我不要什么,这里是我呈给苏丹的一封信,说明我将捐出全部遗产,以加强马华的教育工作。'"

"啊,小乖,这不是置我于死地是什么?于是,你猜我采取了什么步骤?"

4.

叶琴睁着孩子们在啼哭中望见了糖果时那种惊恐期待的大眼睛,她受过高等教育都不能使她了解财势双全的男人的心意和动向。徐辉看她没有答复,舐舐自己的嘴唇,嘴唇在月光下呈着苍白。

"我下一步是和我哥哥和好如初,"徐辉说,"我把父亲的话告诉他,我说我一定要大学毕业。我哥哥似乎看穿了我的肺腑,他说,如果我真有决心读大学，他便可以暂时不发那封信，如果我真的取得学士学位，他就连他的那一半也送给我。"

"你哥哥是爱你的，他在刺激你上进。"叶琴脱口喊。

"胡说。"徐辉吼。

叶琴吃了一惊，那被徐辉抛出去的手迅速地返回来再抓住他，徐辉显然在努力克制自己。

"他明知道我读不下去的，"他愤怒地说，"只不过拿我开心，像一个狱吏拿囚犯开心。"

"不要生气，我想不到你哥哥竟那么恶毒。"

"小乖，我不得不为维护我应得的利益去和命运之神搏斗了，而那机会似乎是来得太快，我知道只要我有谋杀的决心，他就逃不出我的掌握，因为我们是亲兄弟，他对我根本无法可防。出事的那一天，正是月中，可是没有月亮，天下着大雨，马来亚的雨下起来十分可怕，像半个山都要倒下来。我哥哥从橡胶园回槟城，我巴不得他连夜回去，但我口头上却劝他就在胶园住下算了，我说我可以替他找一个那一带最美丽的巫族姑娘，她有三十六种做爱技巧——我说这话使他愤怒，这一点我是知道的，他的未婚妻正在英国读书，马上就要结婚了。于是他在我预料之中地开车走了，在距槟城二十五里的转弯处，他的煞车失灵，从悬崖上摔下来，连人带车全成粉碎。"

"你哥哥——"

"当然死了。"

"天啊。"

"小乖，"徐辉用手抓自己的头发，然后拉拉叶琴的手，"我不知道该怎么说才好，上天看得清楚，是我用刀子割破了他的煞车皮碗。"

叶琴翻转来再握住他的手，大汗使他的手像刚洗过一样。

"小乖，"徐辉说，"全部财富虽然都是我的了，但我却成了弑兄凶手，不要隐瞒地告诉我，你不能和一个凶手结婚，是吧，你会鄙视我、厌恶我，而终于离弃我。然而我不在意你的任何行动，当你决定要走之前,容我再向你说一声,我爱你。"

叶琴没有走,如果不是徐辉提醒她,她根本没有想到她应该表示一下走才对,但现在她决定不表示了,她未婚夫伏到她凉凉的雪白臂膀上抽泣,她抱着他,扶起他的头,用舌尖舔去他的眼泪。

"我的哥,"她痛苦地说,"你怎么想到我会鄙视你,会厌恶你,甚至会离弃你。我不相信你是凶手。而且,即令你是凶手,不要说你仅仅是弑兄凶手,甚至你竟是弑父凶手,都不影响我对你的爱。爱情如果连凶手都不能包涵,那还叫什么爱情呢?啊,对了,这件事警察当局不知道吧。"

"谢谢你,想不到你竟这样爱我,你是天赐的安琪儿,像圣母玛利亚一样的圣洁。车祸发生之后,本来没有人注意的,可是,我哥哥的未婚妻第二天就从伦敦赶来,她不相信会有什么意外,庞大的财产使她认为有谋杀的可能。结果,我想是上天故意和我作对吧,在粉碎的车厢里,煞车系统却完整如新,皮碗上分明地呈现出一条长长的刀口,而刀口附近印有我的指纹。"

叶琴惊叫一声,她说:

"你不会被处死吧。"

"当然不会,我现在不是活生生地站在这里吗?"徐辉说,"父亲以全部家产把我保出来,然后我就逃回中国。这不是已经判决的控案,而且中国和马来亚没有引渡条约,我可以在这里平平安安地过一辈子,只要记住一点,永不回马来亚。"

徐辉的嘴唇从苍白转红,叶琴的嘴唇也跟着从苍白转红了,她像欢迎凯旋归来的英雄一样在他脸上、头发上、脖子上,疯狂而发着呻吟的声音吻着,那吻是为了表明她对他的敬爱和入骨的喜悦。

"我的哥,"她在他的耳旁说,"我崇拜你。"

"谢谢——"

"我们就在美国定住下好了,"她说,"何必要回马来亚呢,你可以劝你的父亲把财产转移到美国,如果认为美国纳税太重,转移到瑞士也可以,我们就半年住在美国,半年住在瑞士,你看那该多么好啊！”

徐辉把她贴上来的面颊扶正，她像一只小羊一样任凭他摆布，双眼眯缝着，她想他会对她有意料中再一次的暴烈举动。可是，他没有，她在眯缝的眼缝中发现徐辉基于坚强理由而呆着的白眼球。

“我告诉你一个最新好消息。”

“说吧，我的哥。”

“小乖，我的故事还没有说完，假使能够说完就好了，事实上我说不完。前天我父亲来的电报在这里，上面告诉我的，不是要把这花园交给我，而是告诉我，因为我的逃走，法院已判决没收我父亲在马来亚的全部财产。”

叶琴陡地张开嘴巴。

“在美国和法国的财产早就抵押出去了，”徐辉的声调在抖，“父亲在发电报后自杀。原谅我现在才告诉你，我现在除了满身债务外，身上没有分文。”

“但，但，你还有这个花园？”

“这花园不是我的，我给了那看守别墅的老李一百元，他允许我们在此度过一个花月良宵。”

“阿辉，”叶琴紧张地说，“你不是存心要吓我吧。”

“我可以把老李叫来作证。”

叶琴像受了惊的火鸡一样，她猛地伸开双臂，一下子跳起来，又挣扎着坐下。

“阿辉，可是你说过我们要去欧洲度蜜月。”

“小乖——”

“叫我名字，好吗？”

“原谅我！我不忍心让你失望，我爱你爱得连自己做了些什么都不知道。我怕我失去你，我原来并不知道你以爱情为重。”

月光被一块乌云遮住，所以徐辉看不见叶琴脸上的变化，她努力使自己不要相信她的遭遇，她想当然是徐辉在用最最拙劣的手法来试探她的爱情。但徐辉把证据陆续拿出来了——一份电报，一份马来亚法院发出的通缉令，一份律师通知书，还有几张马来亚刊登那件弑兄案的报纸。

叶琴面无人色地站起来，一股要把她化成灰烬的烈火在胸中烤炙着她的心脏。她几次都要挥手给徐辉一个耳光，痛哭着骂他骗子，但她在强烈的激动后，终于仍恢复了常态。她淡淡地说：

“天已很晚，我要回去了，徐先生。”

“还可以再坐一会儿。”

“不。”

“我送你回去。”

“不。”

“明天我们什么时候见？”

“我会打电话给你。”

“我们的舞会——”

“我会打电话给你。”

“小乖——”

“徐先生，请你叫我名字吧，别人听了，容易误会。”

5.

一辆出租车把叶琴送走了，当她那俏伶伶的小腿和纤瘦的白色高跟鞋缩进车厢的时候，徐辉叹了一口气，不过她没有听见他的叹气，他自然也没有听见她在车子里啼哭。他在园门外站定，按了一下电铃，别墅里的灯光又亮起来，老李朦胧着走出来。

“小姐呢？”

“她先走了。”徐辉说。

“先生，你看我把园子保养得怎么样？”

“很好。”

“但你的脸色不对。”

“我现在要去一个地方，今天晚上可能不回来，你把门关好吧，我想我的脸色不对是因为我遇到了一件很滑稽的事,那似乎是,一个人永远不要太信赖爱情,除非他够傻瓜。我可能去喝两杯,已经三四年不醉了,这一次要痛快一下,然后我还要再度戒酒,再见。”

徐辉把茫然的老李赶进栅门。这时月亮重新露出来,人影和树影参差着,空气像水一样清凉,他把手插到裤口袋里,往前走了几步,忽然耸了耸肩,纵声大笑起来。

龙眼粥

1.

“谁?”我喊。

新竹,这个台湾有名的古城,从十一月中旬开始,风就没有停。无论是白天或深夜,盈耳的咆哮、呼啸,和一座受到轰炸的油库似的,黑烟缠绕着灰沙,无止无休地在天际滚动着。被刮得弯曲到地面上的梢歌,颤抖着发出枝叶和枝叶间摩擦的刺耳的声音;紧闭的窗玻璃上,蒙着一层天天都在逐渐加厚的尘土;太阳像一个被击昏的人的眼睛一样,晕眩地、努力地张开着,但已无力把大地看得像从前那样清晰了。

我对新竹的风是十分熟悉的,事情发生的那一天,我已在新竹住了整整两年。人总是有惰性的,当我最初应朋友之邀,来他主持的学校教书的时候,本来只打算教一个学期便走。可是,一个学期满了后,同事之间处得很好,学生之间也有了感情,便觉得一动不如一静,就这样的,继续教了下来。假如说我对新竹这个古老但却一直是冷冷清清的城市,有什么不满意的话,恐怕就是每年冬天无法避免的狂风了。

我不能说我在新竹住久了便会改变我对风的观念,不过,任何加到身上的痛苦,久了,总容易习惯。我对风的办法是消极的,除了去学校上课之外,我就把自己关进屋子,好像关进下沉海底的潜水艇一样,我想到这墙壁就是潜水艇的舰壳,一门之隔的屋外,世界正在翻腾,而我却被温暖的空气裹住,就不能不为自己的安全幸运而庆幸。

世明来的那一天,学校刚放寒假,吃过晚饭,还不到六点,天已经很黑了,我扭亮电灯,靠到藤椅上看书,椅背正对着房门,世明敲门的声音我没有听到,一个习惯于都市繁琐仪节生活的人,来到像我住的这种粗犷的乡下地方,他会发现有很多事是不对劲的。于是,他只好把门推开,暴风凶猛地扑进来,一股尖锐的冷气刺进我的后背,墙上挂的那张《寒江垂钓图》被掀起一半,在那里挣扎地扭转着,我回头的时候,看到一个人影。

"谁?"我喊。

"远客,台北来的远客。"

"世明,"我说,久别了的老友蓦然出现,使我兴奋得跳起来,接过他的手提箱,"你为什么不先来一封信?你应该先来一封信的!我真奇怪你怎么会有工夫?以你现在的地位,一定非常的忙,是吗?"

他脱下外套,斜靠在我房间里那唯一的一张沙发上,燃着纸烟,我发现他的面孔发青,两颊像被谁用刀削了去似的,颧骨高耸着,深陷到眶子里的眼珠痴呆地停滞在那里,充分地显出他的憔悴。

"你是不是不舒服?"我问。

"不是,"他说,"我只是疲倦。"

"你当然疲倦,只不过四十多岁便当上一家庞大的五金公司董事长,工作会繁重得很。对了,世明,你该结婚了,我不相信你找不到理想的对象!"

他没有回答,只用一种不同意的态度摇摇头,然后把眼皮合上。

"你是什么时候到的?"

"早上。"

"啊,你来一天了,办什么公事吗?"

"我来参加葬礼。"他沉吟说。

我把壁橱里的行军床拿出来。

"你睡到我床上,"我说,"你果然太疲倦了,我们明天再谈吧。你如果不嫌天冷要洗澡的话,我这里刚烧了一大壶开水。"

他嗯了一声,伸伸懒腰,残余的烟头从他嘴角掉下来,他弯腰捡起,重新噙到嘴里,然后向浴室走去。

在等候他沐浴期间,我把行军床架起来,把蚊帐挂好。按道理讲,有风的地方,蚊子总是很少,甚至会根本没有的,但新竹似乎是唯一例外,房子反而成了蚊子的避难所,所以我必须把蚊帐一再检查。在一切弄妥之后,泡了两杯茶,歪到藤椅上继续看我的小说。

大概一番洗澡使世明恢复正常,他披着我的睡袍出来,精神好得多了。他坐下来,用梳子梳着他湿淋淋的头发,灯光虽然很暗,但我已看出他头上几乎四分之一都是白发了。

"谁的葬礼?"我搭讪说。

"一位老太太。"

"从没有听说过你有这么一位亲戚,也从没有听说过你有这么一位朋友!"

"她是我的妻!"

我忍不住笑了,一口茶在我咽喉中打滚,我用力把两腮鼓住才没有失礼地喷出,但当它滚烫地通过食道的时候,我像喝下一口强烈的硫酸一样,痛得大叫起来。

"不要这个样子,"世明正色说,他把梳子放到桌子上,"永思,你如果还想要我这个朋友的话,就请不要做出这一类的怪相!"

他的表情空前的严肃,我张大了嘴巴看着他,他显然看出我是被吓呆,或是被搞糊涂了。

"事情是这样的,"他叹了一口气,再燃起一支纸烟,"我一直瞒着朋友,现在,她已平安地去了,我不知道当她的灵魂飘荡在空际,回顾我原来竟是她的丈夫时,她会不会洒下眼泪,啊。永思,你知道我是什么地方人?"

"河南,真正的中原。"

"对了,河南。但你知道我前世是什么地方人?"

"世明!"

"我前世生在新竹,一直到我二十五岁那一年才死去。"

“你休息吧,你太疲倦了。”

他凄怆地把头转过去,躲过那微弱的,但却是直射到他脸上的灯光,他长长地吸了一口烟。房子里十分寂静,风仍在屋外吼叫,门窗不断颤动。

“我记得很清楚,”他说,声音很低,很慢,“我自幼便容易做梦,在梦里——”

2.

“永思,我忘了告诉你,一直在我到台湾之前,我是从来不知道‘桂圆’原来也叫‘龙眼’的,我们家乡,桂圆便是桂圆,必须大富大贵之家,或是患病的人,才能吃得起它。在这里,我特别声明,我对桂圆没有特别爱好,而且,虽然我的家庭经济情况很好,我第一次吃桂圆还是我快二十岁那年的事,但我却自幼便在梦中经常吃龙眼粥了。”

“听,”我说,“风声更大,你该躺下来了。”

“不要以为我在说疯话,事实上是这样的,我自幼便在梦中吃龙眼粥了,我不能确切地指出我是几岁开始做那种梦的,我只记得,在我读小学五六年级的时候,便经常梦见有人请我吃龙眼粥。龙眼粥,你知道吧,那是一种用白糖、桂圆肉和大米煮成的甜粥。

“最初,我的梦很模糊,只觉得在混沌的黑暗里,有一碗食物放在面前,使我不由自主地狼吞虎咽地把它吃下,然后就猛然惊醒,舌尖上尚留着余香。

“我曾经把这梦告诉过我的母亲。

“‘你是个馋嘴的孩子,’母亲总是笑道,‘白天没有吃够,竟想出典故到梦里吃去了,甜的?稀的?还有什么?你说你吃的到底是什么呀?’

“那时候我还不知道它就叫龙眼粥,所以我无法答对,但就在母亲嘲笑我的第二天,我在梦中隐约地听到一种声音:

“‘龙眼粥好了,请吃吧!’

"这是我第一次听到龙眼粥三个字,一直深刻地印入脑海。随着年岁的增加,而更显得清楚。那声音似乎从那伸手不见五指的云雾里传出来,分明是一个女人在说话,但我却看不到什么。从那个时候起,我虽然还不知道龙眼是什么,却已知道龙眼粥是什么了。

"谁也不能解释我为什么老是做那种梦,我母亲不久便不再嘲笑我了,她几次地亲自听到我在睡梦中发出吃粥的声音,她以为我是陷入什么妖精的掌握里了。但我各方面都没有异样,学校里功课一直考得很好,身子强壮得跟火车头一样,我只是每隔不久,便在梦中听到那女人的呼唤,一次比一次凄楚地呼唤:

"'龙眼粥好了,请吃吧!'

"医生看不出我有什么毛病,母亲特地到嵩山请了一位有名的法师。他那一天是悄悄来的,唯恐妖精闻风逃遁,当天中午,在烈焰如火的日光下,家里搭起一座三丈高的法棚,太阳刚刚衔山,正是鬼魅现形的时候,法师登台作法了。他手执着桃木剑,让我坐在台下黄裱纸的符咒上,我记得他厉声喊出下面的句子:

"'太上老君急急如律令,艾门长子艾世明,与你前世无怨,今世无仇,限你子时三刻,回归洞府,逾期以天师御赐翻天印痛击之,至须知照者!'

"每次咒语之后,他便把桃木剑望我坐的地方的上空劈去!"

我再递给他一根烟,他燃着了,咳嗽了几声,喝了一口茶,又咳嗽了几声,重新闭上眼睛。

"我大概是感冒,"世明停了一歇,继续说,"我在她坟头站了很久,她没有儿女,也没有财产,送葬的只有几个族里的侄儿和六个抬棺材的夫子,下葬之后,他们都走了。我看着那一堆掘出来的泥土,知道她已久远地安息。她的棺材和我的棺材并列在九泉,大风把我的喊声淹没,但她会听到我喊她的,我对不起她,我是一个不值钱的懦弱的人,当她彷徨无依地立在云端,自以为她那至爱的丈夫一定会来迎接她时,却发现她的丈夫正悄然地呆在尘寰。恩爱的誓言,都成云烟,我不知道她是喜是悲,还是怅惘流泪?"

“世明,”我说,“你发烧得很高吗？你已语无伦次了,”我站起来,“上床睡去,世明,我们明天再谈。”

“你以为我语无伦次吗？不是的,等你听完了我的话,你便会发现我除了心底痛苦难忍,其他一切都很正常。我怎能不痛苦？至情至爱的夫妇被‘死’硬生生地拆散,而他们遗留下来的是什么？在已死的世界里,一片渺茫,无凭无据,而活下去的人,却以为他们可结来世的姻缘。天,你既赐给我们爱,为什么又赐给我们恨？为什么又赐给我们生离死别？

“我还是回到法师的身上来吧。他蹦蹦跳跳地闹到半夜,才算完事,第二天,他便走了,但仍没有抵挡住我的梦,而且,逐渐地,我自己用心计算我做梦的日期,我发现,每逢阴历十五日那一天,我一定梦见我吃龙眼粥!”

“你患了月圆狂!”我大惊说。

世明无力地笑了笑,睁开眼向我看着,用手指敲着烟灰。

“不是的,”他说,“因为我并不狂,而只是梦见吃龙眼粥罢了。你不要怕,即令是月圆狂,我今天也不会危害你,今天虽然正是阴历中旬,天上却没有月,是吗?”

“我不是这个意思!”我勉强说。

“多少年来,我有规律地做着那梦,而且逐渐地把它当作我生活的一部分,而不认为是一种困扰,但是,除了我家里的人外,没有一个人知道我的秘密。我们是老朋友了,但我从没有告诉你,我觉得没有告诉你的必要,由刚才你的反应看起来,我不告诉你是对的。

“不过我的梦境却开始复杂起来了,不再像过去那么混沌无影,我眼前展开的是一座我从没有见过的古老城市,但我的脚却熟悉地走着,像是回到只不过离别三天的故乡,在一家剥落了黄漆的大门前,我停住了,然后丝毫不犹豫地走进去。房间里阴冷而空洞,只有一张桌子,桌子上却放着一碗热腾腾的龙眼粥。”

我瞪大着眼睛听着。

“以后的每次梦里,”他说,“我都要这样地走过那么多街道去吃龙眼粥，渐渐的，即令我醒着的时候，对那些街道也十分熟悉了，但我却看不见人，而只是，每当我听到那像从眼泪里发出来的呼唤：‘龙眼粥好了，请吃吧！’我便孤独地向那真正的梦境摸索。

“我不知道其他人是不是这样，而我却是这样的，我和我的梦境合二为一，逢到日历上显出阴历十五的时候，我一定早早地上床，好安闲入梦。啊，永思，到底什么是真？什么是幻？第二天醒来，口齿间残余的龙眼粥味使我疑心我的梦是不是会真实的存在，而我平常的生活却是不是原来只是在做梦？”

“世明，到医院检查过吗？你可能神经衰弱。”我说。

“我希望是，但并不是，我的一切都很好，事业也很顺利，我现在和你讲这件事，是把差不多三十年间所发生的压缩在几分钟之内讲完，你自然很容易认为我是全被它控制了，其实，它并没有给我带来特别麻烦，反而使我的灵魂像有归宿似的，隔一个相当的时间便得到一晚的休息。一直到后来，母亲去世了，我到台湾，那梦境更把我带回童年。人的记忆总是很差的，但一个记得童年的事最多的人，他的幸福也最大，差不多的人都把那可爱的黄金时代所见所闻和自己亲身的经历全部忘掉了，我只一直记得那法师，他穿着道袍和粉底靴，滑稽而又矫健地像一头猴子似的在法台上跳来跳去，给我一种年纪越大而越清晰的印象。每次回到童年，我便又徘徊在我那黄河滚滚的故乡，我觉得我又是一个坐在黄表纸符咒上，听候桃木剑劈下来的小孩子了。”

“你的梦现在还继续吗？”

“没有！”他说。

“什么时候停止的？”

“昨天！”

“怎么停止的呢？突然停止的吗？有没有什么预兆？”

世明长吁了一口气，把手上夹着的纸烟迟钝地抛到烟盘里，浇上一点茶水，那烟头上的残火发出哧——的轻微的一声，灭了，一缕细小的没有根的烟缕，冉冉上升，升过头顶便荡然无存。风还撼动着窗子，夜有点冷，我用热水瓶的开水把茶杯加满。

“也可以说突然停止的，也可以说不是，”他缓缓地说，“我原来以为我会这样一直梦下去，却料不到——啊，永思，却料不到，那是来到台湾的第五年的秋天，我升到现在的职务，为了购买一批废铁，我到了新竹，我那时还是来台湾后第一次离开台北，更是第一次来到新竹，我在黄昏时分下车，就在附近找一家旅馆住下。

“我记得非常清楚，第二天一早，我出去吃早点，信道的日历上显明地印着‘阴历十五’四个字，我笑了，并不在意，这种情形，我看得十分平淡，在火车上、轮船上、旅馆里，甚至在荒郊旷野，我都做过那寂寞的梦。然而，当步出旅馆大门之后，走了不久，我就不由暗暗吃惊——即令从天上打到我脚前一个霹雳也不致使我那么震动，陡的，我发现我什么时候曾经来过。”

3.

“你来过吗？”我愚蠢地问。

他双手捧着茶杯，把眼睛凝视着昏暗的窗玻璃，似乎要穿过它，一直飞向原野。

“当然没有，”他说，“那一次是我平生第一次到新竹。新竹，这地方有一个美丽的名字，我对这名字很早就听说过的了，而且知道它是一个闻名全国的风城，但我始终没有想到我会置身于新竹，大概人总不能违抗环境，也不能选择环境吧。我终于到新竹了，我从旅馆大门那里信步走着，希望找到一个豆浆铺子或是卖早点的饭店，忽然间，我察觉到我本应该十分陌生的新竹街道，竟对我变得十分熟悉。

“啊，永思，我马上肯定我真的在什么时候来过这里，一点也不假地来过这里，否则我不能如此地感到亲切。而我什么时候来过呢？第一个十字街口过去了，前面有一个石狮子，对的。石狮子过去便是一个半倒塌的牌楼和一棵粗大的榕树，对的。再往前就要拐弯了，对的。

“于是,我恍然大悟,我是来过的,是在那梦中,梦中的城市原来竟是新竹,而我现在是正在梦境里了。”

“世明!”我嗫嚅地叫着。

“你不要担心什么,这都是三年前的事了。我当时便打消吃早点的念头,好奇心驱使着我,我凭着我记忆的道路走着,果然,我看到了那黄漆大门。”

“真有那大门!”我打断他。

“是的,”他继续说,“那大门和我梦中所见的没有两样,我不由得犹豫起来,甚至恐怖起来了。大门紧闭着,台阶上堆砌着落叶,门上剥落了的漆痕上布满尘土,一个蜘蛛正沿着门梁垂下一缕细丝。我不能决定我应该怎么办,几次,我都要转身回去,但我知道那是不可能的,三十年神秘的谜,面临着揭开,即令有再大的危险我也要去的。经过一番迟疑,我敲门了。

“一个白发苍苍的老太太把门打开,她并没有扶着拐杖,但她在打开门后,已累得微微发喘,枯瘦、憔悴、衰迈、长期的贫穷使她的衣服除了破烂外,还十分肮脏。我没有等她问我做什么便走进去,她困惑地随后跟着,在那狭小的长满荒草和东一片西一片堆着石子的院落后面,有一排破屋。屋子是太旧了,纯粹中国乡村的老式建筑,成了淡黑色的红砖和红砖上的青苔,说不出屋子的年岁。老太太被我这个不速的访客弄得十分惊慌,在我走进屋门之后,她像一张纸一样地贴在屋门那里。

“就在这时候,我看见一件事,正墙上面,悬挂着一张放大了的照片,是一个面目清秀的青年,从衣着上看,他穿的还是民国初年的服装,高领子的用布制成的纽扣,但仍无损于他的英俊。不过照片已经泛黄,一角且已经整个褪成白色了,而在那张肖像下面的桌子上,却正供着一碗热腾腾的龙眼粥!”

我问世明为什么不向那老太太提出询问,他用一种明确的手势阻止我开口。

“我当然要询问她的,但使她开口并不简单。我的急智帮了我,就把随身带来的一本账簿掏出来,告诉她我是县政府新任的户口调查员,我是在十分钦敬的心情下拜访她,请她协助的,她终于相信了。在把别的不相干的事情谈了一会儿之后,我就问她那相片上的男子是什么人。

"'我的丈夫!'她回答。

"'他现在呢?'

"'死了,他是二十五岁那一年因肺痨死的,已整整四十一年了。'

"永思,她的话使我打一个寒战,我那年恰好四十一岁。

"'上供的是龙眼粥吗?'

"我的话使老太太那似乎已经枯干了的眸子重现一丝光泽,她那一触好像就要碎了似的身躯得到鼓励,缓步走到桌前,少女般向那年轻人瞥出缠绵的一眼,用充满柔情的声音回答我:

"'是的,先生,他生前最爱吃龙眼粥,因为他的肺不好,天天都要吃它。记得他死的那一天,枕着我的臂膀,我一只手搂着他,一只手喂他龙眼粥,眼泪滴到羹匙里。他仰起脸向我笑笑,便合目去了。'

"老太太干瘪的手在那全屋唯一尚称得上清洁的供桌上扶着,松懈下垂着的表皮轻微地颤动。我想她已回到她的少妇时代了。

"'我那一年才二十一岁,结婚才四年,'她说,'先生,我发誓世界上没有第二对像我们这么相爱的夫妇,他的每一声咳嗽都使我心跳,而他死了,是上天嫉妒我们,我为他守寡,矢志不嫁。我死后他会迎接我的,我们来生还要结为夫妇。要知道,先生,我是师范学校毕业生,他死后,我便靠着教国民学校维持我的生活,但教书生活不能使我脱离贫苦,而我又终于老得不能教了。但我不埋怨什么,我守着祖先留给我们的这三间破屋,我只求每月十五,为他供上他最喜欢吃的龙眼粥,我便心安了。'

"在她讲话的时候,我在另一边墙上看到另一张照片,是他们夫妇合照的,那年轻女子容光焕发地微笑着,民国初年流行的刘海,柔软地垂到她的前额,她不但是美,而且可以说是媚,而如花似玉的少妇,只四十一年岁月,便变成可怜的老妪了。

“我几乎是踉跄地向她告别的,霎时间我已明白,我就是那青年,我和她原是恩爱夫妻,我是在她臂膀上死去的,我是辜负她了。

“在以后的日子里,我曾想到要送她一笔钱,使她的晚年能过得好些,可是,我没有法子找借口,这样一直拖延着。到了前天,前天正是十五,没有再做到梦,我知道有什么变化,立刻赶到新竹,果然,她已经死了,死在火炉旁边,火炉上煮着快要熟了的龙眼粥。”

4.

“永思,”他说,“我是太疲倦了。”

我不知道我应该用什么言词安慰他,我从沙发上拉起他,扶他上床。他像无助的孤儿,把脸埋到枕头上。我把蚊帐压牢,外面风暴仍在吹着,从电线上掠过时发出的凄厉的呼啸,给人一种荒漠的无归宿的感觉。我出神地看着那电灯,那电灯并不能告诉我什么,我也没有想什么,我只是感伤,我离开故乡已经太久了,在故乡,我有一个姐姐。于是我把电灯关闭,摸索着躺到床上,头像被一个沙袋压着似的那么沉重。

强水街

1.

我记不得,那一天我为什么事情找魏博的了,他是一位有名的外科医生,年纪苍老而性情暴躁,诊所开在襄阳路,但他租的公寓房子却在呼伦河街。呼伦河街既没有河,也没有任何可以和河字联在一起的水塘,那里只是近郊一带高级住宅区,宽大的柏油路像美女头发一样漫长而乌亮,人行道上种着法国梧桐,整齐庄严地沿着短墙篱笆排在两侧。叶子浓绿,浓绿上浮着一层免不了的灰尘,秋天的惨红斜阳低垂在大道尽头,景色活像一幅油画。那真是住家的好地点,一个人和无情的社会凶猛搏斗过一天后,退回到充满了安静温暖的堡垒里,舐着身上的伤痕;或倒到床上,恣意地休息;或到马路上轻松地散散步,使精力恢复,等待着明天再度的出击。我是经常去那边看魏博的,每一次去我都升起这种感觉。

后来我想起来那一天找魏博,可能是商谈儿童医院募集基金的事,他是全亚洲鼎鼎有名的外科医生,除了没有结婚外,他有很多地方使人惊讶,最使人惊讶的是他至少拥有半个金矿的巨资,只有他有力量负担一半经费,而他却是有名的野牛脾气,而且一毛不拔。我自告奋勇去找他,并不是我对我自己有什么信心,我可以说一点信心都没有,我是病人福利协进会会长,好多次因公因私和他有过接触,每一次他一定会有一番和他年龄不相称的咆哮,用茶杯照我门面扔过来,然后唤仆人把我赶走。那一天我去的时候,决心接受任何形式的挑衅,准备和他大吵大闹。结果却竟然没有,不过我的任务也丝毫未能达成,他向我说了很多的话,以致我跟他走了不少路,听了他不少故事,终于使我连为什么而去都忘记了。一直到现在,我仍疑心那一天去找他,准是冥冥中的主支配着我,使我误以为身有要公,不由自主地前往拜访,为的是要把那桩父女间的至情,显示给我。

我想我是一个不信鬼神的人,科学越发达,鬼神的领域越小,也越变得不可思议,一个人死后,他的精神何在?那种使他说话、思想,使他爱、使他恨的东西失散到什么地方?如果说根本没有那个东西,不但是不可理解的,也是脆弱的人类所不能忍受的。但如果说这世界上真有灵魂,它们又住在何处?又去向何方?而且明明的,人死如灯灭,也实在无法证明竟然还会有一个没有躯体的东西。对于无法证明的,我在自尊心上不能去相信,魏博也是如此。他在学生时代,有一次,在一个风雨交加的晚上,去荒坟上挖开坟墓,把棺材打破,背了一个脖子上还套着麻绳的尸首回来,那尸首正是白天刚绞死的囚犯。那时的社会风气还不太能忍受解剖,所以师生们不得不暗中行窃。他因那一次的壮举而大享盛名,别人都说他胆大,他严厉地否认他胆大,犹如去馆子吃饭,胆量大小有什么关系?他不承认有鬼,他去坟场和去饭馆一样平淡无奇。

然而那都是四十年前的事了,时间和年龄,使很多在年轻时坚定不移的信念,发生动摇,或发生改变。这不是说老了便昏庸了,固然有些人老了便昏庸了,但有些人却不是,而是他们接受了新的——新的事实、新的观念和新的发现。魏博对鬼神的态度,使他快快乐乐地活下去,内心没有一点恐惧,更没有一点歉疚。不过他现在终于发现上帝创造的宇宙,并不像他年轻时所想象的那么简单,但他仍快快乐乐地活下去,甚至比从前更快快乐乐,而且充满了慰藉和平安。在那一天拜访他之后,我们虽没有再谈到儿童医院,也没有再谈到其他什么故事以外的话,但所受益处,将千百倍超过谈到的那些。

2.

当我按下电话的时候,我脑海里已设想好几个镜头。最普通的一个镜头是,魏博一听说是我,在他的暗示下,那仆人会砰的一声关住大门,不管他用力的程度是不是有撞破我鼻梁的危险。出我意料之外的是,开门的竟是魏博本人。他穿得整整齐齐,雪亮的皮鞋配着他那半白的头发,提着老资格标记的破烂而臃肿的大皮包,我知道他正要出门。

“对不起,大夫。”我抱歉说。

“我有事要出诊。”

“恭喜你,大夫,你平常是从不出诊的,我想今天的病人一定财势双全,或者是一个有充足权力帮你买外汇的高级官员,对吧?当然有很可观的收入了。”

“是专门来讽刺我吗?”

我这时才发现是我比他先要发火,而他不狂叫狂喊已是我的福气了。我只好忍耐住我的失望,同时我在他脸上看到一种他从来没有过的神色——一种不屑反击的神色。我几乎怔在那里,而他的仆人却适时地在他身后追出来。

“先生,小姑娘的电话。”

魏博转身回去,六十五岁的老人,像小伙子一样健步如飞,只几步就跳上台阶,那种因太多的钱堆起来的架子霎时无影无踪。隔着一层纸窗,我听见他的声音,柔和得像一个面对着被宠坏了的女儿的父亲,但我知道他迄今连太太都没有。

——“孩子,我正是要去。你爸爸怎么样?”

——“我怎会骗你。不过你爸爸年纪太老了,我一定用心替他治疗,我一向用的全是最贵重的特效药。”

——“孩子,上天会保佑你的。”

放下电话,魏博回到门口,眼中流着奇异的光,我以为他决不会再理会我而一直冲出去的，但他却在我身旁停住。

“阁下，”他说，“你如果有时间，陪我去看一个病人，他是我老朋友。一颗除了爱没有其他任何妄念的心，使我们成为至友，历久弥坚。”

我们没有坐车，肩并肩走着，我揣想病人家就在附近。我的揣想不错，大概只走了七八分钟，就到了强水街。我不知道那一带的街名为什么都离不开河川，可能当初市区发展时，那里本来沟渠纵横。强水街距呼伦河街很近，明显的对比使强水街更显得穷苦，谁都不会想到就在高级住宅的背后，竟隐藏着一片惨不忍睹的贫民窟。过往旅人是看不见的，一排矗立的白杨和矮林恰恰把视线挡住。住在呼伦河街的人也看不见的，还是那一排白杨树，使得那里的人在心灵上可以没有一点不安。强水街上泥泞不堪，没有下水道，也没有明沟，洗衣服洗菜的水，就倾到当街上，孩子们赤着双脚奔跑追逐，小脚丫踩到泥水上，溅起泥浆。我向他们大声吼叫，一个个带着惊恐的苍白小脸，害怕地跑了。但我蓦地发现那炮仗一样的魏博医生竟然没有一点不愉快的颜色，而且就在我注视他的时候，他却没有管我，一丝慈祥的笑容从眼角堆下，立刻有几个肮脏的孩子转头向他扑来。

“魏伯伯！”他们尖着嗓子喊。

“每个人一包，洋人做的巧克力糖。”魏博说。

他的皮包立刻变成干瘪的了，孩子们震天地欢呼着，然后他又从口袋里掏出几张纸条，熟悉地喊着孩子的名字。

——“隆隆，这是你的生日礼物，一双皮鞋。”

——“小妹妹，你这一次月考一百分，我送你奖品，半打奶粉，明天请你爸爸凭条去取。”

——“…………”

孩子们更欢呼得响亮，这不是我所知道一文钱便是一条命的魏博，他有一次为了一笔很少数目的诊费，不惜到法院告一个部长。

“谢谢魏伯伯！”大家喊。

魏博把孩子推开，挥着手，解释着他必须去看陆伯伯，陆伯伯的病很重,只有改日再玩了。我疑心一定是我发了疯,否则我眼前不致出现这种我不懂的镜头。魏博这时候走到前面,我紧紧地在身后跟着,最后他走进一条巷子,停在一间木屋跟前,墙板上的柏油早已斑斑剥落,门上贴着那张破碎得只剩下一窄条的春联,像草绳一样被晚风吹动,击打着薄薄的门板。魏博敲了几下,没有人答应,他把门推开走进去。就在当门床上,躺着一个病人,被开门的声音和我们的脚步声音惊醒,睁着无神的眼睛望了一下,又合起来。

"陆先生。"魏博喊。

病人没有说话,魏博按他的脉搏,然后掀开那显然是新做的夹板,观察他的下肢。两条腿从膝盖那里锯断了,绷带上仍染着血渍。小木屋里在从窗户那里透进来的斜阳下,显得非常潮湿,也使我清楚地听到病人口中发出的哮喘。

"陆先生。"魏博大声喊。

这时候,不少男人和女人,悄悄地走进来,他们蹑手蹑脚,围绕着病榻。后来我知道他们都是病人的邻居。其中一个人低声地对魏博说:

"大夫,今天下午他的精神忽然很好,和我们谈了很多,自他的腿断了后,还是第一次说这么多话。"

"药吃了吗?"

"没有,勉强喂了他,都吐出来。"

"饮食怎么样?"

回答的是摇摇头。

"双腿使他沮丧!"魏博叹气说。

医学上的事我一概不懂,但我对魏博不立刻采取诊治行动感到不满。在这一点上,魏博露出他一向那种高傲的态度,他对我脸上的表情轻蔑地瞥了一眼,然后低头沉思,停了半天,大概是围在门外孩子们的小小唧咕声把他唤醒,他向邻人们挥手,大家遵命退出去了。魏博把手放在病人的鼻子上,然后轻轻地走到床后面一间小套房里。我不能忍受他对我的冷落,就也跟了进去。就在那小套房里,放着一张孩子睡的小床,破烂不堪的枕头正摆在床头,床的另一端是一条也同样破烂不堪的棉被,但它们都清洁整齐,不过魏博双手按下去的时候,他的手指带起上面的灰尘,使人想到已很久没有睡过人,或很久没有人用过了。

魏博就坐到那小床上,用他那满是青筋,但充满了力量的手指抚弄着枕角,仿佛不知道有我存在,像回到他自己的家里一样,他熟悉地把钉到墙上的幔布拉起,里面挂着一件深红色的大衣。那是一件十岁左右女孩子穿的大衣,他把它抓到手中,怜惜地抚摸着,从那大衣口袋中掏出一个破损了的塑料娃娃,举到胸前。我看见魏博闭上眼睛,嘴唇不断地颤动,他那一向强壮的身体,忽然显出可怕的衰老。

"你干什么?大夫,"我说,"告诉我今天所看见的是怎么回事?"

魏博用严厉的目光制止我说下去。

"我不管那么多,"我说,"病人恐怕要死了,你身为医生,却在这里做出奇怪的动作。"

他几乎要大声呼喊,但"病人要死了"那句话使他像年轻人一样猛烈地站起来,只两步便跳到病人跟前。

"陆先生。"他摇病人。

没有言语。

"陆先生。"魏博吼道。

病人在归向他永恒的途中被魏博的吼声拉回,他茫然地睁开一下眼皮。

"陆先生,"魏博用苍老的声音说,"见了玲玲,告诉她我爱她,不要不来看我。"

病人闭上眼睛了,我发现房子里再度挤满了死者的邻人好友,两个穿着比较体面的人物,在大家痛苦而不安的眼光下走到魏博跟前。

"大夫,您——您没有什么事吧。"

魏博说:"当然没有,陆先生的后事……"

"我们会负责的。"

"玲玲什么时候回来?"魏博说。

木屋像废墟一样地被流沙淹没了，有的人惊骇地“呀”了一声，接着开始哭泣。魏博和我离开强水街，他不讲话，两个人之间沉默得像走向决斗的情敌。我想我应该先开口，我说：

“想不到你还有穷病人！”

等到说出口我才自恨我实在没有一点口才。

“到我家吃茶，”他说，“我要告诉你。”

3.

在魏博宽大得足可以容纳整个强水街的客厅里，仆人朝我望了冷漠的一眼，为我和他的主人各斟上一杯浓茶。我和魏博几乎处处相反，我不喜欢浓茶，只有每天都要塞一肚子肉的人才喜欢浓茶解腻。所以我没有动它，他递给我一支烟，这是很少见的礼貌，平常他从不礼让任何人。

“不。”我说。

“不肯吸或是不会吸？”

“我来这里只是为了听你的故事。”

“我似乎有点喜欢你了，”他说，“你的性格好像也十分倔强，但我事实上恐怕是比你更不可理喻。我不能不拒绝有些病人的邀请，一个健康时越狂妄、越不可一世的人，一旦病倒，就越是怕死。只要你教他不死，要他的影子他都肯的。而他家属对他病况的关心，往往差不多完全建筑在他死后的财产分配上，只有没有什么获得的人，才是真心地爱他。那种气氛使我愤怒，看不起他们，我想呕吐。”

“你是有名的乖戾分子。”

“是的。”

“但，我想你一定有了什么改变，你对穷苦的陆先生竟不如此。”

“一点没有改变，”魏博说，“人格可能有改变，个性不可能有改变。”

“关于陆先生——”我说。

“半个月前的一天,那一天整整下了二十四小时的滂沱大雨,每一滴雨都要增加一滴寒意。早上我去诊所的时候,穿着西服系着领带,还嫌闷热,晚上回来,已觉得有一种浸骨的凉;用一句诗意的话说,那就是秋天真正的深了。我那一天回来得特别晚,一个经营水泥的富商害上肝癌,为他做切片做到十一点,当然不是我在做,但他那巨额的诊疗费使助手们一致要求我留下来加以判断。你笑我吗?没有关系,任何没有钱的人我都不为他工作。我从小爬到街上捡人家扔掉的腐烂东西吃,没有人怜悯过我,我靠着无情的刻苦,才挣扎到今天。”

魏博弹一下烟灰。

“我到家时已十一点,”他继续说,“那一天仆人恰恰请假,我不得不自己开门。司机把车子驶走了,车子的尾灯像流星一样被大雨中的黑暗吞没,我进了屋子,迅速把恶劣天气关到门外,风声和雨声像噩梦一样被房子切断,我想到的第一件事便是痛痛快快地洗一个热水沐浴,在我看,沐浴应该是人生最大的享受。而这时候,电铃响了,那是轻轻地一按,足以说明客人具有良好的教养,不过便是再有教养的客人都不能使我高兴,我隔着房门大声问,是谁?没有回答,大概是听不见的缘故,接着电铃又第二次地怯怯响了,我只好把门打开。

“进来的是一个十岁左右的小女孩,她脱去身上纸一样薄而且僵硬的劣质雨衣,赤着的双足上全是泥水,把地板踏得湿淋淋的一摊一摊。我几乎要怒叫起来,没有一个人敢这样糟蹋我的客厅,即令是一个百万富翁。可是那小女孩的样子使我发不起脾气,她畏缩地站在那里,努力使她雨衣上的雨水不要滴到地板上,像一片在暴风中抖擞的枯叶。于是,我看出我的童年,对大人害怕得要死的童年。

“‘你有什么事?’我问。

“她用惊慌的小脸看着我,‘大夫,’她说,‘救救我爸爸,求您去看看他。’

“‘他有什么病?’

"'不知道,他两条腿肿得像桶一样的粗,日夜呻吟着,请你无论如何去救救他,大夫。'

"'你家在什么地方?'

"'强水街。'

"'强水街?强水街在哪里?我从没有听见过强水街,一定在别的县城。'

"'强水街就在附近,啊,大夫,您太好了,您答应可以去,是吗?我指给您看。'

"阁下,小女孩欢天喜地地跳到窗口,踮起脚尖,把脸压到玻璃上,显然的不会看到什么,她失望地转过身来,壁灯正好把她笼罩在光圈底下,好像是个炭画上的人物,但惨淡的神色仍遮不住她的清秀眉目,她真是一个可爱的小女孩。假如那一天不是倾盆大雨,而是一个晴天,我可能跟她去的。偏偏那一天风雨不停,我撩起窗帘,雨珠正在窗玻璃上翻江倒海似的滚动,而且突然想起汽车已开走了,没有交通工具,和一个小女孩在雨水和泥泞中走那么一段路,只有傻子才会干。我就告诉她,我不能去。

"'大夫,'孩子喊,'您不去,我爸爸会死的,他是一个最好的爸爸。'

"'你教我和你一道淋成落汤鸡吗?'

"'不,大夫,是我淋雨而您披我的雨衣。这是上好的雨衣,爸爸亲自放到我身边送给我的,您拿去,大夫……'

"她那小小的心灵以为她已替我解决了难题,抓住她纸一样的雨衣,跑上来递给我。我当然不会接受,为了我亟待休息,我厉声说:

"'你先回去吧,等我明天再去。'

"'爸爸会死的。'

"'出去!'

"'大夫,'小女孩哭道,'您也嫌我们穷,是吗?我愿做您的侍女,天天晚上为您擦地洗衣,大夫,大夫……'

"'滚出去。'

"阁下,那小女孩终于哭着走了。"

4.

魏博面前烟盘已堆满了他掷掉的烟屁股,仆人走来把它倒掉,那长长的烟蒂说明他可能不知道他是在吸烟。

"大夫,我想你一定看透了那小女孩没有钱。"

"是的。"

"便是汽车在家,你也不会去。"

"是的。"

"便是天不下雨,你也不会去。"

"是的。"

我屈服说,"好吧,你说下去。"

"那小女孩走后,我陡地懊悔起来,但她既然已走了,我也把它忘了,作为一个医生,太习惯病人家属那种愁苦而哀恸的表情,所以都学会了忘记的课程。我的忘记很有效。第二天,雨过天晴,当太阳照到窗上,把我惊醒的时候,小女孩的影子也消失了。

"第二天一天照例很忙,但我没有再看那无聊的切片,所以很早便回来了,而且吃了一顿丰富合口的晚饭。晚饭后,坐在客厅看当天的晚报,我记得那一天最热闹的新闻是一家皮鞋店起火,成千双皮鞋在火窟里化为灰烬。那一把火烧得真好,假使在烧之前有人建议拿出来到贫民窟送人,恐怕没有人会肯。于是,我很烦恼,天已经黑了,我出门散步,我并没有每天散步的习惯,我只照着我自己的乐意去做。那天晚上,我沿着大道,盲目地踱着。晒了一天太阳的大地,仍像蒸笼一样潮湿,任何有常识的人都应该知道在那种天气下,不适宜到草地上的,我却忽略了,我离开了大道,沿着小径,不远就走到一座公墓,那一带全是野草,我想穿过乱坟到西桥路再折回来。

"想不到刚走过乱坟的时候,一副冰冷的牙齿插进我的小腿,我可能踩了一下它的尾巴,那刺骨的痛苦,和洁白如昼的月光下那迅速逃走的花斑油亮的身体,我知道那是一条百步蛇,我立刻想,我是死定了。如果我走回去,至少要半小时,势已不能再救;如果我呼喊,在那荒野,没有人会听得到的。我只有努力镇定,坐了下来,想用口吸出毒液,但我偏偏刚拔过牙,还没有完全复元。阁下,一切使我绝望,一个医生死在毒蛇之口,那简直是一个绝大的新闻,供给世人太多讥刺的材料。我只好试探着站起来,能走多远走多远。我忽然落下了眼泪,为我的生命悲,我还有很多事情要做。

"而这时候,我看见昨天晚上那个小女孩,她仍是赤着双脚,那件可怜的雨衣,叠得整整齐齐挂在左肩上,不知道她什么时候就站在我的身旁,一线希望从我眼前升起。

"'小姑娘,'我说,'我被毒蛇咬了,拜托你到我家里——你是知道的,通知我的仆人,把我的手术包送过来,我会好好地谢你。'

"我真怕她拒绝我,我的生命握在她手中,伤口的痛苦正在扩大,我几乎察觉出来毒液在血管中滚动的声音,我惭愧向一个我不屑帮助的孩子求助,但我别无他法。一霎时我身上的汗像暴雨般淌下来,我想到如果是我,我会无情地加以拒绝。

"然而,那憔悴的小女孩却惊讶地望着我。

"'那您会等不及的,'她说,'爸爸说被毒蛇咬了最好先用嘴把毒汁吸出来。'

"'对的。可是小姑娘,我牙床出血。'

"'我可以为您吸。'

"'孩子,'我说,'我会给你最大的报酬。'

"'我不要报酬,大夫。'

"那女孩俯到我腿上,像一个单薄的稻草人,两条辫子垂到小径上,双手掬着伤口,因过度用力而身子佝偻成一团,一口一口紫黑色的污血吐出来,一直到吸出来的血变成红的颜色。她向我看看,我才示意叫她住口。

"'孩子,'我说,'谢谢你,我已经没有危险了,麻烦你,再去我家里一趟,叫仆人接我回去,稍微再加包扎,我就跟你去看你爸爸。'

“‘不，’女孩子吃惊说，‘我知道您只是骗我，您永不会去的，邻居们都笑我不该去求您，我们没有钱。’

“‘我向天发誓，我一定会去的。’

“小女孩高兴地仰起她的小脸，像用石灰铸出来的灰白小脸上，露着天真的微笑。

“‘谢谢您，大夫，’她颤抖说，‘我可以每天晚上去您家做工。’

“‘不，孩子，我不但要为你爸爸看病，还要送你上学读书。你爸爸同意吗？’

“‘他会很高兴的，他是最可爱的爸爸。可是，’小女孩害怕起来，她嘶哑说，‘不要告诉他，不要告诉他。’

“‘放心吧，小姑娘，我会照你的意思做。’

“阁下，这是我为什么到强水街去的原因。”

魏博又燃起一支烟，这大概是他第十，或是第十一支了。

“那小女孩的父亲就是今天病故的陆先生。”

仆人再为他斟上茶，看了一下我的茶杯，仍然是原来的那一杯，我躲过仆人惊奇的视线。

“今天我们没有看见那小女孩。”我说。

“没有人能看见她，”魏博说，“小姑娘先我而回家了，我随后按照地址赶到，一直到那天，我才知道贫民窟就在我们脚下。我进门时几乎被一种难以忍受的臭气逼退，在六十度暗淡的灯光下，陆先生躺在那里呻吟。他是一个码头苦力，因被排水沟绊倒而双腿折断，我想我前一天去可能有救，但那并不一定，他那双腿已经折断一个星期之久，没有钱医治。就在当天晚上，我为他开刀，我不能不为他锯掉双腿，以求万一。但他今天死于血液中毒，我预料会这样的，他耽误得太久。

“在医院的两星期里，我一直没有看见那小女孩。两个星期后，送病人回家。一天，我再去探望，陆先生神志清醒的，和围在他床头的邻人们，一再向我致谢。我对任何致谢的言词都没有兴趣，我急于要做的是一件违背诺言的事，我的个性如此，我走我自己认为对的和内心平安的路,不为外在的东西拘限。

“‘陆先生,你要好好地养病,痊愈后可配上义肢,到我诊所帮忙。你不用感谢我,真正的倒是我应该感谢你那孝心的女儿,你的女儿很好,是她请我来的,看样子她没有好好念书,我要征求你同意,我要收她做干女儿,我要送她上学。她到哪儿去了?’

“突然间陆先生仰起身子。

“‘大夫,您说什么?您说她请您……’

“‘是的,那是……陆先生你怎么啦?’

“屋子里每一个眼睛中,都射出惊骇的光芒,但那光芒在听了我的叙述后,一瞬间就变成眼泪和呜咽,陆先生更是放声大哭了,他抱着头狂喊:

“‘儿啊,儿啊,你死后还不忘可怜的爸爸。’

“你明白了吧,玲玲是半年前死的,做父亲的没有钱为她买鞋子,只为她殓葬了一件纸糊的雨衣。”

5.

“我要告辞了。”我站起来说。

魏博没有动。

“玲玲,”忽然间,我听他说,苍白的头发下显露出来的不再是坚强的医生,而是一个无依无靠的孤儿,“我怕你连电话都不肯来了,我焚烧的新衣新鞋你穿着合适吗?你要找你妈妈,找到了吗?你已经和你父亲见面了,他的后事自有我安排,孩子,当你欢乐的时候,千万想念另一个世界上倔强的老头子,他孤单凄凉,和伪善对抗,孩子。”

我不打扰他,他像融化的雪人似的靠在那里。我走到门口,忘记我是为了什么找他。但我又折回来,把那杯茶一饮而尽。

沉　船

1.

陆明接到了那封信。

他一直目不转睛地盯着那邮差，而且看着那封信投进门口信箱。在五层楼上，他隔着窗子，俯瞰着一览无余的大街和灰暗而阴郁的人行道，那邮差的单车像一匹高龄的骆驼，缓慢而哮喘地挣扎着过了马路，消失到对街另一条巷子里去了。

那封信被工友送到陆明手里，陆明把它拆开，抽出两张一看就知道是廉价货色的信纸。信纸上的字写得很小，他只好戴上眼镜，再按亮桌头的台灯，从那使他惊讶的称呼，和非常熟悉但却一时想不起来是谁的笔迹上，他闻到一股类似药罐里发出的霉味。于是，他迫不及待地翻到最后一行，看那写信者的署名。刹那间，他浑身肌肉缩成一团，满是白发的头不由自主地垂到双臂里，下巴剧烈地颤动着，像一个身负重伤的老兵，蜷卧在战场上的狐穴里，泥土正逐渐把他淹没。

办公室所有的视线都集中到他们经理身上，陆明的秘书悄悄走到他身旁，陆明适时地抬起头，衰老和忧愁压碎了他，但他的听觉和心智还不迟钝，他听到皮鞋声小心地在他跟前停住。

“有什么事情吗？”他说。

“我是想问，经理，”秘书说，“你有点不舒服，是不是需要请医生？”

“我很好。”陆明说，把信迅速地折起来。

“有人勒索吗？”

“你推测得太离谱了。”

秘书搭讪着走回他的座位，陆明等到大家的眼光缩回去之后，把放回到皮包里的那封信重新拿出来，再谨慎地放进上衣口袋。这时所有的窗玻璃都发着要破裂了似的震动，街上一个行人的帽子被吹掉到地上，像踢进十二码足球一样顺风飞滚着，那人在后面飞奔狂追，幸而拐角处有一个学生站在那里等公共汽车，跑上去代他抓住它。

“今天各位早一点回去吧，”陆明说，“注意门窗——有什么进一步的消息？”

“刚才打电话问过，”秘书说，“台风大概午夜一时登陆。”

“那么，各位先回去吧，大雨可能马上就来。”

大雨在他的话还没有说完便倾盆而至，那被劲风击打得快要破裂了的窗玻璃上，眨眼间布满了豆大的水珠，接着所有的水珠融结成一片瀑布，滚滚不停地倾泻而下。陆明挥挥手，职员们开始退出了，一会儿工夫就只剩下他一个人端坐在那里。他聆听着，每一个职员下楼时的脚步都像结婚时教堂里的钟声，那是孩子奔向母亲、浪子奔向情人的兴奋的脚步，他猛地醒悟到他自己一向下楼的脚步是太滞涩了。

他最后一个离开办公室。在汽车里，他听到广播，台风正以五十公里的时速前进，登陆的时间可能提前。

“注意，”突然，广播员说，“本台刚收到海上呼救信号，我们不知道确实的位置，信号简单而断续不定，一艘轮船被台风吹出航线，触礁漏水，现在正在下沉，救护站注意，它现在已经报出位置了，东经……”

陆明从司机老张的脸上看出严肃的表情。在家门口下车的时候，老张脸上的表情还没有变。陆明在大雨中按门铃，门打开了，老张才仓皇地追上来，他忘记像往常一样按喇叭，也忘记自己先跳出车子撑伞把主人送上台阶。

“对不起，”老张看着他主人身上的雨水，恐慌地说，“经理，我被那条船吓呆了,我还在想……”

“没有关系。”

“那船不会得到救援的。”

“为什么。”

“这么大的风,海上恐怕和煮沸了一样。”

“你担心什么吗?”

“那可怜的一船生命,尤其是上面的孩子。”

陆明叹口气。

“晚上还用车吗?”老张说。

“用车,听我随时叫你,我有重要的事要到医院去一趟。”

开门的是刘嬷嬷,她把陆明接进客厅,一面为他拿拖鞋换衣服,一面埋怨老张糊涂。

“孩子们呢?”陆明说。

“都回来了。”

“在什么地方?”

“楼上。”

陆明抓着自己的头发,湿淋淋的雨水顺着手腕往下流。窗外,像堤坝崩裂了似的,冲下来的大雨,发着隆隆的呼啸,那呼啸无情地击打着他的胸脯,每一阵震天的响声似乎都要敲断他一根肋骨。

嬷嬷吃惊地看着他,她已嗅到了异样的气息。

“关上灯。”陆明说。

嬷嬷按下开关,房间陷于像午夜一样的黑暗。

“发生了什么事吗?”她说。

“没有。”

“你和平常不一样。”

“一样的。”

“姑爷,”嬷嬷说,“你怕我看见你哭吗?”

陆明想表示反抗地哼一声,但他没有做,只把身子软弱地靠到沙发上。

“十二年前,姑爷,是我第一个看出你不对劲的,现在,我又看出点什么,不要瞒我,我已经很老了,你知道我多么害怕你再伤心。”

停了很久。

“是吗? 姑爷。”

“小姐回来了。”陆明说。

客厅里寂静得像一座古墓,陆明听见蚂蚁在墙角爬动的声音,也听见嬷嬷在那里抽泣,一件玻璃东西掉到地上跌破了,那是嬷嬷的老花眼镜,她颤抖着倒到沙发上,声音像从水管里滴出来。

“姑爷,”她说,“小姐在哪里?”

陆明告诉她。

“我要见小姐一面,”嬷嬷说,“她母亲把她交给我,她在我怀里长大,和我的亲生女儿一样。”

“我知道。”

“我爱她,姑爷,无论她做出什么事,我都爱她。”

“我知道。”

“但我也要问她,当初为什么要那样?”

“不要责备她,嬷嬷,开饭吧,我要告诉孩子们这件事。”

“你怎么说呢?”

“我会说的。”

2.

晚饭后,暴风雨更加紧急,在照耀得如同白昼的客厅里,收音机继续不断地在广播台风消息。台风前进的方向不变,速度却在加快,登陆的时间可能提早到午夜十二时。

陆明走过去,把电钮关掉。

“我要听,爸,”莉莉说,“不然大水万一来了,会把我们冲到大海里去的。”

“没有那么大的水。”

“我还要听沉船的消息，弟弟也要听的，电台上可能随时报告出来，我一想到有七八百个大人孩子在狂风暴雨的大海里挣扎，心里便像刀割的一样。”

“爸，”十三岁的弟弟问，“他们会死光吗？”

“念其。”莉莉喝他。

“你凭什么对我凶？”

“听爸爸给你们讲话。”嬷嬷说。

“救护站会救他们的，对吗？”莉莉说。

“对的，孩子。”陆明说。

“他们会派飞机吗？”

“很少有飞机能够进入台风圈，而且即令进入台风圈也没有用，飞机不能抛下绳子救人。”

“海军会不会出动军舰？”

“会的，大概会的。”

姐弟们像得救了似的长长吐一口气。

“安静点！”嬷嬷说。

“军舰不怕台风吗？”莉莉说。

“安静点，”嬷嬷说，“爸爸有话要告诉你们。”

“妈妈的墓会不会淹水？”念其说。

莉莉说：“妈妈生前最怕雷，我们快去把遗像放到被窝里。”

“不要动，孩子，台风时是没有雷的，有雷就没有台风了。坐下来，我就要告诉你们关于妈妈的故事。”

念其首先抢到一个有靠背的沙发，莉莉像小女孩一样攀住父亲的脖子。陆明抱着她，怜爱地拍着她的背，然后推给嬷嬷，她把她挽到身旁坐下。

“孩子。”陆明说。

“给爸爸点上烟。”嬷嬷说。

莉莉和念其同时跳起来，作弟弟的念其一把便把火柴抢到手，藏到背后，向堵着他去路的姐姐愤怒地注视着。嬷嬷拉住莉莉，说了几句任何一个十五岁少女都愿意听的话，才把她重新拉回座位。

“孩子，”陆明说，“好好地坐在那里，听我告诉你们一个比霹雳还要惊人的消息，当然是好消息。”

“给我买一辆脚踏车吗？”念其说。

“不要插嘴。”莉莉说。

“你们以为妈妈死了吗？”陆明说。

姐弟们茫然地看着父亲。

“听我说下去，”陆明吐出一个烟圈，思索着，迟疑了一会儿，终于慢慢地说，“我很惭愧，瞒了你们这么久，为的是怕你们思母过度，所以决定不如索性叫你们只悲痛一次。”

孩子们吸了一口气。

“你是说，爸，妈妈没有死？”

“是的。”

霎时间天地间只剩下窗外咆哮的风雨。

“你骗我们。”孩子们眼睛里充满了唯恐被否定了的迫切希望，向她们的父亲喊。

“让爸爸详细讲给你们听。”嬷嬷说。

院子里发出刺耳的响声，那是厨房马口铁雨篷被吹掉下来了，暴风像鼓动着翅膀刚从大海里爬出来的太古怪兽，呼啸而猛烈地扑打着玻璃窗。窗玻璃上的雨水像凝固在上面一样，房子仿佛已经沉入海底，念其不安地走到父亲那里，坐到沙发臂上。

“孩子，”陆明说，“你们已经知道妈妈是一个漂亮的女人，她的人比相片还要美，但你们还不知道，妈妈还是一个有智能、有魄力、有高尚品格的女人。孩子，你们应该以母亲为荣，她非常爱你们，她到南极探险的那一年，莉莉才三岁，念其也只一岁，她真舍不得离开你们，她临走时，抱着你们，一直哭到声嘶力竭。”

“小姐，啊！”嬷嬷说。

“爸不在跟前吗？”莉莉说，“为什么不劝她不去。”

“我不能劝她，她做的是一件对全人类都有贡献的工作，她乘的那一艘破冰船,当天晚上便离港向南极出发了。"

"妈一个人去的吗?"

"当然不。不要打岔,让我说下去。她走的那天,天气非常奇怪,太阳高悬在空际,只有薄薄的几块云,但却一阵接连一阵地降着雪花般的轻飘飘的雨,稍微有点常识的人,用不着听气象台报告,就可看出那是台风的朕兆。但妈妈是个大无畏的女人,科学界给她重大的责任,使她不能停留下来。她终于走了,走的时候天上还有月亮,也有星光,假使那艘破冰船的速度能快四倍该多么好。"

"爸,你没有送妈妈吗?"

"我是得到信息后赶到码头上送她的,"陆明说,声音很低,"孩子,你们知道我多么骄傲,像送出征战士一样,我送她走上甲板。船在汽笛高鸣下缓缓驶出港口,妈妈为了放心不下你们,而伏到栏杆上哭泣,一直到现在,我眼前还看见她那伤心过度而耸动的影子。"

"但她还是狠心丢下我们。"念其说。

"这不能怪她。"

"小姐,啊!"嬷嬷说。

"我回家的时候,你们还都睡得正甜,嬷嬷也睡得很好,我把她唤醒,她还不知道家中已发生变化。于是,对了,我扭开收音机,听台风的消息,几乎在扭开收音机的同时,暴风雨忽然无边无涯地降下来,和今天晚上的情形一样,不过那天只有我一个人坐在这里,电台上报告说,本来预测要在五个小时后登陆的台风,因方向转变,速度更快,将于两个小时内登陆。"

"小姐,啊,小姐!"

"嬷嬷,"莉莉说,"你今天怎么改口叫起我小姐来了。"

"我不是叫你,孩子,我是叫你的妈妈。"

3.

"从那个时候起,"陆明说,"便再没有听到妈妈的消息,也再没有听到那条船的消息了。救护站在台风过去后曾出动过飞机军舰到海上寻找,所看到的只是一片油渍,和一些破碎的船板。当时的判断船是沉了,全船的人都葬身海底。"

"可怜的妈妈。"莉莉说,姐弟二人眼睛中滚动着泪珠。

"然而,事情的变化却出人意料。"

"船没有沉,是吗?"莉莉渴望着说。

"船是沉了,但妈妈在海上漂流了三天三夜之后,被附近岛上的土人救起。沉船时她的头撞到铁板上,使她失去了记忆,被救起来后,忘记了她是谁,就在岛上一所学校里教中文,生活过得还相当的好。不过,孤零零的日子,和她总觉得她有一个丰富往事的疑虑,使她衰弱。上一个月,她病倒在床,却忽然恢复了记忆,她想起她的乳母、她的丈夫和她的孩子。"

"小姐,啊。"嬷嬷呜咽说。

"妈妈是昨天回来的,"陆明说,"住在平安医院。"

"可怜的妈妈!"莉莉哭了,她扑到父亲怀里。

陆明像抚拍婴孩儿似的抚拍着女儿,茶几上烟灰缸里已塞满了烟屁股和火柴梗,他在女儿额上吻一下。

"你们在家里等着,我和嬷嬷先去看妈妈,再教车子回来接你们。"

"我们也要去!"

"当然你们也要去。"

"我们现在就和爸一块儿去。"

"听爸的话,孩子。"

外面的风雨正逐渐加凶加猛,汽车像一只脆弱的小甲虫一样,在寂无行人的马路上蠕动着,一寸一寸地前进,两道车灯的光被刀一样的风锋切成碎片,然后再由瀑布般的雨丝把它织起来。

"小姐的病一定很重。"嬷嬷在车子里说。

"不知道。"陆明说,他的话只有自己可以听见。

"应该让孩子和我们一块儿来。"

“他们稍后一点来是对的。”

“为什么?”

“我先要告诉他们的母亲,我对孩子刚才讲的那些话。”

“信是下午收到的吗?”

“是的,”陆明说,停了一会儿,长叹一口气,“嬷嬷,每一个帮助妻子成名的丈夫,都是蠢猪。”

“我反对过的,姑爷,都是你鼓励她演话剧,鼓励她演电影;为她的演出辛苦奔波,终于弄到那样的结局。”

“我爱她,”陆明佝偻着蜷卧在座位里,“只有我知道她是一个忠厚的人,我那时环境也太困难,而她也太漂亮,漂亮的本身就是一种危险,无论对人对己,都不例外。”

嬷嬷低下头,她仿佛看到四十年前,那个可爱的婴孩,在她怀里啼哭着,张着柔和的小口寻找乳头。

“小姐啊,啊。”

陆明抽出那封信。

“明明——”上面写着。

他下午拆开信,第一眼看到这称呼的时候,曾吃了一惊。对一个年已半百、事业上又有相当成就的企业家而言,这种入骨的亲密呼唤是太突然了。但他现在却似乎倒退了十二年,一股带着颤抖着的温存,像情人嘴唇一样地印到他那已显得苍老的面颊上。

“念给我听听,姑爷。”

陆明从口袋中掏出眼镜,念道:

原谅我,明明,原谅我给你写这封信。我知道你以我为羞,不愿再记得我,但十二年来,我无时无刻不在暗中想你。不要对我讥笑,我不后悔当初硬生生地逼你离婚,我只后悔我竟轻易地抛弃了孩子。美丽、金钱、事业、声誉,能使任何一个人沉醉,也能使任何一个人发狂,我不能例外,但在我获得了它们后,才知道它们并不能代替孩子,何况我如今又丧失了这些东西。

明明,我现在患着严重的子宫癌,一个人躺在床上,隔着窗子,细数着椽头檐瓦，像是细数着我生命里所余下来的不多的日子，也像是当年我细数着酣睡在我怀里的孩子们的呼吸。

我除了恨我自己，我还恨你，明明。是你鼓励我登台唱歌，也是你鼓励我演话剧，进而也是你鼓励我跳进那可怕的电影圈的。这一连串的场合都是吃人的场合，成功的人在欢笑的背后含着满眶眼泪，失败的更不用说了，但任何女孩子恐怕都无法抵抗那种诱惑。你相信我对你的爱，相信我的智能，是的，只有苍天知道，我离开了你之后，才晓得我离不开你，像一株幼苗离不开土壤一样。但当时我对贫穷太厌恶了，而环境又是那样的龌龊，我非离婚就不能受到更进一步的帮助。你把我当作一个不平凡的人，而我却竟比你平常所鄙视的人还要庸俗。

离开你最初的几年，你在报上会看到我的消息。最后几年，一场大病使我憔悴，渐渐的，我发现所有的有钱的男人都离我而去，像廉价小说上所描写的那种堕落的女主角一样。我想找一个归宿，一个男人接着又一个男人，每个人都要用去一些我那几乎可以说是用皮肉换来的钱。我明白，他们不会爱我的，因为，假使我不人老珠黄，成了残花败柳，我也不爱他们。

我痛苦地回来了，最后的一批首饰被最后一个男人悄悄拿走了，这似乎是大多数像我这样的女人必然会有的下场，所以我不难过。我挣扎着回来，回到我永不能忘的这个城市。昨天，再挣扎着走到你那仍没有主妇的家。没有看见孩子，只看见把我抚养长大的嬷嬷。恰好你下班回来，我踉跄地躲开了，像老病的野犬那样昏倒在电线杆那里，警察把我送到医院。

我知道我不会痊愈，医生也暗示过我来日无多，我唯一的希望是，明明，准许我见孩子一面。我现在整个下肢都不能动，但我会爬着前往。

看我们过去夫妻一场的情谊，答应我，我不要求告诉他们我是他们的母亲，孩子无辜，我对不起他们，我这样的母亲徒使他们纯洁的心灵破碎。还有，我还要看嬷嬷，我要像小时候那样偎到她怀里，哭尽我的委屈。

曾一度蒙你爱的其其

4.

陆明把信折好，放回口袋，车外的狂风把暴雨绞成钢索一样，使车子的汽缸像要爆炸了似的发着巨响。世界好像到了末日，正在接受洪水的淹没，嬷嬷低着头嗫嚅祷告着。

“姑爷！”

“嗯。”

“我问你一句话，你还爱小姐吗？”

“啊。”

“真的，姑爷，你还爱小姐吗？”

陆明怔怔地斜靠在那里，从挡风玻璃雨刷器刷出的空隙中，他看到这个城市将被埋葬。

“打开收音机，老张。”他说。

“听台风消息吗？”

“听沉船消息，不知道那条船怎么样了。”

陆明搓着手，他耳朵里充满了万马奔腾的声音。

窗　前

1.

“孩子，”老人说，“你不笑我吧。”

“这句话您问我很多次了，”年轻人说，“我也回答您很多次了，我不笑您，从内心里不笑您。而且，我对您，大伯，我对您充满了敬爱和感激。我记得十年前的情形，父母相继死去，丢下我这个孤儿，是您收留我、抚养我的。我那个时候当然什么都不知道，不过我渐渐地发现您的经济情况也并不太好，岂仅仅是不太好而已，应该说是一天比一天恶劣。然而，您使我受到教育。现在眼看我就要出国了，我不知道我将来应该怎么报答您。”

“我一再说过，”老人说，“我不喜欢听你说这种话，我并不是为了你的报答才把你带到身边的，要知道我和你父亲是亲兄弟。”

“我知道，大伯，”年轻人说，“但我无法把我的感情永远隐藏在心里，像一个老奸巨猾的人一样；不过我以后不再说了。”

“这就对了。坐下来吧，你可以尽管吸烟。”

“我还不会吸，这当然只是指目前，或许将来会吸，甚至有非常大的瘾也说不定。”

“那么，我们可能是同志了，我就是这样喝上茶的。坐下来，对了，不要翻那书，你快成书呆子了。秀琴呢？”

“大概是去买衣服料子。”

“带小孙孙去的吗？”老人说。

“嗯。”

“给她自己买的吗?”

“或许,也或许是给我买的。”

“好消息,”老人说,“孩子,你们两个已到什么程度了?我真是惭愧,不知道别人会怎样谈论我,秀琴是你弟弟的妻子,我痛心你弟弟——我那唯一的爱儿早死,也恐惧我那小孙孙会被带走。啊,人一上了岁数,可能比年轻人还要自私。我同意,不,恳求你接受她的爱吧。你知道当她最初拒绝你的那一段期间里,我多么伤心。现在,她却反转过来了,不是吗?在我们中国社会,我的主张是难得什么赞许的。但是,孩子,我太难安排我的自私了。秀琴只二十三岁,她会再嫁的,王炳文不是一个例子吗?而且任何人都无法阻止她带走她那还没有断奶的婴儿。我不敢想象我的老境,更不敢想象我的小孙孙落到别人家里的遭遇,他能免去他后父的虐待吗?”

“我知道您的苦衷。”

“你应该娶她,”老人说,“为了我,为了她,为了你的亡弟,同时,我愿大胆地说,也为了你,你明白我的意思吧?你们会有一个幸福的家。”

“我明白您的意思,喝杯茶吧,大伯,而且我也会照着您的指示,也是我自己高兴的去做了。您能宽恕我吗?在弟弟和她结婚前,我便爱着她,她那时正在天方女子中学读书,我们是在游泳池里认识的。假使我当时不那么穷苦,假使您当时便是现在这样的家道中落,我和她也许已经结为夫妇了。等到弟弟结婚后,我只有把爱压到心底,然而,我想您会揣测到我是多么痛苦,每天,我看他们携手并肩地卿卿我我,我觉得我快要疯了。大伯,这是我的实际感情,没有一点遗漏。”

2.

“孩子,”老人说,“我多高兴你的坦白,我是看得出来的,而且我庆幸你有这么一段往事。告诉我,现在你们怎样了?”

“现在?”年轻人说,“八个月前,记得那一天,您特地躲开的那个晚上吗?”

“那是过去的事了,”老人说,“我不赞成你总是提起那世界上再也没有人记得的过去的事。而且,如果世界上所有的男女,每一对都是一个单位的话,他们形形色色的结合经过,真要使人眼花缭乱。有的轻易地便获得到了,有的却要历尽千难万难;但只有历经千难万难的婚姻,才能在人们心中留下痕迹,因他们冲破了可怖的暴风骇浪,受到了很多的攻击责难;然而,也只有他们才能尝到真正的幸福,享受到圆满而充分的人生,他们珍惜他们的结合,而他们的结合是建立在真正的爱、真正的了解上的。”

“是的,大伯,”年轻人说,“您说的是真的,但还应该有更重要的一点,那就是,必须是男女两个人合为一体,共同忍受折磨,共同对抗这个世界。假使只剩下一个人,他是没有力量的,他只有衔恨而死。”

“我同意你的看法,”老人说,“不过,假使能够单枪匹马地征服这世界,征服爱人的心,价值不是更高吗?”

“我不能和您争辩,大伯,”年轻人说,“人总是人,不是神,不是兽,更不是哲人们理想中那种毫无弱点的理性的动物。”

“我不一定要你全部接纳我的意见,”老人说,“现在,告诉我最近的发展。”

“自从我得到美国那笔巨额奖金之后吗?”

“是的孩子。”

3.

“我想,”年轻人说,“我还是要提一提过去,那样您才可以明白现在的情形,我想您会答应的,过去的事情虽然不愉快,但是对于我很重要。”

“好的。啊,不要走动,那热水瓶的水还是前天灌的,恐怕早都凉了。"

"秀琴没有给您换水吗?"

"她带着小孙孙,太忙了,你不应该怪她。"

"我不怪她,大伯。"

"不要那个样子看我,她和你吵嘴了吗?"

"没有,"年轻人说,"除了我母亲以外,她是这世界上照顾我最好的女人了。"

"我向你道贺,"老人说,"今天早上,我看见她把牛奶送到你房子里,那时候只不过六点钟,她已穿戴得整整齐齐了。孩子,你知道我故意不用'花枝招展'这句话吗?我因为睡不着,早早地就起来了,老年人的瞌睡总是很少的,所以,我清清楚楚地知道她嘴唇上已涂上口红,穿的是她那在少女时代最受人称赞的白花格裙子,你觉出来什么吗?"

"我早就觉出来了,大伯。"

"这就好了。"

"还有很多您不知道的事呢,我如果告诉您,您不会嫌我太不庄重吧?"

"为什么这样?"

"您要是不愿听的话,我就不讲,我所以想告诉您的缘故,是想做一个比较。不是炫耀,更不是不识好歹,是吗?"

"说下去。"

"有一天,已经很晚,她敲开我的房门,只披着薄薄的睡衣,她猛地抱住我,不由分说地就——唉,叫我怎么说呢,她说她有点冷。然后,她就赤条条钻到我被窝里来。"

"说下去。"

"我给她一个耳光,她哭着踉跄地跑了。"

"孩子,"老人说,"你可以成为圣人了。"

"我不是圣人,我如果是圣人就好了。嗯,我很容易回想到,在发生这事之前,她每天晚上都如醉如痴地缠着我,她经常把她那柔若无骨的右臂,绕在我的背后,扶住椅子的靠背,有意无意地用她的面颊摩擦着我的鬓角,我当时就知道——"

"知道她对你抱着好感,是吗?"

"她曾经向我忏悔,就是我打她耳光的第三天。她坚持要我和她一同去看电影,婴儿在她怀里睡着了,她把头试探着靠着我的肩膀,嗫嚅着说,她是受了弟弟的骗,等到他们结婚之后,她才发现她是爱我的。所以她几乎是一直在心里暗暗地恨我怯懦,她怪我太冷淡,又问我是不是学理工的人都是如此。"

"我知道你为什么要说这些话的缘故来了。"

4.

"别打岔,大伯,"年轻人说,"您要不要一把扇子?这时候用扇子似乎有点早,但今天的天气却特别燥热。好,我不去拿,我继续说吧。去年冬天,当我在灯下准备毕业论文的时候,她悄悄地走进来,没有一点声音,她用一只手掩着我的眼睛,我扭回头,发现她另一手端着一碗莲子粥,热腾腾的蒸汽,在她那像红霞样的面庞上袅袅升起,织成一块飘渺的面纱。她穿着白缎子软底鞋,窄窄的裤角,哧哧地笑着,我漫不经心地接过碗,心里跳动得非常厉害,我忍不住要……"

"你要怎么样,孩子?"

"没有,什么也没有,我在一霎时间改变了主意,只淡淡地说了一声谢谢,就坐下来,没有说第二句话。"

"孩子,"老人说,"你未免过分拘谨了吧。"

"不过分。"

"你是过分了。她是爱你的,你不能使一个为爱你而献身给你的女孩子伤心,那是一种残酷。上星期你患感冒,躺在床上的时候,我看见她在月光下跪到院子里为你祈祷。我本来不晓得她是为你祈祷的,但我听到她呼唤你的名字,而且求上天保佑你。"

“她为什么不跪到屋子里,而偏跪到院子里?”年轻人说,“《圣经》上一再地讲,不要在大街上人多的地方祈祷,而应在僻静的地方祈祷。”

“这有什么区别吗?”

“当然有区别,大伯。我想祈祷有两种:一种是诚意地说给上帝听,另一种是故意说给人们听的。”

“她为什么要如此?”

“诡计,大伯,”年轻人说,“我怕这个诡计。”

“你不感觉到你言重了吗?”

“一点也不,真的,一点也不。”

“一个铁石人都会为她的一片痴心而回心转意的。”

5.

“让我们回到开始时的谈话吧,我想告诉您一些您不知道的事!”年轻人说。

“我已经知道了。”

“但是,我仍要说出来,”年轻人说,“那样才能互相对照,对我目前的决定,才能了解。啊,您的茶是很凉了,应该换一杯;看那茶叶,已经泡不出颜色来了——就是这样,我说下去就是。当弟弟死后一年,我对秀琴只看成是我弟弟的未亡人。因为您的暗示,因为我自己也愿意,我才开始了我的再度追求,可是我所得到的只是白眼。第一次我邀她看电影,在她指定的时间内,我呆瓜似的在电影院门口站了两个钟头。”

“这种事你也在意吗?”

“大伯,您还记得八个月前,你特地离开的那天晚上吗?我趑趄着到她房间里,婴儿已入睡了,谈了一会儿,想不出从什么地方来的勇气,站起来,我激动地握着她的手。”

“不谈了,那已是历史陈迹了。”

“她马上变了脸,尖叫一声,叫我滚出去。她如果骂我是衣冠禽兽,我都会原谅她的。然而,她没有骂,她只拉开抽屉,拿出一张照片,斜着眼,冷冷地举到我的脸上,告诉我他才是她的意中人,马上就要结婚了。她问我无论在年龄、前途、地位、学问、金钱,哪一样比得上他?为什么不买一个镜子照照我的尊容?我羞愧交集,简直无地自容,一直到今天,我都记不清我是怎么走出她房间的了。”

“照片是王炳文吗?”

“嗯,我承认我的确不如他,但我没有失望,我虽一度和她很疏远,只不过是一种痛苦的压制,一旦这感情复发,比那没有压制之前,还要来得汹涌,我自己知道我是一直在爱她的。所以,没有一点退缩,我要和王炳文竞争。想不到这场竞争给我带来无穷的羞辱,火烙一样地印到我心上,那一段事情的回忆,随时都引起可怕的绞痛。”

“不过,你别忘记你终于胜利了。”

“我胜利得不光荣,”年轻人说,“大伯,您知道,我不得不装成正人君子,忍着焚烧一样的妒忌,为他们筹备结婚大典,为他们租礼服,订制披纱,交涉礼堂。我一想起他们马上就要恩恩爱爱地生活在一起,而我却眼睁睁只有看着,我的心都要爆炸。”

“上苍是有眼的。”

“正因为如此,我胜利得并不光荣;并且,确切地说,连这种不光荣的胜利我也没有。王炳文因为犯了不名誉的刑事案,在结婚的前一天被捕之后,秀琴对我仍是那么冷漠。”

6.

“他们的关系是完了,这是她转过来和你亲近的原因。”老人说。

“是的,他们的关系是完了。问题是:为什么要完?真正的爱情是这样的像虚话一样的容易完吗?我假使爱一个人,即令她闯下滔天大祸,我还是会爱她不渝。爱情是无条件的,为什么要掺进去许多条件?爱情的定义就是不出错,不犯过吗?大伯!”

“你太纯洁了，世界上的人很少会有这种想法，普通的人是只讲事业，不讲爱情的。看你的想法，你似乎不像是一个学理工的人。”

“我只求真，”年轻人说，“真的爱，真的感情，真的了解和慰藉。爱情和眼睛一样，不可以有一粒沙子，否则爱情便不美，便肮脏了。这样的，我看出秀琴对爱情服膺的是什么了。她曾经当面告诉我，她要和王炳文同患难、共生死，警告我别想入非非，可是他一旦身入囹圄，就什么都完了。这使我感到心头冰凉。”

“你不应该如此地去理解，”老人说，“天底下只有自己才知道自己是不是真爱，别人是无法评论的。秀琴对你，就好像浪子回头一样，她终于发现她爱的是你。”

“或许有这种可能，”年轻人说，“问题是，即令在王炳文被捕之后，她也没有给我一点好颜色，她只哭过一次，我想她不是为王炳文的遭遇哭，而是为她自己的错误哭。我可以说，她只是为饭票哭。大伯，因为我所受的痛苦打击，使我想到很多问题。家长们常常用限制自由和不准通讯的方法，来消灭子女的爱情，他们相信，爱情是靠见面和通讯的，不见面不通讯，爱情也就淡了，结束了，好像爱情的全部内容就是见面和通讯似的。所以我对于秀琴把爱情看作饭票的态度，虽然痛心，却并不惊奇。”

“你说的话，我承认是事实，”老人说，“但你太激动了，你刚才说过，人不是哲学家虚构的理性动物，世界上所以有的默默而死，有的却留下永恒的记载，原因也就在此。”

7.

“对的，大伯，”年轻人说，“现在再来谈我们的主题吧。我尽力地讨好秀琴，拼命为她洗刷，不让王炳文被捕的事件牵连到她。我安慰她，告诉她我愿为她做任何的事，爱她如一。可是我从她口中听到的却是使我自己感到羞惭的指责。她无情地指出我是打算乘人之危，她要再度向外发展，这样，一直到——”

“不要讲了。”老人说。

“不，请您让我说，——一直到我得到美国那笔数目不小的奖金的那一天。”

“你太刻薄倔强了，孩子。”

“刻薄？倔强？是不是必须闭着眼睛让那些自以为爱我的人牵着鼻子走才算合乎社会的规矩。大伯，求您不要皱起眉头，原谅我顶撞您，我不是说您！我想您一定记得，报纸上发表了我得奖那个消息的当天，她打扮得像新娘一样，一定邀我去咖啡馆，她说她要为我庆祝。”

“是的，你们那天好晚好晚才回来。”

“她从来没有邀过我，这是第一次，”年轻人说，“在咖啡馆里，灯光幽暗。现在的咖啡馆为什么要弄那么暗的灯光呢，真正是罪恶的渊薮。她靠着我，弱不禁风地靠着我，而且不时地摸我的手臂。我做梦都没有做到有这么一天能得到她的爱抚。我几乎是昏迷了，我也握着她的手了，我是世界上最幸福的人。”

“我想也是如此。”老人说。

“但我不久就清醒过来，”年轻人说，“她向我讲了无数情话，我平生还是第一次听到这种销魂蚀骨的话，但我却隐隐约约觉得有点熟悉。于是，我忽然想起来了，那是王炳文被捕的前一个星期，大伯，记得我被毒打的那件事吧，如果不是您出来制止，我会被打死的。那天晚上，我瞥见王炳文悄悄溜到她房子里，按不住内心火烧般的感情，我跑到她窗子下偷听，我听到了她依偎在王炳文怀里所讲的话，啊，大伯，她那时对王炳文讲的话和对我讲的话，像是从一个模子里浇出来的，不差分毫。”

“我知道你总要回到这上头去的。”

“大伯，”年轻人说，“这就是她心目中的爱情，我像中了枪弹似的站起来，走出咖啡馆，我对整个人生都陷于绝望。我不能想象一个人——像她那样有那么多的曲折遭遇之后，又怎么能如此愉快地活下去。大伯,不要强迫我和她在一起。”

“有什么方法能消除你心中的块垒吗?”

“我不是偶尔的冲动,我是把过去所有的事都加起来,得到这个结论,看,”年轻人说,“看我的胸脯,那是王炳文握住我的双臂,让她用手抓的。我不在意她的泼野,但她眼睛中冒出的那股讥讽得意的光芒,使我每一想起都禁不住要发抖。您看见我胸脯上的疤了吗?这是羞辱,难以磨灭的羞辱。”

“孩子,”老人说,“你恨她。”

“我恨她?不,我只是轻视她。”

“我不会勉强你的,尤其是勉强并不能使一个有头脑有意志的人屈服。只有自以为是的人才坚持己见。我只不过尽我的努力,希望实现我自己的愿望,为的是要留下我的小孙孙。我不是说过吗?老年人都是自私的,认为子女的使命不是在追求他们自己的幸福,而是在满足他们家长的快乐。孩子,你不笑我吧?”

“大伯,我怎么能笑您,等我到了老年,也或许更要厉害。”

“人到老了,也要学习。虽然我很失望,但今天的谈话,也使我学到不少东西。不过我并没有被你说服,老年人总认为晚辈的任何见解都是不高明、不成熟的,我不能例外,你明白吗?不过,我同样也没有说服你,而这件事是必须你被说服之后才办得到的,我只有尊重你的意见了。”

“谢谢您,谢谢您,大伯。我想可以把窗子打开了。”

“可以了,孩子,打开吧。天气怎么一下就这样燥热呢,说不定会有风雨。”

“我不怕,”年轻人说,“我还是要打开窗子。”

莲

1.

“特别小心警察!”老太婆说。

“我知道,”她四周张望了一下,“请回去吧!”

映着淡黄色的路灯灯光,佩英看看身上的衣服,连自己都承认够诱惑的了:鲜红颜色的缎子旗袍,像蛇一样的,从凸起的胸脯,崎岖地往下滑,滑到膝盖那里,窄狭地缠住她的腿弯,这旗袍是太紧了,紧得使人担心她的肌肉会撑破缝线而爆裂出来,仿佛她不是穿上去,而是衣服做模子浇出来的;三寸半高跟鞋,和旗袍一样的鲜红颜色,鞋带从脚趾盘旋着上攀,一直攀到她的足踝,和同样色泽的旗袍辉映。

这时候,正是午夜十一点,甚至十二点了,深秋的凉风吹到身上,已感觉到阵阵的寒意。佩英沿着墙脚往前踱着,像苍鹰似的注视着那传来脚步声的远处,一个人走过来了——并不是警察,她咽了一口唾沫。

那人在灯光下现出整个身子,真的不是警察,然而,佩英仍倒抽了一口冷气。

“女人,一个女人!”

她的反应是立刻把身子缩到黑暗里,那女人昂着头,左腋下夹着一个小皮夹,走得很慢,但却走得十分安详。

那女人过去之后,分明的,那边又有人来了,脚步声更是迟缓,似乎是一个醉汉。佩英立刻把自己暴露到灯光底下。不久,她就看见那人了,那人正蹒跚着向她站着的这个方向过来,她跟一条猎犬一样的耸动着鼻子,似乎已嗅到一种从湿热的垃圾堆里发出的钞票味道。但那人似乎不像是三更半夜还在马路上游荡的浪子,他的西装笔挺,鞋子上没有一粒灰尘,微胖的面庞和高贵的神气,显示出是一个正派的上等人。——想到社会上所谓正派的上等人,佩英就忍不住升起一种愤怒的轻藐。

那人停到她的面前。

她把两肘盘到胸脯上,用一只手轻托着下腮,小腹娇柔地挺着,一条腿微弯在另一条腿的旁边,稍偏着的面颊上泛着一看便知道什么用意的机械的笑。

"你是不是叫'老二'的那姑娘?"那人第一句话就问。

她点点头,缓缓地迎上去。

"我可以叫你吗?"

"叫吧,你叫我去哪里,我就去哪里。"

那人蓦地瞪大了眼睛,脸上泛着一种不应该有的惊讶,但这表情迅速消失,他纵声发出一声长而枯爆的大笑。

"我要到你家里!"他说。

"不行,"佩英抿起嘴,"我没有家,我只能跟你走。"

那人把手背到身后。

"他是一个有钱的人!"她心里火烧似的告诉自己。

那人决定成交这生意了。

"好吧,"他说,"告诉我价钱?"

"你要怎么样?"

"都讲出来。"

"休息八十元,过夜一百六十元。"

"太便宜了,"那人把衣襟左右撩起,叉着腰,逼到她跟前。她以为他准要拧她的脸蛋了,但他竟没有,却木然地说,"我增加一倍,我知道你的价钱还不止这一倍。"

佩英认为那人说这话是好兆头,她似乎已经看到他的钞票往自己口袋里飞。她警觉地向街道两端望望,街道上死寂而荒凉,仿佛一切善良都被埋葬,千万条蛆在那里钻动。

“小声点,”佩英说,极自然地挽着那人的手臂,“我的大爷,警察会把我们两个都抓去的,越有身份的人越糟糕,你们的名字总不能因玩女人上报呀。至于说到你加一倍钱,那太好了,一言为定,这是你先开口答应我的。现在,我们走吧!”

那人移动他的步子,当他们离开路灯越远的时候,两个修长的人影像弹簧似的越拉越长,但等他们走近另一个路灯,人影便开始一步比一步缩短。这样的,他们互相依偎在一起,走进旅馆,茶房领他们到那人预先预定好的房间。

“看样子,”等茶房走后,佩英说,“你早就准备今晚非叫姑娘不可了。”

“嗯,当然。”

“不管怎么吧,”她伸出手,平淡得像在宣读一段《圣经》,“先把钱付给我。对不起,这是规矩。”

“什么规矩?”

她冲到他怀里,展开双臂,用嘴唇像热恋中的情人似的,在他脸上吻了一下。

“是的,”她说,“这是规矩,你知道吧,船家没有一个是等到过了河之后再向乘客收船钱的——船家不收过河钱,懂吗?”

那人掏出一叠十元一张的钞票。

“我们就照规矩办,”他几乎是恼怒地喊,“我数钞票,你上床去。”

佩英坐到床沿上,熟练地拉开她那鲜红的鞋带,十个涂着蔻丹的足趾,优美地活动着,再把手伸到腋窝,顺着腰肢把拉链拉下,胸前的纽扣也解开了,像蜕皮的蛇一样,将旗袍从脚下脱了下来。

那人惊疑地注视着她,嘴里淡然地说:“你长得很不错,不要脸的娼妇。”

佩英冷笑了一声,可惜,她这冷笑没有人听见,那人出去打电话通知家里,说他有一个紧急而重要的约会,今晚不能回去了。

2.

那人的电话竟打了这么久。

佩英提起被子把身体遮住，床栏上镶着睡镜，把她全部收了进去，也把她全部呈现了出来。乌黑而且发亮的长发，被手腕压着；鸭蛋形的面庞和枕头吻合得那么密切，而且雪白一片，几乎分辨不出区别来。她仰起头，怔怔望着帐顶。这个帐顶已很久没有洗过了，顶角那里，藏着可以察觉出来的污秽，透过帐顶，悬在天花板中央的大吊灯，照得这房间像全是水晶一样的清澈。

脚步由远而近，而且在那里推动房门，佩英立刻闭上眼睛，她努力躲避一个男人当着她的面脱衣服，她厌恶那些正人君子们的含着野兽原始凶残的喘息。她屏声静气地聆听着，那人已立到床前，她知道马上就要有什么事情发生了，他会叫醒她，把钞票塞给她，然后，扑到她身上，向她说出一些使他自己妻子都要吃惊的下流话！

房间里突然陷入寂静，佩英等待的风暴没有发生，她连自己手腕脉搏的跳动，都感觉到非常清楚。她困惑起来，悄悄地，她睁开眼，那人已把蚊帐挂起，却服装整齐地僵在那里。

“钱！”她脱口而出。

那人递过来一叠钞票，她伸手接住，在接住的时候，她觉得那递钱的手抖得厉害。她暗暗地笑，他是一个新手呢。于是她好奇地凝神过去，和那双火炭似的目光接触了，而且那背着灯光的脸，因他向后退了一步的缘故，刹那间明亮起来。

刹那间，她像被毒蛇咬了一口，惨厉地叫了一声，坐起来，双手捧着滑下胸口的被子，牙齿咯咯地打颤，她再也控制不住自己浑身发抖。

“立才！”她嘶哑地喊。

那人脸上挂着一丝痛苦的笑意，身子朝后退了一步，跌到沙发上。

"佩英,"他握着自己的拳头,紧紧地,"你永不会想到,这是我想出来的诡计。我必须请一个和你陌生的朋友把你引到旅馆,因为你不会跟我来的。他曾经对我说他刚才有很多失礼的地方,那是他以为我仍旧恨你,要代表我向你泄愤,我万分难过,佩英,这世界上没有一个人能了解我。"

佩英觉得全身的血液都涌到脑际,在那里翻腾澎湃。可怕的羞辱,比被不相识的男人玩弄要大一千倍的羞辱,一点预感都没有地打击到她头上。

"我要向你说明,"立才滞涩地说,"记得在大学读书的时候吧,我们是在那个时候认识的;而我苦苦追求你,也是在那个时候开始的。多少年来,我忘不了你加到我身上的痛苦,我在痛苦中奔上自己的前途,我一直没有结婚,因为我思念你太切,我知道你丈夫患病在家,而你在这人浮于事的社会中,为了找工作,到处碰壁,任何人都可想象到你已身陷饿死的绝境!我,但是,我上个月给你送的那点钱,你为什么不收下?"

佩英像一个被击昏的拳师,在数到第九的时候苏醒了,为了使心情更安静一些,咬着牙关,压下心头的激动,探手到口袋里摸出一支纸烟,悠闲地燃起吸着,举起刚才接过来的那叠钞票,一张一张地数起来。

"对了!"数完后,她用中指弹一下最后一张。

"立才,"她衔着纸烟,眼睛猥亵地眯缝着,"一切都是过去的事了,我知道你至少今天是世界上最快乐的人,因为你已成功地向一个困苦的女人采取了无情的报复。"

她忽然大笑起来。

"我已经没有你想象中的那种高贵气质了,"她提起嗓子,"只要是我出差的时间,任何人,甚至是一条狗,只要有钱,我都会跟他走的。我卖身到天亮六点钟为止,你千万别浪费它,是吗?"

立才慢慢站起来,他听到佩英的笑,那笑声刺进他的心坎,蚊帐随着佩英的笑而颤动得更厉害。

“这是一个误会。”他说,但他自己也不知道这话有什么意义。

“好吧,”佩英向他吐出一串烟圈,“今天晚上是你的,你不是日夜都在想占有我吗? 我应该教你如愿以偿。”

立才感觉到昏眩。

“佩英,”他哧哧地说,“我或许不该这么待你,但我没有第二个方法可以和你单独见面,我带来六千块钱,你必须收下,它可以暂时解你的急。丈夫的医药费,孩子的奶粉,每天的菜金……关于开刀,我明天就向永祥医院打招呼。”

佩英把烟屁股按灭,灰白的脸上像死人一样地没有表情。

“啊,”她冷冷地说,“我不接受施舍,我只接受交易。六千块钱,你大爷是要包我两个月了……”

“佩英!”

“不要这个样子,”她嗲声嗲气说,“喂! 你看我身上多白,比你的女朋友怎么样?”

立才被佩英暴露出来的大胆而下贱的行动慑住了,他不敢相信面前这个满口下流和堕落言词的女人,这个私娼,这个卖淫妇,竟是一个十年前穿着白衣黑裙微笑着走进课堂教室的女同学! 尤其,现在,她这种隔绝往事的悲惨努力,比当初拒绝他的爱时,更使他悲苦愤怒。他挥动着拳头,似乎在向谁做着搏斗。

“留下这些,佩英,我们是朋友,我向你保证,我永远不会再找你,我知道我找你会使你痛苦。”

他大踏着脚步奔出去,跨门限的时候,他撞到门栏上,号了一声,踉跄地,他消失在黑暗里。

“立才,”佩英悲怆地喊,赤裸着想要追出去,“立才! 立才!”

3.

现在不过只是午夜,十二点已过,可能已经一点了,佩英敲开最初离开的那家大门,老太婆接她进去,目不转睛地看着她。佩英掏出十块钱塞到她手里,这是借她地方换衣服的租金,老太婆安心地微笑了。

到房间里,佩英脱下那肉感的鲜红颜色衣服,洗去脸上、嘴上和脖子上的脂粉,然后把衣服和发出炫眼光泽的三寸半高跟鞋,一齐小心地收到箱子里,交给老太婆保管。接着,她换上浅蓝色阴丹士林布旗袍,深黑色平底鞋,站到镜子前,仔细地检查眉梢、耳根和鼻孔有没有残余下来的化妆品。一切都妥当之后,梳好头发,戴上她那老式的眼镜——她并不近视,但她从那一天开始,就戴上了它,把它当作一条鸿沟,用来隔开那迥然不同的两个世界。

镜子里现出的是另外一个佩英,不仅外貌上、衣服上,而是在洗净铅华之后,好像从尸臭熏人的乱坟中逃了出来,逃到纯洁而安静的海滨。阵阵凉风,使她恢复到她本来性情的境界,她无可奈何地笑了笑,拿起竹子做的破手皮夹,向老太婆告辞。

二十分钟过去,三轮车在她家门前停下,打发了车钱,佩英面对着大门伫立着,一动也不动。她每次归来,都要这样伫立很久很久,她没有祷告,她只觉得她可以在片刻的安静中,彻底地从火烤似的昏乱中找回自我。

她推大门,大门轻轻开了,房间里早已没有灯光。屋门也是半掩着,她再推屋门,屋门也轻轻开了。她侧起耳朵,寂静无声,只有振生的呼吸均匀地响动着,孩子似乎在床上不断地翻身。

"妈妈,我饿,我要吃馒头!"

振生拍着小身体,孩子的呓语使作父亲的啜泣起来,在万籁俱寂的沉沉的午夜中,像巨人的钢爪似的猛烈地抓住佩英的心,她狠狠地咬一下牙关,扭亮电灯。

"你什么时候进来的?"

振生掩住眼睛,一方面躲开那刺眼的灯光,一方面擦去眼泪。

"你怎么还不睡?"她抚摸着他的头发,"是不是我进门惊醒了你?"

他无力地抱住她。

“你借的钱怎么样了?”他畏怯地问。

佩英把皮夹里的钞票倾倒到他身上,像一个情窦初开的女学生一样地向他做一个鬼脸。

“看吧,六千二百二十元!”

振生像从悬崖失足滑下的时候被人拉住似的,在一阵惊骇的震动之后,他吐了一口气,抓起来那堆钞票,热泪涌满了眼眶。

“佩英,”他抽咽说,“为了我和孩子的病,难为你,难为你向你的亲友们低头。我原来以为他们绝不会帮助我们的,过去最多时借到过一百五十块钱,这一次,是谁给你的呀?你父亲?你姐姐?你大哥的经济情况一定比别人好得多!我们已欠了六个月房租,刚才房东太太还在这里又闹又骂,明天一次付清了吧。还有孩子,佩英,吻一下他吧,我们晚饭都没有吃,他哭一阵就睡了,啊,佩英……”

佩英缓缓地坐下来,看见丈夫那瘦得像枯黄竹子的手臂,脸上布着天真的感恩笑容,不禁打了一个寒颤。她仰起头,从天花板飘下来一个小小的蜘蛛,在她面前荡了荡,直落到她脚下,惊慌地向床下爬去。

“这是喜蛛呢,”振生叫,“佩英!”

佩英双手捧着丈夫的脸。

“看见你高兴,我把我的任何烦愁和耻辱都忘了,”她从心底发出温柔的感情,“希望你的病和孩子的病,都能早一点痊愈,并且,或你,或我,都能早一点找到工作,上帝会看顾我们,即令不看顾我们,也会看顾我们可怜的孩子。”

振生平静了一点,佩英一直坐在那里,抚拍着丈夫入梦。然后走到小床跟前,孩子又睡熟了,但却不时地暴起一阵抽搐,焦黄而又枯瘦的小小面颊上,流露着一个成年人在梦中才有的恐怖和焦虑。佩英俯下身子想吻他,但当她快要接触到孩子的前额时,她停住了,又是一阵难以忍受的冷颤,她发现她不配吻她儿子,如果用她被多少肮脏男人亲过的嘴唇去吻他的小脸,那就是一种亵渎——亵渎了天父,亵渎了自己的心。

“佩英，”振生朦胧中唤，“睡吧，睡吧！”

佩英没有作声，屋中央那个全是灰尘的灯泡，被湿潮的气味浸得发暗，单调而破旧的家具，像要消融了一样的，渐渐分别不太清楚，振生的床铺整个遮到黑影子当中了。佩英仍在那里咬着牙齿，咬着，咬着，最后，淡淡地笑了笑。蓦地她在儿子额上吻了一下，像释去重负似的，向她的丈夫那里走去。

拱　桥

1.

钟声从淡水河对岸大学钟上传出来，那钟楼是红砖建筑物，像一个简单但却雄伟的塔尖，庄严地矗立在一片绿色树丛上面，把河畔一带景色，衬得十分冷清。这时候正是上午九点，差不多的学生都仍在教室里听讲，或仍在实验室里做试验，只有少数几个人拿着网球拍子，向着体育馆走去，一种只有大学生才有的神气从他们耸动着的肩膀上流露出来，人生中只出现一次的青春年华，加上接受高等教育的幸福，使每一个大学生看起来都像是上帝的宠儿。

明伟很早便在河边一条供人歇憩的长椅上坐下，紧紧抱着刚从书店买回来的两本厚厚的参考书，那是新来的一位女教授指定要买的，现在他有钱缴学费、缴伙食费和买参考书了。自从一个星期前开学以来，他经常地在踏进校门之前，坐在这张椅上，向学校凝望，从那红漆栏杆宫殿式的拱桥、画舫一样清幽的渡船和仅只能容纳两个人的瓜皮小艇，到高耸在校园两侧的两排椰林，他都详细地收入眼底。他知道那红漆栏杆一共有十四根，桥墩上那并列着的五个狮子雕像，在上午的时候，水平线总是轻捋着它们的胡须，要等到下午，大概是淡水河上游那些工厂放水的缘故，水平线能上升到狮子的鼻端。明伟记得他第一次入学的时候——那是十年前的事了，拱桥还正在建筑桥墩，把他由船上渡过去的那个年轻而且是光棍的船夫，现在已有了四个孩子。至于椰子林，明伟查点得很清楚，东边是一百二十七株，西边如果连那快要枯槁，斜拂着蓝色教室的一株在内，也是一百二十七株。他非常惊奇从前为什么没有注意到这些。这时候,手拿着球拍的学生们消失在体育馆里了,明伟忽然间为他们没有停下来多看一眼而感到无限惋惜。

“他们是这样的匆匆,”他想,“很容易走进花丛中的人是不会珍惜欣赏机会的。等到想起来要欣赏的时候,眼前却是一片沙砾了!”

钟声告诉他九点的课上课了,他懒洋洋地站起来,生出一阵像被谁当头击了一锤似的昏眩,右膝盖骨更像有万把钢针搅动着似的剧痛。当然没有人伤害他,那只是他自己贫血和断腿的内伤在困扰。他扶着椅背站了一会儿,眼前的火花才慢慢散去,恰好有两个年轻女学生从他眼前走过,看了他一眼,惊慌地一直走下去。明伟跟在后边,隐约地听到她们的谈话。

“扶着椅子的那人是谁?”一个问。

“我知道他叫卢明伟,但我不认识他!”另一个答。

“好像是教授?”

“教授?”另一个娇娇地笑起来,“和我们一样,也是学生,他读经济系二年级。”

“你似乎知道他的底细。”

“我们注册时在一起。那一天注册时,人山人海,挤来挤去,把我们挤在一起了,我当时便奇怪怎么今年新生录取了一个老头子,原来他是二年级的复学生,还和注册组吵了半天呢。”

“告诉我是怎么回事?”

“他已休学十年了!”

“十年!多可怕!”

也许她们蓦然发现她们所谈论的人,正跟在身后,也许她们本来就拐弯的,她们回头向明伟瞥了一眼,立即紧张地踏上小路,向附近一座建筑物走去了。明伟不自觉地摸摸下巴,那新刮的胡子仍像棕垫一样刺着他的手。穿过拱桥的时候,他站在嵌在桥亭里的巨镜前面,全身毫无遗漏地呈现出来:花花绿绿的夏威夷短衫被一阵因听了刚才那两位女学生的谈话而淌出的汗珠湿透;一副苍老的面孔,瘦瘦的铁青下巴,鱼尾纹像人生战场的战壕一样,在眼角排列着,一层汗液油质分泌物布满了面颊,这样的大学生,真正是太老了。假如他已经结婚,而且很早结婚的话,他可能已儿女成群了。

他对他初次考取大学那一年的往事记得非常清楚,像一条衔着野兔奔向主人的猎犬一样,他从高中跑出来,就一直跑进大学校门。他那时候是年轻的,脊椎骨梁柱般的直,永远含着微笑的红润面颊,做梦也梦不到人会衰老、会忧愁。

读到二年级的时候,父亲在一次车祸中死去,等到丧事办毕,他那尚含着热泪的双眼发现他的前途像大地震后的铁轨一样,断了、扭曲了。父亲留下来一笔债,母亲和一个正在读初中的妹妹,必须由他抚养。在一个充满着浪漫气息的大学青年来说,这担子是可怖的沉重,他不得不中途辍学,在一家建筑公司谋到一个抄写员的位置,而且得到总经理的赏识,又为他安排了一个家庭教师工作——学生就是总经理膝下正在读高中的女儿王乃珊。

"十年了!"明伟抹去脸上的汗珠。

沿着拱桥下去,就望见那座蓝色教室,他含辛茹苦地一分钱一分钱积蓄,十年之后,重新回到旧地,除了若干老教授外,其他每一寸地方都有很大的改变,他对大多数人都不认识了,连建筑物也不例外。他是第一届全校网球比赛单打冠军,可是那座领奖台已没有了,他还保存着当年领奖时的照片,乐队声、欢呼声,似乎又在耳际响起。可是,那些媚笑着的脸,那些追求他的女同学们的脸,早已不知去向。领奖台原址盖上蓝色教室,窗玻璃反着光,他看不清教授是不是已经来到。

"你为什么不跑步?"他听到有人问他。

发话的人是他的同班同学,昨天在图书馆认识的,他知道他叫海秋。海秋刚从游泳池跑出来,不断摇着头,甩着头发上的水珠,以致明伟不得不提议他慢一点,但明伟是喜欢他的,他从他身上看到十年前的自己,看到那已逝去的、无忧无虑的黄金时代。

"看布告了吗?"海秋问。

明伟回答说没有。

“教我们经济学的是一位年轻漂亮的女先生!”

“你怎么知道?”

“怎么啦?你是刚果来的?”海秋叫道,“昨天商学系有她的课,大家都去看她,你难道没有去?对了,你昨天没有来,告诉你,我敢打赌,她不超过三十岁,我还是第一次见到这么漂亮的女孩子——嘿,不要笑,你笑我把教授说成女孩子?是吧,你如果见了她,也会这么想的,我从来没有看到过面靥那么美,皮肤那么白,像随时都会有红颜色苹果汁流出来似的。”

“女孩子?她没有结婚?”

“当然结婚了,要知道,漂亮的女孩子结婚都是很早的。”

“她是这一学期新聘的先生?”

“刚到几天,”海秋说,“她是美国一个什么大学的博士呢,专门研究经济,听说丈夫也是博士——好像是什么物理博士,我们不必管他了。反正他们夫妇在上个月回国,‘教育部’曾颁奖给他们,她在美国住了八年,难得回国服务,当然非颁奖不可。听说她丈夫就要出任首席联合国科学发展会议代表,他们夫妇恩爱得很呢!”

“你怎么又知道了?”

“看蓝色教室门口那辆小汽车吧,”海秋说,“她丈夫昨天便是亲自送她来上课,再接她回去的。”

明伟看见那辆崭新的轿车了。一个年龄和他差不多,甚至比他还要大的中年人,正倚在靠背椅上,安闲地读着报,看不清他的面貌。他可能是女教授的丈夫,但也可能是她的司机,明伟无意去进一步的研究,和他并肩而行的海秋眼光中那种好像就要爆炸了的羡慕表情,使明伟深刻地感觉到,那比他年轻十岁的青年——虽然是同班,却有一条无法拉近的距离。

走到蓝色教室跟前,两个人悄悄地从后门进去,明伟就在距门口最近的一张椅子上坐下,他把书放好,摸出钢笔和练习簿,然后,他听到一种带有磁性的娇柔声音,那是在开始点名了。他抬起头来,讲台上站着那位年轻漂亮的女教授,正翻动着点名簿,几乎全班学生的眼睛都盯在她那低垂着的玉颈和起伏不定而高耸着的胸脯上,接近右耳根的地方,有一粒黄豆般大小的雀斑,使明伟猛地呆住,那玉颈和那雀斑对他如此的熟悉,但一时却想不起在何时何地和因为什么熟悉的了。他又看到她那全露在外面的两条玉石雕刻出来似的手臂,一身雪也似的薄缎紧身衣裙,分外烘托出她皮肤的白皙和柔嫩。接着,明伟又看到了另一个记号,一块像是圆规画的那么圆的蒙古利亚斑,就生在她左腋外侧,他不自主地吸了一口气,把身子移动了一下,躲开射进来的阳光。

现在,点到他的名字了。

“卢明伟!”那磁性的声音喊。

“有!”他站起来。

从开始点名便没有仰起脸的那位年轻女教授,这时候却仰起来脸。于是,明伟的眼光迅速地和她的眼光碰在一起,他像被人陡地把心挖空了似的,嘴巴无力地张开来。就在这一刹那,教室陷于沉静,同学们被女教授惊人的光艳压得透不过气,也为她突然抬头向一位大家都十分陌生的复学生赐予特别注意而感到惊异。但这只不过是转瞬间的事,女教授在一瞥之后就又继续点下去,那股迷人而又严肃的声调逐次地呼唤着每一个人,也开始向每一个人都报以官式的一瞥。

明伟静静地坐下来,他双手扶着头,头上所有的血管都在咆哮,他想它们要破裂了。眼睛也逐渐模糊,天花板跑到脚下旋转,他努力支持着自己不倒下去,雨样的大汗沿着肘部淌下来,他想他是太热了,在十年前,他已是太热了。

2.

十年,是一个漫长的岁月,但一旦进入回忆,十年不过只是一霎。已经模糊的往事,曾立志要把它忘掉了,竟开始历历地浮动出来。明伟记得他当家庭教师的第一天,在他顶头上司总经理的公馆里,认识了他的学生——乃珊,总经理夫人介绍她的女儿晋见老师,一阵愉快而轻细的笑声代替了鞠躬,但她却用一个情窦初开时少女所特有的眼睛打量他。明伟不敢正眼看过去,他被他学生的美丽容貌征服了,加上平生第一次为人师的关系,他紧张得简直不知道应该说些什么话才好。侍女为他斟上茶来,他欠身道谢,手肘把花瓶打翻到地板上。乃珊立刻帮他拾起来,柔声地问他:

“碰痛了没有?”

这是作老师的第一次被学生解围,这一份感激和情谊一直到今天明伟都记念着,虽然有很多人严厉地指出一见倾心的危险,但事实上真正的爱情,差不多都属于一见倾心,由第一印象开始的。

谁都不了解——包括明伟自己在内,乃珊为什么会爱上他,至少有一打以上前程辉煌的青年死命地包围着她,那些青年无论哪一方面都要比明伟高出万倍。仅仅财富还不足以显出明伟的劣势,最使明伟自顾形惭的是他的学历,他们中至少有三个是美国、日本或中国的博士,其他的也都在国内大学毕业。这种学历上的卓越,对贫苦青年来说,是一个致命的打击,所以明伟在王家担任家庭教师,怀着的是无限自卑,再加上他本身天生的敦厚和拙于辞令,就更显得拘谨和小心翼翼了。

第一天晚上就开始上课,地点在乃珊的书房,为她补习平面几何和英文,他几乎是在她刚打开书本的时候便开讲了。他从前没有教过书,而且又因为面前只有一个学生的缘故,那本书应该怎样的放法,都很费些考虑。放到自己面前,乃珊便看不见;放到乃珊面前,却是自己看不见了。

“老师,”乃珊提议道,“我们为什么不并坐在一起呢,那就可以一齐看见了。”

虽然他们是师生,但实质上则是一个胸脯像军舰上火炉一样的青年和一个脉脉含情的对他已经倾心的少女,肩和肩摩擦着,两层单薄的衣袖阻挡不住学生内心发出的热流。

用不了两个月，天天晚上都要和那些男孩子去看电影跳舞的女儿，忽然变成一个标准的好学生，晚饭过后就伏案读书。作父母的自然高兴起来，他们归功于老师的教导有方，自动把束脩提高一倍。明伟暗中为自己欢喜，这样下去的话，只要做两年事，就可以复学了，他把全副精力都集中到复学上，在乃珊面前，态度也逐渐坦然。他做梦都没有梦到她会爱上自己，他认为那是不可能的，和一个公主爱上一个掏水沟工人是不可能的一样。

然而，乃珊却被她的这位沉静寡言、经常穿着满是补丁裤子的英俊老师迷住了，那是没有理由可解释的，在爱情的国度里，二加二往往不等于四，有时候它等于五，有时候它等于一百，有时候它却等于零。尤其是一个男子躲避一个女子的追求，简直比躲避迎面扑来的风还要困难，即令明知道是个陷阱都会跳下去了。

在最初的两个多月，明伟还能正襟危坐地教下去，但两个多月之后，他的思维被乃珊身上那种少女的香味缭乱，明伟努力把眼光集中到书本上，向她反复地讲解几何学上最难懂的轨迹定义，乃珊却用手肘轻轻地在她老师腰窝推了一下。

"老师，"她说，"是谁发明几何这门学问的？"

"啊，是阿基米德吧，"明伟不防她会郑重其事地提出这种问题，不禁沉吟起来，"我想，我不太记得，可能是，我查一查，查一查。"

"查出来的话，把他的地址告诉我。"

"你要干什么，乃珊！"

"我要买点毒药把他毒死，他发明的这种学问实在太难了，不是他的话，我现在正在跳舞呢。"

明伟忍不住笑起来，对他女学生的风趣，赞扬性地大笑而特笑起来。

"我有一件不亚于哥伦布发现新大陆那样的伟大发现，"乃珊说，"你要不要听？"

明伟点点头。

"我以为你不会笑的，今天晚上你却笑了，这是一个奇迹，被我首先看见。天啊,我可以申请诺贝尔奖金了。"

"你这个孩子!"

"老师,我今天叫轨迹把我搞糊涂了,脑筋需要休息休息。"

"那我们明天再继续讲吧。"

"我们去跳舞,好吗?"乃珊把书掩上,用大眼睛盯着他,她那玉一样光滑的手臂在他那满是汗毛的腕上摩擦着,接着蜻蜓点水似的轻轻一压,像已经传达了某一种意思那样地朝他笑了一笑。

"啊,"明伟吃惊道,"我,我不会跳舞!"

"我不信!"

乃珊甩一下头发,站起来向卧房跑去了,明伟踟蹰地呆在椅子上,一时无法决定自己的行止,是悄悄地溜走呢,还是继续留下来陪女学生去舞场?一会工夫,乃珊像水晶人儿一样地出现了,雪白的发着亮光的缎子紧身上衣和宽大的同颜色的褶裙,白色尖头的高跟鞋,没有一粒宝石,也没有一粒其他任何附加上的饰物,但正因为如此,乃珊的气质不仅是高贵的,而且像水仙花般的朴实纯洁。明伟畏怯地踟蹰着。

"我们可以走了!"她说。

"我真的不会跳舞。"

"你发誓?"

现在,明伟感觉到站在他前面的不再是他的学生,而是一位女主人,一位惯于发施号令的年轻女王,他只好嗫嚅着反复地重说了一遍。

"那么,"乃珊说,"我们改为看电影吧!我请你!"

"哪有学生请老师的。"

"你请我也可以。"

明伟被这个从未预料到要发生的事弄得手足无措,没有类似的经验可以帮助他应付,目前的局面只有答应这一条路。乃珊把报纸摊开,与他研究去哪家戏院和看什么片子,一面隔着窗子吩咐侍女去找老林,她家的司机。

那一晚看的电影是《北江雪飘》,当他们下车,接过老林塞过来的门票,并肩踏入电影院时,离开演还有二十分钟。明伟发现观众们的视线都集中到他和乃珊身上,那是一种羡慕、惊讶和嫉妒混合在一起的眼光,他猛然地省悟到他也曾经用这种眼光看过别人的。他知道他们的心情,于是,一股类似被占有和被欣赏的轻飘飘的感觉,从心底升起。他虽不敢孟浪地环抱乃珊的纤腰,但他已再没有躲开她或是逃脱她的傻念头了。

3.

在电影院里,乃珊一直没有再说话,她挺直地坐在椅子上,目不转睛地注视着那宽大的银幕,明伟不时用眼角望着她,希望她有什么问题向他询问,但她不开口,他也只好僵坐着。那场电影到底演的什么,他根本不知道,但他却知道自己的耳朵在耸起着,心不住地怦怦跳动。

电影很平静地过去,乃珊叫车子把明伟先送回宿舍。电影街虽然还很热闹,但公司宿舍所在的街道上,却静悄悄的,只有疏落的路灯在亮着。车子停稳后,他推门下来。

“谢谢你,乃珊。”

“我应该谢谢老师,今天是你请客的。你住在哪一个房间?”

“二楼七号,一抬头就看见了,靠着电杆有亮光的那个窗子,人行道上谈话的声音,上边能够听得清清楚楚。”

“你不让我上去坐坐吗?”

“啊,当然,欢迎,”明伟尴尬地说,“今天是不是太晚了,总经理会责备我这个当老师的。”

“你似乎只怕饭碗打碎,是吗?”

明伟苦笑了笑,他对这句尖刻的问话一时想不出适当的回答。

“再见!”乃珊说。

明伟连忙挥手,车子已开动了,他像一个刚参加过第一循环赛的得胜选手一样,怀着兴奋而又忐忑不安的心情,摸回房间。凉意正重,他正要打开被子,一位叫柏泉的同事推门进来。柏泉比他大得多,而且是他父亲的朋友,他一直以长辈尊敬他,这几乎是失去父亲的青年们共有的现象,他们总盼望有一个成熟的意见供自己遵循。

“这些时当家庭教师,明伟,有什么感想?”

“没有什么,假如有的话也是淡而无味。”

柏泉在藤椅上坐下,椅子上每一寸藤条都发出吱吱的响声,他燃上一支烟,深深地吸了一口,然后把烟雾缓缓吐出来。

“你在恋爱了。”柏泉说。

“不,谁这样讲我?”

“我从你‘淡而无味’四个字听出来的,故意撇清便是盼望接近,或者是已经接近了的兆头。”

明伟笑笑。

“我看见总经理的千金送你回来。”

“嗯!”

“看电影? 跳舞? 听音乐?”

“我们一直在研究功课,不知不觉就晚了。”

柏泉亲切地笑起来,像一个作父亲的发现最亲爱的儿子撒一个憨态的谎一样,他弹着纸烟——烟灰从碟子边缘漏到桌面上。

“我说的是真的。”明伟结巴地说。

“假如你们在一起研究功课的话,她绝不会亲自送你回来的,这是常识,明伟。”

明伟抓抓头皮。

“你们一块去玩多少次了?”

“今天是头一遭。”

“你爱她吗?”

“不知道。”

“那么,你是爱她了。她爱你吗?”

“这还远得很,柏先生!”

“这回答是真的，明伟，”老人叹口气道，“看你父亲面上，我不能不说一些使你非常不高兴的话，否则就对不起地下的老友。孩子，假使你仅和总经理的千金玩玩，那就是说，泛泛地跟她所有别的朋友一样，我是赞成的。但如果你没有适可而止的智能，竟爱上了她，那就非常危险了。”

“危险？她要谋害我吗？”

“不要这样发问，这样发问带着悻悻然的意思，对方就没有办法回答。我只告诉你，明伟，我在公司已有三十年历史，看得太多，听得也太多，她的父母决不会允许她嫁给你这样的青年。”

“我想女儿对自己的婚事可以自主。”

“不要以为女儿背叛父母——尤其是背叛母亲，是很容易的，富人家女儿比穷人家女儿更没有独立性，吃亏的将是你。”

“你看得太严重了，我们根本什么都不是。”

“希望如此。”柏泉站起来，“但我刚才从乃珊的态度上看出异样，我劝你要在还没有跌进去的时候，赶快跑得远远的，不要自己以为有把握，绕着毒杯转圈子，等喝下去便晚了。孩了，你还有母亲和妹妹的重担挑在肩上！”

“我应该怎么办？”明伟憬然说。

“辞去家庭教师，不要再和她见面。”

明伟怔怔地听着。

“我不希望你发生事故，”柏泉扶住他的肩膀，伤感地说，“苦熬两年，等典出的田到期，卖一半赎一半，家庭生活便可以仰赖你的积蓄而解决，你仍然可以复学，甚至连留学的费用都会够的。我们高攀不上总经理的千金，千万年来，芸芸众生，为爱情而不惜牺牲的，也只有卓文君一个人而已，你不能希望人人都会那样。孩子，离开她，太热情的女人是火药库！”

柏泉走了，明伟独自对着悬在床头上的孤灯发呆，被乃珊鼓动起来的爱情火焰渐渐熄下来，他思虑，思虑到父亲，思虑到自己目前的苦境。

“我还是辞职的对!”他凄凉地说。

4.

第二天,明伟在办公室里坐立不宁,总经理女公子和他玩到深夜,而且用车子亲自送他回宿舍的消息,像瘟疫一样地借着喁喁私语传开了,一些单身汉们用一种阴沉的表情瞪着他,那是对他粉碎了大家美丽希望的愤怒。明伟却在心里向他们鄙夷地嘲笑:

“我不稀罕她的,我就要辞去教师的位置,让你们角逐她好了。”

不过,下决心虽很容易,贯彻决心却往往困难。到了晚上,他走进那使他显得特别渺小的客厅,总经理倒是没有让他等候太久便出来接见他。他嗫嚅了半天,双手在膝盖上反复地搓着,终于说出他要辞去家庭教师的话。

“你说什么?”老头子把炯炯的目光逼上他,“你要辞职?”

“喔!”

“为什么你要辞职?”

“不为什么,”他结结巴巴地说,“只为,只为,咳……”

“你嫌待遇少吗?我可以再增加,不过我要告诉你,年轻人不宜于太贪得无厌,是吗?”

“不,总经理。”

“你教不下来?”

“我自问是教得下来的。”

“那么,你要连公司的职务一齐辞?要离开这里?”

“更不,我想是……”

“我明白了,”老头子吩咐侍女,“叫小姐来,”他恍然大悟说,“一定是乃珊顶撞了你,这个孩子,几乎是每天和那些太保鬼混外,难得瞧一下书本的,我打算今年暑假就把她送到美国。明伟,说一句老实话,我不叫她在国内读大学,国内大学不值钱,她到美国弄一张任何野鸡大学的文凭都可以成为学人,回国至少也当一个教授,在国内大学毕业便只好教中学了。我当然不希望她当什么穷教授,不过这么比方一下,你就可知道她必须用功的原因了。"

乃珊从侧门轻盈地走过来,瞟了明伟一眼,一直走到父亲旁边。

"我正在看书,"她说,"今天老师怎么不去教学生,反而找爸爸来了。"

"你的老师要辞职,孩子,一定是你得罪的,快向老师道歉。明伟,你原谅她,别看她长得这么高,还是个小孩子呢,俗话说,童言无忌,童言无忌……"

明伟一直低着头,但不久就闻到那股熟习的香气,乃珊已站到他面前,伏下身子,向他顽皮地瞅着,他几乎连她的嘴唇上端的茸毛都看得清清楚楚。

"老师,是我得罪了你吗?"

"这是误会,"他紧张地说,"我没有这样说,实在是因为,你看……"

"别的我不管,既不是我得罪你,就请你快来给我上课,有一个习题把我搞得头昏脑涨,怎么也搞不出。"

"好的,好的,明伟,你先去上课,有困难的话明天到公司见我,我再替你解决。乃珊很少这样尊敬一个人的,我将会好好谢你呢。"

老头子挥挥手,明伟只好告辞了,他想不到他的辞职竟没有被接纳,也想不到自己竟愚蠢地没有杜撰出来一个无法驳倒的理由。到了乃珊书房,她在身后把门掩上,用大眼睛望着她的老师。

"你真的向爸爸辞职?"

"已经成为过去了,乃珊,我并没有辞掉!"

"你一定有困难,是吗?"

明伟摇摇头。

"告诉我,非告诉我不可?"

乃珊把明伟推到沙发上,紧挨着他坐下,轻柔的窄裙掩不住她那光滑的膝头,她双腿斜收在沙发底下,膝头正微微地抵住他的大腿,她半张着红唇。

"真的没有什么困难,刚才大概是心绪不佳,糊里糊涂脱口而出。"

"不要这个样子,"她的肩头靠着他的上臂,他感到一种像被扔到温泉里似的那样舒适,而她声音也有点颤抖了,"不要把我当作学生,也不要把我当作总经理的女儿,把我当作朋友吧,我也不把你当作老师,我觉得我是应该效力的。"

明伟干咳了一阵。

"你如果喜欢我作你朋友的话,不要隐瞒我。"

"是这样的,"明伟犹豫着说,"今天上午我去医院检查身体,诊断出来我有严重的贫血,嘱咐多吃肝精,而肝精是很贵的药品。一个朋友在肝精厂夜间部为我谋到一个位置,本厂员工有病的话,可以用三折的最低代价购买自用。对不起,我想我是太庸俗了。"

连明伟自己都不知道这一段话的灵感是哪里来的,但乃珊仍是相信了,她眼睛充满了同情的泪珠。

"你太苦了,"她怜惜地说,"为生活奔波,这么轻的年纪便负起生活的担子。"

"没有什么,乃珊,过去的事以后不要再提了,我们现在开始功课吧!"

他们同时站起来,又同时并肩坐下,乃珊那纤细的手指心不在焉地翻动着桌上的书本,手肘不时有意无意地撞着明伟那青年男子最敏感的手臂。

"昨天讲到哪里了?"

"昨天讲到电影院里了!"

师生们相顾失笑,乃珊很欣赏自己这一句调皮话,所以她往上耸耸眉毛,两个酒窝像漩涡一样盘旋在可以滴出蜜汁来的面颊上,几乎要发出声音的水汪汪的眼睛向明伟脉脉地看着。明伟喉咙中有一把火在燃烧,那紧抵着门牙的舌尖像被烤焦了似的干贴在那里,他不由自主地舐着嘴唇,唯一想到的是,幸亏他没有坚持辞职,任何人在这种情形下而坚持着非辞职不可的话,他不是圣人便是疯子了。

“但是，”他向自己解释，“圣人也不是无情的石头！”

“你另外还有神经病吗，老师！”乃珊说。

“谁告诉你的？”

“我看你在自言自语地说话，不是神经病是什么！”

“啊，我没有说什么。”

“我要听听，我偏要听听。”

明伟摸摸前额，无可奈何地咳嗽了一声。

“我在想，连疯子也是有情的，对吗？”

乃珊又笑了，那是足可以把明伟熔化的火热的笑，他急忙抽出压在她纤腕下的书本，茫然地翻动着。

5.

爱情和黄河堤岸一样，一旦决口，汹涌澎湃，一泻千里，任凭谁都阻挡不住，尤其是在一个女孩子主动的一往情深的情况之下，男人会像一只被浓烈花香诱引着的蜜蜂，不管死活，只管拼命鼓动双翅飞过去。乃珊考试前夕，两人间过分亲密的流言，已像巨雷一样地把整个公司十二层大楼都撼动起来。明伟已看出了对他不利的气氛，在公司担任机要秘书的李德，就曾借着通电话的当儿，用恰恰使他可以听见的声音大声喊：

“总经理小姐出国手续麻烦你了。什么，男朋友？那小子吗？标准的癞虾蟆想吃天鹅肉。我？”他立刻改用一种唯恐怕不被说服的声调叫道，“我怎么能有资格，我出国只是考察，只是考察！”

明伟连头都不敢抬，但他可以察觉出来以李德为首的所有的眼光都集中到自己身上，他手心的汗顺着笔杆往下流，现在他才体验到和一个十分有钱而又十分漂亮的女孩子恋爱，等于孤舟驶进了满是险恶暗礁的狭长水道。在他担任家教之前，李德是最有希望和乃珊结婚的人选，他不但是总经理最信任的内侄，而且乃珊也最喜欢和他在一起，所以他的愤怒比其他任何一个单身汉都要强烈。失败给任何人都可以，只有失败在学识、地位、金钱、前途——什么都没有的明伟的手里，使他感到一种无地自容的耻辱。

“我得不到她的话，”李德向自己保证，“没有人可以得到她！”

忽然间，乃珊在办公室出现了，在大家还没有来得及惊讶之前，她已走到明伟身旁。

“我爸爸叫你去。”

“总经理吗？”

“嗯。”

“叫我有什么事？”明伟不安起来。

“到时候你会知道的。”

“明伟，”李德吊起嘴角在一旁笑道，“你应该去，我想你真要时来运转了，一个人只要处心积虑做一件事，一定可以达到他的目的。总经理如果看上了你这个女婿，你岂不人财两得吗？以后只要不露出狐狸尾巴，就有你享的福。到时候别忘了我们这些老朋友！哈，哈，哈！”

乃珊连脖子都红起来，她轻蔑地向着李德喊：

“你嘴上干净一点，花花公子，要不要我送你一刀草纸。”

“我说的都是真话呀！”

“我们走，明伟！”

“明伟”和“我们”两个字从乃珊殷红的小口吐出来，把李德的神经系统刺激得几乎马上崩裂，但他已知道将要发生什么事情了，所以他只用鼻子在他们背后嗤出一点很小的声音。

走到总经理室，乃珊乳燕一样地投向她的父亲。

“明伟，你坐下。”

明伟拘谨地坐下来。

“明伟，”老头子说，“今天我请你来，有许多话要忠告你。或采纳，或不采纳，主权在你，你自可酌量，不需要回答我。那就是说，你只管听下去，无论你赞成与否，都不要说话。你同意吗？”

“是的。”

“几个月来，我一直听说你和我的女儿在谈恋爱，我一直不相信，可是，昨天乃珊亲口告诉我，我便不得不相信了。年轻人的事，作父母的本不应该管，但我和她母亲只有这么一个女儿，总不能看着她往错误的路子上走……”

“爸爸，”乃珊叫，“你是怎么的呀！”

“她举行过考试后，我便把她送到美国，她的前途无量，你不能忍心让她马马虎虎嫁给你，葬送她这一生！”

“爸爸，你竟是讲的这些？”

“我不是看不起你，明伟，你有你的发展，但你们却不是理想的一对，乃珊比你年轻，她糊涂，你不能跟着她也糊涂。”

“我爱他，我就是爱他！”乃珊拉高嗓子抗议。

“我自以为待你不薄，而且看你忠厚老成，才叫你教我的女儿，想不到你竟勾引她，恩将仇报……”

“谁勾引我？爸爸，你疯了。”

“我不打算责备你，明伟，我只是明白地告诉你，你以后不要再纠缠乃珊了。

“只要你不再缠她，我会把你提升为单位主管。两年之后，即以薪金所得，你也有足够的力量复学，而且毕业后仍可回公司服务。如果你不接受，那么，我告诉你，你将遭受到可怕的打击。”

“你老糊涂了，”乃珊狂喊，“爸爸，我为你害羞，你知道你在讲什么吗？答应我，明伟，不要理他们，他们对你威迫利诱，真是集人类卑鄙之大成。你不会屈服的，是吧？”

“听清楚了吗？”

“是的。”

“那么你可以走了。”

明伟双手插在裤口袋里，没有和他的上司打招呼，环视了一下墙上堂皇富丽的装潢，向前走了几步，停下来，转回身子，对着正在欣赏自己策略成功的老头子，冷冷地说：

“我知道你对我用什么打击，顶多开除我而已，为了避免这个打击,我现在提出辞职。至于我爱乃珊,那是我的事,你为我想得太周到了,你所有条件和所有的恐吓,我都不接受,现在全盘地、一丝不剩地送还给你,你好好地收下吧。再见。”

他把话一口气说完,没有等到那口呆目瞪的总经理说什么,便冲了出去。乃珊不顾她父亲的喝止,从后面追上来,抓住他的肩膀,泪珠像檐水一样地流下来。

他们一同回到宿舍,在那桌子上和床底下到处都堆满了乃珊送给他而被他服完了的肝精空瓶的房间里,乃珊一面拭泪一面呜咽着向明伟哭诉她父亲向她表示只是找他谈一谈,她以为他会同意的,却想不到竟有这种变化。她悲哀地握着他的手,面靥靠到他腋窝里,泪珠和他前胸的汗珠和在一起。明伟叹一口气,为她拭去眼泪,轻轻地扶起她的下巴。

“宝贝,”他说,“听我说话!”

乃珊仰起头,张着期待的眼睛望着他。

“如果冷静一下的话,”他说,“就可以发现,你父亲是对的,我们的缘分恐怕是到今天为止了,让我们的恋爱留到老年时细细地回忆吧。宝贝,这样下去你会后悔的,金钱、社会地位和建筑在二者之上的前途,像万丈幽谷一样地横亘在我们中间,在我们陷得还不太深之前停止吧。宝贝,你应该听出我讲的都出自我的诚意。”

两颗大泪珠从乃珊眼角涌出来。

“原来,”她恸哭说,“原来你已先变心了。”

“不是这样!”

“你只是存心玩弄我,玩腻了便一脚踢开,骗子!”她松开手,向房门跑去,“我永不会原谅你这个衣冠禽兽的东西。”

明伟跳上去把她拉住,制服了她的挣扎,拥到怀里,长长地吻着她——吻她的鲜红嘴唇,吻她那大理石雕刻似的玉颈。

“我爱你!”她呻吟说。

“我怕你将来……”

“海枯石烂,”她如醉如痴地说,“明伟,我指着上帝发誓,我爱你,永永远远。不要以为我年轻糊里糊涂,你可知道环绕在我身边有多少男孩子?我是经过选择的。”

她拉住他的手,两人在床前跪下。

“主啊,”她祈祷说,“成全我和明伟的婚姻,我愿作他的妻子,服侍他,爱他,任何打击都不能使我们分开,我愿为他牺牲一切,甚至去死……”

“阿门!”明伟说。他望着天,仿佛听到上帝允诺的声音,他心中陡地非常平静起来,他已把要讲的话对乃珊讲完,现在他全身浸在爱情里,责任重大而沉重,他唯一想到的,是决心为乃珊付出他的一切。

6.

年轻人的想法总是直觉的,而且是越想越对的,无奈事实往往和想法相背。明伟以为总经理一定会原谅他那一天的不礼貌而仍留用他,这不能怪他有这种天真的想法,总经理经常告诫他的僚属,教他们对人要厚道,要有恢宏的度量,再加上总经理对他的印象一直很好,所以他有信心获得宽恕,甚至可能更获得重用——总经理一向不是都很赞扬有骨气的人吗?然而,当他第二天,畏畏怯怯、满脸通红地到公司的时候,他桌子上放着人事室一纸通知,通知他辞职已经照准,快去办理离职手续。他狼狈地折回宿舍,像中了枪弹似的倒到床上,直直地望着天花板,想起来柏泉告诉过他的那些话,也想起母亲和妹妹的愁苦面庞。

一连几天,公司都催他搬家,因为总经理对他十分震怒的缘故,同事们没有一个敢来看他,但为了证明他们并不是没有道义起见,他们决定一致同意总经理的看法——明伟是一个忘恩负义,专门诱奸少女的流氓。他既然是流氓了,一致摒弃他就很理直气壮了。明伟对有没有人来看自己,没有在意,他的注意力集中在等候乃珊身上,他一直拖延着没有搬出去,便是恐怕乃珊找不到他,而乃珊却一直没有消息,也没有地方可以打听出消息,乃珊像被大海吞没了似的,无影无踪。

他迅速地瘦削下来,练习着吸起纸烟,他还不会喝酒,但只要口袋里装着钱,他还是买点白干灌下去。一度的,他疯狂到想杀人,却被乃珊的倩影压制住,他那寥寥无几的储蓄逐渐减少,他只有回到母亲身边一条路了。

在一切都绝望的时候,那一天,入夜之后,明伟把公司索取房子的人刚刚送走,保证他明天一定搬,等那人走后,他抚摸着乃珊坐过的和站过的每一个地方,兴起一种物在人亡的凄凉之感。

突然间,房门被猛烈推开,乃珊穿着睡衣冲进来,两个像是分别了一世纪之久的情侣疯狂地扑向对方,拥抱在一起。

“快走,明伟。”她喘息着,“我们快走,有人在后面追我!”

“怎么回事?”

“一言难尽,快,迟就来不及了。”

他们手牵着手,仓皇地跑下楼梯。

“我翻墙逃出来的!”乃珊说。

一句话没有说完,两辆发出隆隆声音的汽车闪电般地驶到大门口,像泰山都要被撼动了似的,紧急煞住,六七个人跳下来了,向楼上冲去。明伟拉着乃珊迅速地躲到楼梯下的储藏间,储藏间只放着一个水桶和一个扫把,他们拥抱着,紧紧地挤在一起,黑暗中,惊恐和兴奋交集,互相在对方怀里发抖。

“我一直在等你,宝贝!”明伟低低地说。

“爸爸把我关起来,”她伏到他耳朵上,“派老妈子看守着,连解手都不准出门,飞机明天起飞,便硬要送我去美国了。事情迫在眉睫,我从二楼顺着水管爬下来的,现在想起来还觉得害怕,平常我连秋千都不敢荡。”

“嘘——”

两个人屏住声息,吵闹和凌乱的脚步声从楼梯上跑下来。

“宝贝,我不知道应该怎么报答你!”

“不要这样,”她在他强壮的臂膀里抽咽道,“我能和你在一起,是我的福气，愿天保佑我们。”

“我母亲会喜欢你的。”

“啊！明伟，”她把脸贴到他胸口，“你不笑我吧！”

“上天垂鉴我的心，乃珊，我只有感动和感激，冥冥中的神明这样地厚待我，把你赐到我怀里。”

乃珊摇撼他，他闭住嘴，显然的那些挨门搜索的人已逼近储藏间，被这一批人打扰起来的人们的喧哗声也四面八方响着，他可以听见乃珊的心跳，两个人沉默着，思索着脱险的方法。

然而，突然的，一个手电筒的光照进来。

“找到了！”一声喊叫。

“拉出来！”

他们不得不自己走出储藏间，以李德为首的搜索人群把他们团团围住。

“乃珊，”李德搭讪说，“总经理已经答应你和明伟的婚事，但你得马上回去，我要单独地和明伟谈谈关于你们结婚的种种问题。”

“你骗我！”乃珊惊喜叫。

“畜生才骗你，乃珊，请你问问他们！”

“小姐，”大家——包括司机老林在内保证说，“总经理是顾面子的人，现在弄得他不答应也得答应呀，老太太哭得昏过去好几次，你还是快回去吧，李秘书会把事情办得妥妥帖帖的。”

乃珊疑惑不定地向明伟笑笑，明伟也不知道他应该怎么办才对，乃珊想了一会儿说：

“那么，明伟，我先回去。”

“好的。”他木然答道。

“我爸爸只要不发脾气，倒是再好说话不过，明天你一早便来找我，记住！”

“嗯！”

乃珊上汽车走了，搜索的人有一半保护着她也走了，另一半仍是把明伟团团围住。明伟似乎觉得有点异样，他试探着向楼梯那个方向走去，打算回到寝室，李德已挡住去路。

“你很有手腕，密斯脱卢，我非常佩服，”他狞笑道，“你拐骗的手段也很高，我想我应该好好地教训你一下了。”

“我并没有——”

然而，李德不是来听他分辩的，凶暴的一拳，恰恰击中明伟的下巴，明伟不防他会受到卑鄙的突袭，他向后踉跄地退了几步，一直退到梯口才勉强站稳，一股凉凉的液体顺着嘴角淌下来，他用手抹去，满掌都是鲜血。他明白他面临着的是怎么一回事，知道总经理所说打击他的真实意义了。所以他一动也不动，想用不反抗来遏止对方的攻击。他想，只要能度过今晚，明天他一早就会去飞机场守候，一定可以和乃珊相会，在光天化日下，他有办法和乃珊脱离他们的魔掌。可惜的是，他没有预料到有人已存心一劳永逸地使他残废，李德那副正人君子面孔上，露出来流氓得意时才会露出来的狡狯颜色，他用手挥了一下，打手们一拥而上，明伟刚张口说了一个“你——”，便被猛烈地摔到水泥地上，所有的皮鞋向他没头没脑地雨点般地踢下来，他几次想挣扎起来向门口冲去逃走，都被捉回来再打。他双手抱着头，狂喊着救命，却没有任何反应。看热闹的人们都仓皇地缩回自己的房间，大多数人在饭碗和正义发生冲突的时候，都是选择饭碗的。幸亏那个老头子柏泉冒险从窗口爬出去，打电话报警。等警车赶来时，明伟已像一堆污泥似的蜷卧在血泊里，奄奄一息了。

两个星期后，明伟才从高烧中苏醒，因为脑子受了震荡，几乎有半年之久，他记不清他入院之前所发生的事情，对伏到他床前天天哭泣的年迈母亲和幼妹，也不知道她们是什么人。总经理一向被公司里的人赞颂为最慈祥的人物的，这一次对于明伟尤其厚道，虽然他已不是公司里的职员了，但仍送了他三千元的医药费，唯一的条件是他必须马上把留在公司宿舍里的行李搬出去。

寡母孤女，像守尸一样地守着明伟，三千元很快便用完了，作母亲的把祖产房子和已经典出的田，廉价卖掉。等到明伟治疗痊愈，扶着拐杖一瘸一瘸出院，已一年五个月过去。从那时候起，他再也没有听到乃珊的音讯,唯一听说的是,在他被击伤的第二天一早,她被人挟持着,啼啼哭哭上飞机出国了。

他最初几年还苦苦地等待着她的来信,一辆脚踏车从门前经过,都使他以为是绿衣邮差而惊悸。但到了后来,他知道她是永远地离他而去了。母亲在他出院后不久病逝,他把她安葬在父亲的坟地上,妹妹也接着结婚而去了。他那遇见阴雨日子便发痛的腿也逐渐可以行动,在一家运输公司找了一份司机工作,辛苦地一文一文积攒下一点储蓄,终于在离开学校十年之后,带着佝偻的身子,蹒跚地重新返回他寤寐都渴盼着复学的母校。当他接到批准复学的通知书,挤到注册组办理注册手续时,看见围在他四周的都是些和他年龄悬殊的少男少女,他们在蹦跳着、喧闹着,说着少年人说的一些天真幼稚的话,他曾尽量忍住自己的怅惘。

7.

蓦然,钟楼又传出钟声,那是下课的钟声。

明伟从沉思中惊醒过来,面前的书本连一页都没有动,拿在手里的钢笔被汗水全部浸湿。他从内心到肌肉都在颤抖着,如今乃珊幽灵一样地出现,站在讲堂上面向着他了。他想,“她会认识我的,她会什么都不顾地扑到我怀里的!”他要大声喊她,不过,在点名的时候,她应该发现她的老师——和她的海誓山盟的情人了。他惭愧地低下头,看着自己那双已踏过不少路程的蒙着一层尘土的鞋子,眼前冒着驱不尽的云雾。

她宣布下课了,大家起立致敬,她安闲地跨下台阶,明伟忽然恐怕她会向他走来,但迅速地他又发现自己的恐怕是多么可耻啊!她走下台阶后,把讲义挟在明伟最熟习的那个有蒙古利亚斑的左腋下,高贵地昂起头,高跟鞋响着细小而均匀的步子,一直向门外汽车那里走去。

明伟很快地追到走廊上,他相信她一定会回头看一下他的,她走路时姿态仍没有变，臀部成一个圆环状，扭动着——轻快，充满自信，在直射着的阳光底下，幻象般的，明伟仿佛看到了她穿着学生装时那白衣黑裙的背影。他抓住自己的头发，拼命地往下拉，他希望拉出血来，好让它痛入骨髓，否则他真要疯了，不折不扣地疯了。

汽车轻盈地开走，他听到站在身旁同学们的谈话。

“你见过有像这位王教授漂亮的女人吗？”

“没有，我发誓。”

“她叫什么名字？”

“王乃珊。你怎么知姓不知名，难道你不看课程簿的？”

“我还听说过她的罗曼史，”另一个人说，“她没有出国前曾爱过一个穷学生……”

明伟不忍听下去，他走向大门，每一步都踏着要陷下去的那种柔软的流沙，努力支持着自己不要摔倒。走到拱桥上面的壁镜那里，他停下来，镜子里呈现着他变得更要苍老的面容，和因奔跑而张着大口的喘息。不过，他在镜子里看见的东西还要更多，他还看见总经理慈祥的笑容、柏泉的愁眉苦脸和李德的以及打手们的狰狞皮鞋。但眨眼间，他们都消失了，接着现出的是母亲装殓时那副薄薄的棺木和妹妹随夫远行时泪流满面的情景。他对不起她们，母亲不应该没有钱治病，妹妹也不应没有丰富的妆奁。但她们的影像也消失了，镜子里只剩下乃珊一个人，在向他张着渴慕的嘴唇，嗫嚅地要说些什么。

“亲爱的，那是你告诉我的，我们相爱到海枯石烂！”明伟低声说。

但他的头正撞到镜子上，一切都因这一撞化为乌有了。他扶着栏杆，慢慢地走下拱桥，歇了长长的一会儿。这时候，淡水河对岸村庄上正布着一抹淡灰色的云翳，无尽头地向两端伸展，使天空显得奇怪而高。他摸着额角，勉强地笑一笑，一颗中年人的落寞泪珠在眼眶里滚动着，一不小心，掉了下来，掉到脚前枯干的土地上，没有一点声音。

塑　像

1.

“你到过婆罗洲吗?”老章说。

“没有。”我说。

“你应该买一本南洋群岛地理书研究研究。”

“我不想研究,老章。你打什么主意?”

他从座位上站起来,走到我跟前,傍着我的肩膀坐下。

“端木,”他说,“你洗手不干了吗?”

“我为什么洗手不干?”

“那么,听我告诉你,”他说,“机会来了,如果顺利的话,我们就真的可以去婆罗洲落户,娶妻生子,快快乐乐地过日子,也许还会因为有钱的缘故,当选上议员。”

“我不懂。”

“告诉你你就懂了。你差不多每天都要经过龙泉街的,你有没有发现龙泉街上有一家人家很特别?”

“没有。”

“想想看。”

我摇摇头。

老章懊丧着叹了口气,他显然对我感到失望,像一个作父亲的面对着儿子满是零分的成绩单一样。我听见一口痰在他喉管里咕噜着,结果没有把它吐出来,大概又咽到肚子里去了。他燃起一支美国纸烟,用优美的姿势衔到嘴角,这纸烟是他上星期一从一个专门贩卖私烟私酒的商人手中“俘”到的,当时他抱着两箱未曾开封的纸烟,从国际饭店前门进去,再从后门溜走,剩下那个送货的伙计在门口呆呆地等着他把钱送出来。

“对不起。”我抱歉地说。

“就在第二个巷口,”他说,“你可以看见一栋两层楼的洋房。”

“是的。”

“就在楼上临街的一个窗口那里,你可以看见一个俯身下望的石膏像。”

“是的。”

“那是一个什么人的像?”

我惊愕地看着他。

“那是一个石膏雕塑的老太婆的像,”他说,“穿着三十年前流行的那种宽袖口的上装,手扶着窗栏,略微弯着腰,垂着头向巷外看着。注意,那一家很有钱,而且人口简单。”

“我记起来了。”我说。

“那家老太太只雇了一个佣人——一个几乎和她一样老的女管家。”

“你知道的很多。”

“我问你,端木,”他说,“那老太太为什么竖一个她自己的塑像。”

“啊!”我结舌说。

“告诉我。”

“对不起,老章。”

“你到台北多久了?”

“八年。”

老章又叹口气,在那声长长的叹气之后,鼻子里嗤出一种任何人都可听出的包括了全世界所有的轻视在内的声音,我惭愧地搓着双手。

“你现在有什么话要说吗?端木。”老章说。

“没有。”

“关于我们的生意,我愿听听你的意见。”

我困惑地看着他。

“我来台北才一个月,”他说,“而你已来了八年,一宗宝藏呈现在你面前,你不知道把它抓住,反而去打别的冒险主意。我不怪你,你可能抱着兔子不吃窝边草的哲学,我可不管那么多,我不能把送上门的运气堵住。”

“老章——”

“那老太太为什么要竖那个像?”他大声问。

“我想她有神经病。”

老章愤怒地喷出一口烟圈,我以为他要扑到我身上。

“你才有神经病,”他说,“你太使我失望了,端木。让我告诉你,那老太太姓简,她的财产足可以把婆罗洲买下来,她的独生子叫简文发,第二次世界大战时被日本征兵,开到婆罗洲作战,在婆罗洲只来过一封信便断了消息。老太太天天坐在窗口,盼望儿子归来,她相信他忘不了母亲,一定会回家的。可是到了五年以前,长期的悲痛使她卧床不起,她不能再凭窗眺望了,就塑了那座石膏像,那是她送她儿子出征时的姿势,为的是使她儿子回来第一眼就看到她。”

“一个动人的故事。”

“端木,”他说,“我们为什么不去找她谈谈?就说我们刚从婆罗洲回来,是她儿子的好朋友。假使她肯付出一笔钱的话,我们可以负责接他回来。”

“天啊,这是一个好主意。”我失声大喊。

老章站起来,环顾着我们租来的这间违章建筑,四面竹墙围着两张每一翻身都发出吱吱怪响的竹床。他把棉被卷起来。

“又送当铺吗?”我说。

“是的,棉被总可当几文钱,我们需要赎出我们那一套唯一的西装做行头,剩下的钱再去买一些有关婆罗洲的参考书。”

2.

我们拜访简老太太，是在第三天下午，按铃按了很久都没有听到铃声，它早已坏了。我们就用力擂门，理直气壮地好像我们并不是行骗，而是真的来报喜讯。

女管家问明了来意后，把我们一直领进老太太卧室。老太太的头放在比普通略高一点的枕头上，两眼微弱地张开着，我们像很有教养的大学生，轻手轻脚地在她床前坐下。

“伯母。”老章先开口说。

老太太看着她的客人。

“我和端木，”老章指指我，“刚从婆罗洲回来，文发叫我们带信给您老人家。”

老太太眼睛突然睁大，女管家走过来把枕头再稍微加高，扶起她的身子。

“两位客人刚从婆罗洲回来，”女管家一面扶起她，一面向女主人重复说，“和文发是朋友。”

“啊——”老太太说，从被子里伸出她那颤抖着和满是青筋的手，老章上去握住，在前额上摩擦着，诚恳而又小心翼翼地说：

“伯母，我们和文发同在一个连。”

“我的儿。”老太太温和地说。

“他一直怀念伯母。”老章说。

“他一直怀念伯母。”我说。

“我们同在八十四联队工兵营，”老章说，“到了婆罗洲第二个月，文发便升了上士，原来他被派到八达山开凿隧道。因为他最有干才，也因为他的运气最好，碰上的地层全是化石，只几天工夫便凿通了将近三十五公里，才连升三级。这是日本人的手法，用以表示他们有功必赏，有过必罚。文发升了上士后，对我和端木很是照顾，记得有一次，我们奉令赶搭越伦鸦河的便桥时，我一不小心，从吊索上栽下来。越伦鸦河是有名的鳄鱼窝,我在水里睁开眼便看见七八条,每条都张着血盆大口。"

"菩萨,菩萨。"老太太说。

"那时候,"老章滔滔不绝说,"文发已一声不响地跳了下来,伯母,您不知道他多么勇敢,他像一条白鳝一样,一只手划水,一只手抓住我的头发游到岸上。可是,我太笨了,临爬上岸时,右腿还是被鳄鱼咬了一口。"

"儿啊,"老太太嗫嚅说,"你舍身救友,知道妈妈多高兴。"

"我右腿上还留着伤疤。"

老章把裤角拉了拉,露出那块丑陋而可怕的伤疤,鳄鱼的牙印赫然在目。我当然知道那不是鳄鱼咬的,那是警犬的成绩。前年我们去台南,想找一个正当工作,带的三四封介绍信都用过了,没有一处得到肯定答复,有一个机关本来需要临时雇员的,但我们没有证件,无法进去。而两个月后,我病倒了,老章当尽卖光所有能当能卖的东西;最后他撬开一家电料行的后门,刚得手要走,却被巡逻警察发现。老章抱着赃物跑得很快,当他正以为已经安全的时候,一头警犬斜刺里冲出来咬住他的右腿,他忍痛抓起一块石头,像疯子似的把那警犬的头砸碎,等到警察赶到,他已从死狗口中撕出右腿,狂奔着逃走。

老章因此卧床两个星期,把他偷来的东西变卖,付清了他的医药费,还付清了房租,整整地饱食了两个月。而现在,简老太太却显然地被那块伤疤感动,慈祥的老人总是会为别人的悲剧而落泪的,她果然泣不成声了。

"我儿子也受伤了吗?"老太太问。

"没有,"老章说,"他连一根毫毛都没有损失。"

"菩萨保佑好心肠的人,"老太太抽咽说,"我信这句话,孩子终有一天会回来的。"

"一点不错,伯母,您不知道文发对人多么义气,在弟兄们中间,以我们三人的感情最好,就像三个亲兄弟一样。端木,告诉伯母,是吗?"

“是的。”我应声说。

“我的儿——”老太太低低说。

“当日本投降消息开始传到婆罗洲的时候，我们正驻防隆格坡，”老章说，“大家还不相信日本会真的投降，一个军官宣称那一定是同盟国的诡计，就带领队伍上山打游击。那军官后来在一次下山抢粮之役中被英军俘虏，我们只好四散求生。我和端木、文发，三个被强迫入伍的中国籍弟兄，困在一个山头上，过着野人一般的生活。”

“可怜的孩子，”老太太拭着眼泪，“你们受尽了苦！”

“到了今年春天，伯母，文发病倒了。”

老太太的嘴巴突然张开，和婴儿一样秃的牙床阻拦不住涎水，顺着嘴角淌下来。女管家急急地替她揩着，她迫切地插话说：

“什么病？章先生，文发现在痊愈了吗？”

“还没有。”老章颓丧地说。

“我的儿——”老太太呻吟。

“现在他在什么地方？”女管家追问。

“文发生病之后，丛山里没有医药，他大概害的是肠炎，俗话叫着‘绞肠痧’，明白了吧？他常常肚子痛，躺在草地上不断呼唤母亲。有一次，我听见他喊说，‘妈啊，我要不行了，我会托梦给您，我的魂魄会回到您身边！’伯母，他是一个孝顺孩子。”

老太太大声恸哭起来，老章的语调和表情过度逼真，连我都不由得低下头。

“有一天，”老章继续说，“我们抬着他走到一个村庄——现在早已没有战事了，英军也不再管我们，一个姓吴的华侨招待我们住下。”

“苍天，”老太太哭着说，“保佑吴先生全家。”

“我们是上个月回来的，文发的病还没有好，仍住在吴先生那里，临启程时，他叫我们带个口信给伯母，他需要钱治病，治好了病才能回来，他盼望伯母能派人去照料他，去接他。”

“那个村庄叫什么?”女管家问。

“记得吗? 端木。”老章拍着前额。

“独孤里桥。”我说,说出后才想起这是韩国的地名。

老太太的眼泪不断流下来,女管家双手抱着女主人那几乎一碰都要折断了的枯瘦手臂兴奋地叫:

“观世音菩萨,老太太,您真应该欢喜,文发终于有了音信,我昨天做的那个梦就是吉兆,今早告诉您,您还不信呢,我知道他会平安无事的。老太太,谢谢两位先生吧,他们是上天派来的喜鹊,为我们带来天大的好消息。”

“我和端木,”老章在旁接口说,“打算下星期再去一趟,我们此行是秘密的,因为办不了出境手续——您知道他们是不承认台湾的,加以台湾出境也十分困难,所以我们打算偷渡,这是一桩违法坐牢的事,千万不能声张,我们只是为朋友尽心。伯母,您有什么话要我们带给文发吗?”

这一段很重要,预计就靠这一段使我们此行成功。老太太在女管家怀里饮泣着,我可以听见她口中吐出的对观世音菩萨的感谢之词。果然,她留我们吃晚饭和住下来,女管家也帮着恳求我们在这里停留两天,因为老太太愿再多听一点她儿子的消息,并且还要托我们带一笔钱——大概是二十万元,给文发治病,并作为我们往返的路费。

二十万元,这数目使我和老章昏眩。

3.

我们在简家做了两天客人,过着王子般的生活,那弹簧床和热水浴以及遥遥在望的美好远景,使我们恢复人性的自尊,以致第一天晚上在壁橱里发现有一条很值钱——我不知道它到底值多少钱——的项链时,竟没有把它塞进口袋。在这两天里,我们不断向老太太报告和文发在婆罗洲一带打仗的经过,千篇一律的,我们强调文发非常爱他的母亲，也非常勇敢。老太太安静地听着，她很少说话，但她脸上随着故事的变化而显露着各式各样的表情，有时候笑，但大多时候都是在边听边哭。

老太太把文发的相片簿拿出来，我们才第一次看到我们老朋友的面貌，他很英俊，瘦削的面庞和深而长的人中，不像短命的人。我们津津有味地翻着那些大多退了色的相片，听老人家逐张介绍一些枯燥的故事。后来，她更把儿子自生下来一直到出征那一年，共十九年间所穿的衣服拿出来抚摸着，一面抚摸一面垂泪。但她的健康因精神爽朗关系，旺盛得多了，在休息的时候，已可以扶着拐杖下床。

住到第三天，老章坚持着明天告辞，因为"我们有很多事要去赶办"。当天晚上，我们把房门关起，埋到沙发里，吸着女主人为我们特地买来的高级纸烟，烟雾把我们笼罩着。

"老太太很喜欢你。"我说。

"我抓住了她的心。不过，我发现我选你做战斗伙伴是选错了对象，你是一个命中注定非饿死不可的家伙，遇到稍微大一点的场面便手足失措。看我吧，再显而易见的谎，我都不会脸红。"

"对的，老章。"

"二十万，天，我们真正地可以去婆罗洲了。"

"去婆罗洲落户吗？"

"我曾经告诉过你，"老章说，"去婆罗洲娶妻生子，有了儿女，我要他们好好地受教育。我想有一件事非常抱歉，那就是，等将来有了孩子，我不会教他和你交往的，我要孩子们有高尚的品格。"

"我不在意，老章。"

"端木，你读过不少书，告诉我，凡是大人物都有高尚的品格，对吗？"

"好像是的，不过也不一定。"

第二天我们没有走成，却向婆罗洲发了几封航空信，明知道这些信只会给邮局人员添麻烦，但仍文情并茂地向那位吴先生报告我们回国后的情况，表示无限感激，并告诉他我们再去婆罗洲的启程日期。另外，我们还给文发去了两封挂号信。一封信是告诉他已看到他的母亲；一封信是我代简老太太执笔，以她的口吻写给她儿子的，叮咛他安心养病。在这里，老人附上她的照片，特别对他说，作母亲的日夜都伫立在当初送他出征时伫立的那个窗口，等他平安归来。

老太太口述这封信时，仍然不断地哭泣，她的眼泪从那湿透了的手帕上迟钝地往下滴着，女管家站在一旁，为她轻轻地捶着背，柔声地求她珍重身体，但也泣不成声地向我叙述一些她自己要告诉小主人的话，嘱咐我一定写到信里——

"妈的身体很好，"她插嘴说，"和你走的时候一样好，万贯家产和年迈的母亲都等你回来。文发，我也很好，但也很老了，可能活不了多久，但总要活到看你重新扑到妈怀里。你还记得我吗？还记得称呼为'阿姑'的女管家吗？我无依无靠，在你家三十年。啊，文发，接到信后，马上跟章先生回来，不要发愁钱，章先生们是正人君子。"

我和老章退出房间的时候，还听见两位老妇人似断似续的哭声。

"骗这样的女人，不算好汉。"我说。

"闭嘴。"

次日一早，她们才算正式同意我们离开。一切辞行手续都办过后，我在客厅里不安地踱着，一想到二十万巨款就要放进自己的口袋，便眼睛冒起火星。最后，脚步声在门外响了，我努力压制着猛烈的心跳。进来的是女管家，我们像望着救主一样地望着她，屏声静息，唯恐怕一个喷嚏把她打走。不过我们立刻发现，她脸上的皱纹比我们刚见她时加深了，而且更没有表情。

她放了一叠钞票在我们面前。

"这是五百元。"

"干什么。"老章说。

"你们可以走了。"

"关于文发——"

"这五百元是简老太太送的，够你们吃一个月了。"

"我们要去婆罗洲。"

“那么就去吧，二位。”

“你以为我们是骗子吗？”老章大怒说。

“低声点。”

“我和文发是老朋友。”

“一定逼着我叫警察吗？”

我们软下来，她的神色表示她什么都知道。

“天，”老章抗议说，“一定是你偷听了我们两个人开玩笑的话。”

“我从来不偷听任何人谈话。”她冷冷地说。

我们只好屈服了，五百元不够我们的装备费，刹那间我想起壁橱里那条项链，但女管家正挡住再折回去的路。

“文发十五年前死在婆罗洲，”她等我们屈服了之后说，“日本军部有过正式通知。”

“简老太太知道吗？”

“通知就送到她手上。她当时并没有哭，一直到了以后很久才哭的，但她仍相信她儿子一定还会活着回来。这难怪她，文发是她的遗腹子，又是她的独生子。”

“上帝，”老章狼狈地说，“原来她知道我们在骗她。”

“是的，十五年来，骗她的人太多了。每一次都有一桩动人的故事，而每一次她也都给他们五百元，作为对他们辛苦一场的报答。”

“她为什么这样做？”

“不知道。”

我和老章提着崭新的手提包走到大街上，被人声和车声淹没。

“你很难过，是吗？老章。”我说。

“不。”

“那么，你在想什么？”

“想我的母亲，”老章说，“啊，端木，我们走吧。”

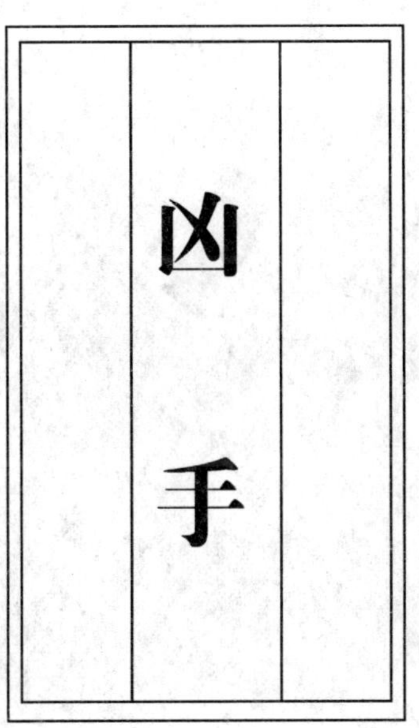

凶手

提 要

《凶手》写于1950年前后，是柏杨写作生涯中最早的创作。爱与恨贯穿全书。他在序文中说："恨如果建筑在爱——不自私的爱上，恨就跟爱一样的美。只是，谁能把握这个分际呢？悲剧就在这分际上发生。"在柏杨笔下由爱恨延伸出的故事，特别重视这分际，而往往结局都是以悲剧收场。《陷阱》中的家康，为了援救被指控为共产党的女友婉华，自己却成了阶下囚，而婉华竟在他入狱后成了他人妇，家康对她的恨显然是不可言喻。此外，还有因不可抗拒的命运酿成的悲剧，如《旅途》以及《跟踪者》等篇。在爱情以外也有动人的亲情，像是《卧轨》中的母女情深。

本书中另有一篇非常特别的《夜掠》，写一个青春渐褪的女性为满足性的渴望所进行的一场冒险，有极深沉、细腻的心理刻画。

序

《圣经·哥林多前书》有段话:“我如果有先知讲道的能力,更能了解人生的奥秘,知道世界上各种知识,而且又有完善的信心,能够移山倒海,可是却没有爱,那就算不了什么。我如果把所有财产周济穷人,甚至舍身自焚,可是却没有爱,仍然没有价值。爱是什么?爱是长久的忍耐,是长久的恩惠。爱是不嫉护、不炫耀、不狂妄、不做蒙羞的事、不求自己的利益、不轻易发怒、不牢记别人的坏处、不忘恩负义,只刻苦地追求真理。凡事包容、凡事相信、凡事期望、凡事自己克制。爱是永不止息的去爱。”

人,如果剔除了爱,只不过是一个会言语的禽兽。然而,爱与恨是一件物体的两面。宗教家们忘掉恨,道德家们反对恨,伪善的人们假装着不恨。事实上,没有恨便很难显示爱,恨跟爱同样的根深蒂固。爱恨交织,才是完整的生命。我们恨嫉妒,恨炫耀,恨狂妄,恨做蒙羞的事,恨只图自己的利益,恨轻易发怒,恨一直牢记别人的坏处,恨忘恩负义,恨曲解或违反真理。

恨如果建筑在爱——不自私的爱上,恨就跟爱一样美。只是,谁能把握这个分际呢?悲剧就在这分际上发生。

本书各篇,都写于二十世纪五十年代初期,是我写作生涯中最早的创作。文字功力和文学能力,当然尚未成熟,但感情是成熟的,感情万古不变,各种爱恨交织的故事，在人世上发生已很久了。

1958年11月8日于台南成功大学

旅　途

1.

她蓦然仰起脸。

那古老的壁钟敲了四下，每一下都敲到她内心深处，两行泪珠淌下来，膝盖在霍霍发痛，脊椎神经一阵一阵地往上抽动。朋友们围在四周，搓着手，想安慰她几句，但是，一想到一切安慰都不能发生效果时，嘴巴就自然合住了。

她重新低下头，双手紧紧地握在胸前，嗫嚅地祷告着，身上的肌肉因激动而颤抖，她似乎听到一个平安的声音，也似乎闻到一种平安的气息。

医生从手术间走出来。

“大夫!”朋友们迎上去喊。

医生看了一下他们，又看了一下跪在长椅旁边的病人的年轻妻子。

“你们为什么不早点送来呢?”医生愤怒地叫，推开大家，匆匆跑向另一个房间。

妻子大声哭泣了，朋友们又回到她身旁，每个人的脸色都很苍白。

医生带着几个助手又跑回手术间。

钟敲了五下。

“起来坐坐吧!”朋友们劝她说。

她已跪了四个小时，双膝痛得像被利斧从当中砍断似的，只是，她不肯起来,她咬牙忍受着,希望能分担一点丈夫的痛苦。

手术室的绿灯亮了。

“大夫!”大家冲上去围住医生。

“一切良好,”医生擦擦额角的汗,“不过,我希望和各位谈谈。”

好消息拨开妻子心头的云雾,她被朋友们扶起来。

医生房间的门,从里面扣着,在外面是听不到什么的,隔着细纱窗帘,只隐约看见医生严肃地比划着手势,仿佛是解释一个重要的问题。年轻妻子几乎闭着眼睛,最后,缓缓地双手捂住面孔。

年轻妻子留下来照料开刀后的丈夫,朋友们要先回去了,在送他们走的时候,她报给他们一个感激的和勇敢的微笑。

2.

一个万里无云的下午。

国钧把饭碗一推,抹抹嘴,就一溜烟跑回宿舍,第一件事是飞快地刷起牙来,白沫喷到鼻孔里,他不得不连打两个喷嚏。漱过口,他又刷第二遍,接着洗脸,刮胡子,一条长长的伤口流出鲜血。他穿好衣服,打上领带,在镜子前面仔细端详了一会,又梳了梳头发,把皮鞋擦亮。然后,从抽屉里摸出乒乓球拍子,兴兴头头地,向饭厅走去——他本来是要跑的,为了表示镇静,才故意安步当车,但他的心已经飞了。

燕君和几位女同事并肩走出来,女孩子们都是细嚼慢咽的,她们刚刚吃完。

“方小姐,”国钧说,竭力做得非常自然,“打乒乓球呀!”

“我还要洗手。”燕君说。

“我等你。”国钧跟在背后。

“奇怪,为什么不邀我们打?”一个女同事朝着他大声嚷。

“你肯赏脸吗?”

“卖你的什么贫嘴!”

燕君回到房间,国钧在走廊上踱着,用乒乓球拍无聊地击着掌心,腿都站酸了,看看表,已等了半个小时。女同事们从他身旁经过的时候,都给他一个鬼脸,他想抽纸烟,又害怕嘴里有烟味。

好容易,燕君慢慢地走出来,国钧伸手试探着想挽她,被燕君一甩,只好搭讪着缩回。

到了空无一人的游艺室,燕君停住脚。

"走呀!"国钧说。

"不是打乒乓球吗?"燕君装糊涂说。

"大慈大悲的小姐,"国钧跺脚说,"饶了我吧!"

燕君笑了,转身从后门穿出去。后门外有一片幽静的竹林,斜阳稀疏地漏到地上,两只麻雀追逐着在枝头上飞。他们踏着落叶,走了一段路,找到一条石凳,燕君坐下来,国钧也坐下来,把手臂绕到她背后,温柔地抱住她的细腰,两个人的鬓角摩擦着。

"答应我,燕君!"国钧哀求说。

"答应什么呀?"

国钧一条腿跪下去。

两人的爱恋已非一日了,从燕君踏入这个学校教书那天起,她那光鉴照人的艳丽,就抓住所有男同事们的心,经过一番艰苦竞争,国钧才慢慢占到优势。燕君很喜欢打乒乓球,国钧也很喜欢打乒乓球,两人经常在游艺室对垒到华灯初上。最初,他们是认真地打;逐渐地,他们边打边谈;后来,打乒乓球竟成了约会的借口。燕君这个从患难中长大的北国女孩子,她选上国钧,不是偶然的,她每逢看到他那蕴藏着坚毅意志,像军舰锅炉似的胸脯,心就怦怦乱跳。不过,她瞒着她的感情,两年来,国钧不知道碰了多少壁,有一次在她给他难堪后,竟吐出大口鲜血,燕君难过了半个多月。

现在,燕君到底点了头。国钧从头昏脑涨中发现他所面对的竟然不是幻觉,就疯狂地把燕君抱到怀里。这时,夜幕正拉下来,一颗星从天边把它钉住,燕君抚在国钧胸前的纤手,也滑过他的肩头,两人的嘴唇吻在一起,身子都要合而为一了。

一个月后，他们的婚礼，在学校大礼堂举行，喜筵中掀起闹新郎新娘狂潮。同事们和男女学生们，轮番敬酒，如登仙境的国钧一律来者不拒。几个好朋友在一旁劝他，燕君也用眼瞪他，他也知道勉强人喝酒是一种虐待狂的心理作祟，可是，表面上，敬酒总是好意。

“我替他喝！”燕君接过敬酒的杯子。

“好，”大家哄堂叫，“新娘心疼新郎哩！”

“我来！”国钧夺过杯子，一饮而尽。

跟着雷动的掌声。

他们的洞房设在乡间，夜深，人静，柔和的灯光下，燕君换上粉红色睡衣，斜靠着沙发，一面慢慢地剥着橘子，一面不时地抬起眼皮瞟一下坐在她身旁的新婚丈夫——他今天更英俊了，她用手塞一瓣到他嘴里，他嚼着。

“我的肚子有点痛。”国钧说。

“一定是酒喝得多了。”

“简直不可思议，”国钧摸弄着燕君的脸说，“你成了我的妻子！”

燕君含情脉脉地望着他，把脸凑上来。

“睡吧！”国钧说。

“不。”

“又不，”国钧抱起她，“从今以后，你是我的妻子，不能再不了。”

“小心我不理你。”她蜷卧到床角。

“我替你脱衣服。”

“别毛手毛脚的，我会。”

“我的肚子痛得厉害。”

“请个医生好不好？”

国钧没有回答，他感觉到似乎有一个东西在肚子里爆炸，他弯下腰，扶着床，支持了一会，像血管破裂了似的，鲜血从痉挛的大口里，喷了出来。燕君顾不得掩住已被解开了的内衣，赶紧跳下来扶住他，想把他扶到床上，可是国钧已匍匐到地下，发出颤抖的、使人血液都冻结的号叫。

3.

一年过去,燕君生下一个男孩。

这是一个美满婚姻,夫妻同在一个学校任教,又有一个可爱的小宝贝。在千千万万的天涯浪子中,有几个人能享受这样的家庭温暖呢?又有几个人能生活得这么安谧甜蜜呢?

课余,俩影徘徊在竹林,也徘徊在游艺室。

“很久不打乒乓球了呢!”燕君抱着孩子,对她的丈夫说。

“等我儿子找女朋友的时候,让他们打吧!”

“好厚的脸皮!”

“别骂,我一定把孩子教养好,我们这一代给他们留下的是什么呢?是贫困,是愚昧!”

燕君哼着小曲,孩子傻笑着,国钧弯腰亲他的脸蛋,接着一下子又亲到燕君的酥胸上。

“你真是又俗又讨厌!”燕君喊。

“将来回到故乡,爸爸看见有你这么一个漂亮媳妇,又有这么漂亮的孙儿,真不知道怎么高兴呢!”

欢乐是无穷的,柔情蜜意像一潭迷人的春水,他们永远沉没到里面了。

然而,却有一道阴影横亘在这对恩爱夫妻的心中,谁也不肯说出口,但谁都在隐隐担忧,那就是做丈夫的大口吐血的次数增多,而且每次都痛苦不堪。

“看看医生吧,国钧!”燕君硬着头皮提出。

“不用,死不了。”

国钧不是不肯看,实在是他不敢面对现实。夫妇两人的薪水仅够维持日常生活和孩子的奶粉,哪有多余的钱呢?万一是重病又怎么办呢?

可是,到孩子满四周岁的时候,国钧几乎每隔两三天就有一次大量吐血,人也一天弱似一天!

"我害的什么病呢?"他颓丧地说。

"无论如何,到医院看看吧,"燕君求他说,"钱固然重要,人更重要。去吧,为了我,为了孩子!"

由燕君陪着,国钧怀着不安的心,去医院检查。

"不能确定是什么病,"化验完毕之后,医生说,"也可能是胃溃疡,必须开刀,越快越好。"

国钧问了下手术费用,燕君又详细向医生探询一遍病情,他们怅然走回宿舍,路上,燕君握住国钧的手,两颗因不同原因而都冰凉的心,结在一起。

他们的朋友们听到国钧非开刀不可的消息,都是天涯沦落人,同病相怜,怎能眼睁睁看着老朋友这样下去呢,大家很快凑了一笔钱,不管国钧接受不接受,硬把他送进医院。

手术时间延续了四个小时,燕君一直跪在走廊的地板上祈祷,朋友们围着她团团转,她的双膝痛得像被利斧从当中砍断似的,但却不肯起来,她咬牙忍受着,希望借此分担一点丈夫的痛苦。

手术室的绿灯亮了,医生踉跄地走出来。

"一切良好,"他擦擦额角的汗,"不过,我希望和各位谈谈。"

动过手术后的国钧,复元得很快,他眼睛里闪动着获救的光芒。

"我要出院了,"一个月后,他就提议,"这次花了不少钱呢。"

燕君苦劝他再在医院里休养一个时期。

"我已有见好了,又能够走动了,还有什么关系?我正想大吃大喝一顿,几年来,我从来没有像现在这样痛快过!"

出院时,国钧坚持着步行走回去。

"燕君,辛苦了你!"蹒跚着,他感谢他的妻子。

燕君紧偎着他。

"你怎么不说话呀?"他怜惜地挽起她的手臂。

"我兴奋得说不出话来。"

一进房门,他就把孩子高高举起,吻个不停。

“爸爸，”孩子结巴说，“你到什么地方去了？”

“爸爸住医院了呀，”国钧把孩子抱到怀里说，“爸爸好了呀，爸爸要给宝宝多挣钱，要给宝宝买糖，要给宝宝念书！”

“宝宝要上学！”

“五岁才能上学呢，”做爸爸的说，“再过一年，你才五岁呢，爸爸每天送你，接你！”

“爸爸真乖！”孩子哧哧地笑了。

爸爸也哧哧笑了，他像沉船的海员在筋疲力尽的时候，忽然脚踏实地一样地喜不自胜，他眼前展廾的是一幅美丽的远景。

4.

无病一身轻，国钧每天都起得很早，到院子里练太极拳，一面练，一面满意地欣赏着自己日渐健壮的胳膊。

除了上课，做家事，国钧把时间都用到埋头写作上，孤灯一盏，香烟的残烟缭绕在虚无缥缈的空际，他每天都要写到深夜一点两点。

“睡吧，国钧！”

躺到床上。

“不要太累了，”燕君无限忧伤地把脸埋到丈夫怀里说，“人生是一个旅途，一个不可测的旅途，我只愿意你快快乐乐的，答应我，国钧！”

“你，你哭了。”

“没有呀！”

“别扯谎，你流泪呢，什么事伤你心了吗？”

“傻瓜，别惊醒孩子，睡吧，睡吧！”

夜更深了，国钧发出均匀的呼吸，燕君轻轻抽出自己的手臂，俯下身子，在丈夫脸上凝视了一会，眼眶忍不住又涌满热泪。

国钧又要打乒乓了，游艺室重新响起他们的笑声，孩子跑来跑去成了义务捡球员。国钧又在后院移植了一排香蕉树，希望明年能够吃到果实。

星期六和星期天,高朋满座,叫着,闹着,谈着。

"我老了的时候,"国钧大谈他的抱负说,"要回到家乡,办个小学,教养下一代。每逢假期,我就和燕君,带着孩子,游山玩水,安适地度过晚年。"

燕君无力地叹口气。

"怎么,"国钧笑她,"你怕老?"

"我我,怕——"

"哎呀,"大家喧哗起来,把话岔开说,"女人都是怕老的呀。"

国钧的四周洋溢着的是重新回来的春天,尤其是,燕君比从前更温柔,她再也没有惹过他生气,他不高兴的时候,她也笑脸相迎,仿佛是热恋中的情人,年轻的妻子曲意地服侍着丈夫。

然而,春天还是尽了。

一天,吃午饭的时候,国钧刚咽下第一口饭,就陡地觉得一股火烧似的剧痛,从胃里上冲,并且迅速地布满全身。这是一个可怕的袭击,半年来几乎遗忘了的痛苦,又转回来抓住他。国钧站起来,用手按住肚子,哇的一声,喷出一口鲜血。

燕君打了一个寒颤。

国钧想奔到床上,可是,火烧的剧痛撕裂着每一根肌肉,他咬定牙关走了两步,没有等到燕君扶牢他,就忍不住像新婚之夜那样,喊出一声大叫,一头栽到地上。

抬到医院,医院不肯收容,禁不住燕君的哭求,禁不住闻讯而来的朋友们的纠缠,才算勉强住进病房。

注射过吗啡剂,国钧悠悠苏醒。

"我的病又发了,"他失神地望着他的妻子,"你不是说除根了吗?"

"国钧!"燕君低下头。

"孩子呢,吓着他了吗?"

"张阿姨把他抱走了,你放心,国钧!"

国钧疲倦地合上眼,他没有力气再说什么了,他要休息。然而,三个小时后,吗啡力量过去,剧痛仍在胃里燃烧,他觉得肝肠都要化为灰烬。他跳起来,用头猛撞着墙壁,汗珠像黄豆一样往下滴,燕君伤心地抱住他。

"快,快,"他喊,"救救我!"

又一针吗啡注射下去,国钧困顿地歪到床上,喘息着。

他的胃不能再容纳食物了,只靠着葡萄糖度日,又因为剧痛一直无法制止,所以也只有一直用吗啡来麻醉。一个月勉强过去,国钧只剩下一把骨头,焦黄的面孔瘦削成一个令人心碎的倒立三角形。

燕君和朋友们日夜环绕着病榻。

"我到底是什么病呢?"国钧呻吟说,"胃溃疡不是什么大病呀,总可以治好的,上次开刀,为什么不能除根呢?"

他把乞求的眼光转向他的那些朋友,"住院这么久了,每天只给我注射葡萄糖和吗啡,会治好吗?我怕死呀,在这万里异乡,丢下燕君,丢下孩子,寡妇孤儿,叫他们怎么办呢?看老朋友面上,再借给我一点钱吧,我有心刚强,病使我刚强不起来,只要我的病能好,我愿结草衔环,报答各位的恩情。"

"不是这样的,国钧!"朋友们擦着眼睛。

"你希望什么呢?"他恚恨地转向他的妻子,"你精神一直恍恍惚惚,是打什么主意呢?燕君,我这样死,死不瞑目。"

"国钧!"燕君叫。

朋友们面面相觑,向燕君投一个失败的眼色。燕君点点头,还没开口,泪已滚下来。

国钧疑惧地望着自己的妻子。

"国钧,"妻子强忍着,把声调放平静,"我们本来要瞒你到底的,可是,你误会了,国钧,你害的不是胃溃疡,而是,而是……"

霎时间,国钧明白了一切,悲怨的情绪逐渐平息下来,他颤抖地抚摸着爱妻的秀发,两颗豆大的泪珠,从紧闭的眼睛迸落到自己的手臂上。

5.

病榻旁堆满了文件,那是医院的化验报告,爱克斯光照相,切片检查说明书,五个癌症权威医师签字的病况诊断……国钧迟钝地一张一张看着,朋友们屏声静息站在一旁。

“国钧,”燕君双手按着丈夫的胸脯,“第一次我们来检查的时候,医生就在背后告诉我,恐怕是癌,只有动手术割除。可是开刀后才发现,你的整个胃部都布满癌毒,而且随着分泌的腺液,侵蚀到全身,结果把胃割去三分之二,这是最大的手术限度了。医生把我们叫到他房子里,解释你的病势,他说,在短期间内会恢复正常的,但,却恐怕不会超过七个月……”

“继续说吧!”国钧低声说。

“我们一直期望着奇迹发生,或许医生诊断错误了,可是,半年来,各种切片化验出来了。国钧,饶恕你的妻子,我是一直埋在心里!”

国钧垂下头,似乎睡着了,朋友们悄悄退出去。

“燕君,难为了你。”国钧又睁开眼,微弱地说。

燕君握住他嶙峋的双手。

“我不该责备你,我后悔!”

“不!”

国钧慢慢说:“你勇敢地承担起这苦难,半年来咽泪装欢,我说不出我的感激!燕君,对不起你,我要是早知道我有胃癌,我是不会追求你的——我害了你。”

“不要说这些。”

“让我说吧,”病人望一下墙上的日历,“今天是七月三十日,没有多少时间了。”

护士走进来,为他注射吗啡。

“不要难过,燕君,我心里空前平静,我死了之后,答应我,你要再结婚！”

“你——”

“不要打岔，千万不要耽误青春，你才二十六岁，还年轻呢，原谅我不能陪你白头到老。”

“国钧！”

“别替孩子改姓，”国钧乞怜地望着妻子说，“替我们邵家保留这一块骨肉，将来，打发他回去见他的爷爷。燕君啊，这是我最后的请求。”

“你放心，国钧！”

“等孩子长大，告诉他爸爸死于癌症，叫他学医，救救别人的爸爸，我死也无憾了。”

第二天，国钧吐血的次数更多，朋友们为他准备后事。

“燕君，”国钧挣扎着说，“孩子呢？”

孩子抱来了，站在床前惊讶地望着爸爸，大眼睛骨碌碌乱转，把棒棒糖往爸爸嘴里塞。

“爸爸，你吃！”

“孩子，爸爸不能再和你玩了！”

“爸爸，吃呀！”

“燕君，叫孩子给各位伯伯下跪，从今后，他是一个没有父亲的孤儿了，看见孩子就等于看见我，求各位顾念我们朋友一场，多照顾他。天啊，我有说不出来的千言万语……”

燕君领着孩子乖乖地叩下头，朋友们含着泪抢着把他抱起来。像乱箭射进国钧的胸膛，他大叫着，又喷出一口鲜血，开始昏迷。

“恐怕就在今天！”医生为他再注射吗啡，叹口气。

一会儿，国钧醒过来。

“不要哭，燕君，”他低沉地说，“八月五日是我们结婚五周年纪念，我要活到那一天……”

以后的几天，国钧在昏迷中，陆陆续续地，嘱咐些身后的事，他舍不得娇妻，舍不得爱儿，更舍不得这么多朋友，世界上，他还有好多事没有做呀，可是他的内脏已经糜烂了。

结婚五周年的那一天早上，国钧开始大口喷出黑颜色的臭水，已被折磨得不成人样的燕君和朋友们，围在床前，等待着这欢喜日子里最悲惨的一刻。

“燕君，”国钧勉强睁开眼睛，回光返照，他神智还清楚，“后事要简单，火葬后，把骨灰保存好，孩子长大了，交他带回，埋到我们邵家祖茔。千万不要浪费，不要多花一文钱，朋友们如果有捐款，都留作孩子的教育费用。记住告诉孩子，他爸爸的死因……”

“都照着你的意思去做，国钧！”

“啊，天怎么忽然黑了？”

“没有呀！”

“我怎么看不见了呢？”

这是大去的前奏，国钧的视觉坏了，只剩下眼皮还在闪动。

“孩子呢，我要他！”他吐出最后一句。

“他在家呢，”朋友们说，“国钧，你忍心叫他看见这里的情形吗？孩子的事，都交给我们了！”

国钧陡地坐起来，孩子天真的笑靥就在面前，他双手伸出去要抱，却抱不到，一股力量在吸着，他身不由主地往后退，退到一个黑暗的泥沼里，他想大叫，咽喉却像被什么东西塞着，叫不出来。

“国钧，”朋友们哽咽着握住他抓空的手说，“你还有什么未了的心愿吗？你这样痛苦挣扎，以后孩子知道，也难安心的。国钧，孩子的事都交给我们了，你放心地去吧，放心地去吧！”

国钧要逃出那泥沼，可是，他的身子逐渐地僵硬，僵硬……

燕君疯狂地扑上去，抱住丈夫的尸体，哭不出声音。

6.

火葬完了。

燕君孤独地坐在角落里，身旁人来人往，她都没有注意，她脑海里拂不去的是国钧死前的痛苦。一个人,竟这样地去了,她感觉到空虚,一种广漠无际的空虚。朦胧地,她仿佛回到她那寂寞的童年,她的爸妈在她小时逝世的时候,也是这么舍不得女儿啊!她更回到她的中学和大学的校园里,那都是说不尽的流浪岁月!只有结婚后几年,她才尝到人生温暖的滋味,可是,这温暖却像一场梦寐,似乎已是很久以前的事了。

她站起来,两腿微微地发软,她扶着椅背,看见孩子正拿着国钧的乒乓球拍子,一个人在那里挥来挥去地打着玩。在他的幼小心灵上,还不知道已成了人世间可怜的孤儿,她唤了一声。

“妈妈,”孩子跑过来扑到燕君怀里说,“爸爸怎么还不回来呢?”

“儿呀,爸爸早走了。”

“我要当乒乓球健将!”

“不,宝宝要当医生,这是爸爸说的。”

“那我就当医生,给爸爸治肚痛。”

孩子的话又勾起燕君的怅惘,她想再痛哭一场,眼泪却早流尽了。朋友们陆续前来送行,他们是来送她到乡间她的一个同学家里小住,换换环境,排遣一下悲绪的。

车子发动了,马达轰轰响着。

她把凄楚压下,痴痴地,也是勇敢地,拉起孩子,向大家道了谢,踏上旅途。

鸿 沟

1.

“我真爱你,你是个好人儿！可是现在不行呀,要结婚以后才可以呢!”

“我更爱你,你是我的生命,我的主宰！即令有一天你丧失了美丽——老了,丑了,我还是这一颗心。我们永远相爱,亲爱的,放开手,答应我吧!”

电灯熄了,这座位置在重庆郊区的豪华别墅,立刻陷入黑暗,仿佛阴森森的幽灵之宫,显得神秘寂静。月光皎洁地照到别墅门前那辆最新式的汽车上,映出闪烁的光,小楼里的娇声软语,渐渐地低下去,渐渐地听不见了。

一对狂欢的男女融化在甜蜜中,连庞大的宇宙,也跟着化为轻飘飘的蝴蝶梦了。

2.

中日战争进入第八年的暮春的傍晚。

圆娃高高兴兴地推着鸡公车,嘴里哼着小调,从石坪村往家里走。一侧是悬崖绝壁,另一侧是万丈深谷,斜阳已经退上山顶,一阵风过,细沙扑到脸上,他不禁打了一个寒战。

“天要黑了!”他咕哝着。

他忽然发现前面有一个穿红颜色衣服的女郎,手里提着小包袱。

奇怪，一个女孩子怎么敢独个儿在山丛里走呢？而且样子又不像是乡下人。圆娃加紧脚步，一会儿就追上了。她的头发卷蓬蓬的，光滑的玉足上套着黑色的半高跟鞋，丰满的臀部扭动着，走得非常缓慢，好像是在散步似的。圆娃想，"她还是个富贵人家的小姐呢！"

眨眼间，那红衣服女郎不见了。圆娃把脚步停住，举目四望，什么地方都没有呀！到哪里去了呢？他不由自主地哎哟一声，撒开腿跑起来，并且用手不断地撩他的头发，据说头发上会冒出火星，那火星能够避邪。

转过一个凸出的山脚，红衣服女郎又出现在前面，圆娃倒抽一口冷气，想转身溜走，可是已来不及，那红衣服女郎正在前面向他招手。

"我老娘没有做过亏心事！"

他心里找出慰藉。然后，硬着头皮走到她跟前，立刻像触了电似的紧张起来。他从来没有见过这么美丽的女郎，甚至连听说过都没有，细嫩的瓜子脸上，隐隐透着苍白，大眼睛里活动着两颗水晶珠。

"这简直是仙女下凡，"他暗想，可是，接着他又发现她的肚子竟鼓得那么高，"她原来还怀着胎！"

"你推座吗？"

"啊！推座。"

她犹豫一会说，"我想坐一段路。"

"不过，我到木耳场就到家了。"

"我到木耳场下来。"

她爬上鸡公车，把一件绿绒毛线衣垫在屁股底下，脸朝着前面。轮子开始转动了，圆娃的眼睛正对着她的脊背，她卷成圆圈的秀发随风飘舞，被旗袍缚得紧紧的肌肤，随着车子的颠簸而颤动着。他有点神魂摇荡，而且渐渐地入迷了，于是，鸡公车笔直地向一块大石头上撞去。他赶紧使出吃奶力气，希望能把车子拿稳，可是她已栽到车底下，包袱散开，数不清的钞票和数不清的金锭撒了一地。她忍着惊吓爬起来，急得几乎要哭。圆娃心里更是难过，自从十五岁跟着他那已亡故了的父亲推鸡公车，从没有出过乱子，今天竟在一个美丽女郎面前丢丑，真有点无地自容。他慌忙七抓八抓地，把包袱裹好，塞到她怀里。

“小姐，”他结结巴巴说，“我真该死，摔着了吗？”

她畏怯地望着他，双手抓紧那包袱。

“求你不要见怪，少给几个车钱吧！”

她脸上浮出一丝含着安全感的微笑，拍了拍尘土，又爬上鸡公车。

圆娃再也不敢看她了，他把眼睛抬高到车前面的公路，老老实实地推着。太阳已整个地退出世界，地势也逐渐平坦，一座破败的茅屋在眼底出现。这茅屋是孤立在稻田中央的，和正式的村庄——那房子集中的木耳场，相距还有一里。

“到了！”圆娃把鸡公车放下，擦着汗说，“小姐，下车吧！”

没有回答。

“到了，小姐！”他跑到车前头。

她迟疑了半晌说，“这是你的家吗？”

“是的。”

“你家有什么人？”

“只有一个老娘。”

她用她那水晶似的眼睛打量着圆娃，他脸上开始发烧，他还要催促她，他知道老娘一定在家等得焦急，可是她却先说话了。

“叫我到什么地方去呢？天已黑了！”她含着眼泪，“啊！”她吞吐着说，“啊！我，我到你家住一宿可以吗？”

圆娃瞪大了眼睛。

“什么，”他叫，“这，我得和老娘商量！”

3.

当晚，红衣服女郎就在茅屋住下。

她和衣而卧，破棉絮上的汗味，使她难以入睡。月色从窗户烂纸缝里漏进，把淡光洒到床前，蛙声四起，这是一个多么冷落的夜啊！她脑海却在这冷落的夜里，上下沸腾，她用手轻轻地抚摸着凸出的肚皮，不由得低声啜泣了。实在的，她需要大哭一场，可是她总算忍耐下来，并且凄惨地对自己笑了笑。

天终于亮了！

"小姐，"圆娃啃着大饼，走到跟前说，"你往哪里去？我送你一程！"

"我——我停停再走，车钱我会交给老太太，你先去做生意，好吗？"

圆娃哼着小调，推着鸡公车走了。

她起来搭讪着坐到老娘的身旁。

"老太太，"她试探说，"我想跟你商量一件事。"

"说吧，姑娘。"慈祥地笑。

"老太太……"

"说吧，姑娘。"

"啊，老太太，"她鼓起勇气说，"我在你这里住几个月，可以吗？"

老娘怔了一下。

"我只住几个月，老太太，"她哀告说，"三四个月就行了，三四个月！"

老娘答复不出来。住一宿的客人，她当然欢喜不假，可是要长住下去，她就不能不考虑了，这么一位如花似玉的美人儿，怀着大肚子，是从什么地方来的呢？是落难的千金小姐呢？还是做官人家的丫环？也或许是什么善于变化的狐仙，在鼓儿词上常有这些事情的，她怕惹祸，她不能不为圆娃着想。

"姑娘，"老娘说，"我不能留你呀，我们家忽然多出一个小媳妇，我该对村子里的人说什么呢？"

她失望了，"老太太，"她低下头，努力挣扎一会，终于说，"我是一个下江人，父母都死了，丈夫也死了，只剩下我一个，流落四川，去投奔谁呢？我也是大户人家，不是来历不明的人……"

“不，姑娘，你赶紧走吧！”

“老太太，收留我吧！我知道你是个好心肠的人，只要你肯……我……”她红了脸，“我……我愿意做你的媳妇……”

“媳妇？”老娘揉揉眼睛，端详她，几乎叫起来，“姑娘呀，圆娃怎能配得上你？况且圆娃一天挣的钱还不够养活他的老娘，又怎么能养活你呢？”

“不要操这心，”她从怀里掏出两块金锭，“我带的钱多着呢，等你儿子回来，叫他买点田，就种庄稼也好？”

老娘心里有点活动，“可是，”她并不是见钱眼开，而是事情太出意料了，“可是，”老娘顿了顿说，“我得通知我们的那些穷亲戚呀！”

“不，”她慌忙按住老娘的手，哀求地说，“不，千万不要这样，就说你儿子在外面讨回来的好了。”

“只是，圆娃怎么能配得上你呢？”

“不要说这些，你答应了，太好了，我以后也要叫你娘呢，和圆娃叫的一样……”

她把金锭递过去，眼泪又流下来，她不是舍不得金锭，而是百感交集，一股说不出来的滋味，紧压在心头，她觉得茅屋似乎在焚烧，热烘烘地烤炙着。她想站起来，可是她却再也支持不住，刚刚抬起头，就昏倒了……

好久，好久，她被自己的抽噎惊醒，天色漆黑，她已躺在床上，圆娃忧愁地在床前蹲着，看见她醒过来，慌忙递上一杯开水。

“小姐，你好一点了吧！”

“不要叫我小姐了，”她勉强堆下笑说，“叫我的名字好了，我叫刘秀英！”

“哦，刘秀英！”他尴尬地傻笑了笑，“刘秀英，喝这杯开水！”

“嗯，不要连姓也叫出来。”

圆娃的脖子窘得要发粗，“真把人急死了，”他的手没有地方放，“秀英！我这样叫，对吗？娘烧了好多香，直跪在供案前不起来，叫你你不答应，推你你也不动。病得好怕人，你只是昏迷不醒，哭一阵，说一阵,听不清你嘟囔些什么……”

一盏油灯放在窗台上,火焰不住跳跃,山风从谷底卷起,掠过茅屋,发出刺耳的怪响。秀英靠着床栏,脸上没有表情。圆娃像一头跌到牛奶缸里的老鼠,大吃一惊以后,简直不知道如何消受是好了。

“看,”圆娃自顾形惭说,“我是一个粗人!”

她从被窝里伸出纤手,轻轻地把他那双粗糙而有力的巨掌握住,他局促得浑身发抖。

“圆娃,”她温柔地说,“我们是夫妻,上天安排的,不是吗?什么配得上,配不上,这些都不用提了。明天,我拿儿个钱,去买点纸,买点布,把房子布置一下,换一张床。被子,褥子,你穿的衣服,老娘穿的衣服,都买新的吧!不过,记住,千万记住,不要跟外边人讲我的事,你要讲,我就走了!”

“你别走呀!”圆娃发急说,“你叫我怎么我就怎么!”

“那好了,我知道你是老实人!”

夜深了,圆娃的血液在澎湃循环,山径上的恐怖完全遗忘到脑后,是福呢,还是祸呢,他不知道,他也不想知道。她已经躺下,面朝着墙,似乎睡熟了。圆娃还有点疑心是梦,用指甲掐一下脸上的肉,竟然发痛,明明不是梦呀!他脱下鞋,唤了一声,她没有答话。——他万分小心地掀开被子,雪白的大腿露出来了,他心里更是跳得厉害,迟疑了一会,终于大着胆子,笨手笨脚地钻了进去。

4.

四个月后,秀英生下一个白胖男孩,可怕的剧烈阵痛,更增加她对孩子的疼爱,小嘴噙着她那细嫩的乳头,人生的温暖润泽了她的全身。

可是,第二天夜里,孩子忽然发起高烧,不再吃奶了,哭声也渐渐低下去,只有三天光景,竟夭亡在妈妈怀里。她俯在枕头上哭,哭到两眼枯干,然后叫圆娃把小尸体安葬在茅屋后面,仔细堆成一抔黄土。

朝阳爬上山头，她呆呆地一个人枯坐着。现在的茅屋已经焕然一新，丝质的蚊帐，漂白的被褥，发亮的桌椅，整齐，清洁，窗台上堆满了书报杂志。

“啊！”瞥见圆娃进来，她说，“你去重庆给我买点书吧！”

“你开单子好了，还是那个昌糊馆？”

“商务印书馆，你怎么老搞不清。”

“可是我知道地点，”圆娃不好意思地赔笑说，“你不要写得太草了，人家不认识，叫我空跑路。”

“我今天写清楚点，记着，再买一份报！”她开书单。

“识字的人真好，”圆娃羡慕说，“我晓得你的学问够大的。”

“你怎么晓得？”

“昌糊馆那个幺师问我给谁买？——我去给你买五六次了，他们都认得我，我说给我老婆买的，他们几乎笑掉了牙，硬不信说：买书这个人，哼，至少也是个大学生。我也不理他们，只是，你是不是大学生？大学生还得了……”

“不要喷唾沫了，快去刷刷牙！”

“早刷了，不信，你闻闻臭不臭？”

“好吧，”她把钱给他，双手攀着他的脖子，“来，亲亲嘴！”

“好，”圆娃慌忙挣开说，“大白天干这事，真丑……”

她感到一阵无趣，退到床沿躺下，望着圆娃的背影在门外消失，禁不住叹一口气。天正是热的时候，她机械地拉了一把扇子摇着，陷于沉思。

傍晚，圆娃气喘喘地跑回来。

“好消息，”他叫，把书报扔到床上，“听说日本鬼子递降表了，天下马上太平了，家家户户都放鞭炮，好不热闹。我碰见苗树娃，那个卖担担面的，他说咱们木耳场要耍龙灯，叫我掌龙头，嘿！从前他们看不起我，摸都不教我摸呢……”

秀英急急把报纸打开，真的是日本投降！漫长的八年岁月，恩恩怨怨,今天面临到结束的时候了,她咬着嘴唇,埋头仔细地读着,心里很乱。

“圆娃,”最后,她抬起头说,“你去给我买一张邮票!”

“什么是邮票?”

“你到村里邮政代办所去买就可以了,四四方方的,有这么大,”她用手比划说,“邮票跟书一样,也是不还价的。”

圆娃兴头头地走了,秀英像浮雕似的对着窗户发怔,手里虽还摇着扇子,不过心已早不在焉了。她不断皱起眉头,很是激动,几个月来第一次的激动,她仿佛望见崖上的山径,也仿佛望见那滚滚的长江……

老娘首先发现秀英的心神不宁。

“圆娃,”在背后,她警告她儿子说,“你看出没有,媳妇变样儿了。”

“没有变,娘!”

可是,这一天终于来到。午饭以后,圆娃躺在床上午睡,朦胧中,他似乎瞥见秀英穿着来时的红色衣服,走出房门。他觉得有点不对,想叫住她问她去什么地方,又想叫老娘陪着她,可是年轻人的贪睡是不可思议的,他竟懒得张口,只含糊地哼了一声,又合上眼皮了。这一觉直睡到夕阳西下,老娘疑惑地推醒他。

“媳妇呢?”老娘问。

他慌忙跑下床叫秀英,没人回答,再跑到茅屋外叫,也没人回答,他飞奔到山冈上。

“秀英呀! 秀英呀! 回来,回来吧!”

他知道事情不好,大错已经铸成了;他疯狂地喊,把希望寄托在万一上,可是仍没人回答,只有从那深谷反应出来的巨响,在四周震荡……

5.

老娘家平空添了一个年轻貌美的媳妇,虽然圆娃自己不到处乱说,他是老老实实听从秀英吩咐的,可是木耳场的人谁不知道呢,人们的眼睛不约而同地冒出惊羡而嫉妒的火。

现在,她忽然消失,又怎能不立刻轰动村子!凡觉得圆娃不应该消受这么漂亮人儿的,都抚掌称快。凡觉得她是妖怪的,就都预言圆娃家一定要大祸临头。不过,大多数穷亲戚们,都同声叹息,尽情安慰他们母子,虽然这些安慰一点没有用。

圆娃的眼眶开始陷下去了,他每天在最初遇见秀英的那条山径上,推着空空的鸡公车,踱来踱去。晚间,他不肯上床睡,只爬到凳子上打盹,那被褥,那枕头,那一堆一堆的书报杂志,他不敢动,也不让别人动,他只不停地自言自语说:"这都是她亲手摸过的啊!"

两个月过去了,在一个火热的下午,绿衣邮差出现在茅屋檐下,盘问了一阵,然后交给老娘一封信,叫老娘盖图章。老娘哪里有图章呢,于是按上一个手印。这是茅屋有史以来的第一封信,圆娃正躺在席子上,两眼发直,嘴里流着白沫,已不能做什么事,老娘只好亲自跑到木耳场请一位识字的先生念给她听。

识字先生把信封打开,一张汇票掉下来,他看了看,惊叫说:"这是你媳妇的信呢!"

老娘感到一阵震撼。

信纸在识字先生的手里展开,他开始念下去:

圆娃:

提起笔来,不知道说什么才好,当我那天中午离开你的时候,你和老娘正睡得甜蜜,我曾站在山径上回头凝望,想起我们几个月的夫妻之情,想起我的孩子还埋在茅屋后面,心如火烧。

我是一个中等家庭的女儿,也是我父母的掌上明珠,我一直过着安静的生活，可是当我读大学二年级的时候，陨星却落到我头上。在一场舞会里，我认识了一个风度翩翩的青年（他父亲是一个地位很高的官员，同时也是一个国际贸易巨商），我立刻爱上了他，他也爱上了我，我跌进了无法自拔的爱的泥沼。

一天晚上，我还记得那一天晚上的月亮分外皎洁，他用汽车把我载到重庆郊外他父亲的那座豪华别墅里，向我求婚。我害羞，但却万分兴奋，我答应了他，于是他接着向我求欢，他诚挚地对我说："你是我的生命，我的主宰。即令有一天你丧失了美丽，老了，丑了，我还是这一颗心，我们永远相爱……"啊！我又怎能拒绝他呢。

可是，我被他欺骗了。当我的肚子逐渐大起来的时候，他忽然躲避不见。我去他家找他，那个看门的人——平常，他见我来总是远远就赔笑鞠躬的，这一次他却把头伸出栅门，抱歉地说："少爷已经和他的未婚妻到美国去了。"

渐渐地，我在学校读不下去了，同学们刀一样的视线，冷酷地集中在我的大肚子上，到处传播着嘲笑。没有同情，没有慰藉，我只有逃避他们，马上逃避他们。可是我往哪里去呢，我无颜回家，也无颜去找亲友。哭天无泪，几次想一死了之，然而肚子里的孩子支持着我，同时一再地，我似乎觉得爸妈在耳畔叮咛："活下去！孩子，活下去！"上天啊，这是我一切虽都幻灭，而仍含辱偷生的原因。

那一天，我把身边零用的一叠法币和七八块金锭包好，一个人跑出校门，往北摸索。一步一挨，不知道走了多少路，终于疲倦得走不动了，太阳又慢慢西下，更使我万分焦急，我拖着这个大肚子，投奔何处呢？怎么是个了局呢？孤独，无助，伤心，我陡地又涌起自杀念头，只要纵身往山涧里一跳，不是什么都解脱了吗。可是一阵辘辘的车轮声从身后传来，就在那一刹那，我邂逅了你，并且，还发现了你忠厚可靠。……以后的事情，用不着我重复了。

圆娃！我深切地知道你是一个纯朴的农民，没有一点诡诈。尤其难得的，你是在热爱着我，我应该很幸福的了。可是，不知道你发现没有,我们之间却横亘着一条鸿沟,一条无法克服的鸿沟,这鸿沟就是悬殊太大的教育程度。知识和意境,残酷地拘限着人的思想行动。因之我们不能相互了解,也不能分担悲欢,甚至我们不能说说笑笑,——几乎是除了吃饭睡觉的要求外,夫妻们只好木偶似的枯燥相对。这是多么痛苦,而且是永远摆不脱的终身痛苦,窒息,委屈,懊丧,消沉,错综地折磨着我,我不得不离开你了!圆娃,请你宽恕我讲的这些话,因为我要尽我的力量,来减少你的悲伤,当你知道我们根本无法白头偕老的时候。

现在,我已随家回到南京,父母相信了我编造的谎言,我仍然是他们最爱的女儿。你不要挂念我,也不要找我,我信上的地址是假的,而我的名字也不叫刘秀英!环境逼我如此,请你再一次地宽恕我吧!

这封信,你不会看懂的,盼望为你念信的先生解释给你听。随信寄上法币六百万元,按这两天的时价,可以换六七两黄金。希望你为娘做点衣服。她待我太好了,你也可以用它另娶一房媳妇。剩下的钱,求你买点纸帛鲜花,到我那可怜的儿子坟前焚化,并且告诉他,他那可怜的妈妈,为他在暗中流泪。

6.

像石沉大海一样,这封信之后,再也听不到红衣服女郎的消息。

老娘眼睁睁地看着圆娃消瘦下去,而且一天一天地疯癫起来,她到处求神问卜,也跟着病倒了。红衣服女郎寄来的钱都已用尽,圆娃的疯癫反而更加厉害,生活没有法子维持。老娘在床上饿了两天,浑身烧得烫手,人间万事都绝望了,还有什么可留恋的呢?她再也顾不得儿子了,半夜里,强挣着爬起来,把脖子伸进悬在梁上的绳子……等到邻居发觉,四肢已经冰凉,他们把她草草地埋葬在红衣服女郎儿子的墓旁。

剩下一个孤零的圆娃,每天推着他的鸡公车,痴痴呆呆地,在山径上踯躅,一面凄凉地呼唤:

"秀英呀!秀英呀!回来!回来吧!"

山径永远是那么幽静,只有圆娃蠕蠕而动的影子,和那辘辘的车轮声,一直风雨无阻地,打破沉寂,使得过往的旅人浪子,每每停足伫望,倾听着当地父老们诉说上面这段故事,生出无限的惆怅。

陷　阱

1.

我和这跛足老人，一同投宿在这荒村的小店。

夜间，大雨如注，冷风不停地吹，破败的小屋里，充满了刺骨的凉。

忽然，我被一阵痛苦的、带着痉挛的呻吟惊醒。扭亮电灯，看见老人正佝偻着，抱着他那畸形的右脚，膝盖顶着胸脯，希冀获得一点温暖，但这温暖来得太慢了，他额角上布满了黄豆般大的汗珠。

挣扎着，他爬下床铺，一瘸一瘸地拐到小桌前，把热水瓶里的水倒到脸盆里，拧了一把热腾腾的毛巾覆在畸形右脚上。我慌忙爬起来帮他，几次之后，他才长长地吁出一口气。

“这是怎么回事呢？”

他摇摇头。

“告诉我吧。”

他叹息。

2.

恐怖笼罩着上海。

这恐怖，是北洋政府对革命党的恐怖，是人民对北洋政府特务的恐怖，是告密，诬陷，失踪，飞帽子的恐怖。

先施公司职员的单身宿舍，规律地排在宝通路口，晚上，同事们都逛街去了，只有王家康一个人躲在房子里。

他坐下来，从口袋里掏出一封粉红色信封的信，反复审视了一会，又迟疑了一会，最后仍拿到茶杯的热气上蒸起来，一直蒸到糨糊融化，才十分小心地把它拆开。

他吃了一惊。

"婉华小姐，"信上写说，"速将现款七千七百七十七元七角七分，送霞飞路一百一十一弄一百一十一号，如未得手，情形恐有变化，即速离沪赴穗，日兄水姐处，乞代问好，顺祝，刻安。王大川启。四月三十日。"

这不像是情书。

他拉开抽屉，里面藏着寄给张婉华的另外几封信，家康禁不住满脸通红，他是一看到这些信都要满脸通红的，只是，良知抵挡不住爱情的神箭。他正狂恋着婉华，总是从信箱里把婉华的信悄悄带回房间，偷偷拆开，如果是普通的信，他就再悄悄送回原处。如果是情书，那他就悄悄地留下来，他希望别人在他们的信件如石沉大海之后，自动地放弃追求，那么他就可以成功了。

然而，现在，他作了难，这该如何是好呢，抽屉里的信，封封都是甜言蜜语，一看就知道是打什么主意，只有手里这封信却扑朔迷离。

"王家康呀，"婉华在窗外娇滴滴喊。

他胡乱地把信夹进一本杂志里，跳过去把门打开。

"你一个人不声不响地在干什么？"

"看——"他结巴说，"写情书呀！"

"给谁？"

"给我亲爱的婉华。"

"胡说！"

婉华从他身旁挤进来，靠着窗子坐下，向家康媚笑着，旗袍开衩的地方露出浑圆雪白的纤肌，她眨眨眼，一股香气扑进家康的鼻孔，他走到她面前弯下腰捉住她的玉臂。

"你又要发疯了！"她挣开他的手。

家康一下子就把她抱到床上，她照例地蜷成一团，咬他，又威吓他要叫了，但她最后还是顺服地躺下来，让家康莽撞地压到身上，舌尖被咬住了，而且吸吮得微微作痛，两个人如痴如醉地闭上眼睛。

逐渐加深的幻境被猛烈推开的房门声惊碎。

“哎呀！”进来的人叫。

一对情人慌忙分开，家康像蚱蜢一样地跳起来，婉华翻身朝里，双手扭着衣襟，家康悻悻地望着那位不速之客。

“对不起，”钱国林喘气说，“我明天再来。”

望着退出的背影，家康砰的一声把门关上。

“真糟糕，忘记扣了！”他搭讪着抚摸着婉华的秀发。婉华不说话，脖子上的红潮仍在泛滥。

“婉华，”他把手探向她的胸前，乞求说，“我们结婚好不好？”

“不好。”她不耐烦地站起来。

“为什么不呢？”

“就是不好。”

她知道她是爱他的，她每天晚上都要到他房子里和他纠缠到深夜，为的是跟他在一起，才会有一种说不出的舒适和安全的感觉。可是，她恨他这种不合时宜的求婚。她板着面孔站起来，家康被吓呆了，眼睛瞪得有鸡蛋那么大。婉华最喜欢欣赏他这模样，噗嗤一声笑出来。

“你今天不答应，”家康故意咬牙说，“我就掐死你。”

“掐死也不答应。”

婉华用小手帕擦擦家康流到自己嘴角的涎水，照他脸上摔一下，然后飞也似的跑出去。家康一把没拉住，只好泄气地倒到床上，辗转反侧了一会，又爬起来把婉华掉在枕畔的几根细长乌丝，珍惜地一一捡起来，夹到贴身口袋的小本子里，关了灯，独自个静静地遐想。黄浦江心传来汽笛声，告诉他已经是夜半了。

噗，噗，噗。

“嘿！”婉华在窗外小声叫，她又回来逗他。

“干什么?”

“怎么叫也不醒,房门又关得死紧,你这块木头。”

家康一跃而起,可是,高跟鞋噔噔地又跑开了,等他追出房口,早已看不见影踪。家康无可奈何地搔着头,嘴角咧出一丝满足的微笑。

3.

第二天一早,家康被钱国林摇醒。

“漂亮的妞儿把你搅昏了吧。”

“胡说!”

“那妞儿真够味!我早就看中了她,而且还知道是你的朋友。”

“正经点好不好。”

“还哼哼唧唧的,能不能转让给我?”

“你干什么?”家康不能忍受别人对他爱人的不敬。

国林无聊地笑了笑,燃上纸烟。

“我来打听一下,你们公司里有没有和革命党勾结的人物?供给点线索!老朋友,快一个多月没有弄到什么案子了,再不交差,饭碗就得砸了。”

家康厌恶地皱起眉头。他和国林是初中时代最要好的同学,一块儿打群架,一块儿偷西瓜,直到初中毕业,才渐疏渐远。家康大学毕业后被介绍到先施公司担任会计,偶尔的一个机会,在街上碰见国林,国林这时已是上海督办公署特务厅的一名股长,从此,他就常来家康处跑跑,寻找点升官发财的垫脚石。

国林吸着烟,一面凝视着桌上乱七八糟的杂志,眈眈得像一头饿狮在凝视着一群茫无知觉的斑马,他没有目的似的翻动着。

“这是什么呀?”国林得意地发出欢呼。

“放下来。”

“张婉华是不是昨晚上你玩的那个妞儿?以后该我玩她了吧。”

“放下来。”

“有问题，”国林如获至宝地把信塞到口袋里说，“我带回去研究，这信上全是隐语。”

“放下来。”

家康起身要抢，国林已三步并作两步奔出房门，家康赶到走廊上，倚着柱子，睡意全消。

中午，国林第二次跑了来。

“告诉你，”他满意地伸出双手说，“调查得清清楚楚，张婉华是革命党，我们决定今天晚上逮捕她，先麻烦你带我勘察一下道路。千万不要向她泄露，帮点忙，老朋友！”

家康像遭了霹雳一样几乎要软瘫下来。

“因为我们的关系不同，我才告诉你，督办公署和我们特务厅都接有密告，说她是革命党。不要为了一个女人葬送前途，我的报告上说是你检举的，你成了功臣哩。我如果照实说是在你这里翻出来的，今晚上你也进去了。”

“她不是革命党，”家康说，“她一提政治就头痛。”

“那是伪装，可怕的伪装。来，先领我看看路，我们不预备惊动任何人。等我领到奖金，四马路的女人随你挑。”

家康心如火烧，他提出种种事实为她证明，他愿意为她出具保结，可是天下最徒劳无功的事，莫过于和干特务这一行的人据理力争了。家康为了快点脱身，只好领着国林到婉华住处绕了一圈，国林走后，他马上急急忙忙赶到公司。

婉华正低头打她的公文，一个字一个字，嗒嗒地落到纸上，一副调皮的神色，似乎一点都不知道祸事的来临。家康招呼了一声，她跳着跟在家康背后，来到屋顶花园的凉亭。在这里，什么人也无法偷听。

“婉华，”家康定一定神说，“请你发誓，在任何情形下，都不把今天我们的谈话内容告诉别人。”

婉华惊愕地照做了。

“你是不是有个叫王大川的朋友？”

“没有!”

“他曾经给你一封信。”

“什么信?在哪里呢?”她摸不着头脑。

“在特务手上。”家康立刻觉得无地自容,他无法解释怎么会到特务手上去的。感谢上帝,婉华没有追问他怎么会知道的。

“你要小心,婉华,”家康说,“你是不是革命党,我不需要知道,我只是告诉你,不利于你的行动今晚就要发生了,假定你认为必要,最好是暂时离开上海吧,”他摇她的臂膀,低声嘶喊,“婉华!”

“我什么党都不是。”她吃惊地说。

“今天晚上,”家康颓丧地把话岔开说,“你还到不到我房里来?”

“当然来,我先洗两件衣服,洗罢才来呢。”

家康叹一口气。

晚上。

家康桌上堆满了烟头和火柴梗,他想蒙头大睡,却睡不着,想写日记,写了两行,也写不下,眼睛里布满了血丝。

尖锐的煞车声从大门口传来,他的心几乎要爆炸了,他听见自己鼻孔发出的呼吸。

不知道经过多少时候,大门口的汽车才开走,家康的头嗡嗡在叫。

在意料中的,他的房门被推开。

“王先生,”和婉华同房间的那个小姐,面色苍白地撞进来,“婉华被架上一辆汽车开走了,哭哭啼啼,她要我告诉你,你——”

眼前的灯光射出无数网状的火花,窗棂凭空飞起,向他脸上砸下来,家康双手虚弱地抓住椅背。

4.

好久,好久,家康分辨出他正坐在地板上。

他用拳头捶自己的头,一个神话般的念头忽然浮上脑际,他爬了起来,冲出房门,跳上末班电车。

特务厅大门高耸在巷口一侧,向卫兵说明了来意,家康被引进客厅。客厅里灯光辉煌,雪白的墙壁上悬着两条正气凛然的标语:“公正廉明”、“毋枉毋纵”。像一个沉溺在大海的人望见蜃楼,家康心里原有的一线希望更加有力。这样,一直到国林走进来。

“我求你把张婉华交保吧,”家康满怀信心地说,“随传随到。”

“你想入非非了,老朋友。”

“为什么?”

“我们正连夜审问她,她的嘴很硬,一问三不知,大概是一个老练的革命党。”

“她不是革命党!”

“你懂得什么?”国林含意深长地耸耸肩。

“求求你,国林。”

“保不出来的,审问罢就定罪。”

“假设审问罢,她不是革命党呢?”

“老实对你说吧,她非是革命党不可。”

一连串话激起家康的无名之火,他暴躁地向国林坚持他的主张,国林原来是笑脸相对的,看看家康竟在发脾气,他就也放下面孔。家康又急又愤,太阳穴上的血管肿胀到快要裂开,脑筋像火烧一样热,渐渐地,他说的话一句比一句语无伦次起来。这灾祸都是从他偷看信件引起的,在赎罪的心情下,他控制不住自己的神智。最后,他自己也不知道他的螳臂有多大力量,和他在咆哮些什么。

“特务有没有人心?”

国林冷笑地望着他。

“好人一干上这一行,就变成禽兽了。”

国林脸色呈现出来铁青。

“一点友情也不看吗,国林?!”

“友情?”国林跳起来说,“工作第一。”

“工作?不过是狗腿!”

“你不要看轻狗腿,狗腿能要你的命。”

“哼!”

“滚出去。”

特务厅职员们被他们的吵闹招了出来,无数赤练蛇似的眼睛闪动着,家康发现他已身陷重围,他不得不闯开一个空隙,奔出大门。

街上什么车轮都没有了,他看看腕表,已早晨三点。拖着疲惫空虚的身子,一步一挨地向宿舍摸索,寂寞的街灯排列两旁,商店和住家的门户都紧闭着,在那紧闭着的门户后面,他仿佛听到人们的鼾声。

回到宿舍,更是四肢无力。

他一直坐到天亮,院子里刚有人在走动,他就去敲女职员宿舍的大门,几个同事关切地向他打听昨晚的事情和婉华的消息,他含糊地应着。

婉华的床凌乱不堪地堆在那里,书籍和零用物品撒满一地,特务们为了彻底搜查和展示威风,被子都拆开了。家康呆了一会,虔敬地跪下来,一一从头整理,把婉华的手帕、丝袜、乳罩等贴身衣物,拥到怀里吻着,这都是婉华一日不能离开的东西啊,他感到一阵物在人亡的凄凉,陷下去的眼眶盈满了泪水。

一个星期过去了,懊悔、愤怒、怜惜,百般心情折磨着,家康多少有点疯疯癫癫,他时时对着长空凝视,一个拂不去的受苦的倩影,老在脑海里若隐若现。他开始向国务院、向督办公署写呈文,写保结,为婉华呼冤,为婉华求救。又到处奔走请托,最初,他请托的还是一些有地位的人,后来,他那受刺激的脑筋越发不太清醒,简直是逢人就嗫嚅着恳求援手了。

五个星期后的一天。

刚上班,国林打电话来。

“老朋友,请马上到特务厅来一趟可好?婉华就要释放了。”

在特务厅的会客室里,家康兴奋得坐也不是,站也不是。马上就可以见到婉华了,一个多月的牢狱生活,她成了什么样子呢?憔悴了吧,消瘦了吧。事情总算是结束了,他接她出来,第一步送她去冲澡,第二步陪她理发。然后,回到宿舍,他要跪在她面前大哭一场,要把这场苦难的起因,从头招认,任凭她打,任凭她骂,任凭她丢弃自己……

"跟我来!"

一个陌生壮汉大踏着脚步跨进会客室,打断他澎湃的思潮。

5.

穿过一条窄窄的甬道,家康被领进一个房间,他瞥见墙上挂着几条鞭子,窗底下摆着一根宽大的长凳,前端有一个奇怪的自来水龙头,旁边堆着四五块方砖,阴气森森,他觉出他身畔的陌生壮汉已增加到三个了。

"请坐!"领他进来的那一位说。

家康惊异地傍着桌子坐下。

"朋友,"那人一只脚踏到凳子上,把帽子往后一掀,歪着头,"我们开门见山谈问题吧,希望你坦白地照实说话,等到你的话得到证明,张婉华就可以释放!"

问话的态度使家康起了疑惧。

"我们已调查明白,张婉华不是革命党,显然有人在陷害她。我问你,是谁陷害她?"

家康惊骇地怔住了。

"用不着回答,"那人大笑说,"你心里有数,这叫做'铸锅法',先把锅打破,再铸起来表功。你打算把张婉华陷害到监狱里,然后再把她救出来,好使她因感激你的缘故而爱你。好主意,可是,我们干特务的倒成瘟猪了。"

家康如释重负地吐了口气。

"好了,我问你,那封信和那些告密状子,是你写的吧?"

家康冷笑了一声,他冷笑那人问得离奇。

“写几个字我看，”那人递过纸笔说，“我说一句，你写一句，‘督座钧鉴，先施公司打字员张婉华思想偏激，在寝室曾高唱反动歌曲……’喂，别故意装蒜，我知道你有好几种笔迹！”

家康想顶撞他几句，可是勉强忍住。

“等一会，我送检验室鉴定。”

家康木然地坐着，竭力猜想这是怎么一回事，他曾经在庙宇里为婉华的事抽了很多签，也曾经为自己抽了很多签，都没有太坏的启示呀。他不安地抬起头，看见另外两个壮汉正在身畔不耐烦地踱来踱去。

过了半小时，那人拿着鉴定书回来。

“你相不相信科学？”

“当然相信。”

“那就好了，”那人递过鉴定书，“经过科学鉴定，那封信，那些告密状，都是你的手笔。”

“什么？”家康大声叫。

“你又不相信科学的了？”那人搓手。

家康不知道应该如何回答。

“按手印吧，承认陷害张婉华。”

“简直是笑话。”

“你一按手印，她就可以释放。”

“这是什么意思？”

“按手印！”那人吼叫。

“不。”

那人似乎就在等这个“不”字，于是，像脱口的枪弹一样，一耳光就打上家康的左颊，家康一个踉跄，第二个耳光又飞了过来，家康刚喊了一声，当胸的一拳却使他立脚不住，向后一步没有退好，就一屁股坐下来，吐了一口鲜血。

“招不招？”

家康咬着牙要站起身子。

那人顺手抓起皮鞭,皮鞭是上好牛筋做的,还夹缠着两根铁丝,那人熟练地把皮鞭在空中舞了一个圆周,然后用力抽下去。家康马上痛得满地乱滚,他号叫着,匍匐着向墙角躲避,另外两个壮汉的皮鞭也加入战团了,三条皮鞭织成一面地狱的网,家康正陷在网里。

"招不招?"

家康把头痛苦地碰到地上。

皮鞭停住了,家康蜷卧在墙角,羞愤交集,这不是苦刑拷打吗?这不是冤狱吗?婉华是不是也受过这样审问呢?他声泪俱下地向三位壮汉申辩。可是,壮汉们的任务并不是来听申辩的,他们的任务是要取得口供。于是,皮鞭又抽下来,家康用双手护着脸,手背立刻被抽出几条血痕,他爬起来又倒下,头顶着墙角,恨不得钻进去。皮鞭雨点般地落到他背上,衣服被抽碎了,肉皮被铁丝带起,像一头遭受捕狗队狙击的丧家之犬,他绝望地缩紧四肢,滚着,发出歇斯底里的哀号。

壮汉们更加暴怒了,大家围上来,用他们特制的带刺皮鞋,疯狂地向家康没头没脸地猛踩,清脆的骨头折断声终于传出来,一股可怕的剧痛从踝骨冲上脊椎,家康大声叫唤着,昏了过去。

一桶冷水劈头浇下,家康悠悠苏醒。

"招不招?"

壮汉们又扬起皮鞭。

家康受不住了,他看出来,除非是死,他只有承认这一条路。而死,在苦刑拷打之下,反比求生还要困难!他一向以强者自居,现在,他可怜地点点头,他屈服了。

"朋友,"其中一个拉他起来说,"真对不起,你要早就这么痛快,何致如此伤感情呢。只要你承认是你检举张婉华的,你并没有罪,她也可以释放,一举两得,何乐而不为呢?"

另一个把皮鞭挂回原处,"便宜了你,"他瞅一下家康说,"你要是不招,恐怕还要受罪,灌凉水,老虎凳,都还没有用哩。"

家康抽搐地伏到桌子上,残存的衣服沾满了泥土,那是汗、血、泪和成的泥土,身上每一个细胞,每一个关节,都发出难以忍受的灼痛,牙齿像一个大发寒热的人那样咯咯打战。然而他仍努力地,甚至谄媚地在一本密密麻麻的簿子后面和每一个骑缝的地方,逐一按上手印。

"朋友,"壮汉们把家康带到看守所,推进铁门,然后画龙点睛地纵声大笑,"你不是说我们干特务的没良心,都是禽兽吗?可是我们却发现你这个自命为正人君子的好人,竟做出这种事。而且,你还偷偷地通知张婉华逃跑,真够得上诡计多端!朋友,再见!"

家康已经没有力量说什么了,他分开无数囚犯们的身体,爬到马桶旁边,倒头躺下,肉体的痛苦加上心理的恐惧,刚合上眼,就被一阵剧烈的心跳惊醒,心都要跳碎了。

在看守所关了两个月,他被带上军事法庭。

他是扶着拐杖出庭的,在法庭上,他呈上他的血衣,他控告特务们对他的暴虐,他申诉事实经过,他愿意和拷打他的特务们对质——可怜的他,他还不知道那几个人的姓名。

法官淡漠地点着头,一面眼巴巴看着书记官抄写笔录,他承办的案子太多了,实在没有时间听犯人们的喋喋不休。

"辩论结束,"终于,法官庄严地站起来宣布,他的声音像从冰窖里抽出来,"王家康诬告张婉华,处有期徒刑五年,本法庭为军事法庭,不得上诉。"

家康茫然地捡起血衣,戴上手铐,一瘸一瘸地被架上囚车……

6.

老人把话停住。

"啊,三十年前的事了。"他叹息说。

"以后呢?"

"以后是五年漫长的监狱生涯。"

"婉华呢?你们见面了吗?"

“我在监狱里给她写了几封信,先后都被退回,上面注着,‘收件人不在’。出狱后不久,我就打听出她的地址去找她,她已经嫁了人,孩子都四岁了。”

“她的丈夫是谁?”

“钱国林!”

我几乎喊出声音。

“是他把她营救出来的。”老人说。

“那封信是怎么回事?”

“我怎么知道呢?钱国林没有看信的内容就已知道信上全是隐语,他早在我身上下功夫了,我却像一个傻子。”

“你又见到他了吗?”

“他已经很发达了,他亲切地拍着我的肩膀,‘老朋友,’他说,‘我不能不埋怨你,你当初陷害婉华的那件事,要是先和我商量一下就好了,包你没乱子。然而我还是尽我的朋友义务,他们打算加你“私通革命党”、“泄露机密”的罪名呢!——要不是我,你早处决啦!不过,唉,——我当初并没心把你拉进去。’我真应该感激他!”

我低下头,“这是一个悲剧。”

“这不是一个悲剧,悲剧的主角在剧终之后,都回到各人温暖的家里去了,而我,我却回到这冷冰冰的社会。我不是基督山伯爵,没有那么好的遭遇,不能有恩报恩,有怨报怨。我是毁了,我的右脚更是永远残废了。悄悄地,也是无可奈何地,我离开了上海,浪迹天涯海角,希望忘掉这些羞辱,希望心灵上的窒息得到脱解。然而,这是徒然,每逢阴雨的日子,旧创总是复发,脚骨里像有无数锋利的刀片在猛烈搅动,我就更清晰地记起一幕一幕的往事。起先,我还压制这记忆,排除这记忆,可是,到后来,我不再克制自己了,我还能在人世上活几日呢,让这断云残梦,做我这风烛残年的唯一慰藉吧!”

老人用颤抖的手,在贴衣口袋里摸索,摸索出一缕细长的乌丝,捧到他那肋骨嶙峋的胸前握着。

“婉华!”他闭上双目,喃喃地说,“你要是还在,头发也白了吧!”

老人发出轻微的呼吸,我唤了一声,他没答应,大概是睡熟了,再不,就是沉醉到另一个温馨的世界里了。我轻轻地把电灯关闭,破败的小屋又陷入黑暗,窗外倾盆大雨,正打在富有弹性的芭蕉叶上,噗,噗,噗,噗地响着,响个不停。

卧　轨

1.

寂静的郊野。

火车像一头可怕的独眼巨龙，满身磷火，从独眼里射出白光，吞噬着铁轨，咆哮着，向前奔驰。

远远地，在群星掩护着的地面上，有一个瘦削的小小人影，正飞快地移动脚步，爬过路基一边的壕沟，像幽灵一样地俯下身子，是那么悄悄，那么神秘。

火车奔驰到俯下人影的地方，突然一阵猛烈地震动，无数铁轮同时发出刺耳欲聋的撞击。

“卧轨！卧轨！”有人惊喊起来。

刹那间，哭声、号声、火车头狼狈的喘气声、人们惶张的呼救声，交汇成一股令人毛骨悚然的巨响，划破夜的长空。

2.

这座市区边缘的破败小屋，好久没有修理过了。墙壁上露着片片泥斑，天花板黑漆漆的，靠墙放着一张床，进门处放着一张桌子和两条板凳，墙角放着一个手推的小石磨。在紧邻的另一小间里，堆着火炉和吃饭用具，火炉旁边，摆着一个卖豆浆的担子。

女儿在床上睡得正甜，均匀的呼吸，从她那美丽的鼻孔里发出，一脸安详的神色，洋溢着和平穆肃。做妈妈的孤独地坐在桌畔，有点发呆。公鸡在啼,一列火车从屋后开过,又是清晨三时了。

夜虽开始消失,但黑暗仍浓,幽淡的灯光照着妈妈焦黄的脸,老了啊!对着镜子,她有无数忧伤,她顺便捡起一把梳子,把灰白的头发理到脑后。然后,走到床跟前,在女儿的面颊上接了一个长吻。

她把衣袖挽起,开始磨豆子了,她一只手迅速地把豆子舀到磨眼上,另一只手迅速地把石磨推转。粒粒豆子逐渐下陷,雪白的浆汁随着从石磨腹部流下来,她机械地推着,沉闷而单调的石磨声,隆隆不断,她有点喘气,又有点热,鬓角布满了汗珠。

磨好后,她把炉子燃起,煮第一锅豆浆。火舌柔软地舐着锅底,她坐在板凳上,听着锅里将要沸腾的声音,细细地思虑,思虑她的穷苦。她七岁的儿子在救济院,她十四岁的女儿在初中读书,而丈夫——孩子们的爸爸,却在五年前离开她,撒手永去了,这一份重担,无声无息地落到自己身上。

晨曦漏进了小屋,她的豆浆已经煮好,街头渐渐传出人声。

"妈!"女儿醒了,第一声总是这样叫。爬起来跑到炉旁,蹲到妈妈身边。

"你躺一下好不好,我烧火!"女儿仰起脸。

做妈妈的笑了,老年人并不真的要儿女们实地帮助,只要一两句爱心的话就十分满足了,她把锅端下,女儿接着洗脸,做早饭。

早饭,不过是一碗稀粥,女儿吃得很香,她一面喝着,一面望着妈妈,迟疑了一会,终于吞吞吐吐说:

"今天我们学校毕业典礼,你去吧!"

女儿渴望着妈妈能出席她的毕业典礼,可是做妈妈的怎么能去呢,耽误了卖豆浆,一天的生活怎么维持呢。

"乖孩子……"妈妈说。

女儿失望地低下头,她明白妈妈踌躇的原因了,但仍挡不住她幻想那荣耀的一幕,她知道她一直考得很好,在那么多人的场合里,老师宣布她是前几名,她多么光彩,妈妈该多么高兴呀。

妈妈一直等到女儿小小背影转出大门,才叹一口气,挑起担子,开始她沿街叫卖的生涯。

这条路她是走熟了的。所以,顺着一定方向,一个巷口一个巷口地敲着铃铛,老主顾们对这铃铛也是熟悉了的,陆陆续续来照顾了,因为她的豆浆既浓且甜,又给得那么多,批发来的油条烧饼又是热腾腾的。所以,在她来迟了的时候,人们宁愿多等一会。

"老师,早呀!"她看见张先生,张先生是救济院的教员。

"彼此彼此。"

"郑维弟怎么样,淘气不?"

"你儿子真聪明,"张先生要了一碗豆浆说,"你大有后福呢,他现在读一年级,二十二岁准大学毕业。"

"穷人家的孩子,攀不了那样高!"

"只要他成绩好,救济院每年都选拔几个,供他们一直读下去。"

"全仗老师的栽培,"她掏了半天,掏出三块钱,"拜托老师带给他。"

三块钱够干什么呢,张先生想笑,可是看见这个穷苦母亲郑重其事的样子,他笑不出来,双手接过,在她千谢万谢声中走了。

"儿啊,儿啊,好好念书啊!"

做妈妈的低低呼唤着自己的骨肉,心里舒畅了许多。她默默地,为张先生和救济院老师们祝福。

中午,豆浆卖完了,顺便买了下午用的豆子,准备午饭后再磨豆浆,这回是要做成豆腐脑,一直要叫卖到夜深人静。

一团白热的太阳正在当头,她一步一步回来。

刚踏进屋子,女儿满脸被炉火烤得通红地跑出来。

"我在煮饭呢,妈,"她兴奋地把担子接过去,掏出一张纸,"你看,我的通知书。"

做妈妈的坐到床上,擦汗。

"妈,看我的通知书呀。"

"通知什么呀?"

"我毕业考试第一名,要保送高级中学哩。"

任何做妈妈的听到这消息都会高兴得跳起来，这不但是难得的荣誉，在进学校困难的今天，更是一件万人称羡的事。可是，它却偏偏发生在一个孤儿寡妇的家庭，一个卖豆浆的老妇人，供女儿到初中毕业，已心力都瘁了。何况，日夜辛劳，她是多么希望女儿的帮助。

"妈！"女儿结巴叫。

妈妈半晌不说话，她在沉思，无法解决的结塞在心头，她轻声呻吟。

"妈！"女儿摇母亲的肩膀。

"妈！"女儿呜咽了，"我不再读书了，我知道我读不起，我要把弟弟领回来，我要在家帮你呢，我叫你看通知单，只是要你喜欢喜欢呀，妈妈。"

像刀子刺进做妈妈的心脏。

"孩子，乖孩子……"

做妈妈的眼泪像檐水一样淌下来。

"有你爸爸在，什么都好办。"她啜泣说。

"我最不爱念书。"

"儿啊，念书吧，念书是好事情，妈妈宁愿天天喝凉水，只要你能完成学业。至于你弟弟，他已有另外的办法。你还是念书吧，等你长大成人，不要跟你妈似的无知无识，受这种折磨……"

"不，我讨厌上学。"

"儿啊……"

母女二人抱在一起，眼泪也融在一起了，是欢乐，是悲愁，谁又能分辨得清楚呢。

3.

暑假过去，高级中学开学了。

妈妈把藏在枕头底下的小包打开，里面包着一叠整整齐齐破旧的钞票，这原是慈母一张一张积蓄起来，为了有急病时用的，现在拿出来缴女儿的学费。

从此，母女们的工作更刻苦了，女儿一回到家里，就脱去白衣黑裙的学生制服，十分小心地收到床头，换上破烂的家常衣裳，帮助妈妈做事。她坚持着早上由自己推磨，让妈妈多睡一会，白天在学校读书，晚上做习题又要做到夜半，妈妈怎么舍得呢，不过挡不住女儿撒娇撒痴地不依，总算每天轮流了。

在这混乱苦难的世界里，这是罕有的一个洋溢着天伦之乐的家庭。

然而，不知道从什么时候开始，女儿咳嗽起来，尤其是刚推两下磨，就哮喘大作。最初，做妈妈的以为是感冒，可是到了后来，不推磨时也喘，并且咳嗽得也更厉害了，做妈妈的问是怎么回事，女儿却只一味笑嘻嘻地表示没有关系。

妈妈放心不下，独自个到区公所申请了一张贫民证，回来强领着女儿到医院检查，女儿死也不肯，气得做妈妈的哭了一场，结果还是女儿屈服。

到医院里，医生打量女儿的脸色。

“你在学校成绩好不好？”

“总是考第一名，是今年保送到高级中学的哩。”妈妈得意地插嘴。

“是不是总感觉到疲倦？”

“嗯。”女儿回答。

“晚上出冷汗吗？”

“嗯。”

照过透视。

“恐怕是二期肺病，”医生歇了歇，无可奈何地说，“这是用功过度和营养不良的结果，只要多休息，多吃营养的食物，多注射促使糜烂地方钙化的针剂。”

病魔竟向贫家女儿袭击，妈妈比女儿还痛苦，她一手拉着女儿，一手掩着眼睛，坐在走廊上抽噎起来，她有无限的悲哀，海洋样的苦楚在脚下汹涌。

候诊的病人和病人的亲友们围上来,关切地探问究竟,做妈妈的忍不住哭出声音了。女儿用尽力气,才算把妈妈搀出医院。

“小小年纪,怎么害这种病呢。”路上,做妈妈的忍住泪说。

“妈,”女儿像成人似的镇静,“我早知道。”

“知道什么呀?”

“知道我有肺病。”

“什么时候知道的呀?”

“入学的时候,校医检查出来的,我故意不告诉你。妈,别难过,我不怕。”

回到小屋,做妈妈的叫女儿去学校请病假,女儿死也不肯,但妈妈哀求说,只要身体好,以后一样可以读书呀,带病求学,在九泉下的爸爸,也会心痛的,真的忍心叫爸爸瞑目不安吗?况且万一肺病加剧,有个好歹,岂不使妈妈哭天无泪吗!

女儿无可奈何地照做了,从学校回来,一碗特制的豆浆已摆到桌子上。

“喝吧,乖孩子!”

做妈妈的再也不允许女儿做任何事了,她更加辛苦地做工。清晨,当天上星斗正密,人们睡得正酣的时候,还不到两点钟,她就推她的磨了,为了女儿,她愿意付出所有的代价。这样,她每天的收入是增加了,除了给女儿去医院注射针药外,还一定叫女儿在看病回来的归途中,带两个鸡蛋来滋养。

“你买的鸡蛋呢?”终有一天,妈妈发现女儿并没有吃鸡蛋。

“街上没有卖的!”

接连着两三次,妈妈起疑心了,她悄悄地跑出去看,隔壁小铺里鸡蛋多得堆积如山。

“你怎么啦!”做妈妈的嚷。

“我不想吃,鸡蛋腥得很。”

“胡说。”

“你尝尝看呀!”女儿理直气壮说。

这天晚上,妈妈做生意回来,特地带回一只母鸡,女儿知道又是为自己买的,果然,煮好了,妈妈连汤也不沾唇,只眼睁睁看着女儿,女儿每咽一口,做妈妈的脸上就闪动着一次喜悦,仿佛这一口廉价的滋养就能把女儿从死神手里拉回。

有时候,做妈妈的还买一二两猪肝,这些,在有钱人家,算不了什么,但在毫无恒产的寡妇孤儿家里看来,是上等的,也是一个可怕的负担了。

“我吃腻了。”不久,女儿就表示厌恶说。

其实,她何尝吃腻了呢,她看出母亲比以前更加憔悴,眼角的皱纹,也更加下陷,一天一天地,箱子里仅有的几套棉衣服也不知去向了,她闷在心里不问,恐怕伤慈母的心。

咳嗽,哮喘,并没有一点起色,相反的,随着心情的沉重——这苦楚不是一个少女所能担当的。她,正是多愁善感时候,美丽的春梦像五彩缤纷的肥皂泡似的,硬生生地破灭了,她不断地想,细细地想,眼前呈现的是一片深灰色。终于,她的脑海不再激荡了,她只有一条路可以走,天空中有音乐在响,一个宁谧的王国在等着她。

又是一个晚上,踏着月光,做妈妈的拖着疲倦的身子,挑着担子回来,担子的一端系着一瓶刚从药房买来的鱼肝油。

“孩子呀!”她一进门就堆下笑。

不听答应。

“乖孩子呀!”

仍不听答应。

妈妈吃了一惊,两个月来,女儿为了讨妈妈的欢喜,总是躺在床上的啊。她把担子放下来,床上没人;跑到街上呼唤,也没有人;再回去看看,被子叠得好好的,不祥的阴影笼罩着她,她疯狂地,到处寻觅,到处翻,希望有点什么奇迹。于是,放在桌子正中央的一封信,进入她昏花的泪眼。

是女儿的笔迹,她慌忙拆开,映着灯光:

妈妈：

求你饶恕你这不孝的女儿吧，每当夜半，孤灯一盏，你起来推磨的时候，我都是醒着的，我不敢起来，怕你难过。可是，顺着被窝一角，偷偷看你累成那个样子，我的眼泪把枕头都湿透了。亲爱的妈妈，我的病是不会好的了，这是富贵病，活着只有使你更加受罪。而弟弟还要钱用呢，我永忘不了弟弟离家的那天，两只小手紧紧地抱着你的腿不放，任凭打，任凭骂，他只是一味喊“妈妈”！两只大眼睛骨碌碌地期待着救援，他是硬被带走了，你躲在房里哭，他就哭着跳着叫“姐姐”，向他那可怜的姐姐求援。这一切，都是为了让我完成学业，谁知道我又竟然害上这种病。

妈呀，叫我去医院打针，我没有去，我打针的钱，都放在床头书包里，一共二百三十元了，留着给弟弟用吧，你要把弟弟接回来，让他好好念书，我死后有知，一定保佑他平安。

还有，冬天要来了，咱们的棉衣服呢，能不能赎回来呢，使我乱箭钻心，别冻着你，你要有什么不舒服，又叫弟弟依靠什么人呢。不要难过，妈妈啊，人生不终是要散的吗？我去找爸爸，去陪伴他……

做妈妈的捧着信，嘴唇颤抖着，经过了很久，才喊出一声：

“儿啊，儿啊……你丢下妈妈……”

叫着，她往外跑，小板凳挡住去路，一个斤斗摔到门槛上，前额淌下鲜血，头痛得像崩裂似的，但她仍挣扎着爬起来，向小屋外狂奔。

这时，那远处，正传来火车紧急煞车，和人群的号叫喧哗。

一辆救护车飞奔着从小屋门外驰过去。

4.

经过多少时候之后。

朝阳又透进小屋，破板床上，做妈妈的昏迷地躺在那里，头上扎着绷带,她昨晚哭号奔跑,惊动了邻居,邻居们冲出来要拦住她问个究竟。可是她已失去了神智,嘴里吐着白沫,发出肝肠寸断的呼唤,她狂奔了一段路,一个失足,又摔到垃圾坑里,跟在后面的邻居们才算把她拉起,抬了回来,赶忙请医生急救。

一夜之间,做妈妈的老了十年,几乎全白了的头发,蓬松地披散着,两眼凹下去得更深了。大家围着她看护着,传观着她女儿留下的绝命信,医生不时地注射强心剂,好容易,她发出一声痛苦的呻吟。

"好了,"大家说,"醒过来了。"

做妈妈的吃力地欠起身子,看着床前站着的医生和邻居们关切地守着自己,昨晚的情景又回到记忆,苦难的人对温暖的感觉是最锐敏的,她禁不住呜咽起来。

医生站起身子,分开那些争着说安慰话的人群。

"这事真怪,"他有点生气地说,"上次在医院里,我嘱咐过你女儿天天打针,怎么一去不回呢。大家零零星星地为你女儿捐了点钱,已有两万一千元了,存在医院里,现在的肺病不是绝症,用不了一半就会治好的,偏偏你女儿面也不见,我们还以为你搬了家,正设法找你,怎么阴错阳差地弄到去寻短见呢。"

做妈妈的鼓着耳朵谛听,这是一个多么可怕的命运啊。

"先生呀,"她泣不成声说,"可怜可怜我孤儿寡妇,去找找我那苦命的女儿吧。"

"就在昨晚上,听说一个女学生卧轨自杀!"一个人贸然插嘴说。

大家的脸色变了,一齐向说话的那人投出绝不饶恕的眼光,做妈妈的支撑起身子,伸出抖成一团的枯手。

"天呀,天呀……我的儿,我的儿……"

悲惨的空气使大家窒息得出不来气,邻居们不知道该再说些什么,才能使这母亲安静。

正在这时候,一辆汽车从远处驶来,停在小屋门口,两个穿制服的警察跳出来,大家感到事情不好,却发现那可怜的女儿畏畏缩缩地跟在后面,羞愧地低着头咳嗽着。

做妈妈的眼睛瞪得比羚羊还大,她不相信她不是在做梦,孩子似的,她把手伸到口里咬了一下,一阵剧痛传到心窝。

"乖孩子呀,你哪里去了呀,"她张开双臂迎接扑到她怀里的女儿说,"吓死妈了呀,你真的舍得妈妈,儿啊……"

"妈,"女儿跪到床前,抱着妈妈的脖子,"我再也不敢了,我后悔了,我真对不起你,妈,打死我吧。"

警察用手敲自己的额角。

"老太太,"他说,"你真有福气,司机一眼看见前面轨道上有人,就立刻紧急煞车,火车直到轮子挨到你女儿的头发才停住,再迟一点就完了。"

这几句话驱去愁云,小屋里有人咧嘴笑了。

"今天你看报了没有,铁路局要嘉奖那司机。"

"我带女儿去给他磕头道谢。"做妈妈的说。

"我不管这些,我只管你女儿扰乱交通秩序,要受罚了,二百元。"

做妈妈的摸索枕头下的小包。

"用不着你拿,"警察说,"你们的遭遇使我们难过,虽然没有大力量,却有小力量。罚款是国家规定的,不能免,可是,局里同事们已凑出这数目,替你缴了,这是你的罚款收据。"

邻居们有的揉鼻子,有的故意打哈欠,做妈妈的抱着女儿哭泣。医生提起手提箱,向大家使个眼色,意思说:"让她们母女休息吧!"大家会意地点点头,放轻脚步,悄悄地鱼贯退出去。

小屋又恢复往日平静,没有一点声音来打扰这拥抱在一起的母女,只有妈妈的枯干手指,怜惜地抚摸着女儿的身子,最后,唯恐怕再失去似的,她紧抓住女儿的手,女儿终于抬起头来,无语地望着妈妈,脸上布满了纵横的泪水。

西吉屿

1.

“为什么死?”华桐冷笑说,“为什么不倔强地活下去?”

他紧握着左舷的铁栏。

黑云布满了天空,海水澎湃,船横跨着涌脊,起伏前进。

华桐凝视着船舱,乘客们都已经安睡了,只有那值更的船员,还在船桥上不停地移动。他看一下荧光表,已是午夜十一点,几乎站了两个小时,冷意袭人,他感到一阵一阵地战栗,低下头,看一下自己身上的衣裳,一件破旧的西服外套,罩到一件破旧的衬衫上,实在难以抵御这深秋的凉夜。

他一直默默地想,脑筋凌乱得像一团碎麻,整理不出一个头绪。他决心不再整理了,人生的道路不都是可以预先设计的,有些时候避免不了要盲目一跳。想到这里,他深深地吁口气。

他走进船舱,凭着日间他在轮船公司探听的记忆,挨着房间寻找。终于,他停下来,仔细核对着面前房间上的号码,他有点不敢相信他的记忆,尤其是,房门紧闭,钥匙孔连光线都没有,他弄不清里面会不会就是她。

迟疑了一会,他试探着敲门。

“谁?”梅素的声音。

他的心猛烈跳起来。

门向里开了,他一步就跳进去,迅速把门掩上。

梅素披着睡衣,向着他发怔。

“我刚得到消息，”华桐说，“等赶到码头，票已经售完了，我千方百计才混上来。”

他扶她坐在床沿上。

“你的脸色太难看。”

“我大概是晕船，”梅素让他扶着，身子有点颤抖说，“我们的婚事，恐怕要等到来世了，我父亲太执拗，而我，我也不愿意做出太违背他的事。”

“你太懦弱，屈服在老顽固的……”

“我不怪爸爸，”她阻止他说，“人老了之后，大概都是这个样子的。他虽然干涉我的事，强迫着我跟他走，但他还是为我好。”

“那么，我似乎为你坏。”

“不要这么说，”她喘息说，“除了你，我绝不叫第二个男人碰我的身子，我会报答你，用我的灵魂。”

“我不是为了听你说这种充满诗意的话来的，我希望你给我勇气，使我能够有胆量提出一个建议。等到船到了港，我们就走向天涯，用我们美满的生活和成功的事业，来挽回你父亲的心。”

梅素呆呆地看着他，她明白他提出的是什么，她更明白她的教养不允许她这样做，否则她早就答应他，根本不会有今天了。而今天，她仓促地被父亲逼上这艘小轮，她认定永不会再看到他了。她没有回答他的问题，只把脸埋到华桐怀里，静听着他手腕上的表，正在一秒一秒地，向那终极的时间挺进。她忍不住呜咽起来了。

华桐抱着她，他没有法子使她顺从他那不合正规的要求，汗水津津地流下，那颗炽热的心，快要在他胸中熔解。

房门猛地打开。

“爸爸，”梅素抬起头说，“是我找他来的。”

金老头的脸色比铁还青，他忍受不了这种羞辱，更忍受不了他女儿这种镇静，他一只手扶着椅子背，一只手握着拳头。

“老伯！”华桐。

“谁是你老伯？”金老头狠狠地望着他。

“责任全在我,我愿意接受你的处罚。”

金老头的眼珠都要蹦出来,华桐对他的尊敬和礼貌,更增加他的愤怒。

“好吧,”他说,“请你滚出去。”

华桐不得不告辞,他向梅素投下乞援的一瞥,梅素却转身朝里,躺到床上,华桐踉跄地冲出房门。

“爸爸,”梅素呻吟说,“别难为他,我爱他。”

“该死的下流东西。”金老头吼。

2.

铁丝罩里的灯光洒到华桐瘦削的脸上,更显出他那失神的眼色,金老头从女儿房间里追出来,高级衣料熨帖地裹住他那凸出的肚皮,脖子上多余的肉堆满了后背,八字胡挠动着。

“你为什么,”他拉住华桐喊,“你为什么这样纠缠我女儿,一直纠缠到船上?”

“我们或许是偶然同路。”

“我提醒你,”金老头轻蔑地叫,“我不能让我的女儿嫁给一个穷措大,有些人表面上是爱她的人,实际上是爱她父亲的钱。”

华桐逼上去。

“我想,”他说,“我爱你的女儿,并不就等于犯了滔天大罪。可是,我却因此被你屡次侮辱,我不能忍受了,你应该停止你这些自以为得意的念头。”

“那就好了,你如果能像你所说的那样有品格,就应该为她的幸福着想,不要利用她那还没有成熟的感情。”

“金先生,”华桐疯狂地抓住老头子的领口,“一个人的感情,是不是到了只认识钱的地步,才算成熟?”

“我不和你辩论。”金老头不防他会反击。

“答复我!”

华桐大声吆喝。金老头忽然发现，他一向所以能够对华桐拥有绝对优势，纯是因为对方正陷在爱情泥沼里的缘故，而现在，对方似乎准备拔出泥沼了。

“请放开，”于是，他有点恐慌，他求告说，“华先生！”

“答复我！”华桐摇撼他。

“请放开！”金老头膝盖发软，然而，这时候，他却瞥见一个穿制服的警卫和一个彪形水手正从不同的角度闻声奔来，他的威风就立刻恢复原状了。“一到丁港，”他号叫说，“梅素就和她的未婚夫结婚，别再癞虾蟆想吃天鹅肉了，你这个强盗，”他放大喉咙喊，“有人抢劫，抢劫呀——”

警卫和水手跑到面前，华桐不得不松开手。

“捉住他，”金老头咆哮说，“他要扼死我。”

警卫用手电筒上下打量华桐，所看到的是他的破旧西装，破旧皮鞋，和那代表问题人物的蓬乱头发。

“你住几号房间？”

“先生，”华桐说，“我想有件事向你说明。”

“你住几号房间？”警卫厉声问。

“我没有来得及买……”

无论如何，没有票是确定了，而他补票的钱又不够，金老头如获至宝似的，展开报复。

“就在一分钟前，”他说，“这个人摸进我女儿的房间，我在后面跟踪，却几乎遭他的毒手。”

“怪不得我们在码头上便开始丢东西！”警卫恍然大悟说。

华桐刚要解释，那水手飞起一拳，击中他的下巴，华桐闪电一样地，也飞起一拳还击，那水手摇晃着，鼻子冒出鲜血，痛得跳起来。警卫立刻也加入战团，华桐不得不居于劣势。耳朵首先被重重地刺了一下，接着金老头斜刺里的一脚正踢中他的足踝。他虽然仍继续搏斗，可是，到了最后，他终于顺着船身的摇荡，向前栽了一步，撞到铁柜的棱角上，天昏地黑，仿佛变成了一片枯叶，轻飘飘地，一只无形的魔手，提着他的双脚，将他向地狱里投掷。

冰冷的铁板正贴着他的面颊，一股凉气浸入肌肤，他蓦地清醒，想抬起头来，脖子却像已被折断，他想移动一下手脚，手脚也不灵活了。他知道他刚才是被击晕了，浑身都在痛，不由得哼了一声——立刻，他又闭上嘴，他对他的战果很满意，他已尽了最大的努力了。有人在他身旁仓皇跑过，他想呼救。

"不，我要自己爬起来！"他摇摇头，咬紧牙关。

他恨不得用石头砸碎自己，因为出乎意料，他竟这样不够坚强，他挣扎着，一寸一寸地抽回他的右手，活动着五指的关节，身旁跑来跑去的人更多了。

他听到一个乘客问：

"发生了什么事？"

"一个少女自杀了，"另一个刚转回来的乘客唏嘘说，"自杀在她房间里。"

华桐支起上半截身子。

"为什么死？"他冷笑说，"为什么不勇敢地活下去？"

3.

他总算爬起来，靠着铁柜，每一块骨头都像火烧似的刺痛，足踝尤其痛得厉害，他弯下腰搓抚着，又来回走动一会。然后，他摸索出甬道，为了避免那警卫和水手再来找麻烦，他决定还是照老办法，躲在左舷。

他一伸头便打了一个寒战，海上的气候不知道什么时候已起了变化，怒号的暴风，从那无尽头的天边，掀起巨浪，如滚如沸地向他扑来。船在猛烈地摆动，船桥上汽笛不断哀鸣，他赶紧缩回去，把屁股口袋里插的一本书垫着坐下来，双手抱着膝盖。

"我得仔细想想。"他说。

然而，他没有办法仔细想，本来是一片灰白色的薄纸，他不能在上面画出显明有力的图案。梅素的纤弱影子总在他眼前浮动着，梅素比他要矮一头，她那乌亮秀发若有若无地披到他肩上，他拂不开，也不肯拂开。

“我失败了，因为我穷。”他把指甲掐进自己掌心。

“然而，”他掐得更紧，“我不屈服！”

船身摇摆得越来越厉害，他渐渐坐不稳了，他不得不分开双手，撑住地面。寒冷的气流猛烈地向他袭击，唯一使他不被冻僵和使他还保持热和力的，只有梅素的柔情。他想她，想她的美，想她的智能，想她的鼓励……

突然间，从船底传出一声可怕的巨响，船身发生猛烈的震动，似乎龙骨都要粉碎了。

显然地，船撞上了什么。

华桐立刻惊醒，他对海上的事情一点也不熟悉，但是全船的乘客都从房间里狂奔出来，询问，呼叫，闹成一片。有几个几乎被黑暗中的华桐绊倒，他们乱七八糟喊出一连串咒骂。

“触礁了！”有人骇叫。

铃声震天地响起来。

“这是倒车！为什么倒车？”

华桐挤出舱口，天已微明，软而淡的晨光勉强渗进浓厚的云层里，天空显得分外凄凉，狂风呼啸着掠过甲板，海水上下翻腾，浪涛像无数堆满白雪的山峰，咆哮着滚滚推进。

“那是西吉屿！”一个人欢呼。

华桐在视线的边缘，看见模糊的地平线和山峦。

“船底的货物浮上来了！”

这是噩耗的开始，乘客们的骚动，更不可遏止，他们拼命地涌上甲板，斥责，呼救，安慰，盲目地来回奔驰。

“各位乘客注意！”船长在播音室发话了。

暂时的静肃。

“各位乘客注意，”麦克风宣布说，“船已漏水，我们正拍发求救信号,请各位参加抢救,排水,抛弃……”

就在这一刹那,一件东西分明在人群中消失了,大家侧起耳朵,注视着甲板,是的,一件东西真的在人群中悄悄地消失了。船是无比寂静,比死还要寂静,听不到隆隆的声音,也感觉不到隆隆的震动,机器停了。而在大海上,机器的响声,是唯一安全保证,恐怖的钢爪突然抓住每个乘客的脊背。

华桐感到事情不妙,他排开众人,向电报间奔去,电报间里里外外已挤满了人,都在那里屏住声息,瞪大眼睛,盼望着从电报员手指下面“嗒嗒”的声音里,得到好消息。

华桐把头伸进窗棂。

“已经取到联络,”电报员说,“援船马上就来!”

华桐翻身出去,抓住船长。

“说老实话,”他喊,“怎么样?”

船长艰涩地看了他一眼。

“有信号!”华桐嚷,他发现地平线上闪烁的绿灯。

“那是西吉屿,叫我们靠岸,”船长沮丧说,“可是,机器房已经进水,我们无能为力了。”

“他们会来救我们!”

“不会的,”船长把头埋到手臂里,“西吉屿是一个小岛,只有两三条捕鱼竹筏,这么大的风浪,一出海只有被打沉没。”

华桐再跑到电报间。

“没有关系,”电报员嘴唇颤动着说,“援船马上就来!”

可是他却把耳机放下,慌张地拿起救生衣。

华桐绝望地呆了一下,飞快地再奔回船舱。

“梅素,梅素!”他擂门。

没有声音,他一脚踢开。梅素还蒙着被子,静静地躺在那里,金老头一个人孤独地坐在墙角,眼睛不再转动。华桐摇他,他没有反应,华桐伸手把梅素身上的被子掀开。

梅素眼睛半开着,脸跟枯蜡一样焦黄,嘴角挂着一丝血迹。

“我女儿自杀了，”那老人嗫嚅地说，“是你害了她！”

华桐放下被子，大踏步走到金老头面前。

“我恨你！”他吼。

他拔脚重新跑回甲板。

甲板上已成了悲惨世界，抢救生衣的人们践踏着匍匐喊叫的妇女和小孩，一个少女像纸一样地贴在梯口发抖，西吉屿已举起烽火，他们只有用这种原始方法，来发出比灯光更大的信号。

华桐踌躇了会，他翻身再冲回船舱。

4.

船开始向左倾斜，一个小男孩被人挤到船边，只听叫了一声“妈妈”，他的小腿踢腾着已落下大海。心肠都断了的母亲，从另一端哭号着向她的孩子爬过来，可是，她却再也爬不过来了，人群在她身上跌跌撞撞地踏来踏去，大家像一群负伤的野兽，奔突逃生。

华桐抱着梅素的尸首爬上甲板，他迅速地把自己脱光，只留下一条短裤，然后，他撕下梅素的睡衣。

金老头面无人色地在一旁发抖。

“把她捆到我背上。”华桐命令。

“你——”

“我要跳海，我相信我能游到西吉屿，即令游不到，我也要和她死在一起。”

“我——我——”金老头淌下眼泪，他太迟发现他的命在须臾了，顾不得华桐的吩咐，就向一个女人扑过去，从她手里抢她的救生圈，那女人号叫着滚到甲板上，紧握住不放。

“住手，”华桐重重地给他一拳，“你要逃命，快脱衣服。”

金老头懊丧地放开那女人，听凭他眼中的穷措大指挥。华桐好容易找到两块木板，夹在腋下。这时，风刮得更急，浪头掀得更高，船正下沉，海水已卷上铁栏，哭声震撼着天际。

华桐背着梅素的尸体,把金老头腰上的绳子系到自己的左臂上。

"跟我跳下去!"

"不,"金老头说,"我不会游泳,我不连累你了。"

"跟我跳下去!"华桐叫。

"华桐,"金老头垂下头说,"你逃命去吧,我对不起你,不要管我。"

华桐不由分说地,凶猛地用力一推,海面上马上多了两个用肉眼几乎看不见的浪花。

海水刺骨的凉,华桐冒出头之后,开始拼命地向那灯光烽火的方向游去,他几乎用尽所有的力气,为的是要逃脱沉船的漩涡。

"梅素,"他暗暗祈祷说,"你在天有灵,保佑我!"

巨浪不断地张开黑黝的大口把他吞下,再把他吐出。他竭力使自己镇静,并竭力保持自己的体力,他知道他是凭借着自己的肉体和大自然搏斗,但他毫不气馁,他寻觅方向,方向却老在旋转,他听不到哭声了,在他被卷上浪头的时候,他也看不到船。

"梅素,"他喘着气,在心里叫,"帮助我!"

他晓得西吉屿没有办法来援救,只有靠自己孤独的挣扎,一分一分地前进,一寸一寸地前进。不久,他就感到舌干口渴,眼睛冒着金星。

"梅素,"他低低呼唤,"不要抛弃我!"

他估计距西吉屿不过只有二千公尺,平常他是足可以游到的,但大海里波浪滔天,他那刚受过殴打的身子还没有恢复,纤柔的梅素像木板一样地紧压着他,他必须付出加倍的力量,才能浮起来。而他的左臂还系着金老头,在那里往后拖,往下拖。他渐渐地游不动,喘起气来了,一不小心,他咽下一口海水,嗓子像被烙过一样,他感觉到胸脯就要裂开。

"梅素,"他喊,"你引导我!"

他只有向那冥冥中的爱人呼叫,每呼叫一句,仿佛就增加一分力量。可是,他实在不支了,疲倦,窒息,身子要被波涛撕碎,每一个巨浪都像坚硬无比的岩石,重重地捶击到他头上脸上,他看不清陆地,听不到人声,左臂不断地抽搐。

“我要死了,”他恍惚说,“我大概要死了。”

他逐渐忘掉背上的梅素,也忘掉身后那个已被他宽恕了的老人,他只清楚地知道,他游不完这苍茫的海,喝不完这苦涩的水。手脚似乎被什么棉絮结结实实地裹住,在飞快地膨胀,膨胀——他已经麻木了。

“为什么死?”他冷笑说,“为什么不倔强地活下去?”

他重新振起精神——却没有力气了,他指挥不动他的四肢,他渴望着清醒,却不能清醒,眼睛怎么都睁不开,像一条扔进油锅里的龙虾,他感到海水要把他煎焦了,每一个毛孔都像刺进一把钢针,他发现他真的要死了。死该是多么好,他想,死该是多么舒适。现在,死对他是一种解脱,也是一种救援,他再也不用受这种痛苦,再也不用挣扎了,他需要安息,永久的安息。

“梅素,”他模糊地呼唤,“我已尽了我的力量,可是,我支持不住,我要随你去了。”

足踝上一阵痉挛的刺痛,使他终于垂下双手。

巨浪打来,他无言地接受他的命运,像一个浮泡一样,他从万马奔腾的海面上消失,沉了下去。

跟踪者

1.

“他从巷子里一跳就跳出来，”小维喘气说，“拉着我傻笑，还摸我的耳朵；我拼命地喊，等到路上的人都围上来了，他才一跛一跛地跑掉。”

玉瑶把儿子抱到怀里，贴着他那冰凉的小脸。

小维的身子有点抖，“我怕！”

“不怕，孩子，”玉瑶安慰说，“光天化日之下，他敢动你一根毫毛！”

“这个人真奇怪！”克宽敲他的额角。

小维把书包放下，换上衣服，一个分散了一天的温暖家庭，又在灯下团聚了。饭桌上，为了冲淡小维带回来的紧张气氛，做爸爸的克宽首先拍胸脯，向儿子保证：一旦抓住那个坏蛋，定要揪断他的脖子。他说，当他二十年前在大学读书的时候，真的是一个鼎鼎有名的大力士，曾经一拳打死过一个小偷哩。玉瑶忍不住笑起来，这和他现在的大肚皮太不相称了。小维倒很欣赏爸爸的吹牛，他一口气吃了两口饭，就滔滔不绝地报告起他在学校里的见闻来了，他赞美他的级任老师，那个戴着眼镜的姑娘是如何的漂亮啊。他又攻击他的同桌女生，那个隔巷的阿华简直是一个笨瓜。

“她的算术没有及格，”小维正色说，“二十五乘二十六，她都不知道是多少！”

“老师一定罚她站！”克宽说。

“没有，”小维放下筷子，把书包抱过来，乱翻了一阵说，“你看，爸爸，老师奖给我的粉笔，我算得出。”

克宽猛地给他一个吻。

“爸爸的胡子真讨厌。”小维号起来。

“你们应该吃过饭再闹，”玉瑶说，“一到吃饭的时候，就咭咭呱呱个不停，孔老夫子老早就教人寝不语食不言的，你这个做爸爸却给儿子一个好榜样。”

“从现在起，”克宽宣布说，“每说一句话，就罚扫一遍地。”

小维向他那经常屈服的爸爸做一个同情的鬼脸。

晚饭后，小维伏到案上做功课。

克宽歪到沙发里抽纸烟，自言自语说，“我得给孩子买一辆小脚踏车。”

“爸爸，一言为定。”小维扭过头快乐地喊。

“把你的心放到书上，”玉瑶埋怨说，“别太惯了他，七岁的孩子在街上骑脚踏车，我看是要疯了，你舍得，我舍不得。”

克宽不再言语，他仔细地把纸烟按灭，手指扣着沙发的背，勉强地笑了一下。

“看你，”玉瑶懊悔她说错了话，有点不安，她走过去抱住他，托起他的下巴，赔小心说，“你不是也舍不得吗?”

克宽是个直爽的乐天派，两句称心的话，一天云雾就散了。他恢复了精神，兴兴头头地坐到小维身旁，帮助儿子做功课，他一点也没有留意到妻子在背后偷偷地拭着眼泪。

第二天起，为了避免那个莫名其妙的怪人再来打扰，玉瑶开始陪着小维上学下学。

街上和平常一样嘈杂热闹，到处是熙熙攘攘的人群，也到处是风驰电掣的车辆，她希望能发现点什么，却一点也发现不出来。几天之后，她只得认为他们一家大人小孩大概都是神经过敏了。

可是，事情终于来临。就在一个阴沉沉的下午，玉瑶拉着小维，刚转过巷口，只走了三四步，她忽然觉得有一点异样，一双眼睛仿佛在背后瞅着她,她忐忑地放缓脚步,慢慢扭回头。

她吓了一跳。

一个跟在她背后的人影,像中了枪弹似的飞快地翻转身子,向弄堂里踉跄地狂奔过去。

“妈,”小维叫,“就是他。”

玉瑶手足无措,望着那人的背影发呆。

“快走!”停了一会,她才猛拉一下小维。

小维的小手,紧握在妈妈汗津津的手掌里,他不再乱蹦乱跳了,两只大眼睛骨碌碌地乱转。

“难道是绑票?”玉瑶毛骨悚然。

晚上,她害怕地告诉克宽。

“我不相信是绑票,”克宽再度敲他的额角说,“我们不是富翁,还不够被绑票的资格。这个人已经跟踪了几个月,除了挨一下孩子外,他始终是安安静静的,而且还躲着我们,似乎和我们是熟人,怕我们认出来他。”

院子里很静,只有一两片带着残秋消息的落叶,在地上滚动,只是,今天滚动的声音很奇怪,并且很沉重,哗哗地,一步一步地向窗前推动。克宽霍地跳起来,拉开门灯,冲了出去。

一个黑影旋风似的跑开,消失在篱笆头。

“锁上门!”克宽抓起帽子说,“我去报告警察,这个人恐怕真的要打我们的主意。”

2.

警官紧跟着来勘察现场,西风匝地地吹着,落叶凌乱,已分辨不出一点足迹。

“公共宿舍的门户是很难谨严的,”警官说,“我们自然要在这一带加强巡逻。不过,我似乎觉得,这个人和财色都没有关系,因为你们房子里不但有灯光,而且有两个人以上的声音。”

玉瑶继续接送小维上学下学,她像惊弓之鸟似的,仔细地注意着她四周来往的行人。有时候,连一条小狗擦着小维走过,她都大吃一惊。每天晚上,她更是重重锁住门户。

但是,那个人却像被地球吞没了似的,再也没有出现了。

慢慢地,他们认为事情已经结束。

“准是一个疯子!”克宽判断说。

“准是一个从疯人院逃出来,又被捉回去的精神病,”玉瑶加重说,“我们可以恢复正常生活了。”

小维爬到克宽的膝盖上。

“疯子是怎样回事呀?精神病是怎么回事呀?”他问爸爸。

“受了刺激,神经错乱的人。”

“刺激是什么呀?”

“好比说,太太跟别人跑了……”

“太太为什么跟别人跑了呀?”

“嘿,”克宽作难说,“把笔拿出来,写你的字去。”

驱逐儿子去做功课,是克宽每次被问得口呆目瞪时的唯一法宝。小维是越问越糊涂,爸爸是糊涂得更加厉害,向一个七岁孩子解答问题,简直非有天大的学问不可。玉瑶在一旁打毛线衣,她看见小维不满意地呆坐在椅子上,心里一阵怜惜,又一阵的惶惑——她恐怕丈夫嫌恶她的儿子。

“孩子,”于是,她笑了笑说,“长大了就会晓得,你现在的年龄还小呢。”

那人的影子就这样从他们日常生活中退出,退出得干干净净,无声无息。

两个月后,他们更把他忘光了。

克宽把一年来的积蓄交给玉瑶,叫她添置新衣服、新高跟鞋和新脂粉。玉瑶不肯接受,她坚持着把钱都加到克宽父子二人的饮食上。

“我不要别人看我太太打扮得像一个乞丐婆!”克宽大声吼起来。

“不要这个样子!”玉瑶拉着丈夫的手。

“不要这个样子!”她温柔地笑说,“身体是根本,衣服不过是枝叶,只要你的人结结实实,便是我天大的幸福。你的工作太累了,又不断地咳嗽,人到中年,和一个刚出生的婴儿一样,一刻都不应该放弃维护。”

克宽不管这些。

玉瑶生日到了。晚上下班回来,克宽带回两件外衣和一大包别的礼物。

“妈妈一件,儿子一件,”他直着嗓子嚷起来,“任何人都不能拒绝亲嘴,包括那一位到今天整整满二十八岁的美丽太太在内,我的吻最有福气,大人越吻越年轻,小孩子越吻,明年的功课考得越好。”

他搂住玉瑶,玉瑶满足地把嘴唇凑上去。

“爸爸亲我呀!”小维跳脚,拼命拉妈妈的裙子。

克宽刚要松开他的妻子,突然间倒抽一口冷气。

一个苍白的面孔,紧紧地贴在玻璃窗上,压成了一个扁平的肉饼,被挤到一侧的鼻子,在那里急促地喷着热气,两眼发直,木然地向着他注视——映着蛋糕上摇曳的烛光,分明是一个可怖的幽灵的脸!

克宽打了一个寒战。

刹那间,那面孔缩了回去。

“你怎么啦?”玉瑶发现情形不对。

“亲我呀,爸爸!”小维还纠缠。

克宽一步纵到门口,玉瑶已抓住他的臂膀。

“告诉我什么事?”

克宽望望那窗子。

“你,”玉瑶说,“你看到了什么?”

克宽不做声。

“不要出去,”玉瑶哀求说,“院子里一片黑漆,可能有什么危险,为了我,为了孩子,别出去,克宽,我真怕再——真怕失去了你,让我们厮守着吧!委屈地厮守着吧。天大的事,都等到明天再说吧。”

小维把指头含到嘴里出神。

就在巷口,从那里传来一阵骚动,很多人跑过去,而且掀起震天的喧哗和搏击。

“打死这个小偷!”有人喊。

“还是一个跛脚贼哩!”有人嘲笑说。

克宽冲出屋子,向那个方向奔去。

“我也要去!”小维说。

“胡说!”玉瑶一把扭住他。

人群中掀起一声尖叫,显然地,那人承受不住人们疯狂的殴打。

“我不是贼,”那尖叫声痛苦而惨厉,“你们弄错了。”

玉瑶被这尖叫抓住,她不顾一切地奔向门口,双腿却忽然发软,她扶住门框,浑身抖了起来,觉得门框似乎要折断了。她伸手去扶椅背,却扶了一个空,摇晃着,她向前跨了两步,扑到院子水泥地上。

“妈!”她听到孩子惊恐的喊声。

3.

夜,悄悄地消逝。

玉瑶靠着沙发,右肘支在椅臂,托着下颚。她思虑,思虑生命的坎坷和苦难的无穷。从前,只不过八年前吧,她眼前展开的还是一幅幅美丽的图画,还是一年年温馨的岁月,她有永远享受不完的韶华和永远享受不完的青春。可是,现在,二十八岁的她,却觉得岁月是黯淡的,而且是可数的了。她谛听着远处的人声和那后院的鸡啼,陷入缥缈的回忆中了,那嘉陵江岸的偎倚,那玉泉山麓的散步,那女生宿舍的盼望春晓,还有那新制绫帐中的初婚惊奇。

“我不是贼——你们弄错了——”

她蓦地抬起头,四周没有人,只有墙上的钟声在单调地敲着。

淡淡的晨曦爬上窗子,五更已经尽了。

“你一夜没睡?”克宽起来说。

“我刚起床，在想一件事。”

“生日快乐，快乐生日，”克宽摸着她的头发，“除了玩，什么都别想，只有傻瓜才不管什么时候都烦恼。把你想的事告诉我。”

她笑了笑，装着漠不经心，“我忘了问你，昨晚上那个贼偷了些什么东西？”

“什么都没有偷，只在他身上搜出一条项链，那是淡红色小贝壳串成的，虽不值几个钱，却精致可爱！”

“现在，它在什么地方？”她急切地问。

“警察局的人拿去了。”

她失望地望着地下。

“你有点恍恍惚惚的。”

“我要给孩子穿衣服。”她支吾地站起来。

早饭吃罢，送走克宽——他上班去了，要到中午才回家，她迅速地换上衣服，把眉毛描了描，仔细地涂上口红。她的呼气喷到镜子上，凝成一层薄薄的云雾，在这薄薄的翳雾里，她似乎看到一张更美更嫩的脸，也似乎看到当她十八岁那年第一次赴小维爸爸约会时的红晕。

“妈妈，我走啦！”小维背起书包说。

“今天跟妈妈上街。”玉瑶从梦中惊醒。

“我不逃学。”

“你懂什么，有要紧事。”

玉瑶叫了一辆街车到警察局，探听到确实地点，一直赶到医院。

“孩子，”玉瑶说，“你在外面等着，不要乱跑，等我招呼再进来。”

她慢慢地把房门推开，房子里充满空寂，她往前轻移着脚步，站到病床前，审视着床上那似乎沉睡着的瘦削面庞，依稀地，还多少可以分辨出当年的风采。不过，头发是那么长，那么乱，染着泥渍，也染着血渍，眼眶深陷着，脸上刻满了深邃的皱纹——每一条都是生命车轮轧出来的轨迹。

她俯下身子，深深地吻着那丑陋的嘴唇。

“四维!”她低声唤。

病人没有答应。

“四维!”她再低声唤。

病人艰涩地睁开眼睛,等到炫耀的火花散去,他才看出是玉瑶,他迟钝地伸出他那枯干的手。

玉瑶将手拉到自己胸脯上,紧紧地握住。

“四维,”她凄凉地说,“想不到,一直跟踪我们的会是你。你为什么不找我,四维,”她声音哽噎说,“你突然失踪后,我等你等了四年。”

病人无力地叹息,房子里静静的。

“玉瑶,”病人勉强地转过头,“在牢房里,每逢不能忍受的时候,你的爱,孩子天真的笑脸,就浮到我的眼前,一想到你们母子望眼欲穿,日夜盼我归来的情形,我知道我必须活下去。他们不允许我写信,我想你以为我死了。我逃走过两次,结果都被捉回去,一条腿被铁杠子打断,一个肺被殴伤。”

玉瑶的心被巨钩撕裂。

“四维!”她呜咽说。

“然而,”病人停了一会说,“我忍受着百般苦难,终于逃了出来。那是一年前的一个深夜,天降着大雨,我一步一跌,疲惫不堪,嘴里念着你和孩子的名字,我似乎听到你的声音在前面呼唤,也似乎看见你的手在前面挥动,你神奇地给我一种力量。”

“四维!”玉瑶跪在床前。

病人虚弱地闭上眼睑,风,呼啸着撼着窗子,阳光退缩到浓云里,天显得昏昏暗暗。

“我逃到台北后,才听说你已经结婚,”病人断断续续说,“我并不难过,我自知恐怕不久于人世了,可是,我舍不得你,舍不得孩子。我不是要占有,我只是希望常常看你们一眼。小维,该七岁了吧。我被捕的时候,他才一岁半,刚刚学走路呢,我已经看过他耳朵后边的那两颗黑痣了。”

一阵急剧的咳嗽，病人吐出一口鲜血。

“四维！”玉瑶不顾肮脏地用双手接住。

“你休息休息吧，我……”她哭泣说。

“不，几年来的忧郁痛苦，我原是准备着在我们重逢时，向你倾诉的，现在，让我说吧！”病人滴下一滴眼泪，“还记得我们在学校里的那一段生活吧，仿佛是一百年前了，我们骑着脚踏车，肩并着肩，向西湖出发。当孩子降生的时候，我们为他做盛大的弥月……甜蜜的往事，支持着我，然而，我终要去了。”

病人猛烈地抽搐起来，半个身子仿佛被悬在绞架上一样地震动着，头顶着床板，发出断人肝肠的呻吟。

“四维，”玉瑶用力抱着他，她想分担他的痛苦，她哭说，“我永远爱着你，你不要多说话了，我等着你痊愈。”

病人咬着牙，他又熬过一阵致命的痉挛。

“你现在的丈夫待你很好，”回光正在返照，病人的神智因之也十分清醒，“待孩子也很好，我死也瞑目了。我本来不应该再增加你烦恼的，所以我一直躲着你，昨天是你的生日，我却不能忘怀。玉瑶，你要抚养孩子，啊，孩子呢？”

“我，”玉瑶泪珠雨一样地淌下，“我去叫他进来！”

“不！”病人喘息说，“不要让他小心灵上留下烙印！”

“四维！”玉瑶哀号。

病人还想再唤一声他的爱妻爱儿，可是，舌头已僵，再也唤不出了。他陡地坐起来，张开干柴似的手指，向空中挥动，他在抗拒死神击下的巨锤。

玉瑶紧紧地抱住他，她抖着，冷汗湿透她所有的衣服，但已换不回病人的大去，病人的眼睛像鳄鱼一样地，向她无情地逼视着，她恐怖地发出骇叫。

护士们蜂拥奔进来，小维更是三步并成两步冲到妈妈跟前。

“四维，”玉瑶拉着病人哭说，“看一眼你的孩子吧，用手摸一下你的孩子吧！”

病人的整个身子在变凉，也在变硬，他已听不到，也看不到了。多少年来，他为了自由，为了爱，现在，所有的悲欢离合都告一段落，他安静地付出他自己了。

护士们拉开玉瑶牢握不放的手，一条被单跟着盖到尸体上。

“四维，”玉瑶瘫痪地站在那里，望着床上的人，忍着泪，痴痴地说，“你安心地去吧，我会为你照料后事，我们结婚时我送给你的粉红贝壳串珠，我会想办法取回，我要把它留给孩子……”

夜　掠

1.

她把梳妆台上精巧的座灯扭亮，脸蛋儿凑到镜子上，仔细地欣赏着。她的皮肤仍然那么洁白，洁白得依然找不出一粒雀斑。可是，多多少少，总显得有点粗糙了。在眼角那里，并排着几条深邃的皱纹，似乎是大声地向别人宣扬，她的青春已快逝去。她惆怅地用两个手指把皱纹拓平，再小心翼翼地把手指放开，皱纹里好像生长着弹簧，霎时间它又折叠起来。她无可奈何地反复揉捺了一会，叹口气，然后，她不经意地在自己脸上拧一下，丰满的肌肉马上现出一个白印，这白印带着轻微的痛，在记忆中，她曾被另外一个强有力的手拧过，拧得她浑身的神经都酥成一团，不过，那是发生在遥远的十五六年前的事了。

她很细心地描她的眉，用夹子拔掉那些越出柳叶图案之外的嫩毛，她把拔下来的嫩毛放到手心里，数着它的根数，一，二，三，四……摇摇头，很不自然地把它丢到墙角。接着，她站起来，走到穿衣镜前，镜子里立刻印出她那还拥有的十五六年前的窈窕风韵——这是她在她所有的骄傲中，唯一剩下来的一个毫不减色的项目了。旗袍紧紧地裹在身上，曲线从双肩往下滑，跳过隆起的双乳，缩向纤细的腰肢，宽大地围绕着她的臀部，在她的小腿肚上端结束。

一个意念在她紊乱的思绪里萌芽，她迟疑了一会，毅然地解开旗袍纽扣，从腿上褪下来，另外找出一条圆裙。那圆裙大体上是白颜色的，她贴到身上比了比，银光闪烁，眼睛都被炫耀得缭乱了，她很快穿上去,裙沿正好盖住她小腿的腿肚,那是一双被尼龙丝袜贴实包着的逗人的腿肚。她再穿上高跟鞋,一双有带子可以缚紧到足踝上的高跟鞋。她重新走到穿衣镜前,缓缓地扭动着身子,镜子里显出来的是一个将赴舞会的少女倩影,她初步地满意了。

她把电灯熄掉,走出房子,从外面把门锁上。她觉得她少带了一件什么东西,想了一会,才想起是她平日寸步不离的手提包。她没有回去拿,她仅仅是不太习惯双手空着,才偶尔想起的;而在这次出发之前,她本来就是决定什么东西都不带啊。

街上十分热闹,行人来来往往,拥挤不堪,霓虹灯在店门前照耀着,清晰得如同白昼。她无心流连,也可以说她紧张得无法流连,她装着很安详的姿态,迈着轻松的步伐,这更使她显得雍容高贵了。逐渐地,行人少下来,霓虹灯也少下来,她走进一个巷子,穿过这巷子,她爬上那荒凉的堤岸。

看看荧光表,时针指着十二点。堤岸上静得可怕,稀疏的路灯,发着淡黄的光,像一团薄雾似的聚成一个小球,把其他地方烘托得更黑漆漆的了。

她慢慢地向前走着,踏着脚下滑动着的碎石子,心忽然猛烈地跳起来,她暗暗提醒自己,这正是她侄女昨天告诉她的那个地方。她已经踏进梦魇之域了,她努力地调整自己急喘的呼吸,谛听着堤岸下潺潺流动着的水声。天上,没有星,没有月,塞满苍穹的,是 层无涯的浓云。她皱皱眉,对这场可能降临的不及时的雨,提前地付出一种愤怒和哀伤。

在第一个路灯底下,她停了下来,影子堆到她身子的四周。影子前端,扔着两根快要腐烂了的香蕉皮,她用脚尖蹴着,就在昨天以前,她做梦都没有梦到今天她会用她那洁白如玉的脚尖去蹴这种肮脏的东西。她凝视着,赧然地用她的高跟鞋在那块乱糟糟的地面上,划着一条条浅沟。她最后一次思虑,思虑她现在所从事的这个冒险,是不是明智。

堤岸上看不见一个人,一条野狗跑过来,却又顺着斜坡上的小径跑掉了,她离开第一个路灯,踯躅地往前走着。

这条路她不太熟悉,这是一条偏僻的堤岸,从没有洒过一滴柏油。不过她知道这条路是可以一直通到大桥的,即令在白天,行人也不多。晚上,尤其是到了夜半,更是鬼也没有一个了。想到鬼,她的毛发都往上竖,神经拉得紧紧的,堤岸里侧恰巧是一座公墓,阴沉沉的,丛林在公墓的短墙外围绕着,间或有一两块石碑,像埋伏在那里的幽灵,向着她眨眼,她几乎要叫出声音。

2.

一股力量把她要叫到嘴边的声音压回,这力量来自她的内心,她想到她此行的目的。虽然,她的膝盖都已经发软了。她过去的岁月,一向平静得像一潭死水,自己更安全得像笼中鸟,从没有经验过这种旷野的惊吓,充满在她生命历程中的,只有骄傲和对男性们永无止境的矜持。

骄傲是一个魔鬼,它能把任何高贵的气质化成丑恶,更能把任何正常的情绪化成变态,并且鼓励它所附着的人,自动地接受它的主宰。她有一个富裕而充满快乐的家庭,一直供应到她大学毕业,更供应她从海外归来。她的过人聪明和出众的美丽,射出强大的磁力,吸引着无数男人,前仆后继地向她猛烈追求。然而,她都拒绝了。她的眼光散布在高而且远的天际,他们都配不上她,她不能让自己太受委屈。这样,直到有一天,她忽然发现只剩下她一个人在孤零零地对抗着全世界;她继承下那所宅子,这宅子显得非常大而无当;来拜访她的女同学们几乎是一夜之间全变成太太们了;她曾经思索过从前追求她的那些英俊的笑脸,那些笑脸不知道从什么时候起,也都一夜之间全变成了一种做了父亲的慈祥的笑脸,而且离开她远远地而去了。

她的反应是淡淡的,她故意掩饰她的感情,她不断地当着别人,主动地挑出她的忌讳,不断宣称她已是一个不折不扣的老处女了。别人天经地义地跟着发出一阵赞叹,赞叹她的胸襟豁达,赞叹她的事业抱负。但是,这并不能阻挡她的空虚,一种很难有尽善尽美办法弥补的空虚。在这漫长而艰辛的人生旅途上,她缺少了一半,她内心更充满了创伤,那是一碰就流血的创伤。时间越久,创伤的血疤也越脆弱。

现在,她吞下了她的尖叫,并不单纯为了这种骄傲,而是,她有她的重要任务,这任务也可以说是一个企图满足的愿望。她必须克服任何恐惧,假使不能克服,她只有仍缩回到她那寂寞老巢的一途。

她稍微加快一点脚步,把公墓抛到身后,前额上出满了香汗。走到第二个路灯下面,她想掏出手帕去拭,皮包没有带,手帕自然也是没有带了,幸亏腋下还塞了一条,她取下来,在脸上按了按,按得是那么小心,唯恐擦去新敷上去的脂粉。

她停了一会,定定神,眼前的道路在无声无息地等着她,她有点犹豫,一个失败的预感恍惚地浮到心头。可是,她还是把预感驱走,空无一人正是理想的环境,她应该欢喜才对。昨天她侄女的一番话重新升到脑际,她增加了信心,她重新把圆裙拉了拉,继续走下去。

不久,她的眼帘里,映出一个人影。

那是一个瘦长的人影,一只手似乎挽着自己的头,她惊喜地站住,把脸侧过来,这是一个好的开始,几乎一切发展都在意料之中。她特地加强她圆裙的摆动,为的要惹那人注意。她假装着很安闲地在等候着将从另一端来的一个什么人,她把头发往后甩一下,没有瞧过去,但她的听觉却向她的猎物集中,希望能听到那逐渐加重的脚步声,更希望那脚步声能停到她身边。

问题是,一切都没有听到,她不敢回头去看,唯恐有一个失望的现象打击她,她只有耐心地等。她想,可能那人去唤另外一个人了,她侄女就是这样开始的,那会更好,潜意识上,两个比一个更使人兴奋,她的陷阱正在秘密地张开,这是她生命史上第一次不顾一切的冲动,她迫不及待得要疯狂了。

然而,她还是不得不回过头去,在没有回头之先,她为自己假设了两种情况,一种是那人根本消失了,一种是他们——果真有两个人的话,正在向她逼近。万万料不到她的判断落了空,那人影仍站在老地方,手臂仍挽着他自己的后脑,分明是一具吊死在那里的僵尸。

她打了一个寒颤,浑身冰冷,开始懊悔今天这种不可思议的举动了。她应该马上回去,回去得越快越好。她抬起了脚步,却又收回来,一个感情上的力量在拉她,这力量不是理智的幼苗可以抵挡得住的。她早安排好的计划,不容许因一时的畏缩而轻易破坏,她要去看看那人影到底是怎么回事。万一结局不如理想,她可以说她从北区回来,路过这里,不幸碰上的。这一套话,她早已准备好,而且记得烂熟,她能够灵活地用它做最后的防卫武器。当然,更主要的,还是她不太相信她竟会倒霉到恰巧碰上有人吊死的程度。

她戒备着向那人影走去,一面准备着随时掉头逃命,她从来没有过这样大的胆量,甚至不敢确信一向娇弱的自己,竟会单独地,深更半夜,在荒凉的堤岸上去探索那莫测的怪物。她被一种类似烈火样的东西燃烧着,什么都被抛到脑后了。

她终于走到了。

眼前的刺激,使她几乎昏厥过去,一株孤立的小榕树继续在那里迎风婆娑,根本还不知道有一位迟暮的美女刚才曾为它柔肠寸断。她呆呆地瞅着它,脸色比蜡纸还白,她没有闲情逸致哑然失笑,她狠狠地咬住嘴唇,半天,半天,不知道该怎么才好。

3.

就在这时候,她隐约地听到一种声音。

那是一连串窸窣的声音,她立刻肯定这次真的是有人走过来了。耸起耳朵,那声音像晒干了的豆子从布袋裂缝里流出来的一样,就在身后响起。她转过身来,阴影底下,她看到草丛在动,那人仿佛正匍匐着向她走近。她眯起眼,向草丛搜索,却被一阵昏暗遮住。她眼睛略微有点近视,大约在二百度,平常不戴眼镜是勉强可以应付的,只有在晚上和偶尔看电影的时候,才戴一下。今天她故意没有把眼镜带出来,她不能确定她所以不带出来的原因是为了什么,或许是害怕有什么剧烈的行动会把它弄碎吧。不过,她现在却因此不能看得清楚了。

她心里开始推测,她的猎物似乎就应该从这一类地方跳出来的,她整理一下衣服,向前迈了一步,她所以如此,只表示她是正在行路。

于是,她看见了,看见了一条约有三尺长的花斑蛇从草丛里蹿到路面上,那蛇头几乎一下子就碰到她的高跟鞋。显然地,它受到了惊吓,把头仰了仰,飞快地沿着碎石子的边缘,斜刺里滑过去。

这一次,她真的发出一声使人惊慌的尖叫,像被钉到地上一样,一动也不敢动。她低下头,恐怖地望着那条蜿蜒逃走的花斑蛇,浑身汗毛全竖了起来,腰肢痉挛地向后曲着,直觉地,她以为她已面临末日。

花斑蛇消失在另一处的草丛里了,她还呆呆地像一尊木偶,直到她确定那怪物再也不至于爬回来的时候,她才鼓起精神,长叹一口气,发现她的手臂已经抖成一条松懈的绳索,不太听指挥了。她又升起回去的念头,再不这样异想天开了。可是,她的足踝发软,为了防备一下栽倒在地,不得一步一步地,慢慢向回程挨着。

短短的半个小时,仿佛已深入蛮荒半年之久,她需要她的家,虽然家的意义,在她只不过是一座空洞的房子,但她还是眷眷依恋。她想到她那高贵的沙发,乳白色的弹簧床,舒适的淋浴,以及——那整个似乎都是幸福的天地!

忽然间。

确确实实的,一个人的脚步声传进她的耳朵,并且,脚步声中,还搀杂着粗野的口哨。她像刚从大海里爬到甲板上得救的人,一接触到阳光,一颗心火一样地又熊熊炽燃起来。她想,真正的情势马上就要转变了,刚才的失望,不过是大风暴的序曲。

她扭转头。

一个彪形大汉歪歪斜斜地向她走来,她屏着声息,在路灯的光圈里站定,分明地觉出血液正在自己血管里澎湃汹涌。她开始她的第一个阶段——等待,她深刻了解,这等待是必须的,而且是她所企盼的,但当这等待中的猎物,真被企盼到的时候,她几乎不敢相信那一向拨弄她的命运这一次会支持她。

那人终于走到她身边,而且颤巍巍地停住,向他面前的白裙女郎眈眈注视着。她本能地倒退了一步,张大眼睛观察着对方,那人的眼睛也睁得很大,从鼻孔中喷出像拉了一大车泥沙爬上山坡的老牛那样的吼喘。半个身子露在外面,凸起的肌肉要跃到半空,那紧握着的拳头,似乎一下子就能够击碎一块石碑。

她脸上陡地热辣辣的,又倒退了一步,她还想退,经过一瞬间的考虑,她没有再退了,并不是后面已到绝地,而是,她模糊地认为她已象征性地表示过逃避,可以立于不败之地了。脑海里像滚水一样沸腾,但是还很有条理,现在所差的,就只剩下最后的一声号叫和形式上的挣扎了。她一切都准备好,她凝视着逐渐逼到她脸上的那个发着光和力的面孔,心都要跳出腔子。

她嗅到一股气息,是酒的气息,是她最厌恶的气息。她对她的猎物大感失望,又想转身而去,可是,一个奇异的感觉再度改变了她这不十分坚强的主意。她似乎在酒的气息中闻到一种仙草的芳香,从他那粗大的鼻孔中倾出,透过她身上每一个细嫩的毛孔,直沁入她的肺腑。她觉出她在轻轻地颤抖,她要融化了。她想醉汉似乎更理想些,事情万一败露,会是一个很好的遁词。而且醉汉的记忆力差不多都是很差的,那将是一个可靠的安全保证。

那人更加迫近,迫到她面前。她借着灯光,看清楚他胸膛上的黑毛,像一堆迷人的蓬草,激动地起伏着。她没有勇气盯着他的脸,只瑟缩地注视着那堆黑毛,那堆黑毛几乎刺到她的嘴唇上。她失措地,也是羡慕而贪恋地,张开她那涂满了口红的嘴。

终于,那人俯下身子,她感到他那滚热的呼吸正射到她面颊上,她不再偷偷地羡慕她的侄女了,一切都向成熟的顶峰聚集,只等着轰然爆炸。

突地,一股热烘烘的浆水喷到她脸上,从梦寐情调中惊醒,她喊了一声，狼狈地用手去擦，那醉汉接着又喷出他肚子里的第二批东西，仍然恰恰地再度喷到她那吹弹得破的嫩脸上。眉毛以下，布满了酒和胃液混合的渣汁，还搀杂着一堆一堆没有消化得了的残余食物，顺着玉颈，黏黏地流到她的背上，和她那激动得起伏着的酥胸上……

4.

一个费尽心机建筑起来的琼楼玉宇，刹那间跌得不成片段。她的舌头像一块石片似的塞在口里，牙齿比发寒热症时还咯咯作响，她想不出她应该采取什么行动来应付，这一个打击使她的计划全盘都乱。她彷徨地站着，没有走，她自己也无法确定她是不是还要继续等待，不过有一件事她是确定了的，那就是，即令在这么一种尴尬的场面之后，她还是会首肯的。

可是一切都落空了，那醉汉被一个从冥冥中伸出的看不见的巨掌牵曳着，踉踉跄跄地沿着堤岸走下去。他的双脚似乎戴着脚镣，一只腿似乎短了一寸，头也不回，一拐一拐地，逐渐被灯光所及的尽头淹没。来是突然的来，去是突然的去。

整个堤岸上只剩下她一个人，失望和羞辱啮噬着她那刚强的心，耳朵里响起各式各样的声音，隆隆的雷鸣和唧唧的讥笑，雷鸣渐重，讥笑也渐响了。她似乎听到她过去所摒弃的那些男朋友们参差的细语，哧哧地，她的整个身子马上就要焚烧。她不知道应该恨谁和恨些什么，她只盼望着天地覆灭，而就在这时候，化为无知无觉的灰烬。

河上吹来的细风把她吹醒，周身看了一下，她悲伤地用手帕去拂拭。她无法完全拂拭干净，只把面部揩罢，就筋疲力尽了。一股又酸又腥的臭味刺到她脑筋中枢，打了两个干噎，几乎也要呕吐起来，她企求着地下现出一条裂缝，企求着她第一个跌下去，企求着这是一场噩梦，一场了无痕迹的噩梦。

她不知道是怎么走回去的，不过，她终于是走回去了，她痴痴地站在她那整洁有序，甚至可以说是接近奢侈的香闺里，有一种刚从每天鞭打的地狱升到天堂的感觉。当然，这种超脱的愉快是进门后才兴起的。等到她走到穿衣镜前，看见镜子里呈现出来的狼狈模样，那蒙到自尊心上的尘垢就更厚了，她努力地压制自己的感情，这压制有它历史性的力量，所以很容易地，先在表面上恢复正常，她慢慢地褪下她的圆裙，镜子里重新映出她身上所拥有的迷人曲线。

思潮又涌上来，她倔强地安慰自己，她是美的，青春虽然一滴一滴地从她身上消失，似乎消失得还不算太多，她有点庆幸上天赐给她的是够丰富了。可是，蓦然地，支持不住了，再好的夕阳，总是黄昏！像悬空的衣服似的，她颓了下来，纵身扑到床上，把枕头抱在怀里，她想到她侄女昨天向她说的那件事。就是前天晚上，就在那个堤岸上，侄女遭受到两个男人的强暴。而她，而她，现在，所有奇异的幻想全离她而去，无情地离她而去了。

禁不住，热泪夺眶而出，她把头埋到绒毯里，抽咽起来。

凶 手

“你看见那棵白杨树了吗?”

“嗯。”

“多少年来,”他说,“我都怕从它底下走过,为的是,我心头的担负已经够多,够沉重了。”

那棵白杨树孤零零地长在医院的一角,树干足有两个人合抱起来那么粗,它挺拔地向上伸展着,茂密的枝叶,织成一顶庞大无比的巨伞。从顶端下降,逐渐地往四周扩张,附近再也没有能和它比高的树木了。在它的旁边,矗立着一座十层楼房,每层楼窗子的窗帘都是白色的,护士小姐们不时地在窗口走来走去,显得这庭院里似乎深锁着无名的幽秘。

“当他从十楼跳下来的时候,”他说,“他的头先撞到六楼窗口伸出去的水泥板上。接着,他摔向那棵白杨树,钢针一样的树枝不偏不倚地戳进他的眼眶,眼珠被弹得飞出很远,等到他惨叫着身子落地,已跌成一团肉酱了。”

我惊愕地抬起头。

“他就安葬在医院的公墓里,无亲无友,每年清明时节,只有我到他的坟前做一次祭扫,不过,我明天也要离开这里了。”

“他是你的好朋友吗?”我说。

“不。”

他脸上布着极度的伤感,正在下沉的斜阳照着他的前额,几条深邃的皱纹锁住几条暗淡的阴影。他微微地笑了笑,笑得那么冷漠。

“你应该告诉我全部故事。”

“八年之前，”他说，“我和素楠——”

“不要再说素楠，”我拦住他，“事情已过去得很久了。”

“我不会向朋友们老是谈论旧事的，”他说，“我和素楠，只不过在澎湃的人海里投下一个微小的波澜，朋友们认为我提起她就会伤心，其实错了，伤心不伤心不在提不提，主要的是，我已不再有人的心肝了。”

“你应该忘记她。”

“这件事发生在我住院之后，”他凝视着天际飘忽的浮云，低低地说，“我的病房是十楼十九号，隔着窗子，可以远眺到前面的泰华山和回绕在山麓的那条小溪。窗子底下，就是那棵白杨树，如果住在三楼，一伸手就可以摘到它那顶端的叶子了。

“在素楠离开我的第一个月，我曾经尽量地斫丧我的身体——我大量喝酒，十二月的天气里，我固执地穿着单衣单裤，我希望我早死。爱情是生命的燃料，我的燃料已尽了。

“不久，我就患上严重的咳嗽，这咳嗽为我带来终身痼疾，但我并不后悔，素楠虽然不知道，甚至她会因之对我更加轻蔑，但我还是愿意付出我自己。一天晚上，我醉醺醺地栽到大街上，一辆汽车从我的右腿上碾过去。”

“我们转变一个题目吧。”我说。

“我就要转变一个题目了，”他说，“我住的是十九号病房，有两个铺位，当我的神智逐渐清醒过来的时候，发现邻床上躺的那个朋友，早就在准备和我说话了。据我后来知道，在我发着高烧的那个阶段里，他是一直不断地试图安慰我的，他当然没有料到，我是如此地厌恶和人谈话，我唯一欠缺的是爱情，任何温暖都无法填补我内心深处的空旷。

“可是，晚饭之前，我正斜倚着枕头，闭目养神，我的同房忽然喊我的名字。

“‘我叫陈文生！’他自我介绍。

“我点点头。

“他很关切地问我的伤势如何，有没有结婚，我冷冷地回答他。他似乎并不理会我的态度，就喋喋不休地报告起他的事情来了。从他的谈话中，我知道他是一个中学教员，有一位美丽而又贤淑的未婚妻，比他小十一岁。当她初中毕业，因贫辍学的时候，他就伸出援助的手，万分艰苦地维持她一家三口的生活，并且一直供她到大学毕业；他们就是在她大学毕业的那一年订婚的。现在，只等他病体痊愈，便举行婚礼了。

“‘我的生活虽然很苦，’最后，我的同房结论说，‘但我却是天下最快乐的人。’

“我沉默地翻出一份报纸，遮住我的面孔。

“这样，一开始，我就像一个被游客们骚扰的猴子一样，简直不能避免他那份找我攀谈的热情，我再也无法安睡，使我从梦中不断惊醒的心悸老毛病，又袭击着我。我一时弄不清我为什么有这种感觉，可是，不久，我就明白了。

“第二天是一个阴沉的天气，我那绑着石膏的腿，有点隐隐作痛；从早到晚，我面对着墙躺着，希望安静，想不到他又喊我了，我扭回头，发现他正在那里看他的信。

“‘我未婚妻来的。’他说。

“我没有作声。

“‘她是中国文学系的高材生哩，’他说，‘她信上每一句话都使我感到人生温暖，要不要让我念给你听听？你一直忧郁不堪，说不定对你有点帮助。’

“‘你吵醒我，只是为了向我夸耀一番吗？’

“大概我的脸色十分难看，他失望地垂下他的手，那张粉红色的信笺落到地上，上面密密麻麻的，写满了蝇头小字，好像他们是昨天才分手似的，使我感觉到一阵昏眩。

“那天晚上，我一夜没有合眼，翻来覆去，一股愤怒的火苗在心头吐出烈焰，我恨不得跳起来搏斗——我不知道应该和谁搏斗，但我知道我快要爆炸，一种难堪的窒息塞住我的咽喉。我明白了，我明白我是在嫉妒。第一次发现我不是一个圣人,也不是新式小说中的男主角,我只是一个满怀诡诈的凡夫俗子,不能对自己的不幸无动于衷,也不能忍受别人获得我寤寐都求不到手的幸福。

“在以后的几天里,我的良心也曾一度萌芽,我呵责自己的卑鄙,极力和他疏远,我使自己孤独,我想,假使他从那时候就不再打扰我,这场悲剧的内容便会大大不同。

“可是,每隔两三天,他都接到他未婚妻的信,每封信他都要朗读给我听,并且还不厌其烦地告诉我,他是如何爱她,他是如何享受着她的爱。我被迫向他大声喝止,甚至毫不礼貌地用手指塞住我的耳朵,采取种种方法表示我的厌恶。问题是,一切都没有用。我不留情地骂他,骂他是十三点,不过我知道他一点也不傻,他只是掩饰不住他那因拥有理想中的意中人而生出的骄傲和因这骄傲而生出的喜悦。

“我不得不注意他了,他今年还没有超过四十岁,大概因为久久缠绵床铺的缘故,皮肤上显露出一个四十五岁以上的人才有的憔悴。将近十年的沉重负担,使他只有利用晚上的时间,到郊区一家补习班为人授课,来增加收入。每天他都要迟到深夜十一点十二点才能回来,睡眠不足加上营养不良,使他逐渐衰老。最后,更加上他只有那一袭单薄的衣服,就在订婚后不久,他的左边半个身子染上无情的麻痹。医生警告他,如果不赶快治疗,右半边身子也会受到影响。他听从了医生的警告,但他肉体上的痛苦并没有牵连到他的心情,他那瘦削的脸上永远堆着开朗的笑,两只眼睛含蕴着英俊的光彩,我看出他是一个热情豪迈,不拘细节的人。可是,我不喜欢他。

“‘你看不看我未婚妻的照片?’一天,他向我提议。

“‘让我休息吧!’我歇斯底里地喊,‘让我休息吧!’

“‘她很美呢,我保证,’他说,‘你有女朋友吧,我相信她和你的女朋友一样的美,一直到现在还有很多人追求她哩。她却只爱我,我住院快半年了,住院费全是她负担的。’

“‘够了!’我用被子把头蒙起来。

“我日夜都得不到安宁,他未婚妻的每一封信都给他带来两三天的兴奋。他把信折叠起来,塞到贴身的汗衫里,等到汗衫塞不下的时候,他就压到枕头底下。每天晚上,当我朦胧地感觉到灯光又被扭亮的时候,就知道又是他在那里仔细咀嚼那已看过十几遍的情书了。

“说老实话,他是一个好人,但我拒绝这样承认。

“悲剧的序幕是这样开始的,那一天,他又在向我赞美他的未婚妻,而且用一种唯恐不被羡慕的态度,反复地,一遍又一遍地叙述她对他的柔情蜜意,我吼起来。

“‘你该停止了!’我说,‘假使我要编一本《爱情大全》的话,我会找你。’

“‘我只是想请你和我共同快乐,你太苦闷了。’

“‘谢谢你。你未婚妻很甜,她的情书更甜,她一定是一个职业的情书选手,把世界上所有足以使男人们至死不悟的字句全用上了,我劝你不要把女人的话认得那么真。’

“‘你不了解她。’

“‘但是,我了解女人。朋友,一个人爱心越重,他付出的代价也越大。对了,她为什么从没有来过,而只拼命地写信?’

“‘她这两个月或许太忙,她代我的课呀,’他正色说,‘别想挑拨我们的感情,我们的心是结合在一起的,海枯石烂,永不分离。’

“‘天下没有不变心的女人,除非她没有碰到对她绝对有利的机会。’

“他的表情严肃起来。

“‘最好闭上你的嘴,’他努力地试着挥动他那条瘫痪的左臂说,‘你不能用你那怀着憎恨的心,去测度天下所有善良的人。’

“我轻蔑地耸耸肩膀。

“‘她是个端庄娴静的女孩子,’他说,‘圣洁得像基督的心一样,你不认识她,所以你不了解,我猜你有点心理变态,是吗?’

“我纵声大笑了,就在这大笑的刹那,一个毒恶的念头从我那裂开着的心房里产生,我不再犹疑了,我迅速地决定应该怎么样着手。

"'啊,'于是,我说,'让我看看她的照片。'

"他兴兴头头地把照片递过来,有几张是正面的,有几张是侧面的,有几张是二人依偎在一起合照的。我很容易就把她描绘出来一个轮廓——一位端庄的美人儿,她那要闪出秋水似的眼神,足可以吸引一百万男人为她粉身碎骨。

"'假使你不介意的话,我真想看一下她写给你的信。'

"'我当然不介意,'他说,'看了她的信,你如果还要攻击她,你真的非进精神病院不可了。'

"一看到她的信,我的血液马上就像滚水一样沸腾起来,信上每一句海誓山盟的话,都震撼着我,本来已在熊熊燃烧的炉火,像是又泼上煤油,火焰更猛烈地喷起来。我不能再忍受,不能再看下去了,因为我自己不幸福,所以我憎恨天下所有幸福的男女。我抛开信的内容,开始研究她那秀丽的笔迹,和任何恶谋已定的人一样,我逐渐恢复冷静,那是一种可怕的冷静。

"我不知道应该感谢上帝,还是应该感谢魔鬼,我很快就把她的笔迹仿得十分近似,我的聪明没有辜负我,我抓住了她的个性,一撇一点地,都分析出来特征,我相信,即令是英国皇家银行专门鉴定笔迹的专家,也不容易辨别出我的伪造。

"第二天,她的信又来了,他那时睡得正浓,护士小姐把它放在床头橱上。我两只眼睛鬼也似的盯着她,等到她的白裙子一从房门消失,我就爬起来,抓住那封信,打开热水瓶盖子,仔细地把它揭开,掏出来原信,而把我的作品装进去。一切弄妥后,再悄悄放回原处。

"我记得我做这件事时的心情,你如果宽大的话,可以说我仅只在恶作剧。不过,实际上,我的原意并不这么简单,我是恶毒的,和任何心怀疯狂嫉妒的人一样,我这样做并不是为了对自己有什么好处,而只是憎恨他比我幸运,希望看到他的幸运化为一场空话。

"他终于醒来了,一眼看到那信,便像着了火似的把它拆开。我诡秘地瞅着他,欣赏他的变化,果然,他的嘴唇慢慢颤动起来,憔悴的脸色开始泛出比死人还要怕人的苍白,最后,他呆呆地坐在那里。

“‘怎么样？’我嘲弄地说，‘又是“我的亲亲，什么时候你才能拥抱我呀”，念出来听听。’

“我的头有点痛。

“他躺下来，他那唯一还灵活的右手把那信紧紧捏着，蜷成一个纸团，像一条丧家狗似的蜷卧在那里，没有呻吟，没有咆哮，也没有哭泣。我是多么盼望他哭泣啊，我要眼看着他痛苦不堪，他那冷漠的态度更激怒了我。——当然，一直到了很久很久之后，回想起来，我才知道就在一开始的时候，他的精神已到了崩溃的边缘，他让痛苦啃噬着他的心，勉强地压制着不表露出来，却使那痛苦爆炸出来的时候，更为猛烈。

“接连着两天，他没有进饮食，也没有起床，他未婚妻的另一封信在第四天的时候又来了，用的是双挂号。我对她为什么忽然用双挂号一点也不感奇怪，我现在当然晓得她不是寄的钱，可是当时我却肯定地认为她一定是寄的钱。老天重重地惩罚我，假使在那时候就停止我的阴谋该多么好。无法挽救的是，我却没有，我反而探出身子，很轻松地把它拿到手里，藏进我的口袋。我的决心是，除非他直接接到，绝对不让他在我的手中获得一点她的消息——我要看看他在爱情幻灭后有什么表情。

“支持到第五天晚上，他开口了。

“‘我大概是错了！’他衰弱地说。

“‘怎么回事？’

“他把那已被他捏成一团的信递给我，用不着看，我当然知道信上写的是什么，因为那是我的杰作。可是，我仍然煞有介事地把它重读一遍，想到我随便捏造的一封信竟发生这么大的力量，不禁哑然失笑。在那信上，我用他未婚妻的口气，婉转地告诉他，她已离他而去，请他不要想她，因为，她比他还要难过，她从没有爱过他，勉强在一起徒增双方面的痛苦。——这些话，是女人抛弃男人时最普通的术语和公式，我不过顺手拈来套用一下罢了。

“‘这是不可能的。’他咽噎着说。

"我假装很同情地听着。

"'我,我信赖她,'他说,'她不会变心的,她总是像孩子似的,双手抱着我的脖子,用舌尖舐我的耳朵,低低告诉我,爱我的头发,爱我的眉毛,她恨不得我化为灰烬,让她吞到肚子里去。'

"就在那时,我又想起了素楠,他说的分明是素楠。是的——素楠,我永不原谅你,你一开始就在准备如何结束了。啊,我说得太远了。

"'我们认识不久,'他嗫嚅着说,'她就把我的照片放到她的鸡心金饰里,那金饰是我用一个月薪水送给她的生日礼物。她总是呆呆地注视着它,她的眼睛流露着使我骄傲的神色,她是沉醉了。这一切到今天回想起来,还历历在目。'

"我从鼻孔里发出声音。

"'我每天回来得都很晚,为了生活,不得不如此,她总是站在那冷清的巷口等我,当我看见她那窈窕的影子,我全身都温暖了。她双手挽住我的手臂,把头靠到我肩上,步回家门,她知道我是为谁辛苦。'

"我忽然不耐烦再听下去,他那蜜一样的生活重重地再度撞击着我心头的血痂,我粗暴地擂着床头橱,打断他的话,告诉他任何被女人遗弃的人,都有这样温柔入骨的经验。

"他随即用右臂支起他的身子。

"'太多了,太多了,'他的眼睛死鱼一样地望着那扇窗子,'我不能想,我的头热得像火烧!'

"我当时不大了解他为什么望着那窗子。

"'她是个有主见的人,一经决定,不会再变的,而且也不会再给我信了,'他凄楚地说,'我的半身不遂太连累她,我过于自私,舍不得放她自由。如果我先提出来解除婚约,我的痛苦或许会轻一点。她逼我住院,又不再来看我,啊,她需要一个空白时间来安排一切。天啊,为什么叫我残废。'

"我并没有动心,他的精神失常不过是我的一面镜子,从镜子里，我又看到我自己。但是，有一点不同的是，只要等到明天，或是只要等到我漏掉了一封信，他就会恢复快乐，只有我，我将带着我的痛苦，直到永永远远。

“我的想法铸成了大错。那天晚上，风刮得很大，白杨树的叶子发出骤雨捶击的响声，月光疏淡地洒到床前，我心里升起千头万绪，我不知道我的人性是怎么消失的，我冷眼地欣赏他的挣扎。唯一使我无法满意的是，他一旦弄明白后，我必须有最大的勇气才能忍受他那股欢欣若狂的刺激。

“半夜，在睡梦中，我觉出他下了床，觉出他很艰难地移动他那可怜的一条腿和一只胳膊。我想问他起来干什么，但我没有这样做，让他随意排遣他的情绪吧，我紧紧地闭着眼。这样，一直到他从窗口跳下来，一直到从那棵白杨树上传出一声凄厉的惨叫。”

他说到这里。

大概是心理作用，我仰起脸，那一根向着窗口突出的树枝上，仿佛还隐约地染着斑斑血迹，而那个中了别人奸计而殉情丧生的人，他那残缺不全的尸首，就躺在那树底下的乱石子地面上。

“你害了他。”我打了一个寒战。

“是的。”

“一场悲剧，就这样的结束了。”

“不。”

我激动地紧握着自己的手。

“还有一个尾声，”他说，“我一点也不为我的禽兽行为分辩，也不接受任何人的宽恕，在那个时候，我心里充满了往外横溢的嫉妒和仇恨情绪。假使我有权的话，我会下令杀掉天下所有的幸福男女，用什么残酷和卑鄙的手段，都在所不惜。然而，就在我发现他跳下去的时候，我决定了一件事，《圣经》上说，罪的工价就是死，我要付出我的工价。”

我不由地叹口气。

“检察官来验尸了，”他说，“我很镇静，我把衣服整理好，然后，向他们报告事情的经过。”

我差一点叫出声。

“我本来可以自杀的，”他深深吸一口气说，“但我宁愿走上绞架，因为我要得到羞辱，我不能带着清白的外貌死去，那会使我在另一个世界没有颜面再看到素楠。检察官起初不相信我的话，他以为我是疯了。我向他声明，绝没有人愿意用他的名誉和生命去开玩笑，我把被我藏起来的那两封信交出来，他不得不相信了。他先看了没有封套的那封，那封是意料中的典型情书。接着，他再拆开那封双挂号，信还没有看完，他就像中了枪弹似的转过身来，倒到椅子里。”

我吃惊地望着他。

“在那件事情过去之后，”他说，“我把那封双挂号信照抄了一份，全世界的人，包括我在内，都不能不为这封信发抖。然而它却是那么真实，和钢铁一样的真实，你应该看看它，我不知道应该用什么话说出我的感想，我早声明过，我已不再有人的心肝了。”

我把那张纸接过来，大概抄写的时候没有经过选择，随手拉来，所以纸张的质料很坏，岁月的压迫，更泛出深黄的颜色。折痕的地方，也寸断了。我小心把它打开，双手捧着，唯恐被一阵风吹走。

信上说：

亲爱的文生，

我尽了我最大的力量拖延着，拖延到今天，我不能不痛苦地告诉你，文生，我要离开你——我最爱的人了。将近十年的岁月，我，我的母亲、弟弟，完全依靠着你微薄的收入来维持生活，这种海样深的纯洁恩情，我们没齿不忘，变犬马也无法报答于万一。好容易，现在，在你的培植下，我的学业总算告一段落，我知道我不能再这样纠缠着你，我知道是我离开你的时候了，恕我没有跪到你床前叩辞，我怕我见了你那慈爱的面庞，会硬不起心肠。我走了，文生，只有我走，你才会快乐，你才会去找一个更美丽更温柔的妻子。啊，文生，我不配做你的终身伴侣，在你那伟大的人格和无边的爱心之下，我是如何的渺小，我如果不离开你，你会因为怜悯我而和我结婚，你的牺牲就更大了。我常常责备自己，不能这样自私。别了，当我这信到你那里时，我们全家，还有那比你差一百倍的我的未婚夫，已踏上去美国的班机，你不要再找我了。文生，允许我永远纪念你，允许我继续爱你吧，一切都是你赐的，我乞求着，你忘掉我这个卑微的女孩子吧。

玉清，伏案泣书。

十月十四日。

霎时间，我眼睛里升起一片云雾，我的手松开了，我的朋友在那张纸飘到地面之前抓住它，安静地照老样叠起来放进皮夹。

“你——”我结结巴巴。

“我是凶手，”他淡淡地说，“使他提早死了两天。”

约　会

1.

飞机正在下降，刚才那一阵盲目飞行，使达生仍有点晕晕的，这时候，云浪仍不断地冲击着机身，没有声息，也没有震动，只有一种像是被吞到鲨鱼肚子里似的感觉，他紧握着前面座位上的那个把手，向后靠着，希望靠着椅背，却靠了一个空。他觉得一只温柔的手按着他的前额，一个女孩子似乎和人争论什么。“难道贻红同我在一起?”他想，但他霎时间清醒过来，在他身边的那位空中小姐，正焦急地替他放下不知道什么时候卷到臂上的袖口。

“先生，”她小心地说，“您不太舒服吧!”

达生摇摇头。

“我替您注射过强——”她歉然地笑了笑，“啊，我替您注射过维他命，我们就要着陆了。”

达生用感激的眼光望着她，想问一下他刚才是不是昏了过去，但他鼓不起这种面对现实的勇气。他假装着揉眼睛，等到其他乘客的视线从他身上移开了之后，才算恢复宁静。

他把脸贴到窗子上。

外面，正下着毛毛小雨。

玻璃上密布着米粒似的水珠，达生用手抹了抹，在厚厚的呵气上抹出几条空隙。看不清机场在什么地方，不过他感觉到机身正在汹涌地跳跃着滑行，大概是已经接触到坚硬的地面了，乘客们纷纷跑向他这一边，隔着模糊不清的窗子，有的挥着手，有的大声喊叫。

达生吁一口气,他已到达旅程的终点了。

机门打开,乘客们鱼贯地走下去,机场上立刻爆起巨雷似的欢呼,和亲人们重逢时的疯狂喧哗。达生最后一个离开座位,一股疲倦袭击着他,他提起旅行箱,觉得它变得十分沉重。

"她会来接我的,"达生忍住他的喘息说,"她一定会来接我的。"

他艰难地挣扎到舱口,向外眺望,震天的欢呼和喧哗已随着兴奋的人群消失了,机场上突然寂静下来,寂静得像一块平漠的冰原。达生扶着机门,细雨扑到他脸上,那好心肠的空中小姐唯恐怕他会栽了出去,伸出满是香气的手,紧紧地抓住他。

"没有人接您吗?"她问。

达生迷惑地向她看着。

"您是不是订好了住处?"她说。

达生点点头。

他感激她,想说两句感激的话,话到嘴边又停住了,真正的感激是埋在内心里的,一出口便减少分量了。他蹒跚着下了扶梯,向出口走去,一面戴上眼镜,这会帮助他搜索栏杆外有没有其他的人。果然,贻红已经等在那里,她撑着一顶花颜色的雨伞,正在四下张望。达生的步伐立刻轻松起来,他加快地往前赶,崭新的皮鞋踏到光滑的水门汀地上,发出有力的声响。

然而,就在他快走到跟前的时候,那女孩子却转身走了,走到拐角那里,冉冉消失。达生眼睁睁地看着,确确实实地什么都看不见了,他的旅行箱不知不觉地掉到地上,双手扶着栏杆,一股冷峭的战栗从手心传遍全身。

"先生,"空中小姐从后面追上来说,"出口在那边,您要我帮忙吗?"

达生没有回答。

雨仍在落,他觉得衣服快湿透了,伸手提旅行箱,料不到每一个骨节的接口处都像灌满了塑料,他竭力地想抬起胳膊,胳膊却跟悬在臂端的秤锤一样,竟抬不起来,空中小姐马上发现他的困难。

“先生,我帮您拿。”

“我还好。”达生焦灼地抗拒说。

空中小姐最终仍替他把旅行箱提起,另一只手握着他的右肘,他还打算倔强到底,但他的手臂却不支持他,迟疑了一下,只好听从她的引导。

穿过出口到停车场,只有短短的一段路,达生对这段路拥有够多的记忆,在过去那些日子里,每隔几天,他都要来这里迎亲送友,几乎踏遍了大厅上每一寸瓷砖。他认出,就在那甬道的尽头,他曾用手帕为贻红擦去泪珠;在那休息室的飞檐底下,他跟贻红合拍过小照;尤其是最后,他和贻红送她的朋友乘西北航空公司的飞机去墨西哥求学的那一天,他怀着过分的热心,冲开人群,挤到海关,催促海关职员动作稍微快一点,还引起一阵震动屋瓦的争吵。

达生慢慢走着,唯恐他的腿也跟着麻木,幸亏这事没有发生。空中小姐很尽责地为他唤来一辆出租汽车,他钻了进去,车门砰的一声关上,车厢里紧锁着一种像梦寐一样的安谧,总算躲开那无情的风雨了。他缩到座位一角,用力地夹着臂膀,像要夹出一丝温暖。

“先生,”空中小姐隔着窗子招呼,“再见,请您吩咐司机开到什么地方!”

他望着她的背后,“从前的航空公司不是这样亲切的!”他想,用脚踏了一下旅行箱,箱沿上的积水顺着鞋底流下来,地毯上立刻湿了一大片。

“东方饭店。”他告诉目的地。

汽车平稳地向前驶去,街道还是老样子,只是两旁安全岛上多了一排整齐的栏杆,朝鲜草绿绒一片地围绕着一望无际的法国梧桐。转过圆环,便进入市区了,街道开始热闹起来,人行道上挤满了蕈菌似的雨伞,有几家商店还亮着电灯,映着各式各样的玻璃柜台,仿佛是一幅博物馆陈列的大型油画。

随着轮轴的奔驰,车身轻微地颤动着,达生眼睛逐渐缭乱,车窗上的积雨汇成几道水注,在那里慢慢地下泻。他本来打算下飞机后要细心领略一下沿街风光的，可是，他的精力不允许，他感觉到自己虚脱了似的空洞，胸膛里仿佛没有什么东西存在一样，他合上眼，昏昏地要睡了。

汽车在东方饭店门前停下，达生仍困顿在他的座位上，沿着他那松懈的嘴角，淌下一缕唾液。司机大声向他喊叫，提醒他已经到了，他才猛地把那唾液吸了回去，吸回去的声音很大，连他自己都听得十分清楚，他发现他已不能控制自己了。

不知道从什么时候，达生的手恢复了正常，像安慰一个漠不关心的病人一样，他安慰自己，“那当然是机场栏杆太凉的缘故！”他摸着自己冰冷的手指，手指枯干得可怕，他把它放到膝盖上摊开，左手被纸烟熏得一片焦黄，右手上那个又旧又脏的戒指，松松地套在中指上，他褪下来，戒指里面刻着“达生——贻红赠”五个字，他吻了一下，再把它戴上去。

“先生，”司机不耐烦说，“下来吧！”

达生付过车钱，走下车子，假装着毫不在意地取下眼镜缓缓地擦着，他并不是非擦不可，只有暴发户才会在雨地里炫耀他认为很值钱的东西。他为的是，面对着高高的台阶，不得不找一个借口来积蓄一点力气。

最后，达生走到柜台跟前了，但他却剧烈地咳嗽起来，一股不能忍耐的蠕动从食道往上蔓延，他把头伏到臂膀里，浑身像钢鞭抽打似的扭动着，仿佛把心都要吐出来似的。柜台后面那位账房小姐惊骇地注视着她的客人，她伸出手又缩回去，不知道用什么方法帮助他才好。好容易，他咳出了一口浓痰，在他折起手帕的一刹那，她瞥见了那口浓痰里的血迹。

“小姐，”达生无力地说，“我叫鲁达生，预订了房间。”

账房小姐很久没有作声，她被达生那没有一丝颜色的面庞慑住，他活像刚从坟墓里钻出来的幽灵，颧骨高耸着，脸上纵横的皱纹刻出无数条阴影。她几乎疑心他的瞳孔是不是还会转动。

“房间，”达生补充说，“房间是，房间是写信来预订的。”

账房小姐记起来了，赶忙找旅客登记簿查看，她低着头，不敢望他，连用眼角瞟一下都不敢，她紧张地翻着簿子，一直翻到她听到那脚步声——那是侍女来了，才得救似的仰起脸。

“杨扬，”她说，“领客人到一四六号。”

达生被她的态度弄得非常困惑，大概是自己的衣服穿得不太合适吧，他打量自己，裤子的线条和上飞机时一样笔挺，摸摸领带，也结得很正，她为什么显得如此的仓皇失礼呢，他苦笑了笑。

一四六号是一个相当大的房间，一面还临着庭院，达生拉开窗帘，一棵圣诞红的叶子正拂着栏杆，微风吹着，摇摇地，把玻璃上的雨水都扫去了。他向远方望去，越过一片稠密的屋瓦，眼界尽处，一座四四方方庞大建筑矗立在那里，他认识它，它就是泰浣电影院。

达生向它凝视着，像接触到电流似的，浑身猛地起了一种不由自主的激动，“泰浣”，那是他不能忘怀的地方，在人潮汹涌的都市里，电影院几乎是情侣们唯一可以共同享受的娱乐场所，也几乎是情侣们唯一最普遍最安全的会晤场所，尤其是当情侣们还不能更进一步爱抚的时候。他和贻红就是这样度过初恋的。最初，他们很平常地在一块看看电影，后来，有一天，当他们进场的时候，电影已开演十分钟了。

那天是星期二，院厢里像漆一样的黑，银幕上恰巧又是一个没有星月的午夜镜头。达生盼望领路小姐来引导他们，领路小姐却偏偏停留在另外的一端，如果大声叫唤的话，准会招来全场嘘声的，他只好摸索前进了。贻红在他身后紧紧地跟着，双手搭到他双肩上，达生穿着两件上衣，但是他感觉到他的肩膀几乎要被她手心里发出来的温暖融化了。他慢慢地走着，他要多一点时间享受，而领路小姐却来了，殷勤地从他手里接过票根。他冒出一种无名的怒火，他记得那个时候恨不得把她撕成碎片。

正在演出的影片是《男女心》，达生自己都奇怪在千百部看过的影片中，独对它的记忆犹新。《男女心》是一个离奇的侦探故事，从头到尾充满着惊涛骇浪。警察局要求一个娇艳的女郎指证匪首的罪行,但她恐惧匪首报复,不肯合作。警察不得不派一个探员向她痛下说词,并严密保护她,想不到这位年轻的探员却是匪首的部下。因为日夜相聚,他和女主角发生了爱情。一天晚上,匪首派人暗杀那个女郎,探员拔枪还击,以致被匪首召去,狠狠地给他一顿殴打,并且命令他当晚把浴室的窗门打开,好让凶手再度攀登进去,杀人灭口。探员答应了,也照做了,但他的良心战胜了利害,入夜不久,他就听到浴室里传出来轻微的声响,女主角当然还不知道命在须臾,她信赖他,爱他,一往情深地向他吻别,一直向着浴室走去。

事情到了紧急关头,恐怖的气氛抓住全体观众。

达生偷偷地看一下身旁的贻红,她睁大眼睛,身子微微向前倾着,满是口红的嘴唇咬在一排细小的牙齿底下。在黑暗里,那排贝壳似的细小牙齿,显得更加洁白,她那清秀的鼻子,从仁中的上端向上隆起,塑出一条柔和的轮廓,达生贪婪地注视着,忽然——

一声枪响!

贻红吃了一惊,达生趁势把她那因吃惊而扬起来的纤手握住,她并没有用力抗拒,也没有坚持着要抽回去,只轻轻地缩了一下,就顺服地让他握住……

达生出神地傍着窗子站着,那枪声依稀还在脑际回旋,男主角在最后一刹那决心拯救他的爱人,冲上去用身子护卫她,子弹正好射中他的胸膛。达生不知道应不应该感激那次枪声,从那一次枪声开始,他就跳进一个新的世界,他所寐寤追求的世界。可是,同时也承受到缠绵不断的痛苦。

达生有点热了,他把窗帘放下,脱掉大衣,轻轻地拉开壁橱。壁橱里悬挂着四五个空着的衣架,他把大衣挂妥之后,习惯地伸出左手,似乎又接到那件深红色的外套,贻红正畏怯地低着头,雪白的玉颈上升起一片羞晕,连耳朵都像火烧一样的红了。她推开达生,叫他转过头去,他百分之百地听她的吩咐,但他却偷偷地用眼角瞟着她那像圣女一样的胴体,不由深深地吸了口气。她发现他不老实了,顺手撩起睡衣掩盖起来,脸上堆满了故意做出来的愠怒。达生这才发现他挂了一个空，不知道什么时候，她的外套竟连衣架一齐都掉到壁橱的地上……

达生徘徊在壁橱前面，重温他的旧梦——一个已经难以捉摸，而且将在世界上永远消失的旧梦。他歪到床上，摊开所有的被子，斜靠在那里。天色很暗，顺手扭亮电灯，看一下壁钟，已下午四点。虽然是初冬，四点钟离天黑还是有一段时间的，他在这城市度过他的青春，很知道这城市的时序，“我还可以休息一下！”他想。他从口袋里掏出记事簿，那记事簿的封皮已经很破了，纸张也都泛着斑斑污渍，上面很整齐地，一行一行地排列着他朋友们的电话号码。因为时间关系，墨迹已变得十分惨淡，仿佛一本手抄的幽灵名录。其中很多人都已离开这个世界了，最近逝世的一个，是上个月在新加坡病故的，也是煊赫一时的官员，但达生却把他忘了。人生是多么无常啊，活着的时候，他们高度地估计着自己的存在，奔走，开会，写书，盖图章，训诫别人，钻到牛角尖里，自以为那就是苍茫的太空，实际上却什么都没有给世人留下。等到那为数甚少的人在记忆中抹去他们的影子的时候，他们便和草木同朽，好像是地球上从来没有这个人似的了。

达生想到死亡，他对死亡没有充分认识，也从不想去充分认识，但他感觉到那是一种无可奈何的屈辱，人们终究是要被它吞没的，他看看他举着记事簿的那瘦得像干柴一样的手，不禁现出长长的叹息。

“二二六四六一”

那是贻红的电话号码。

有很多次，达生决心把这个号码忘掉，他用种种方法使自己的思想混乱。一度地，他收到很大效果，连数字排列的顺序都不敢再肯定了。可是，他终于还是失败，这个号码是贻红亲手写给他的，秀丽的笔迹在他眼前跳动，他还能记得她写这个号码时的姿势——她抿着小嘴，伸出纤细的玉手接过记事簿，扬了一下，脸上堆着迷人的憨笑。

“我应该先拨一个电话。”

提过桌上话机，达生的手微微地有点颤抖。

嘟——嘟——嘟——

这似乎不是好兆头，一开始就有人占着线，但达生是有耐心的，她的电话很忙，从她那个又黑又高的老仆人口里，知道日夜都有人向她纠缠不清。这个老仆人是一个性情古怪却忠心耿耿的好人，从小把她带大，无论是接电话或登门拜访，只要贻红表示过一次不高兴，下次来时，他老人家就直接地挡驾了。达生碰过他很多钉子，一直等到贻红吩咐过他，才算获得他那不容易赐给的青睐。达生还嘲笑贻红，嘲笑她的仆人竟像她丈夫似的管束她，她的答复是变了颜色，用手帕狠狠地抽一下他的脸。

达生打开旅行箱，一个小小的相片簿放在一叠信件的上面，相片簿是签名本改装的，为的是携带方便。它的面积很小，每页顶多只能容纳两张。他翻过封面，一张四寸大的贻红半身照，正贴在第一页，她围着一条白领巾，眼睛笑成了一条缝。达生掀到第二页第三页，一页一页地，每一张照片下端，都写着拍摄的时间和拍摄的地点。贻红推着脚踏车的那张下面，写着："二十三岁芳诞宴后，郊外方方山。五月六日。"另一张是她的全身像，达生记载："穿着我送给她的衬衫，接受我为她举起的镜头。七月十五日。"还有一张是她和达生的合照，写的是："因她嫌自己没有我高，所以她踮起脚尖。十月三日。"

达生燃起一支纸烟，缕缕的雾丝飘荡到空际，又逐渐降下来笼罩着他，他盲目地点点头，好像在允诺别人的什么请求，也好像看到了她那痛苦的面庞。他知道她为什么痛苦，他也知道自己为什么痛苦，一堵高墙横亘在她和他之间，他试图说服她，她也试图说服他，然而，这个烟雾把他们隔得太远了。

"现在大概会叫通。"

达生再拨电话。

嘟——嘟——嘟——"真糟！"他想。

一张照片脱落下来，达生抓了两次才把它抓住。那是一张贻红睡眼惺忪的卧相，她的头发蓬松得像一堆乱草，迷人的乳沟深陷在她玉掌底下。这是达生生平中最得意的杰作，也是他唯一没有让别人看过的珍品。拍这张照片的时候，达生在衣橱旁边站着，悄悄地举起相机，她吃了一惊，飞快地拉起一条单子来掩盖，一面笑喊着不准他胡闹，再胡闹她就要恼了，但他已“嚓”的一声压下了快门。他担心她的乱动会弄坏了底版，却不料洗出后仍是那么清晰。他马上送给她一张，来炫耀自己的本领，她却大发脾气，硬连底版也要了去，一齐用火烧掉。幸亏他多了一个心眼，暗自保留了这一张。

“今天一定要找到她。”

达生第三次拨二二六四六一。

耳机里仍然响着嘟嘟的声音，达生把纸烟熄灭，坐直身子，拨一遍，再拨一遍，顺手又拨了几个其他他知道还活着的朋友们的号码，结果都是一样，他心头升起一种无名的恐惧。

他按下了传音器上的电铃。

“喂！”侍女在回答。

“请问，”达生说，“你们的电话坏了吗？”

“不会的呀。”

“可是——”他忍不住又咳嗽。

“您不舒服吗？”

“不，”他咽口唾沫说，“我只是接不通。”

传声器里犹疑了一会。

“您要什么号码？”侍女说。

“二二六四六一。”

“这里的电话没有‘二’字起头的，而且都是七个数字，先生，恐怕您记错了。”

达生醒悟过来，把耳机放下，再燃上一支烟，解嘲似的耸耸肩膀，笑了一声，不过，他自己也发现他这笑是多么凄楚。

2.

天一点一点黑下来，夜，像丧堂里的巨大布幔，无边无涯地覆到大地上,达生被自己的咳嗽震醒,他弄不清他是睡了一会,还是昏迷了一会。他把相片簿合住,聆听着窗外淅沥的雨声,感觉到一种像伫立在旷野里似的孤独和无助。生命是一支蜡烛,微弱的火焰摇晃着,濒临着熄灭的边缘。达生简直不敢相信他曾有过纵横四海的壮志,他现在的唯一愿望,只剩下来想借着那残余的烛光,照一下他过去的足迹。

是晚饭的时候了,赴爱人约会的兴奋,使他一天都吃不下东西,现在,他才发觉有点饿,他打算下床,脊椎骨却酸痛得像要折断了似的。大概是蜷曲的时间太久了,他长长地哎哟了一声,扶着床沿,半天,半天,才恢复正常。

"今天是她回家的日子,"他对自己说,"我要去看看她。"

达生早就把这次约会,一一安排妥当,但他仍把它当作临时想起来似的,不断地重新提出,希望用它来刺激自己的精神。他小心地把相片簿压到枕头底下,伸腿到床前找鞋子,一只鞋子被甩得远远的,费了很大力气才勾过来。他打开壁橱,披上大衣,这一番劳动又使他咳嗽一阵,把包痰的脏纸丢到纸篓里之后,他衰弱地闭起眼睛。

"我应该有个手杖!"他想。

达生记得孩童时代,长辈们常说的谚语:"小时四条腿,长大两条腿,老了三条腿!"短短的三句话道尽了人生奥秘的历程,达生一向没有在意,因为他根本不懂。如今,他是懂了,但却像针尖一样地,不偏不倚地正刺中他潜意识上那块有黄昏之感的血痂。

拉开房门,杨扬几乎栽进来,她正俯在门上专心窃听,没有防到达生会忽然闯出,她着实吓了一跳,不知所措地向后退着,脸上浮出一种被人窥破时的红晕。

"你干什么?"达生故意问,"小姐,我叫了你吗?"

"先生,"杨扬绞着自己的手指,期期艾艾地说,"经理让我看看您需要请医生吗?"

"谁把这个念头放到你经理脑子里去的?"达生想咆哮,不过他没有发出比自言自语更大的声音,一种无法抗拒的困倦捆绑着他,他说，“告诉你的经理，大可放心，我现在就是去看医生，假使我不太好的话，我会留在医院里。”

侍女满意地向他一鞠躬。

“对不起，先生。”她说。

达生觉得他需要教训那经理一顿，但他忍耐下了，教训一顿有什么用处呢？他一步一步向大门走去，紧闭着嘴，他明白，如果他再咳出血来，旅馆可能会拒绝他住下去的。

雨还是不停地落，达生走到人行道上，压一压呢帽，立刻就被卷到人潮中了，但他走得很慢，一方面他不敢快走，不能快走，一方面也是因为他要缓缓地欣赏一下这个久别的乡土。达生对附近街道的名字，印象还很新鲜，霓虹灯和无数闪动着的彩色广告，照得他眼睛都花了。一家辉煌得如同白昼的电料行，正播送着响亮的流行歌曲，另一家药店却显得生意清淡。他渴望着看到一家熟悉的铺子，或是搜索到一件能够引起他回忆的东西，然而，一切都是新的，好像昨天才开始营业。对这个城市了如指掌的达生，忽然间竟感到这里如此陌生，他戴上眼镜，环顾四周，心头逐渐涌上一点失望和沮丧，他的那个时代已经过去了。好像一个人在黄昏时看他心爱的书，只要他继续看下去，就可以一直看得很清楚，可是，他偶尔抬了一下头，或忍不住眨了一下眼，那书刹那间便一片模糊，再也看不清楚了。这个城市，达生二度重到，但他已不认识它，它同样也不认识他了。

达生随着人群，蹒跚地走着，找不到那家清真饭馆。这一带原来都是些简陋木板房的，闭着眼睛都可以摸到食桌上，现在却排列着插入天际的巨厦，那股纯厚的乡土气息没有了，触目所及的是一片现代化的炫目灯火，和喧嚷不息的车声人声。假使达生遇到的是一堆断瓦残垣，他顶多只感伤而已，而他现在却畏惧起来，他恍惚发现，在这澎湃吼叫的时代浪潮中，他是沉没下去了。他和贻红经常吃的那个地方，像幻梦一样，消失得了无痕迹，不由发出一声低沉的呻吟。

最后，他只好胡乱地进了一家饭馆。

“两个人座位！”他招呼女侍。

这也是一家清真馆,光滑的地板映出客人们清晰的倒影,大厅被日光灯照耀得和水晶宫一样的明亮,每一张桌布都像刚出厂的贵夫人用的手帕。显然的,是一个第一流饭店。达生想到他过去的穷困,每次约会之前,他都要在暗处掏出钞票,一张一张地数了又数;每种开支,无论是点菜还是别的用项,他必须先在心里盘算一番,唯恐钱不够用。但他表面上却厚起脸皮,装着满不在乎,这是他衔忍到今天的一件最大的感伤。

“我要吃粥!”达生坐下来。

侍女递上菜单。

“一盘溜黄菜,一盘凉拌粉皮。”

“喝酒吗?”

“不。”

“吃饭吗?”

“不,我要粥。”

“啊——”那侍女惊讶地,用她那美丽的大眼睛望着他。

达生受到了冒犯,他知道她会说什么:“这是两样不适合配粥的菜啊!”太古老的调子了,她一定在笑他土头土脑。达生没有做任何解释,只冷冷地用眼睛看着她,表示决不改变主意。

“是的,”她柔顺地说,“啊,是的,先生。”

达生每次叫这两样菜时都遮不住自己的窘困,一个人往往这样,他做某一种事的当时,并不觉得有什么不对,可是,却在他生命史上留下一个烙印,使他每一回顾,都惶愧无地。达生和贻红第一次在外面吃饭的时候,他虽然看起来很老练,实际上却懂得太少。因为天热的缘故,她提议吃粥,他在那使他眼花缭乱的菜单上,找了两样最便宜的菜,当时堂倌的表情和今天侍女的表情,几乎一模一样。不过他没有会悟过来,甚至在他看着她勉强喝了半碗粥之后便声明已饱的时候,他还懵懂地丝毫没有发现他搞错了。

达生以后便一直保持着这样吃法,他要借着别人的嗤笑为自己留下纪念。碗筷是摆上了,两双筷子和两份小碟汤匙,安静地放在他面前和他的邻位上,他望着它,一动也不动,似乎还听到他向贻红叮咛的声音。

"下一次,"他说,"老地点,老时间。"

每星期二上午十一点,他们总在"泰浣"廊檐下开始他们的约会,第一个节目便是先看一场电影。在黑暗里,面颊摩擦着面颊,四条腿勾在一起。他握着她的手,她也握着他的手。最后,他的手从她手中抽出来了,顺着她的玉臂,往上探索,他触到了她那毛茸茸的腋窝,稍微停一下,继续地从她那窄窄的袖口伸进去,伸到她的胸脯上,他感觉出她的身子在阵阵颤抖……火热的爱抚,使两个人全不知道银幕上演的是什么,以致有一次她满脸通红地提议不再去电影院了,当然,她没有坚持她的意见。

侍女把东西送上来,达生望一下身边的座位,贻红正咬着一口烧饼,张大了嘴,吃力地把嘴唇往外努着,努得像一朵喷火的喇叭花。

"天啊,"他调侃说,"看你吃东西多痛苦。"

"我如果像你那样狼吞虎咽,会把口红全吃到肚子里去的。"

达生怜惜地在她腿上拍一下,却拍到那冰凉的楠木椅子上。他赶紧缩回来,那侍女在一旁陡地呆住,食客们的视线刹那间集中到他身上,他发觉他做了件奇怪的举动,也许还说了些什么难懂的话。他低下头,尴尬地把贻红那一份匙碟筷子移到自己面前。

从清真馆出来,精神比较好一点,需要一根手杖的念头取消了。他伸了伸懒腰,濛濛的雨点洒到脸上,地面上单薄地铺着一层滑润的雨水。他考虑怎么走法,步行是太艰苦了,依他的速度,到贻红家恐怕要三个钟头,那将是一个难以相信的跋涉。他不愿坐三轮车,车夫一定会放下帘布的,车厢里将被围成一个神秘的小天地,对他来讲,那是太冷漠了。他决定坐公共汽车,在最后的一段岁月里,他都是坐公共汽车前往的。那时候,她正在疏远他,并向他说出种种公式的话,她说:"为了你的幸福,为了你的前途,我们还是离开吧!"又说:"我宁愿自己流泪,也不敢自私来爱你,达生,不要利用我不能坚持的弱点再找我了。"达生没有怨尤,千万种痛苦化作淡淡的一笑,太聪明的恋爱都是不美的,她太聪明了,他只有在天色很晚之后,悄悄地,来到她家门之前,隔着窗子,向她那偶尔在灯光下出现的倩影,怯怯地窥上一瞥。

跨过街口,达生找到三十五路车起点。起点还是老地址,他从候车的人们面前走过,一个一个端详他们,这几乎是他的习惯,多少年来,他都希望能忽然碰到那张他眷恋不舍的娇小面孔。

"人生真是不可思议,"他想,"为什么永远有这么多川流不息的人?"

他靠着车站雨棚的支柱,注视着穿梭似的车辆,像无数从深山峻谷里跳出来的虬龙,双眼冒着熊熊火光,在他面前奔驰。人行道上的人潮比车辆还要拥挤,肩膀擦着肩膀,几乎没有立脚的空隙了。达生忽然发现所有的人都是那么年轻,男孩子、女孩子,学生、工人、士兵,青春的火在他们身上燃烧,他几乎可以看到那燃烧的火焰。他想到自己本来也是他们中间一员的,时光无情地把他摒弃在他们之外,他咬着牙,十分烦躁,他发现他在嫉妒那些他不认识的青年群了。

达生的牙齿被咬得忽然痛起来,在吃饭时就有点膨胀,现在却一下子疼痛难忍,他把手伸到口腔里乱摸。这是一个很丑陋的动作,涎水像坏了龙头的自来水一样,顺着手指淌下来。他弯下腰,让它淌到地上,两个手指紧夹着那颗坏牙,大概有什么东西塞到牙洞里吧,他急忙掏出火柴,拣了一根比较尖细的,插到牙洞里搅动,终于剔出一根黄瓜梗,就像剔出一根梁木一样,舒服得松一口气。

"我不能再克制自己了。"他向自己解释。

公共汽车开来,轮到他上车时,他把大衣撩起,颤巍巍地踏上阶板,售票小姐扶着他,她竟有这么大的力气,几乎是把他硬拖上来。

"慢一点,滑得很呢。"她说。

"谢谢你!"他咳了一声。

车子开动,从那密布着雨珠的窗上,眺望外面的街道,有些房子是原有的,但大多数房子他都没有见过。市区里的站与站之间的距离很短,差不多一分钟就要停一下,不断有人上车,也不断有人下去,每人有每人的表情,有的默默无声,有的趾高气扬,有的蹦蹦跳跳,也有的男女一直手拉着手。

达生看出来车子穿过长安路,又穿过四川路……

“啊,”他问车掌说,“这车经过怀州街吗?”

“什么?”他说,“不。”

“我要在怀州街下。”

“错了,先生,”她说,“您应该搭十一路。”

达生抓着扶手,摇摆着站起来。

“您到下一站转车吧,下一站就可以转车。”售票小姐说。

车到下一站停住,这一站只有达生一个人下车,所以他很容易察觉到他背后那些乘客们的眼光正盯着他,他又做了一件尴尬的事,和一个人要去天津,竟坐上去广州的火车,到了衡阳才弄明白似的,他无法形容他对自己的愤懑和厌恶。

雨大起来,这个中途小站,没有遮雨木棚,也没有另外客人,达生把帽檐按一下,紧一紧大衣的领口,傍着圆牌站着。这一带已接近郊区,行人寥若晨星,他独自呆了一会,车子还没有消息,映着远处人行道上射出来的灯光,他审视着圆牌上的站名。

“不要再搞错了,”他一面看一面警告自己说,“小心点好,我已经忘记这世界是天天都在变的了。”

在圆牌上,他发现离怀州街只有一站路。

“我可以走去的。”他想。

走了不远,达生便看到一家酒店,他站在门口眺望着那玻璃橱里陈列着的各式各样的酒,中国的,日本的,美国的,还有印度的,韩国的,牌子很多,使他无暇一一分辨。他想起自己的堕落,他本来是点滴不入唇的,那并不是因为它有什么害处,或是基于某种道德观念,他所以不喝酒,完全是一种生理作用,他忍受不住酒的那种足以撕裂他嗓子的辛辣。虽然也有味道很甜的和味道很淡的,但他对酒总是没有好感。然而,他还是走上酒鬼那条路,喉咙渐渐麻木,细胞渐渐僵硬,几杯高粱就使他回到过去的欢乐世界,竟然一天都离不开它了。他自己都料不到他会变成这个样子,但他知道原因所在。

他咽了一口唾沫。

“不能去喝,”他对自己说,“我或许会碰到她!”

达生从酒店门口走过去,一面责备自己的意志不坚定,抓着大衣口袋里的衬布,仰头向天,重申他上飞机时戒酒的誓言。

“我不能再喝了,”他说,“为了我,也为了她!”

怀州街位置在住宅区,而住宅区的变动总是比较小的。道路两旁的梧桐,比他最后一次看见它们时,粗得多,也密得多了。路灯穿过桐叶的间隙,被雨丝划成千丝万缕,洒到地上,照着积水的路面,闪闪烁烁,寂静得像一座古老的墓道。

他走到第一个巷口。

已经到了,贻红就住在这个巷子里,他知道她的家靠着右侧,围绕着一道竹篱笆。她,她的父母,她的妹妹,骨肉团聚,恐怕正隔着纱窗,欣赏着这无边诗意的秋风夜雨吧——达生的心不由得激动起来,他想看到她,却又害怕她恰巧出门和她碰到一起。他不告而来,该和她说些什么呢?过去他们从没有碰到一起过,今天应该不会这么凑巧,除了小说上的男女主角外,天下没有这么多的传奇吧。但达生并不能阻止他的心跳,他不敢正视她家的房子,那座房子并不好,甚至有点简陋,院子小得连两辆脚踏车都放不下。可是,它却拥抱着他的情人,他从来没有进去过,也根本没有进去的打算,他只求在门外望一望,便心满意足了。

巷子里没有一人,住宅都是很久很久前的建筑,有的还爬满了龙须藤,显得阴气森森。达生缓缓走着,为的是这样才可以使经过她门前的时间加长,而且不会引起麻烦。那天所以发生事情,就是因为太匆匆忙忙的缘故,他刚拐过巷子,迫不及待地赶到她家门口之后,才把脚步放轻,边走边向她家里窥探。普通情形下,是什么也看不到的,可是那一次,他从她家敞着的大门里,望到她家的客厅,客厅里正坐着一个英俊的年轻人,在笑眯眯地高喊着贻红的名字,向她报告他将去墨西哥的消息。那间似乎是厨房的窗子上,他发现她的蓬松头发。达生踮起脚,头发却不见了,他不能停下来看个究竟,因为他只是一个过路的人,唯一的办法是赶快走到巷口的另一端,转回身子,再度经过她的家门。但等到他再回来的时候,她的家门已关起来了,隔着篱笆,他忽然听到一种使他像跌到烈火里一样的笑声,那是陌生人和贻红的笑声。他忍耐着,继续在巷子里徘徊,希望能进一步听个仔细,而隔壁那家的门却呀地开了,走出来一个六十岁上下的老太婆。他没有睬她,他认为老太婆总不致坏事的,他却错了,那老太婆对一到她门前便放轻的脚步声音起了疑心,她在黑暗中观察着,想起那探路的窃盗,于是,她拦住了他的去路。

"你找谁?"老太婆眈眈地问。

"啊,"达生没有防备她,"我想找,"他说,"我想找一位朋友。"

"你的朋友叫什么名字?"

达生为难地搓着手,"姓,啊,姓张!"他结巴着说。

"住几号?"

"大概——大概是七十八号。"

"这巷子每一家我都认识,根本没有姓张的,而且也没有七十八号,"老太婆严厉地说,"我要去叫警察了,你最好不要再在这里走来走去。"

即令到今天,达生仍觉得脸上热辣辣的,也记忆着这番教训,所以他缓缓地走着,像一个没有目的地的夜游症患者。他把帽檐再度往下拉了拉,水珠顺着手指流进袖口,冰也似的凉,使他爆起一阵咳嗽,一大块浓痰卡到食道的出口,吐不出来,又咽不下去,他扶着身边的短墙咳着,感觉到短墙几乎要被他按塌了,而且围着他团团转。

"我不能倒下去,"他心里喊,"我还要见她。"

雨水顺着脖子淌到领口里,他把身子挺直。

"我太需要一个手杖了。"

他抹去唇边的残余唾液,定了定神,巷子里全是水泥铺的道路,雨似乎把它洗涤得更加清洁,越远越淡的路灯照到上面,发出一种鱼鳞似的片片闪光。家家都是关门闭户,除了细雨不停地淅沥,再没有一点别的声音了。那是一种废墟般的静寂,人们和世界奋战了一天之后,都退回到自己的巢穴,喘息养神,准备着明天再接再厉地搏斗,这人生是多么无聊啊,达生沉思。

他终于走到贻红家门口,竹篱笆已改成砖砌的院墙了,达生的视线被限制得更为狭窄。从墙顶上向里望,可以看见隐约灯光,客厅的窗帘已换成深蓝颜色,窗口上放着的那盆花,仿佛是夜来香,他不敢确定它是不是夜来香,漆一样的黑夜和他必须向前迈动的步子,使他无法看得仔细。然而,达生知道,贻红一定睡在这间房子里,她是最喜欢夜来香的香味的。

他虽然尽量把脚步放慢,却仍不能不越过贻红的家门,自从发生了那位老太婆事件之后,他从没有徘徊过两趟。但是,这一次,他却转了回来,而且更索性停住脚步。

雨势渐大,帽子像一块湿透了的木板,沉重地压在头上,达生迷惘地凝视那窗户,"说不定贻红正在灯下给我写信!"她一定是披着他送给她的那件红色睡衣,乌亮的头发垂到桌面上,他几乎可以听到她的笔尖在纸上发出的声响。

贻红的房子一定很美,他想,她崇拜作家,崇拜画家,同时也崇拜富豪。他是多么希望能博得她的欢心啊,他曾努力写作,在一年内,他写了三十万字小说和诗;他也用心学习绘画,像苦工一样地埋头练习,冒着狂风暴雨,向已成名的画家请教;他更用尽方法去赚钱,憧憬着一幢房子和一辆汽车。可是,他失败了,过度的劳苦,像一座神秘的压榨机,把达生的背脊压榨得弯了下去,他常感觉昏眩。他学会了抽烟喝酒,最初只沾一点点儿,后来,当她离开他之后,他索性沉湎到里面,无法自拔,也不准备自拔。

达生推测窗子里的动静,在她的卧室里,一定摆满了世界名著和挂满了世界名画,也许——达生忽然想起,也许她正在写她的日记。有一次,她写信给他,"在我死后,"她说,"希望你在我的日记里看出我是多么爱你!"日记里写的是什么呢,他一直没有看到,他不敢要求看,那会凭空增加一份被拒绝的羞愧,他敬畏她,在她面前,他不过是一个僵硬的傻瓜。

“我应该敲门进去。”达生想。

这个念头不是突然发生的，多少次，达生都想敲门进去，他宁愿被斥责，或是被赶出来，只要能多看她一眼。然而，也同样多少次，他制止自己，她的家庭强烈地反对她和他来往，他怕因他的一时冲动，使他更彻底地失去她。所以，他始终没有敢孤注一掷。

夜色更浓，夜雨更大，是告辞的时候了，达生向贻红家黯然作别，朝巷口走去。走得仍是很慢，在雨水不断冲洗的水门汀地上，传出清脆的脚步声，他的行动有点蹒跚，直到巷口，他停在那里，回头望望，贻红家的灯光，突然地扭熄了。

达生擦一下颊上雨水，吸一口气。

3.

夜已深了。

十一路公共汽车站，仍没有一个乘客，加上店铺早已打烊，更显得比达生来时还要冷清。他把颈子缩到大衣里，除了腋下一小块地方，这大衣几乎全都湿透了，裹到身上，像裹着一个水桶似的笨重。呢帽边缘软软地垂下来，跟翻转的荷叶一样，紧压着他的耳朵，他往上卷了卷，却一点也没有用处。

看看手表，椭圆形的表面，恰似贻红的鸭蛋面庞，她送给达生这只手表的那天，天气很好，他正在寝室里写一篇文稿。一阵细碎而轻盈的高跟鞋声从远而近，他知道是谁来了，刚抬起头，贻红已走到门口，向他抿着嘴笑，没有等他开口，就孩子似的扑上来，扑到他怀里，把身子扭成一股麻糖，仰起脸望着他。

“闭上眼睛！”她娇声喊。

达生顺从了她的吩咐。

“伸出左手！”

贻红给他套到腕上的，就是这个男女两用的手表。从那天开始，他一直没有离开过它,连晚上睡觉都戴在手上。这是她那远在墨西哥的男朋友寄给她的,她转送给他,达生感觉到一种要发狂了似的骄傲。

现在,时针指着十二点。

公共汽车还没有影子,达生把眼镜戴上,映着惨淡的路灯,去看那车牌,上面标明收班时间是十一点半,已超过三十分钟了。逐渐加大的雨,辽远的路,和那就要耗尽的精力,他是回不去了。他衰弱地向街道两端张望,一辆三轮车恰好驶过来。

达生把他唤住,也没有讲价钱,就得救似的爬上去。幔布放下,他掏出纸烟,划燃火柴,一阵风把它吹灭了。他再划一根,刚刚举起,车子陡地跳一下,那火几乎烧到他的睫毛,他把残梗扔出去,顺手按住身旁空着的坐垫。坐垫上还是热热的,大概刚载过别人吧。达生用力揉搽着,坐垫像贻红身上肌肤一样的滑腻,充满着弹性,他立刻听到一阵因他揉搽而发出的哧哧的笑声。他侧起耳朵,紧闭着眼睛,他发现这哧哧的笑声就在自己的唇边。这时候,他的指尖里像有无数被踢翻了窝的小蚂蚁在蠕动,他想喊一声,却没有喊出来,纸烟从他那张开了的大嘴掉下,正掉到脚面上,剧烈的灼痛使他霍然惊悟,他猛地缩回他的双腿。

三轮车到东方饭店停下,达生踏到地上,跟踏到刀尖上一样的,从脚心升起千万股难以忍受的刺痛。他尽量拉长付车钱的时间,用来恢复血液的流通,他再燃上一支纸烟,一步挨一步地爬上台阶。

“一四六号!”他告诉账房小姐。

通往二楼的楼梯曲折了两个弯,梯板仿佛毒蛇的肚皮似的,一片衔接一片地密接着向上伸展,每一个铆钉都像死神的牙齿,狰狞地向着达生冷笑,使他不敢贸然举步。他已经想不起他最后一次是什么时候一跳三级地上下楼梯了。很久很久以前,他记得父亲告诉他,当他三岁的那一年,他最喜欢的玩物就是楼梯,见了楼梯就一定要爬上爬下,咯咯地笑得震天响。

“孩子,”老人家这样说,“家里人看见楼梯就怕得要命,有一次带你去看电影,你看见电影院的楼梯,哭闹着非爬不可,不爬就哭闹不停,只好带你爬了。整整两个钟头,我弯得腰都断了,腿痛得好几天都没有恢复过来。"

达生对楼梯的亲切之情,是与日俱增的,七八岁的时候,他骑着楼梯栏杆一下子就滑到地面,那种飘飘如仙的感觉,比口袋里装满了巧克力糖还要使他兴奋。后来,年事虽然渐长,但他上下楼梯,仍然如履平地,他从没有想到他儿时的玩伴,竟阻梗在他旅程的终途。达生细数着那台阶,整整四十一级,他的心都要裂开了。

杨扬走过来,问他有没有需要帮忙的地方,大概接着就发现了他的困难,没有等他回答,就温柔地挽着他的右臂,歪歪斜斜地把他扶到房间。

"你很好。"达生喘一口气说。

"这是分内的事,先生。"

"请给我送壶热茶!"

"要招呼一个医生吗?"

"你怎么总是以为我会死在这里,小姐。"

"对不起,"她忸怩地笑笑说,"不是这个意思,请把您的身份证件交给我去登记,这是规定,您不见怪吧。"

达生注视着她那不安的神色,他明白她在想什么,她要他的身份证件不过是为了写下他的通信地点,以备不时之需。他无法表示异议,只好打开皮夹去取。在皮夹里,他翻出来一张他在大学毕业时拍的照片,他记不起是什么时候把它带到身边的了,头上戴着庄严的学士帽,帽穗斜悬在额前,两只大眼睛炯炯发光,跟一个英雄凝视着战场一样,正愉快地凝视着他的锦绣前程。那时候,他要征服一切,获得一切,而且自信那是很容易办到的事,因为他拥有人生最宝贵的资源——英俊,聪明,和那奔向顶峰的、灿烂辉煌的青春年华。

杨扬送来热茶,接过达生的身份证件便退出了,浑圆的裙角,燕尾一样地从他身边掠过,遗留下来一股非常浓烈的香气。达生把皮夹抛到桌上,斟满一杯茶,喝了一大口,滚烫的茶水冲进嗓子,他又咳嗽起来,而且又是一发不可遏止。他的双肩抽搐着,骨头都要震得粉碎了,嘴角淌出的涎水,随着抽搐的节奏摇摆,一直到他痛苦地咳出一口黄脓似的浓痰。

好容易,达生安定下来,慢慢地再咽一口茶,剧烈的咳嗽为他带来大汗,当汗珠沾满了内衣之后,他就像赤裸裸地跳到冰窖里,浑身比抹了一层胶漆还难过。

浴室就在套间,达生把水龙头放开,水柱直泻到盆底,发出很大的声响,连窗外的雨声都压下去了。水柱的末梢溅出雪花似的银星,带着热腾腾的蒸汽,凝聚成一片云雾。达生脱下衣服,用毛巾拭去镜子上的翳障,他清楚地看到自己骨瘦如柴的身体。

他脊背弯曲得像一个刚跳出水面的龙虾,两行肋骨在他胸前并排突出着,俯视自己的腿,使他凄凉地联想到那垂毙的病鹤。镜子里映出的面颊,只剩下两只失神而凹陷下去的眼睛,一个没有光泽的鼻子,和一对灰白高耸着的颧骨了。达生茫然站在那里,希望能找出一点当年的丰采,他想,即令找到一分一厘也是可以得到慰藉的,但他没有找到。生活和悲哀的巨轮,在他面颊上残酷地辗下无数轨道,凌乱不堪地从眉梢下降,穿过憔悴的两靥,集中到他的唇角,他已不大认识他自己了。

达生伸手到水盆里试试,再扭开冷水龙头,温度渐渐地可以了。他把水撩到脸上,腹上,等到整个身子躺下去的时候,他呼出一声漫长而沉重的喘息,那是预卜着苦难将要解除似的一种喘息。他用手抹去毛细孔上密附着的细小空泡,看着那些空泡一个个冒出水面,再一个个化为乌有。他把身子放得很平,瓷盆底部无情地碰击着他那仅有一层皮包着的骨头。他不断地吸气,使自己飘浮起来,以减轻背部的负担。

蒸汽弥漫,四周逐渐模糊,达生觉得他快要溶解到水里了,几行汗珠穿透眉毛,流进他的眼帘。他拉过浴巾胡乱地擦一下,趁势坐起来,刚坐起来,头顶就像是爆炸了一样地发出一声只有他自己可以听到的巨响,天花板泰山压顶般地,无边无涯地向他迎面压来。他知道大量的热水浴使他要昏迷了,赶紧静下来,一动也不动,像一根树干似的,等待着头部的爆炸渐渐平息,才小心翼翼地爬出浴盆。他不能再沐浴了,决定上床休息。他伸手去捡掉到脚下的浴巾,而颈子忽然不由自主地向右边倾斜,他要抓住门柄,抓了一个空,右脸首先撞到地板上,像一块仆倒的石碑,整个身子跟着摔下去。一阵顽强的痉挛征服了他,他蜷卧到浴盆旁边,大声地唤,"贻红救我!"但他没有唤出,天地跟着旋转,眼前一黑,便什么都不知道了。

壁钟敲了两下,这两下钟声在沉寂的中夜,荡出震耳的金玉似的回响。达生清楚地听到了,他最初还以为他从梦中惊醒,但一阵彻骨的寒意,使他记起刚才原来跌到地板上。他抬起头,头崩裂了似的痛,想站起来,臂膀却觳觫得撑不起来。像一个身负重伤,乞怜地朝着主人爬去的狗一样,达生也哀哀无告地朝着他的床铺爬去,他是多么渴望得到帮助,多么希望有人扶他起来啊。他一寸一寸地向前爬着,喘着气,冰冷的地板摩擦着他嶙峋的肋骨,他咬着牙,虽然只有七八步距离,他爬一会歇一会,竟爬了五六分钟之久。最后,他攀到床沿了,挣扎着爬上去,拉开被子,裹住他那快要冻僵的身子,忍不住大声哼起来。

"我为什么要洗那么热的水?"他想,"我应该事先预料到的。"

躺了一会,达生检查他身上疼痛的地方,额角那里鼓起一个包,右手心擦破了一小块皮。他深深地呼吸了几下,还好,还没有感冒。他对这次意外,总算放下心,"一定不太严重!"他告慰自己,然而当他俯身察看地板上他摔倒的痕迹和他爬过的痕迹时,心头充满了日暮途穷的情愫和对自己怜悯的伤感。

达生想到明天的约会,夜已很深,是入睡的时候了。他把枕头垫高,关了灯,闭上眼睛,竭力地从脑海中排出贻红的影子。他责备自己,"不想她,不想她!为什么总想她!"可是,达生无法拒绝他自己心脏的跳动,而跳动得并不均匀,那不是一个好现象。他用被子蒙着头,额角上的那个大包还痛得厉害。达生记得小时候的一件事,大概在小学四年级,有一天,他独自跑到公园溜滑梯,正是中午,公园里一个人也没有,他最初是坐着溜的,越溜越高兴,后来便顽皮地蹲着溜了,料不到,溜到当中,因为鞋底比较滞涩的缘故,脚下的速度突然减小,而他的上身却照旧地往前冲。于是,一个斤斗栽下来,像今天一样,好久好久,他才悠悠转醒,假使他能听到一句安慰的话,他会放声大哭,衔恩终身的。然而,母亲早亡,父亲出门在外,一切都受惯了,他咽下眼泪,用小手抱着头,孤零零地跑回他那冷冰的家,躲到墙角里偷偷抽咽。

壁钟敲了三下。

达生把灯扭亮,炫耀的光芒,使他很久才睁开眼睛。他把眼镜戴上,欠起身子,从旅行箱里翻出一叠用线绳装订得整整齐齐的信件,封皮非常精致,但颜色已褪得很淡了。那是贻红写给他的信件,从称呼他“鲁先生”、“达生先生”,到“达生”、“生”,后来便是亲昵地叫他“大牛”了——“大牛”,是贻红送给他的绰号。这一连串迥然不同的称呼,正是爱情进化蜕变的里程碑。达生翻看着,一封一封地,读了一遍又一遍,耳根热烘烘地,他又回到他的小天地里,重新品味到人生的温暖。

忽然,掉下来另外几封没有开口的信,信封上写着收件人的名字:易贻红小姐。

这几封信是别人写给贻红的,左上角的邮票快要脱落了。邮戳不规则地盖着,有几封还勉强可以分辨出发信日期,“二月十八日”,“二月十九日”,“二月二十六日”……达生开始欣赏信封上的笔迹,蓝墨水已有一部分氧化,但是,逼到眼镜底下,那用力过度的钢笔尖轨迹,仍显得十分明显。

其中两封信是达生很早就拆开了的,那两封信,达生几乎能一字不差地背诵如流。另外的几封信却原封未动,和它的主人把它投进邮筒的时候没有两样,达生抚摸着,心情更加激动。他再燃起纸烟,找出剪刀,拣了一封剪开,足足有五六张之多的粉红色信纸装在里面,达生把它抽出来。

“红——”信上写。

“叫得很亲热!”达生想。

每张信纸上都写满了密密麻麻的蝇头小字,可以想象到那位朋友伴着一盏寂寞孤灯的情景——他,那位朋友,他伏案疾书,一面揣测着贻红的心理,一面选择着所有能够感动她的修辞,斟酌推敲,呕尽心血。……想到这里,达生的眉梢微微地浮起一种空虚的惆怅。

他再看信末的署名——“乔华昌”,达生不认识他,也从没有听贻红谈到过他,达生懒得细看下去了。他再剪开第二封,署名“何胜平”,达生同样不认识他,也同样没有听到贻红谈到过他,这封信比上封信还厚,一共有十几张纸,字很整齐,那位朋友一定当成参加高等考试的试卷来写了。达生胡乱地翻了翻,把它扔到一边。接着剪开第三封信,这封信很突出,有一张很小但却很精致的便条,上面寥寥地写着几句话:

贻红:你答应过和我同游西郊的,后天是二十三日,星期五,下午一时,我开车接你,千万候我。史龙

看样子,史龙是个汽车阶级,不知道他那一天是不是准时去接她了。达生把信抓到手里,再燃上纸烟,吐出一连串烟圈,烟圈前仆后继地扑到墙头的油画上,然后向四下溃散,溃散得无影无踪。他咳嗽了几声,开始在脑海里描绘这几个人的轮廓。乔华昌大概是位文学家,他的信一开头便充满了文人特有的热情。何胜平一定是位很本分的中级以上的公务员,从他的笔迹上,可以看出他的谨慎性格。至于史龙,无疑的,他是位有地位而且风流潇洒的人物。无论从哪方面说,三个人都比达生好,达生反倒拥有很多不能和任何人竞争的严重缺点。然而,他获得了她,那是因为当她爱他的时候,再严重的缺点,和再拙劣的举动,她都觉得赏心悦目,都能够原谅。……这是多么奇妙啊,达生不由自主地向上天发出感恩的祈祷。

那天正是星期二,达生的鼻尖碰着贻红的鼻尖,固执地问她,到底有几个男朋友。

她抿着嘴拼命摇头。

“话应该讲得正式点,”达生说:“告诉我,现在都有谁在追你?”

“我不会讲的,”她笑着用鼻尖在他的鼻尖上擦着,“讲了一点好处都没有。我如果说没有人追我,你一定会说这样的女人不值钱;我如果说有人追我,你又要反过来说我是在向你示威,或者攻击我到处卖弄风情了。你们男人的心,我是晓得的!”

“我难道不晓得男人的心?”达生说,“我发誓,这不过为了好奇。”

贻红向他眨眼。

“你要是不讲,”达生捏着她的脖子说,“我的小羊,我会掐死你的。”

“放开手,”她叫,“大牛,乖乖地躺着!”

达生开始消受他这一生中最甜蜜的一刻,他紧紧地把她拥抱在怀里,吻她的头发,谛听着她用她那美丽的小嘴絮絮不休地述说着那些向她追求的人,怎样地用尽心计,而她又怎样地想办法拒绝——只有在这个时候,女孩子才不再吞吞吐吐。她只要把嫩脸埋到男人的腋窝里,便什么顾忌都没有了。追求贻红最厉害的有三个人,一个是她的同事,一个是一家公司的经理,另外一个就是现在仍在墨西哥研究纺织的许继清了,其他不过是些相机进行之徒。他们用各式各样的技巧,包括达生做梦都梦不到的技巧,向她伸出不容许失败的手。达生凝神地听着,像怕她跑了似的抓着她,抓得她气都出不来了,他似乎已感觉到一种面临悬崖的危险。

“我只是爱你!”贻红吻他的脸。

“我不相信,”他妒火中烧着,“女孩子的心和黄梅季节的天气一样,是善变的。”

“不要吃醋!”贻红弄着他的头发,像一个慈母安慰一个因不懂事而发脾气的孩子一样,她说,“他们来找我,我都尽量地躲着不见,他们来信,有的烧了,有的退回去,有的拆都不拆地就扔到纸篓里,啊,”她喊,“我手边正好有几封,你可以看看。”

第二天,她送来一个密扎着的小包,包着七八封各式各样原封不动的信，达生顺手拆开两封，一字一句地读。他记得他当时脑海里涌出的第一个情绪，像一个大将军在翻阅敌人递上来的降表那样，得意、满足、骄傲，和一种征服者心中油然而生的宽大怜恤……

达生把握在手里的信塞到枕头底下，往事残云一样地片片散去，他的笑意也随着片片消失，他望着窗帘，眸子里露出终极的疲惫的空虚。忽然，他打了一个寒颤，他寄给她那么多信呢？后来她全都交给许继清看了吗？

钟，报出四时。

不知从什么时候开始，四周更显得沉寂，似乎一个巨人的魔手，把地球上的声响悄悄抽去，远处偶尔传来两声犬吠，像是荒村的夜。墙外有人断续地吹着口笛，应该是按摩女吧，达生仔细倾听，却又听不见了。没有其他任何动静，连蟋蟀擦胡须的声音都没有，他拍了拍他的耳朵，陡地发现，雨已经住了。

"感谢上苍，"他想，"明天是个好天气。"

达生的心情跟着向大处舒展，被子正盖着他的胸脯，那是薄薄的鸭绒被，十分轻软暖和，他机械地推出半截枕头——留给贻红。他不知道为什么这样做，只知道他拥有漫长岁月的痛苦经验，所以他已不再做忘掉她的努力了。他合上眼，除了额角上的包仍然有一点微微的痛楚，身上倒不觉得什么。记忆像是一个越来越细的筛子，时间越近，遗留到上面的越多，他抚摸那空着的半截枕头，心头压着沉重的怀念，这怀念，不搀杂着一点情欲，而只是无穷无尽的爱，像圣徒对圣母玛利亚那样的爱。

4.

钟敲六点。

达生睡得并不安谧，甚至可以说他根本没有睡，无数噩梦像炽热的钢铁溶液，浇灌着他的大脑。一场噩梦使他回到童年，他被伯母绑到床头的栏杆上鞭打，哭天不应，满身创痛，然而最厉害的创痛，还是他那幼稚无知的心灵。另一个噩梦是他长大成人之后,因为得罪了权势人物,被关进监狱,受尽苦刑,他被押到老虎凳上,发出求生不得,求死不能的辗转哀号——就是这哭声把达生惊醒,头痛得像要崩裂了似的,冥冥中仿佛有把利斧,猛烈地劈着他的骨头,连脉搏的跳动都震撼得他汗流浃背。

达生爬下床来,双手抱着头,伏到桌上,清晨的寒意正浓,他四肢冰凉,满屋子的家具,似乎都在发出扭断了脖子似的吼叫。

"小姐,"他对着传话器说,"请送一杯开水。"

他放弃了硬挺下去的念头,重新爬回床上,但他没有躺下去,每一个动作都使他觉得脑浆就要喷出来。他斜靠着枕头,衰弱地闭上眼,不久,从门外传来一阵细小的脚步声,和轻微的推门声。杨扬进来了,达生立刻屏住声息,自尊心促使他假装着一切都是很正常。

"放到桌上好了。"他含糊地说。

"要早点吗?是不是送到房间里来?"

"不。"

"餐厅在楼下。"

"我知道。"

这几句简单的答话已耗尽了达生的力气,像一个一碰就出血的坏牙,任何轻微的肌肉伸缩,都给他带来剧烈的痛苦。他勉强睁开眼,看看那满脸惊骇的侍女退出去,才瞎子似的伸手探取他的旅行箱,从旅行箱里摸出两包柠檬散,把它打开,歇了歇,弓出身子,艰难地倾出半杯开水,一口气把两包药粉吞下去。

阳光从窗帘夹缝里透进来,照到月份牌上,发着刺目的亮光。这城市经过一夜挣扎,驱走了黑暗,也驱走了连绵的阴雨,开始散出一种万物复苏的气息。街头上的人声和汽车的喇叭声,虽然相隔着一大段距离,和一层紧闭着的门窗,却仍继续地传到达生耳鼓。他燃起纸烟,明知道纸烟会引起他的咳嗽和加强他的头痛,但他顾不得那么多了。多少年来,纸烟是唯一能帮助他对抗那冷酷世界的武器,只要有一支在手,他便有勇气承受任何不幸。烟缕在他眼前袅绕,他弹动烟灰，长长地叹了一口气。

头痛稍微好一点，达生伸伸懒腰，每一个骨节都像垫着一层沙粒，他很慢地穿上衣服——新的背心，新的衬衫，和新的领带，“时间就要到了！”和任何赴爱人约会的人一样，他谨慎地装扮自己，怀着跳动得要破裂了的心。

“星期二，”他看月份牌，“一周一度，终于又到星期二了。”

盥洗室凌乱不堪，一个靠背椅横躺在门口，那是他昨晚跌倒时撞翻的。达生把它扶起来，扭开龙头，含了一口冷水。他没有防到冷水比硫酸还要凶猛，牙床霎时间像要被腐蚀粉碎了似的。他踉跄地倒退一步，张开大口喷出来，他忽略了他的牙齿是有毛病的了，只好潦草地刷了几下。之后，他用心地洗脸，连耳根都擦满肥皂，小心地洗去所有毛细孔里的每一粒灰垢。

现在一切都准备好了，他再看一下月份牌，确确实实是星期二，达生举手向月份牌告别，他自己也弄不清楚为什么会做出这种天真动作，不过把手收回之后，他才感觉到他的身体里原来洋溢着一种轻飘飘的舒泰和温暖。

拉开房门，那位美丽的侍女又站在那里。

“请锁上，小姐，”他说，“你一定在钥匙孔里看到我的精神很好吧！”

杨扬尴尬地点点头，达生从她的双颊上，看出她已经放了心，那当然是因为他刚才表现得近于生龙活虎的缘故。他向她回报一个感激的微笑，可是，他迅速地发现他自己是个多么自作多情的傻瓜，那侍女怎么会关心他呢？他是她的什么人呢？他只是一个毫不相干的主顾，而她只是怕他死到房间里罢了。女人们的任何情感，甚至包括了爱，都是用自己的主观利害作准绳的。达生耸耸肩，他想，他有什么理由只苛责女人呢！

达生走到街头，站在人行道边缘，车辆在他面前穿梭似的奔驰，行人在他身后潮水般地挤来挤去，几乎把他挤到马路上，他向后退，退到屋檐底下，于是，一切都展览在他的面前了。一个老年人牵着他的孙儿散步,那孩子赖在一家玩具店门前不走,叫喊着要爷爷买小布熊,做爷爷的一面掏钱,一面怜爱地骂他淘气。还有一个女郎挽着她的情人走过,她的头几乎要靠到他肩上了,她走着诉说着昨晚舞会上的际遇。另外也是一对男女,两人间隔得很远,不说一句话,但他们的手却牵着手,像兄妹似的,摇摇地从达生身边过去。

达生安闲地欣赏着这股人的洪流,他没有看见一个熟识的面孔。对这个城市,他非常自负,二十五年之久的居留,使他喜欢这个城市,包括这个城市的名字,和街道的建筑,他了解它,纪念它,世界上只有它能留住她。可是,现在,达生猛地明白过来,他已不得其门而入了,像一个破落户的孤儿,面对着数易其主的祖产,脑海中弥漫着一种无可奈何的悲哀。

"应该去理发了!"他想。

达生找到了理发店,仍是从前那一家,而且仍是从前那个字号"红玫瑰"。他奇怪为什么它竟没有改变,三色旗的圆筒在门外柱子上缓缓地转着,淡蓝色的门帘打开一半,告诉客人它正在营业。达生走进去,他希望看到"三号",三号理发师是他的老搭档,最清楚达生的毛病,因为达生的头发一向不擦油,前端还一向烫得高高的,而且除了规定的费用外,达生总要多加几块钱,用来表示谢意的。现在,达生没有戴眼镜,满屋都是转来转去的理发师,根本无法找到三号,好在他并不坚持非三号不可,那只是女人表示阔绰的玩意,男人大半不太讲究这些的。达生被随便招呼到一个座位上,半截身子立刻在镜子里映出来了,他一直不敢在光天化日之下面对着自己,他怕他那副苍白的容颜。但他不能摆脱现实,镜子里映出了他,同时也映出了理发师工作服上那鲜红的数目字——三号,竟然是他所要寻觅的"三号"。

达生打量"三号",他大概只有二十岁,表情是那么陌生,对达生根本没有一句寒暄,好像他们从没有见过面似的。他只用一种职业性的熟练动作为达生围上白巾。达生微微有点诧异,他想问点什么,但没有开口。达生觉得,如果不知趣地硬要搭讪,简直是老头儿一样的絮烦了。剪刀凉凉地沿着后脑勺往上推动，达生用一种旁观者的心情，欣赏着自己被剪掉的白发在四散的飘落，这和水晶帘下看梳头同样的令人神往。他们每次约会结束的时候，都是贻红第一个爬起来，睡眼惺忪地坐到化妆台前，达生撑起上身，斜倚着枕头，脉脉地注视着她整理她的千缕乌丝。

"我替你涂口红？"在贻红一切都弄好之后，他提议。

"不要捣乱，你只会吃！"

"我是口红专家，"达生从床上跳下来说，"你怎么总看不起我。"

贻红笑了笑，仰起她那香喷喷的脸，撅着嘴唇，手臂围绕着达生的腰，热烘烘的前胸紧紧压着他的胸脯，光滑得像大理石雕刻一样的玉颈，完全暴露在他的眼底了。轻匀的呼吸，从她那石膏似的细小鼻孔中扑到达生喉头上。一股奇痒，他忍不住叫着闪了一下，她更咯咯地笑起来，一把就把口红抢过去。

"时间太晚了，"她着急说，"我得赶紧走，你站远一点好不好，我的大牛！"

达生是不肯站远一点的，他紧挨着她，双肘支着下巴，涎着脸瞅着，贻红轻盈地用嘴唇咬着刚才被他弄掉的发夹，显出一排洁净如玉的白牙，达生知道该是他递上毛巾的时候了……

"先生，"那理发师蓦地停住手，叫起来，"您要什么？"

达生吃了一惊。

"要什么东西吗？"

"啊，"达生仓皇地说，"对不起，我大概又在做梦了。"理发师继续理下去，不过达生发现理发师的脸上布满了困惑。这时，客人逐渐增加，理发店里的声音也逐渐嘈杂，达生警觉地侧起耳朵，每个渐近渐响的高跟鞋声，都使他忍不住向那一帘之隔的女子部扭头张望。他想，贻红可能会凑巧来的。理发师不断地警告他不要乱动，语气一次比一次轻蔑和不耐烦，达生知道他的年龄和他的这种举动太不配合了，他应该像木头一样地坐在那里，一动也不动才对。

骨头都在发酸，达生盼望着早些完毕。

“搽油吗？”好容易，理发师问了。

“不。”

达生的头发，先天的就特别枯燥，而且和印第安人的箭头似的，坚硬地向上挺着，每次理发都得搽很多油，吹很多风，才能把它压制。可是，有一天，当贻红抚弄着伏到她怀里的达生的头发时，竟抚弄得满手肮脏。从此，达生再也不搽油了，他只借着经常地吹风来保持它不致凌乱。

走出理发店，达生觉得清爽了许多，微风掠过，从脊背升起一股飕飕的凉。四面八方涌出来的乌云又把太阳遮住，天空沉沉欲坠，紧压着人们的头顶，连心都快要压碎，那云尾横扫着东方大厦的避雷针，眼看又要下雨了。

直到拐角的地方，达生随便找一个擦皮鞋的椅子坐下，擦皮鞋孩子马上跳起来，飞快地往他手里塞一份报纸，好像报纸是一种定洋，缴了定洋就不怕他转身逃掉了似的。其实，即令下雨，达生还是要擦鞋的，他已习惯在星期二修饰他的衣着，同时他也要借个座位歇一歇，距他离开旅馆的时间虽不过两个小时，但他已经有点疲惫了。

他把报纸卷握着，痴痴地凝望着马路中间的斑马线；车轮飞转，整个世界也都在飞转，在不停息的飞转中，桑田变成沧海，沧海也变成桑田。达生伛偻着，紧握着自己的手，太多的回忆把他的腰压弯了，他挺不起胸，也看不到将来，年龄在他面前挖下一条无法克服的深沟。

达生垂下眼皮，只有垂下眼皮，才会感到一种归去似的安宁。他记不起母亲是什么模样了，她在他一周岁的时候死去，任她的儿子在世界上孤苦流落，遭受使她心肠都碎的折磨。可是，现在，达生分明地依偎在母亲的膝下，他渴望着爱的温暖，无论是母亲的爱或是情人的爱。他根本不知道母爱是什么滋味，这一生中唯一使他激动的，是贻红赐给他的那些情意了，在贻红面前，他自觉他还是一个孩子。达生受尽了伯母的暴打，也看惯了一个笑脸怎样地霹雳一声就变成狠毒的怒容。那是一个夏天的傍晚，达生躺在院子里竹床上乘凉，他那时当然还不知道什么是乘凉。他躺在那里,只不过为了好玩,为了躲开伯母的尖苛毒骂,他数着天上的星星,幻想着月亮里的那个小白兔会接他上去和亲娘团聚。伯母送客人出来了,客人好心肠地顺口劝他回房子里去,免得着凉,伯母也和颜悦色地劝他,而且关心地按一下他的头。达生没有在意,孩子都是贪玩的,他继续数着星星,但他不再盼望小白兔接他了,伯母几句温柔的话,在他小心灵上泼下丰富的养料,为了取悦她,他决定不再想念他的亲娘了。可是,不一会,伯母送客回来,一阵尖叫咆哮之后,随着举起一根绝不是一个孩子可以承受得起的大棍,向他没头没脑地劈下,为的是他故意当着客人的面,使她丢脸。

"先生,醒醒吧!"

达生隐约地听到有人叫他,贻红似乎就站在他面前,她摸弄着他的面颊,怜惜地望着他,听他的倾诉!他的不幸从小就像饿鹰一样地紧跟着他,在他头上盘旋。直到今天,那些楔进心坎的伤疤还没有凝结牢固,任何时候碰到它,都会涔涔地流出鲜血。他梦里都想到他将来有一个妻子,互相地爱,互相地了解,然而,他是失败了,命中注定他永远逃不脱失败。达生眼睁睁地看着自己的青春,从身上一点一滴地流出,流到地上,化成泥土。

"先生,醒醒吧!"

达生的头又隐隐作痛,额角那个包还没有平复,等到眼前跳跃的火花稍稍散开,他才看到擦皮鞋孩子焦灼苍白的脸。

孩子害怕说:"您——您怎么了?"

"还好,小朋友!"

达生手足又发起抖,他想燃起纸烟,借它拖延一点时间,纸烟却顺着指缝滑到地上,孩子慌忙替他捡起,并为他点着火。达生笑了笑,付过钱,慢慢地站起来,像一棵根部土壤松懈了的树干,摇了几摇,那孩子机警地扶住他。

"我一定要买一根手杖!"他想。

达生定了神,不远就有一家豆浆铺,他走进去,在拥挤的顾客中找到一个座位。所有的豆浆铺,都是一模一样的肮脏,闷燥,热熏熏的像一个大熔炉,油锅里冒出来的滚滚黑烟,扑到客人们的身上脸上。达生勉强忍住咳嗽,他尽力管制自己,喝了半碗豆浆,也没有吃烧饼油条,那两样东西看起来似乎包着一层灰尘,他用手按了按,似乎也太硬了。可是邻桌上的人们却吃得津津有味。达生擦了嘴,他的健康和他的牙齿不允许他冒这个险。

他再走到街头,现在,他开始寻觅那家咖啡店了。那家咖啡店在通往泰浣电影院的路上,原是碎石子巷子,已铺成一条平坦光洁的水泥马路。巷子转口,有三家以卖咖啡为名的铺子矗立在那里。达生徘徊着,注视了一会,约略的还可以认出当中叫"黎园"的那家。他走进去,里面的布置仿佛仍是老样子,只是桌椅全换成新的了,因为是上午的缘故,客人显得有点冷落,达生很容易地找到老位置——大概是老位置,在一个光线被人工限制得很幽暗的角落里坐下来。

"柠檬水!"他轻轻敲桌子。

这家咖啡店是专为情侣们设的,位置窄狭得仅可容纳紧紧靠在一起的两个人。高耸的椅背挡住了座位外面的视线,天花板上的吊灯隐藏在夹层的深处,几颗镂空的星星,散出清净的乳白色的光,浓绿厚绒的窗帘,严密地遮盖着,安全的,也是甜蜜的气氛,引得人们沉醉,也引得人们疯狂。

"无论如何,"他想,"恐怕没有什么人记得它原来是叫'意真'的了。"

女侍送来柠檬水,两三块有棱角的人造冰在杯子里漂浮着,达生用麦管拨一下,立刻发出一串细小的泡沫,杯底下那一片柠檬薄片挣扎着要升上来。他把杯子推到桌子中央,从杯口溢出的水渍跟着扩张,玻璃板清晰地映出整个杯子的倒影。

他叫:"请再给我一根麦管。"

达生含一根在嘴里,轻轻地吸了一口,微酸的甜汁顺着咽喉流到胃部,有一种蚀骨的清爽,看看手表,那剥落不堪的表盘正压在左腕突起的青筋上,谛听了一下,嚓,嚓,嚓,走动得很正常。达生戴上眼镜,仔细地跟咖啡店墙上的钟核对一下,然后,把眼镜取掉,约会的时间已到,他恐怕眼镜会更增加他的苍老。他贪恋地坐着,沙发很是舒适,不知道有多少人在上面种下他们的爱苗,也不知道有多少人在上面虚情假意地各怀鬼胎,而它却一直默默无言。假使它能说话,它会告诉达生数不尽的可歌可泣的生死故事,和自从他和贻红最后来过那次之后,它又听到些什么样的海誓山盟,看到些什么样的缠绵爱抚。如今,那些情侣都不见了,像灰尘一样地飞扬四散,消失到茫茫的大地上了。达生沉思着,他知道无论什么事都有一个终结,爱情也不能例外,即令是断人心弦的怀念,当他衔恨而殁的时候,怀念也不再存在了。

钟上的短针指着十一点。

付了账,女侍把杯子取去,那根没有用过的麦管斜倚在杯口,达生叫女侍等一等,欠起身子把它拿过来。他这时才想到,他弄错了程序,应该是看过电影再来这里才对的,那时,贻红会微笑着咬着麦管,把另一根塞到他嘴里。

达生把它小心地折成火柴样长短,掏出皮夹,夹到里面。

"我该去电影院了!"他想。

5.

泰浣的廊檐像魔王的巨臂一样,凌空伸到街心,上面装潢着一排庞大的广告牌,广告牌中央嵌着"陷落"两个斗大的红字,向外突出有一尺多高,那是今天上映的名片。在广告牌的一端,画着一位栩栩如生的女郎,她正用一种优美的姿势夹着皮包,抚摸着自己的头发,脸上挂着一丝狡狯的微笑;广告牌的另一端,画着一个中年男子,领带飘到肩上,六神无主得仿佛一头丧家之犬。达生不知道这片子的情节是什么,但从那广告上,他看到人生最平凡的四部曲——邂逅、相识、恋爱,然后,结婚或分手。几乎没有一个人能跳出这圈子。"陷落"或许不是一个悲剧,达生最厌恶悲剧了,他缺乏为剧中人挥泪的勇气,他自己的痛苦,已够他负担了。

虽然是第一场,观众还是非常踊跃,人们像海豹似的东一堆西一堆地挤在廊檐底下,发出几条街外都可以听见的吵闹。小贩穿来穿去,叫喊着兜售零食。达生眺望了一会,没有发现别的和他一样孤零零的人。观众们窃窃地议论着,喧哗着,一面不时地中断下来打量那扇紧闭着的戏院大门。达生分开人群,从一个少女身旁擦过去,那少女委屈地瞪他一眼,嗤了一声,迅速把手伸到她男朋友的臂膀里,仿佛达生身上有什么臭味沾染了她似的。他正要向她道歉,她已悻悻地拉着她的男朋友走了。

"大概我太莽撞了!"他想。

达生走到售票窗口,买票的行列已排得很长,他向排尾看看,一字长蛇阵笔直地伸到廊檐之外,约略计算一下,如果在排尾接上去的话,最快也需要四十分钟才有希望轮到他,而且还不见得一定可以买到,他不知道应该怎样办才好。

一个人在他背后拍了拍。

达生扭回头。

"十八排的!"那家伙装着漫不经心地向他张望,自言自语说。

达生知道他遇到了黄牛,跟着他走去。

"我要两张!"达生说。

"十八排,一号,三号!"

"是很好的位置,"达生说,"多少钱?"

"三十二元!"

价钱比售票口高两倍,这是一个很大的竹杠,但达生没有嫌贵。成交之后,他核对一下日期和场次,一点都不错,和抗战期间大撤退时弄到一张对号的船票一样,他掩饰不住他的欣喜。

达生在喷水泉那里停下,这是一个很美的地方,视线可以不受任何阻碍地投向四方,只要有耐心,所有的行人都逃不过他的眼底。但他必须打起精神,目不转睛地看着,因为人潮太汹涌了。

他不仅要注意行人,还要同时注意车辆,贻红通常都是步行来的，来时总是握着她那仅能装下一支口红和一面小镜子的皮夹，沿着人行道，远远就向跑步迎上的达生飞一个甜蜜的微笑；然而有时候，她也坐三轮车，但达生每次都没有等到她的高跟鞋挨地，就奔了上去的；偶尔，贻红也会骑着脚踏车在对面巷口出现，他就替她把脚踏车推到停车处，取回牌子，再挽着她进场。他想，以后约会的时候，除了叮咛一声“老时间，老地点”外，似乎应该再多问一声她用什么交通工具。

这是一个焦灼的等待，达生紧捏着门票，靠到石柱上，燃起纸烟，向远处搜索。不久，他就看见一个漂亮姑娘走过来了，蓝白相间的裙子飘动着，一定是贻红，达生想。他盯着她，她渐走渐近，走到达生刚刚能够看清楚的距离，却甩了一下头发，转到邻近巷里去了。达生呆在那里，而另一个女郎适时地在人丛中露出面庞，左顾右盼地好像在寻觅什么，达生轻轻一震，但她却一直从他的眼前走过，端庄地迈着步子，分明是一个陌生人。

看看时间，电影已经开演，达生不安地踱着，踱到玻璃橱跟前，玻璃橱里贴满了五彩的剧情照片，他看了一张——其实，连一张也没有看，就像受惊的动物似的急急转过身子，他的贻红恰好就在这时候到达。为了万无一失，他重新回到喷水泉旁边，绕着它走动，心里像一锅滴入了水珠的滚油，发出令他神经都要炸裂了似的激动。然而，他终于看到贻红了，她不知道什么时候悄悄在巷口出现，正寄存她的脚踏车。达生高兴得要飞奔上去，他拔开了腿，却又矜持地停住，故意把脸扭向玻璃橱，表示他并不心如火焚，但他的眼角没有离开她，他要等她走到他身旁之后，才假装着大吃一惊。好了，她向他走来了，她自己设计的圆口平底鞋很合适地套在她白嫩的脚上，丝袜服帖地包着她丰满的腿肚，她似乎矮了点，而且还瘦了些，可是，达生霎时间感到一种跌到深谷似的昏眩。

她，她依旧不是贻红。

“我再等她三分钟！”他想。

廊檐下突然显得清静，几个小贩已准备着离去，达生双手插到裤袋里，不停地徘徊着。他每次把身子转向大街的时候，渴望着第一眼就看到她，他用力地踏着地面，但他的力量已不足以发泄他的烦躁了，他只有一根连一根地吸着纸烟。

“我要等她，”他想，“她向来没有迟到过的，说不定她不会来了。”

天上呈现着世界末日的景色，浓云翻滚地角逐着，刹那工夫，大雨瀑布般浇下来，达生缩到玻璃橱那里，眼看着行人像鸟兽一样地纷纷逃散，清晰的雨丝把街心织成一面难以突破的网，贻红更是不会来了。

表针竖成一条直线，电影已开演半个小时。

达生把烟屁股向雨中投去，震耳的暴雨淹没了那星星之火熄灭时发出的微弱声音，连残烟也没有能够看见，就粉碎了，而且马上被冲走了。达生咳嗽两声，一阵较为强劲的风吹来，太阳穴鼓胀得像就要崩裂，膝盖也像被吹断了似的难过，他从迷惘中发现了自己。

“我不该等她，”他想，“我本来不是等她的！”

沸腾的心绪，这时归向平稳，达生想对自己嘲笑，却嘲笑不出来，任何对自己的嘲笑，只有在自己很欣赏自己的时候才能发生，而他并不欣赏自己。他仿佛一颗陨星，发过光，发过热，也奔驰过，但他现在陷落在泥沼里，黯淡，沉重，毫无一点用处。

达生发现那一度闹哄哄的廊檐下只剩下他一个人，他再次面对着变幻无常的现实，一阵以前未曾有的困倦袭击着他，这是一种精力耗尽的现象，连手臂悬挂在肩头都使他感觉到太累了。

“我最好能躺一会！”他想。

达生把门票塞给收票员，那姑娘向他投了一个询问的眼神，才撕去其中一张的票角。达生打量她，她的年纪很轻，紧身的旗袍衬出她那隆起的胸脯，一根炫目的项链，正松松地垂下来，她的腰细小得似乎一把就可以握住，一阵微风简直能把她吹走，“女人真是弱者！”达生想，可是他忽然浑身起了寒栗，女人真是弱者吗？他醒悟过来，当一个女人立下决心的时候，她会比死还要坚强，弱者的外表更为她们带来所向无敌的优势，如果一个男人和她们易地相处时，情况就大不一样了。

推开场门，达生挨墙站着，广阔的院厢一团黑漆，和那天贻红扶着他肩膀进来时没有两样。引路小姐接过票根，手电筒的圆光照到他脚前，缓缓地向前移动，达生很艰难地跟着，他觉出双腿已开始肿胀了，这一段矿洞似的窄窄甬道显得如此漫长，有一种力量似乎正在拆散他身上的骨节，他急于要坐下来。

手电筒的圆光跳到两个空着的座位上，摇摆示意，达生从人们膝前挤进去，好像独自搬过一架沉重的钢琴似的，软瘫下来，不由自主地喘了口气。

邻座没有人，那是贻红的座位。每个星期二，她都坐在他身旁，可是她现在在什么地方呢？达生惊惶地抬起头，眼睛掠过澎湃的海面，停到太平洋彼岸，就在墨西哥城的郊区，他朦胧地看到一座新坟，精致的墓碑上刻着几行西班牙文，在西班牙文的下面，有两行中国字："爱妻易贻红之墓，愚夫许继清立"。

达生猛然惊醒。

黑暗中，他紧咬着牙，吃力地握着拳头，身体轻微地颤抖起来，他不能接受这个噩耗，这噩耗是一个月前传来的，但他一直拒绝承认，用幻觉代替现实，这幻觉支持他千里迢迢，重返这个城市，然而，幻觉仍无情地把他带进虚空的境域。

墓木已拱了吧！他想，贻红那凝脂一样的肌肤恐怕爬满蝼蚁了吧，再过些时，她就只剩下一具枯骨，冷清清地躺在异国的荒野了，她胆子一向很小，能漂海回到他的梦里来吗？谁又为她做伴呢？她会感到寂寞，也会感到恐惧的啊。达生无力地低下头，精神恍惚地寻觅往事，踏遍了每个伤心的旧迹，他，他也该归去了。

"你爱我吗？"

银幕上传出这句低声软语，女主角娇媚地攀着男主角的肩膀，达生奇怪自己怎么会恰巧听到这句话。爱是什么？他不了解，大概是年龄不允许他了解了，不过他含糊地记得爱是有很多解释的，贻红和他最后一次并坐在咖啡店时,曾启示给他一个新的意义。

“你爱我吗?”她说。

那时,贻红已决定去墨西哥了,但达生还蒙在鼓里,说这话时,她看着自己的脚尖,音调淡淡地,达生不由得生出一种不祥的预感。

“你不是愿意牺牲一切使我快乐吗?”她加上一句话。

是的,达生点点头,他被她那种台风眼一样的平静慑住,不能想象她就是曾经婉转在他怀里,有说不尽柔情蜜意的女郎。

“达生,”贻红仍看着自己的脚尖,脸上没有表情,“我要走了,这样下去,两方面都痛苦,是吗?”

达生有点冷,一股可以察觉到的寒流从他那僵硬的双脚往上蔓延,这些往事,像冰块一样地冻结在他的心头。爱情是双方面的,如果不能得到对方以同样的爱情回报,他的爱情就只会招来轻视了。达生浑身抖得厉害,无法制止他的神经,银幕上的光线使他那昏花的眼睛一片模糊,把那已被世人遗忘的身子,紧紧地贴到自己心房上,倾听着生命的流泉,更加汹涌地从他身上流出,瞳孔在收缩,眼眶裂断了似的痛。

他对那密密包围着他的黑暗,感到莫名的安慰,隐约地,达生似乎听到父亲在唤他,那是他十七岁那年外出谋生的事了。垂老的父亲在病床上辗转反侧,老人家满心不愿意他的儿子离开,可是,他正是刚长满羽毛的年纪。海阔天空,等着他飞翔,渺小的地球,也等着他撼动,儿女情长只有被耻笑的份儿。于是,他毅然地走了,当走到大门口的时候,他还听到父亲微弱的声音在喊他的名字。……痛苦撕裂着达生的心,他祈祷,只要上帝再赐给他一丝一缕的恩典,他愿回到父亲榻前,跪下来,向老人乞求宽恕。然而,父亲的唤声终于在天际飘忽散去。他又想到另一个他挚爱的人——贻红,相反的,是她抛下了他,像一个艺术家丢掉他涂脏了的画布,达生长期地留守着泰浣,相信总有一天可以看到她,他始终没有如愿。贻红很快就前往墨西哥,两年之后,他也离开了这个城市,光阴荏苒,直到今天,他还是怀着迷惘的信心,再度回到故土。

达生忽然觉得他的脑子开始旋转,像唱片一样越旋越快,身体斜过来,旋转也跟着改变方向,前排有一对男女喁喁情话,似乎是讨论散场后的去处,达生想到自己,他往哪里去呢?他已重温了梦境,他害怕这梦境醒来后的凄凉,“蔻豆梢头旧恨,十年梦,屈指堪惊,”他嗫嚅着这诗句。

“我带走这份新的惆怅,”他想,“我没有几个星期二了。”

达生是昨天下飞机的,但在他,却像经过了千秋万世,而千秋万世,他又似乎觉得只不过短得像一小时。他拂不掉她的影子,每一次听到贻红的名字,就怦怦地心跳,但他表面上装着很冷淡,仿佛她只是一个路人,他掩盖着他的秘密,为的是,贻红不会高兴别人知道他们之间秘密的。他渴望着她的消息,而又怕听到她的消息,他每个星期二,都要向东遥望,云天相隔,这城市的轮廓浮上他的眼帘,靠着回忆,他维持了自己的风烛残年。

“我需要一根手杖,”他想,“我是真的太老了。”

他的头似乎升到太空,脑浆已被旋转成一个漏斗状的涡流,勉强睁开眼,银幕正在那里剧烈地左右摆动,接着是一切化为乌有。他的视觉就这样地,悄悄地崩溃了。气管里像塞着一些腥腻的东西,要吐出来,他忘记了他在什么地方,遍身都布满汗珠,脑浆旋转得似乎向外溅出来,一种本能的冲动,他想举起他的手抗拒什么,手却像被泰山压着似的沉重。

“我要死了,慈悲的主,我不能死,我不能死在这里。”

达生心里喊,他已经觉出自己的情形不太好。对于死,他没有任何畏惧,甚至于他倒盼望着死,盼望着早入轮回,盼望着来生和贻红重订姻缘。他爱她,也恨她,然而他原谅她,他愿抛弃一切,只要能再把她抱到怀里。佛教是讲投胎再生的啊,他暗信着它的真实,他要进到那阴风飒飒的奈河桥上,寻找她的幽灵。

但他挣扎着,因为,在阳世上,他还有一件事情未了,他挂念的是旅馆里贻红的照片和散乱在枕头底下的信件。生命是这样的匆匆,历历如绘的往事,现在飘荡得像一汪泓水,他只剩下这一点实在的东西,他要贴到胸前,带进坟墓。可是,似乎是一切都来不及了。

回光在他身上返照,达生明白他恐怕是不能回去了。他想到明天,是的,明天,只是到明天,他的名字就要刊登在报纸社会版上了。

“六十七岁高龄老人,病死电影院……”

大概是这一类的标题吧,达生的思想往下沉。

“死者于昨天下午一人乘班机到达本城,”报上一定会这样写的,他想,“下榻东方饭店,据侍女杨扬说,老人进门的时候,她就发现他精神恍惚,似乎有重病在身,但他仍外出至深夜始归。老人在本城并无亲友,据警察局初步调查,老人于三十年前曾卜居本城达二十五年之久,不知为何于三十年后,只为了看一场电影,而重返故地。尸体已由法院解剖,死者旅馆遗有署名易贻红的少女照片及信件若干,已由警方保管。据户政机关调查,易贻红亦曾卜居本市,于三十二年前赴墨西哥,迄今未返。”

达生想叫出声音,他要回旅馆把贻红的照片和信件焚毁,或带到身上,他还要看她的日记,她答应过给他看的。然而他虚弱得连张口的力量都没有了,舌头成了一块生硬的顽铁,他转动不了它,他知道他赤条条地来,现在也要赤条条地去,他看见他的父亲在那里向他微笑,那是一种宽恕他的微笑。也看见他那死去的母亲,他忘记他根本不认识她了,但他扑了上去,孩子似的呜咽着伏到她膝上。他又看见他幼时的淘伴,和一些事业上的战友,他们都先他而去了。最后,他看到贻红,她还是穿着那件他送给她、她最喜欢的那件深红色外套,踮着脚,双手递过来她的日记。

陡地,达生身体往上浮,一种难以忍受的灼热烧着他,他疯狂地跳起来,可是,一只纤手紧紧把他握住,那是贻红的手,她温柔地摸弄着他的面颊,眼湿润着,似乎在那里怜惜他三十年来的漫长的相思。

达生痛苦地啊了一声,一颗豆大的、最后一滴泪珠,顺着他的眼角落下来。

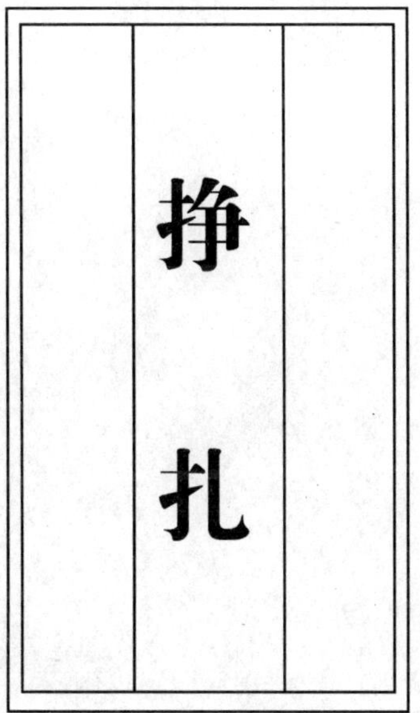
挣扎

提　要

在《挣扎》中，柏杨以不同的人物与场景，探讨人生痛苦的根源。换言之，也是以呈现人生的悲剧性为主题。在序文中他说："没有经过长夜痛哭，不会了解人生；个人的悲剧由于个性，社会的悲剧由于时代。"像《平衡》中的姜隆、《辞行》中的克文，都是正派奉公守法的人，却因此而让生活陷入困顿，最后贫穷的压力葬送了他们的生命。至于《路碑》中的李永平，为了筹措区区的三十八元为待产的妻子买止血剂，却因不可得而自我了结，留下了两个嗷嗷待哺的幼子。类似的悲剧也发生在《一叶》的魏成、《火车上》的疯子、《进酒》的大维等人的身上。从个人延展至社会，对于人生的悲剧来源，柏杨在一篇篇短篇小说中呈显出来。

对于那些使人陷于困境的人，柏杨道出了他心中的愤怒："那些使人陷于绝境和绝望，而又不准人挣扎，其甚还责备挣扎的人，应受到严厉的谴责。"相对的，"挣扎……应受列最大的尊敬"（《序》）。重视人性尊严，柏杨一路走来，始终如一。

序

没有经过长夜痛哭,不会了解人生;个人的悲剧由于个性,社会的悲剧由于时代。人生真是一个沉重的担子,懦弱的和不幸运的被它压毁,刚强的和幸运的把它挑起来。然而,无论如何,天为的痛苦使人悲哀,人为的痛苦使人愤怒。

人生最大的悲剧莫过于生活陷于绝境和生命陷于绝望,那是对人类尊严的一种无情挑战。我常想去探讨人生痛苦的第一因,也就是说,我常仰问苍天:"人生痛苦的第一因是什么?"那些使人陷于绝境和绝望,而又不准人挣扎,其甚还责备挣扎的人,应受到严厉的谴责。几乎每一件一目了然的事件,都有它看不见的和椎心泣血的隐情。我想挣扎是一个人应有的最基本权利,也是唯一的活下去的道路,它应受到最大的尊敬。

相思树

1.

他是一个中年人,前年领到的身份证上写着他四十三岁,所以他今年应该是四十五岁了。他并不关心这些,但他的两条腿却不断提醒他。他走进中兴村,在一家饭铺门前放下行李,觉得浑身毛孔都在冒火。

“康沁,”陆真从饭铺里迎出来喊,“我以为你昨天就应该来的。”

“我本来决定那样。”

“临时有事离不开吗?”

“朋友们一直没有把路费筹齐。”

陆真把康沁领到他开的饭铺里,一间铁皮盖的违章建筑,像烤炉一样的热。

“坐下来,”陆真说,“先喝一杯茶。”

“你晚上睡什么地方?”

“就在桌上打铺,一张席子,一顶蚊帐。”

“很好。”康沁说。

“你有什么行李?”

“一张席子,一顶蚊帐。”

陆真把客人的行李举到梁架上。

“你是不是要冲澡,后面院子里有一口井。”

“可以脱得赤条条的吗?”康沁说。

“留着短裤。”

康沁到后边去了。

“水桶在短墙上，”陆真说，“我刚才在那里浇花。”

“你从什么时候学来的兴致？”

“记不记得中条山之役？”

“不记得。”

“我那一连仅守塔岗那个小山头便守了一个月，每天看到的除了石头外，其他什么都没有，只好在山凹那里种些野花，我就是从那个时候爱上花的，爱上花也不错，人总得爱上一点东西。”

“八年抗战总算为你做了一件事。”

康沁把吊桶提到井护栏上，用井绳拴好，很容易地把水汲出来，再把肮脏而又沾满了灰尘的香港衫和膝盖已破了的长裤脱下，然后再脱下鞋子。脱下鞋子便没有什么可继续脱的了，他有一双只洗过两次的尼龙短袜，但没有穿到脚上。

“我必须把它放到行李里，”他告诉自己说，“找工作时总应该穿着袜子的。”

“洗得痛快吗？”陆真说。

“你怎么也跟了来？谁在外面照顾生意？”

“生意？”摇摇头，和久别的老战友重逢时眼睛里闪出来的光芒忽然缩了回去，像初升的太阳忽然缩回滚滚的浓云里一样。

“隔壁似乎也是一家饭铺。”康沁说。

“是的。”

“它关了门。老板高升了，还是倒闭？”

“我们是同时开张的，它上个月全部赔光。”

“因赔光而关门，并不是不光彩。”

“这不是光彩不光彩问题，”陆真说，“这是生活问题。你看到他们院子里那棵相思树吗？”

“看到了。”

“有没有什么感觉？”

“那臂膀样的枝干在离地丈余那里，竟向横发展起来，”康沁说，

“如果用来上吊,该是最理想的地方。”

陆真掏出香蕉牌纸烟,这种低级牌子似乎是低级人类的商标。

“你还是不吸吗?”他问。

“是的。”

“吸吧,你枉自不吸,该害肺病的还是要害肺病。”

“我已经很久不咳嗽了。”康沁说。

“可是刚才我仍听见你咳嗽。”

“或许是太热了。”

“长途汽车车篷仅有两层铁皮,”陆真代他的客人解释说,“用不到三十分钟就会晒透,坐在窗口还好一点,如果坐在后座,正被西照的太阳罩住,那简直会像糖人一样被晒软了的,我猜你准是坐在后座上。”

“我没有坐在后座上,”康沁说,“我根本没有坐车。”

“你是说——”

“我从台中步行走到你这里。”

康沁把汲出来的一桶水放在井沿上,水面微微振荡着,他那枯干的大拇指正插在水中,其他的手指紧抓着桶壁。

“台中离这里二十公里。”陆真说。

“是的。”

“票价五块钱,不过两碗阳春面,你就是为了省这两块钱,情愿在毒烈太阳底下步行二十公里吗?”

“我没有钱,陆真,在台南的朋友们只能为我凑够火车票价,他们比你想象中要苦得多,我不忍心再要求什么。二十公里算不了长途,只四个小时便到了。”

“你身上还有钱吗?”

“还有四元。”

“你说谎,我不相信那边的朋友恰恰只差一块钱。”

康沁耸耸肩膀,他想耸得自然一点,却不料耸得十分拙笨,那突出在外的肋骨在那薄而且暗的皮肤下勉强滚动着,他连自己都忍不住感觉到有点滑稽。

“人们都说我不成熟,”他说,“我想我大概是的。”

“把钱弄丢了吗?”陆真说。

“当然不是。我在台中下车,就到公路车站买票,我小心捏着我口袋里的五块钱。当百元大钞都发行了的时代,我知道我那五张一元的钞票算不了什么,但我捏得很紧,几乎可以把纸浆都捏出来。就在买票的窗口,我看见一个老人迷惘而悲哀的脸,他拉着他那十一二岁的孙子,那孩子长得很高,售票员告诉他非买半票不可,而老人身上却差一块钱不够多买一张半票,我亲耳听见售票员对老人发出的那顿呵斥。老人发青的嘴唇颤抖着,孩子受到了惊吓,睁着恐惧而又困惑的眼睛站在他祖父背后,仿佛他祖父可为他抵挡这个世界。”

“我知道你做了什么事,”陆真说,“你为他买了一张半票。”

“不,我只给了老人一块钱。所以我走得很愉快,除了很渴很累。”

康沁把水桶举起,倒转着把桶里的水倾下来,水像瀑布一样从他脖子那里把他裹住,他觉得一股冰流灌到他血管里,打了一个寒战。

“你冷吗,康沁?”

“三伏天,”他说,“怎么会冷。”

但他知道他从前这样冲澡时,从没有打过寒战。

2.

天黑下来后,饭铺才有主顾上门,但是很寥落。康沁帮着跑堂,最后一个主顾是一位秃着头而穿着黄咔叽布裤子的老头。

“来两个馒头,一碗牛肉汤。”老人坐到小桌边说。

“先生,”陆真抱歉说,“没有了,都没有了。”

老人仰起头,看墙上蒙着灰尘的价目表。

“排骨面。”

“也没有了,是不是可以吃——”

“包子呢?”

“对不起,先生,你看——”

“客饭吧,八块钱一客的。”

“蛋炒饭怎么样,先生。”

“恭喜你,老板,”老人说,“你的生意真好。”

“恰恰相反,”陆真说,“没有冰箱,又没有多的主顾,不能准备那么多肉和那么多菜。”

“就蛋炒饭吧。”

“马上就好。”

“你还请了伙计吗?”

“不是伙计,是朋友。我一个人身兼大师傅和堂倌。”

康沁走过来,给老人端上一杯茶。

“先生,”他说,“听你的口音像安徽。”

“对的,”老人说,“我是亳县。”

“我在亳县很熟,”康沁说,“亳县是我第二故乡。”

“我家在亳县周寨。”

“我在周寨住了五年。”

“什么时候?”老人说。

“抗战中期。”

“做什么事? 工人吗?”

“不,带兵。”

“有一个叫五福上将的连长,你认识不认识?”

“那就是我。”

老人尴尬地搓着手,努力使表情自然,他笑了笑。

“我就是周寨的乡长李升,康沁。”

两个分别二十年的老友互相凝视着,在微弱的灯光下,渐渐地从脸上皱纹深处看出当年的残迹。

“想不到。”康沁感慨说。

老人说,“你现在干什么?”

“没有职业，像皮球一样从这个地方滚到另一个地方。你知道找一个工作是多么困难，我曾在白河当过苦力，因吐血的缘故被解雇。当然，他们不能白养活一个病夫。今天刚从台南来，想在这里碰碰运气，省政府所在地，机会总多一点。”

“这里是一潭死水，康沁，你应该去台北。”

“你太太来台湾了吗？”

“只身一个。我开始想家了，那全是绿树环绕，一望无际的大平原。你是不是觉得，台湾的天似乎很小。”

“对的，可能是山太多，树太多，房子太多。”

“因为天小，人心也跟着小了，”老人说，“你怎么活下去？仍靠五福上将的运道吗？”

“我面前的路子很窄。”

五福上将的绰号是周寨人为康沁起的，有一次日本军队三颗子弹打中他的头部，都没有把他打死，只伤了他的耳朵、鼻子、眉角。第四颗和第五颗子弹虽打中他的大腿，但大家仍一致认为他是个福将。

老人吃过蛋炒饭，走了，他说明天再来看康沁。但第二天他并没有来，一连几天都没有来，康沁希望他来，或许能为他介绍一个工作，再不然和他谈谈周寨。既没有来，他似乎觉得不来也好。

“那家伙一脸奸相。”陆真说。

“我最知道他，他是个忠厚人。”

“但他现在是一个公务员了，我从他那连脚管都磨破了的黄咔叽布裤子上看得出来。”

“他有一个女儿很漂亮。”

“你们相爱过吗？”

“她比我小六岁。那一年我二十四，她才十八，正都是小白马般的年龄，”康沁说，“有一次日军发动清乡，我的大腿负伤，一颗子弹洞穿过去，另一颗子弹陷在骨缝里，弟兄们把我抬回周寨，束手无策。营部师部全被冲散，日军切断了每一条交通线。乡下没有医生，周寨虽不穷困，但却是一个愚昧的地方，当地人生孩子都是用竹片割断脐带的。”

“那小姐为你诊治了?”

“她虽学过护理,”康沁说,“但对动刀割肉的手术,不比任何一个人内行。她只有一个概念,认为必须马上开刀把子弹取出,不然就永不会消肿。我的伤口不久就开始流黑水,而我又一直昏迷,她就为我开起刀来,我从大痛中惊醒,接着又被大痛逼昏过去,等我二次痛醒的时候,她已把我的腿包扎好了。”

康沁说着,眼睛里闪动着二十年来没有过的亮光。

“我扶着拐杖走路的时候,”他继续说,“她经常陪我到村子附近散步,差不多都是趁着夕阳西下,两个长影子在面前牵引着我们。”

“你总也幸福过。”

“但那是一个闭塞的地方,年轻男女常在一起,招来许多闲话,我们便改在她教书的那个学校附近相会,现在回想起来还觉得历历如绘,而当时却像一池泥水一样的混沌。我读过许多小说,上面形容恋爱应该如何如何,我后悔我没有吻她。”

“你为什么不吻她?”

“我吻她她会肯的,”康沁说,注视着饭铺老板,“你说,她会肯吗?”

“大概会肯的。”陆真含糊说。

“她会肯的,”康沁叹口气说,“但我没有吻她。”

“傻瓜。”

“我们只是互相看着,谈些战役、学校,她告诉我她要去重庆考大学,我鼓励她,好像她是我的妹妹。”

“从没有谈过爱吗?”

“没有。”

“傻瓜。”陆真愤愤说。

“许多年后我回忆起来,才知道她当时对我是多么失望,我记得她那雪白而修长的手,有一次她在我的手臂上抚摸着,惊讶地告诉我她最喜欢男人的汗毛。”

“你有什么反应?”

“我心跳得很厉害,汗流浃背。”

陆真不再问下去,他仿佛看见有一个主顾要上门,但那人只犹豫了一会又向街那一端走去了。

“三个月后,”康沁说,“她走了,以后便再也没有消息,她临走时送给我一个戒指作纪念,那戒指我一直戴着,多少次战役里,我都没有丢掉,它是我的生命,陆真。”

“现在仍在身上吗?”

“去年我把它卖了。”

“为什么?”

“饥饿,陆真。”

3.

过了两个星期。那一天夜晚,大概两点钟光景,天逐渐转凉,康沁爬起来,走到院子,坐在井护栏上。月亮圆而且大,在井底那里,清澈地映出月的影子和康沁俯身探望的影子。

他打着呵欠,吐了一口痰。

“康沁!”陆真在房子里喊。

“我马上就进去。”

陆真却走了出来,他在靠墙的一张破竹凳上坐下。

“你怎么天天晚上爬起来?”

“你看见隔壁院落里那棵相思树吗?”康沁说。

“我天天看见它。”

“但现在和白天不同,现在是深夜。”

“吸支烟吧。”

“你吸你自己的。”

陆真燃起来火,像是乱坟岗上的鬼火,霎时间熄了,黑暗中留下一点明灭不定的光。

“那相思树长成一个丁字形，”康沁说，“像是一个绞架。”

“你说过它是上吊的好去处。”

“也是被吊的好去处。”

“就在上个月，隔壁饭铺老板在那里自缢身死。”

“很好。”康沁说。

“他丢下一个妻子，一个男孩，一个女孩。”

“很好。”

“全部财产都赔了进去，”陆真说，“他没有第二条路可走。”

“很好。”

“你不同情他吗？”

“是的。”

陆真喷了一大口烟，黑暗把烟吞没，看不见烟。

“我恨那些贫贱而安命的人。”康沁说。

“你怎么又咳嗽起来？”

“我想我该走了。”

“到哪里去？”

“你这里没有办法，陆真，你自己应该知道，你的收入只够你一个人苟延残喘，你并不是靠赚得多活下去，而是靠吃得少活下去。”

“你说得太刻薄。”

“心里有毛病的人，总是把真诚的话当作刻薄的话的。”

陆真沉默地吸着烟。

“你的生意很不好，”康沁把一块石子推到水井里，传出一声微小的音响，他说，“我这几天帮你蒸馒头，看你实在不够做一个厨子，只凭少年离家时知道的那一点烹饪，我不相信主顾会欣赏你的饭菜。”

“我总得活下去。”

“很难。”康沁说。

“好在这一带只有我一家饭铺，他们没有选择。”

“我不希望你乘人之危，那最不可恃。”

“康沁，我不比别人强，我也是过一天算一天。”

“我想到台北去。”

“那里有工作吗？”陆真吸着烟。

“没有。”

“那就不应该冒险。”

“我会把你拖垮的，我再住下去，两个人都要背着行李到处流浪。”

“一定要去碰运气的话——”

“我明天就走。”

“再等几天，”陆真把烟头抛到地上，用脚踏灭，“我给你凑路费。”

“不要路费。”

“你要飞去吗？”

“我仍打算步行，有二十几个馒头便够了，路上喝一点溪水和自来水，晚上睡火车站。”

“你一定要等我。”

“你凑不出来的，”康沁说，声音很大，“除非你把那仅有的三袋面粉卖掉，那你就要关门了，陆真。”

“明天再谈，睡吧，康沁。”

“不要想了，远处已经有公鸡在叫。”

“我也晓得，想得太多的人太危险。”

陆真回到房子里，康沁仍坐在井沿上。

第二天，天阴起来，浓云在空际飘荡着。中午过后，风也比较清凉，康沁把行李背到肩上。李升适时走过来，衰弱地伫立在饭铺门前。

“再见，乡长。”康沁对他说。

“我这几天害病。”老人说。

“康复了吗？”

“我得告诉你，是我把女儿送走考大学的，她给你的信全被我压住,我反对她嫁给你。"

"你对了,老伯。"

"你不问她现在在什么地方吗?"

"不问。"

陆真把馒头塞到康沁背上的小包裹里。

"二十六个。"他说。

"够了。"

"天或许要下雨,明天再走吧。"

"我怕我病倒,那就更麻烦。"

老人仍站在那里,陆真把客人送到十步之外。

"陆真,"康沁说,"我忠告你一句话。"

"告诉我。"

"假使店铺关了门,千万记住,不要看那棵相思树。"

"唔。"

"我到了台北,会马上写信给你。"

"一路平安,康沁。"

"再见,真正的再见。"

康沁走了,陆真想望一下那相思树,却没有望。康沁的影子和蹒跚的脚步,使他觉得不应该去望。

一　叶

1.

魏成在菜市场外面站着，秋天太阳照到他眼睛上，他听见肚子里传出一种咕噜咕噜的响声，但这响声被菜市场上的喧闹声压倒了。一个约莫十岁左右赤着双脚的女孩子正好从他面前经过，贪玩的心使她东张西望，一个铜板从她小手里滑下来，滑到魏成脚旁，他不动声色地用脚把它踏住。

小女孩发现她丢了一个铜板后大哭起来。

“谁看见我的钱？”她说，“我妈会打死我的，那是张伯伯借给弟弟种牛痘的钱！”

“你在哪里丢了，小孩。”有人问。

“不知道，弟弟等这钱种牛痘。”

孩子害怕得浑身发抖，她那小手紧握着剩余的三个铜板，眼泪把脸上的污垢冲了几条轨迹，小嘴巴大大地张着，魏成发现她口中还含着一块只有贫民窟的孩子才吃的那种廉价棒棒糖。

很多人围着她。

“说不定这小家伙故意装成这种可怜模样骗钱。”一个道貌岸然的人说。

魏成冷笑了一声。

“你以为她是真的吗？”那人说。

“让开点，”魏成说，“不管是不是真的，你都不会帮助她的，你问得太多了。”

道貌岸然的人愤怒地要叱责魏成几句,但他忽然瞧见魏成那件破烂衬衫和那双裂开了大缝的皮鞋,不禁厌恶地闭住嘴。最后还是一个老太婆在女孩小手中塞了一个铜板,女孩子才一面抽咽,一面擦着眼泪走了。

魏成等到确定没有人注意的时候,假装着系鞋带,把那铜板捡起来,走进菜市场,买了两块豆腐和一撮豆芽,像完成一桩艰巨任务似的松了口气。他从人群中挤了出去,顺着人行道向前走,他想到他今天运气可不错。

走了一会,他看到钟云,钟云也看到了他。

"你这一向在哪里?"钟云说。

"我不知道老板为什么发那么大脾气,"魏成说,"经理室那只花瓶是我擦地板时不小心打碎的,他可以扣我的工钱赔他,然而他却把我开除了。"

"傻子。"

"我聪明不起来,我想杀了他。"

"他开除你违法吗?"钟云说。

"不。"

"他当初雇你的时候,言明雇你多久吗?"

"没有。"

"那你为什么想杀他。"

"正是如此我才想杀他,"魏成说,"为了一个花瓶开除一个工人,一个人不如一个花瓶。"

"你这话应该修正,一个穷人不如一个花瓶。"

"对了。"

"记得三个月前的事吗?"

"三个月前我干得正好,老板在会上还特别夸奖过我,使我冒着粉身碎骨的危险爬到十三层楼屋脊上为他架电视天线。"

"问题就出在那一天。"钟云说。

"什么事?"

“你从屋顶上看见了老板和他的女秘书谢小姐正在对面十一层楼那个房间里……”

魏成把正要往前走的脚步停住，因过度吃惊而喉头咯咯地低吼，但他并没有随着喉头的低吼发出声音，而只像一个机器人一样地对着钟云说：

“你讲什么？老板和谢小姐……”

“我要上班去了，”钟云说，“再见。”

魏成抓住他，“告诉我到底是怎么回事？”

“老板认为一定是你看见后到处乱讲，才传到他太太耳朵里的，以后老家伙不得不也把谢小姐开除。”

“开除？”

“不要少见多怪，”钟云说，“开除的意义因人不同，一种是你这一类型，另一种是谢小姐那一类型——老板送她去美国留学，这一两天就走。”

“我没有看见。”魏成嗫嚅说。

“结果都是一样。”

两个人继续走着，这时已走到商业区，人群还是那么拥挤，只不过闻到的不再是菜蔬的土腥气和那些主妇们身上所发出来的廉价香水气。在一家药房门前，钟云向他告辞，临行时问他：

“你的工作找到了没有？”

魏成摇摇头，钟云想嘲笑他这种动作，但看见他朋友青中透着焦黄的瘦削面孔，没有一丝表情，就忽然觉得嘲笑不起来。

“魏成，”他说，“我替你想想办法，不是空言安慰你，听说打包公司可能有机会，不过当然有困难。啊，应该多托些朋友，你呆呆地干什么？”

魏成抬起头来。

“我在想，这时候如果有一个金戒指滚到我脚下该多好。”

“魏成，你做白日梦。”

“谁告诉你我做白日梦。”他大声说。

钟云向后退一步。魏成跟上去,声音像从铁板上磨出来。

“借给我两块五毛钱,好吗?我妈妈病在床上。”

“对不起,魏成,月底发薪时才有钱借给你,你会知道当工人的一个月多少钱,何况我还有家!”

钟云走了,走到前面一个书报摊子那里,回头看一下,看见魏成正低着头向一家药房走去,眨眼之间,他那不是三十岁青年应该有的驼背被药店的玻璃大门吞了进去。

“他已经完了,”钟云想,“这是他第五次失业,没有一家公司愿意要总是被开除的人。”

2.

魏成走进药房。

“买什么吗?先生。”女店员说。

“不买。”魏成说,霎时间他觉得浑身都在流汗。一个穿着入时的类似经理的人在座位上说:

“你不买东西,进来干什么?”

魏成只看见那人的白领子。

“你进来干什么?哑巴吗?”

“你们用不用工人,烧饭,打杂……”

“滚出去。”

“我能找到保人。”

“滚出去。”

魏成只好退出大门,耳边听到药房里的人讨论他——“他手里拿那一包东西是什么?”“管他从什么地方搞来的。”“我似乎闻到一股豆腐味。”“哈哈哈,你闻到虱子味没有。”

“闭嘴。”那叫魏成滚的男人喝道。

魏成走到人行道上,像度过了一个世纪,他顺着橱窗走下去,而终于在另一家药房门前停住。橱窗里琳琅满目地摆着各式各样药瓶药盒,他没有读过书,只认识他自己的名字和另外寥寥几个字,不知道那些到底都是什么药,但从那耀眼的装潢上,可以推定价钱一定都很贵。

“药也是专为有钱人准备的。”他想。

“先生。”一个声音在他身后说。

魏成扭过脸,看到那声音的主人,那人和他年龄差不多,但却有一双伸到他面前的肮脏的手,和赤着的更为肮脏的脚。手上的灰垢掩盖着缕缕青筋,使它看起来好像并不憔悴。

“先生,”那人说,“我已两天没有吃饭了,舍给我一顿饭吧,十块钱都可以。”

“你为什么不做工?”

“先生——”

“你为什么不做工?”魏成说,“世界上只有好吃懒做的贱骨头才不做工,你应该做工的,看你年纪轻轻,却游手好闲。”

“我找不到事。”

“走开。”

“我走遍了——”

“走开。”

“可怜我——”

“走开。”魏成喝道。

那人被魏成的声势驱走,魏成望着那受了告诫后茫然的背影,仿佛看见了自己。他趁着刚刚训话时激起的勇气,像全世界的正气都握在他手里,他走进面前另一家药房。柜台上有五六个主顾正在那里选购药品,他一直走过去。

“喂,”女店员说,“小心玻璃。”

魏成略微顿了一下。

“你要什么?”女店员说。

“有伤风克吗?”

“当然有。”

"一包多少钱,"魏成知道多少钱,但他仍这样问。

"两块五毛。"

魏成把一包伤风克接到手里,六颗黄色小药粒在玻璃纸底下发着柔和的光,他手都抖起来。

"还有没有别的感冒特效药?"

"多得很。"女店员说。

"拿来我看看。"

女店员没有动,严肃地上下打量他。这时候一个中年女人走到魏成旁边,女店员脸上迅速堆起笑容。

"你的气色好得多了,刘太太,"她说,"皮肤也在变嫩,上次在我们这里拿走的维克苗斯,服下很有效吧?"

"不行,那个鬼大夫反对我吃新药,你看我虽一天比一天胖,却满身是病,这怎么得了。上个星期便开始节食,不要说大鱼大肉,连蛋都不敢吃,几天来头有点发晕。我再也不相信医生的话,特来和你们店里商量一下,看看服点别的什么药。"

"刘太太,那么,我看你还是吃肝精。"

"那火气太大。"

"最近美国新出品的一种,保证绝不上火,"女店员说,"说明书上说得清清楚楚,吃下有返老还童的功效,而且价钱又便宜不过,一瓶一百粒,才四百八十元。"

"便宜没有好货,小姐。"

"我拿来你看看,你一看那瓶子准会满意。"

女店员转身去了,魏成在背后喊:

"不要忘记多拿几样感冒特效药。"

他向刘太太身旁靠过去。那个镶着宝石的手提包半开着,隐约地可以看见里面的钞票,一股要焚烧似的勇敢使他几乎扑上去,但他仍是悄悄地往她身边挨。可是,就在他刚要伸手的时候,那个刘太太把手提包盖上,而且转到另一只手提着。

"不拿来算了,"魏成说,"我到别家去买。"

他走到门口,一只手在他肩膀上拍了一下,是一个男店员。

“喂,朋友,你拿了我们的什么?”

——“叫警察。”柜台里有人说。

魏成听到电话机键盘的旋转声。

“你拿了些什么?”那男店员说。

“我什么都没有拿!”

“我看见你放进口袋。”

“刘太太,你丢了东西吗?”

那女人开始惊叫,所有的人都围上来,眼光像皮鞭一样抽到魏成身上。女人慌乱地检查她的手提包,宣布说她丢了一卷大概两百元左右的美钞。警察适时地赶到。

“拿出来,朋友。”警察走到魏成面前。

“我没有做什么事。”

警察给他一个耳光,他嘴角流出一缕血,观众们像一堆腐烂了的木头矗立在那里,那耳光声音破锅般地掉到地下,魏成半个面庞霎时红肿起来。警察开始搜他。

“对了,”那刘太太抱歉地说,“我刚才想起来,那卷美钞被我大儿子要去买高尔夫球棒去了,他才读初中,可是高尔夫球打得已够好了呢。”

但这话并没有发生效用,警察在魏成裤口袋里搜出别的赃物。

“天,”女店员说,“他偷了一包伤风克。”

“朋友,跟我走。”

“只一小包药,饶了他吧。”人群中有人说。

“这是法律。”警察说。

3.

在人行道上,警察拿出手铐,那铁链子发出刺耳的响声,大概是镀过电的缘故。上午的秋阳照着,从那圆形的双环上跳出金光。

“官长,”魏成说,“我不会跑的,不要铐我。”

“没有一个逃犯承认他会跑的。”

“官长,这么多眼睛看着我。”

“你假如有一点廉耻的话,就不会偷东西。”

“我是不得已。”

“每一个坏蛋都说他是不得已。”

“求你,官长,往前边走几步,等人少时再给我戴上。”

“伸出手来。”

魏成规矩地走在警察身旁,在跨出看热闹人的圈子之后,他从口袋里抽出一把弹簧刀,用肘部掩盖着,刀尖紧紧地顶着警察的肋骨。

“你要杀我吗?”警察温柔地说,“我们私人之间没有恨,也没有仇。”

“我不要戴手铐。”

“你当然可以不戴,没有人强迫你。”

魏成说:“还要求让我回家一趟。”

“你预备从后门溜走吗?”

“我不会连累我母亲的。告诉你,官长,像客人一样去我家,我不会跑,笨贼和穷贼永逃不过警察手心的。”

警察把手铐装回口袋,两个人像朋友一样走着,那刀尖仍指着腰窝,不久之后警察就开始流汗,他不会宽恕他的犯人的,虽然这件事非刀尖不能解决,但刀尖却伤了他的自尊心。他开始在脑子里描绘进了刑事组后,魏成跪在他面前哀号求饶的图画,他饶不了他的,他要他知道冒犯警察会有什么结果。

到了魏成的家。

“请进,官长!”

虽然在光天化日之下,魏成的家依然像隧道一样的幽暗和潮湿。警察一看就知道是违章建筑,他进门时特别小心,以免头碰到低矮的门梁上。房间里只有两张床,一张床上躺着一个老太婆,走动的声音把她惊醒。警察小心地走到墙角,几乎被泥浆一样从地下浸上来的水滑了一跤,还是魏成扶住他。

魏成一直走到老太婆床前。

“妈,你头好一点吗?”

“仍是痛得很,”老太婆虚弱地说,“你今天下班这么早?”

警察顺手摸一下盖在老太婆身上的被子,像摸到湿热的馒头笼里的蒸布,他急忙把手缩回。

“孩子,我看你有什么地方不对劲。”

“一点也没有,”魏成说,“我向老板请假回来。”

“我告诉你多少次,孩子,不要请假,请假太多会惹老板生气的。啊,我用什么招待客人呢,连开水都没有,不要笑我们,官长。”

“妈,”魏成说,“我没有借到钱。”

“没有关系,我害的不过是感冒,已熬过七八天,总该痊愈了。我只是饿得慌,孩子,你弟弟今天去学校又没有带便当,最好能在什么地方通融借一点米。”

“这里是一撮豆芽和两块豆腐,妈,等弟弟下学后煮煮先吃吧。”

“孩子,真借不到一点米吗?”

“我是来跟你辞行的,妈。”

老太婆挣扎着欠起半个身子。警察的眼这时候已完全适应房间里的光线,他不敢相信那干瘪了的老太婆竟然是一个活人,一声轻微的咳嗽都可能把她震碎。

“再说一遍,孩子。”

“我来跟你辞行,妈。”

“你往哪里去?”

魏成扶他母亲重新躺下,弹簧刀早收到口袋里了,他双手扶着床沿,高兴地说:

“你看见跟我来的这位官长了吗?他给我在那里安置了一个位置,我马上就跟他走,公司的事情我已辞掉,我现在就去日本,恐怕要几个月后才能回来。”

老太婆木然地呆在那里,枯干的嘴巴痛苦地张开来,努力想吐出一个字。魏成的指甲几乎掏进自己的掌心。

“我知道你要说什么,妈,但求求你不要说出来,你和弟弟昨天一天没尝到米粒,而你又害着重病,我不能奉养你,也不能抚养弟弟。弟弟读书的成绩最好,每学期都考第一名,我走后,也只好叫他休学了。我把身上这件香港衫留下,叫弟弟当破烂卖掉,买点米回来,罐子里还有一撮盐,今天总可过去。我脚上的皮鞋也留在家里,换一顿两顿米总是可以的,我用不着穿什么,此去一切都要换新的。等再过些时,我会挣很多钱回来,租一间不潮湿的房子,让妈天天吃肉,让弟弟一直读书读到大学毕业,还去国外留学。你不知道这位官长对我多么好,他一定要我马上就走呢。”

老太婆眼睛流下泪来,她望着警察:

“官长,不能先给孩子一点钱吗?他走后我们母子会活活饿死。”

“唔。”

“我已领了一笔钱,”魏成说,“存在钟云那里,弟弟认识他的,明天可去问他要,不过我真怕他穷极了给我们用掉。”

老太婆呻吟说:

“那么你走吧,孩子,不要留下东西,你光着身子会被同事看不起的。官长,求你多栽培魏成,他自幼没有父亲,靠我做针线养他们弟兄成人。苍天对不起他们弟兄,使他们弟兄生到我们这种穷苦人家,白白糟蹋了一生。他是个孝子,又聪明能干,你好好地照顾他,我死了也感激你。孩子,走吧,放心妈妈和弟弟,只要你能挣一份前途,不再受苦,妈妈也瞑目了。”

魏成蓦然站起来。

“我要走了,再见,妈。”

他脱下他的衣服鞋子,老母亲阻止他,但他还是脱了。她那牙齿全光,而又颤抖不停的嘴向那警察拜托了再拜托,拜托照顾她的儿子,絮絮地说着感激的话。两人终于告辞走了。

在门口,阳光使魏成再度听到肚子里的鸣声。

“官长,”他说,“我真后悔。”

“后悔不该偷吗?”

“当然不,我后悔我竟为一小包伤风克坐牢,我应该去抢劫的。”

“哦。”

“走吧。”

太阳被浓云吞去,秋风起处,魏成打了一个寒战。路人停下脚来看看他这个几乎全裸了的囚犯,他紧随着警察走下人行道,穿过马路。一辆汽车驰过,那是去飞机场的美国西北航空公司的交通车,车厢上堆满了行李,车上十几个赴美的容光焕发的乘客中,有一个正是谢小姐。她靠着窗子坐着,显然地她看见了魏成,而且深深地吃了一惊,不过一惊之后,天下起雨来,她不得不赶紧把玻璃窗关上了。

火车上

1.

年初的时候，我到王田去看仲名，他在一家工厂做工，收入恰够维持一家四口的生活。前个月他害了一场伤寒，台北朋友们凑了几个钱，叫我送去。在他家住了一夜，看着他那被时间压老了的面颊上浮出的笑容，看着他妻子蓬乱头发下无神的眼睛里滚动着的泪珠，晚饭后，谈些往事，大家唏嘘着。第二天，我便告辞了。

仲名要去上工，那一场病使他请了不少天的假，所以，他不能送我，等到他佝偻着的脊背在巷口那里消失了之后，擘开孩子们污浊的但却热情地抓住我不放的小手，向他们激动的母亲道谢过，我一个人去车站搭车北返，身上剩下的钱，只够买一张火车票。

王田车站位置在大肚溪山麓，峰峦连绵相接，刺骨的冷风从山的那一端吼起，沿着铁道，掠过大大小小建筑，扑向南方隐约在望的彰化平原。买票的时候，还只刮着风，把票买好，走到月台上候车，天已下起雨来。王田车站不过几间孤立在郊野的简陋房子，所以霎时间，凡是可以立脚的地方，都笼罩在雨注里了。而雨越下越大，瀑布般地从天上向地面倾泻，蜿蜒数十里的大肚山，以及几乎和山腰齐高的那些烟囱和它下面的那些工厂，都被重重叠叠的浓云隔在千里以外。站房里只有我一个旅客，探头向南张望，旗号已落，检票员无精打采的，拿着钳子，站在栅栏入口，暴雨就打在他的脚前。

火车进站，还没有停稳，开车的铃声就震耳地响起来，汽车也接着在车头那里尖叫，我冒着大雨上了车，觉得有一股回到人间的那种温暖。王田车站上的冷酷留在身后了，车厢里约有十几个乘客，有的抽着纸烟，烟雾缕缕地在天花板上荡漾，逐渐地流入那镂花的稍嫌污秽的排气孔里。有的则在座位上看书，也有的在座位上沉睡。我弹了弹身上水珠，就在门口一张空椅上坐下。

对面椅子上早已坐着两个人，一个老头靠着甬道，紧张地瞪着眼睛，显然，他的全副注意力都在和他并肩而坐的那位青年身上。那青年大概发现我在看他，微微摇动了一下身子。

"我有钱，"他说，我不能确定他是不是向着我，他那鳄鱼样的眼珠无神地闪眨着，"我有很多很多的钱，你再不要怕挨饿，也再不要怕缴不起房租啦。安得广厦千万间，大庇天下寒士尽欢颜。你做生意吗？我先给你五吨黄金，真的，老天爷叫我发财，送给我一个聚宝盆，只要放进去一张十块钱的钞票，就会取之不尽，用之不竭。你就再用不着去干教员的了。"

天气的寒冷和这一段突如其来的话使我战栗，我发现那青年的样子和常人不同，他特别长的头发像蒿草一样乱，而且脏。脸上，除了骨头和皮肤，枯干得再也没有其他什么了，他双手囚犯似的被一条粗糙的绳子紧紧地缚在胸前，但他仍可以轻松地用他那满是泥垢的指甲，抓头上的、脖子上的、甚至肚皮上的痒。

"你认识玉玉吗？"他问。

"不。"我猝然答。

"我们要结婚了，"他说，"她真漂亮呢，学识又好，一点也不爱虚荣，她并不是一定要嫁给那银行经理的，她根本看不起他的钱，可是他可以送她出国呀。她每天晚上都要我唱一个歌——《我的家在松花江上》。你不能欺负她，礼堂布置好了吧，她爱我，真的，她爱我，她说过的，海枯石烂。"

老头大声向他喝止，他没有经过反抗便不再言语了。老头并没有露出命令被服从后的满意，只摇一下头，向我艰涩地笑了笑。我初步明白那是怎么一回事了，从青年的双手被缚推测，我想他可能有过侵犯别人的行动，或是有过危害别人的表示。他大概三十五六岁，但满脸的胡子却使他显得有四十五六岁了。他被大声喝止之后,闭上了嘴,也闭上了眼,憔悴得像在窗子旁边竖着一个稻草人。

"疯子吗?"我问。

"是的,"老头说,"我们送他去台北治疗。"

"你一个人?"

"两个。另一个是管理员,你看,他来了。"

来的人是旭东,他刚从盥洗室出来,再也没有想到我们会在火车上相遇。他在台北精神病院工作,我们几乎有两年之久没有见过面。都市里的人为生活奔忙,白天,整个时间都用到糊口——仅仅刚够糊口的工作上;晚间,筋疲力尽地睡去。有时候,朋友们虽然近在咫尺,如果没有特别的事情,往往比远在千里之外还要难得会晤。

我们紧握着手,他坐下来,互相告诉些近来的生活情况。当他晓得我去王田给仲名送钱的时候,仲名也是他的朋友,他脸上立刻布起一层阴影。我知道他的心情,同样的,他也有一个妻子,两个孩子。

"我昨天在员林。"他说。

"接这个疯子吗?"

他点点头。我又看那青年,他的呼气在他鼻端凝聚成淡淡的一团白雾,透过那难以察觉到的烟一样的外貌,我觉出他的心在跳,他干柴似的手指在抽搐。

"你,"旭东说,"你以为他可怜,所以你叹息?"

"嗯。"我衰弱地说。

"那么,"他说,"你是错了。"

2.

火车飞快地奔驰,像奔驰在万寻以下的海底,玻璃窗整个被雨水淹没,听不到原野和峡谷里北风的咆哮,只有铁轮碾过钢轨接口时,有韵律地跳动着。旭东吸起纸烟,他递给我一支,我告诉他我早戒掉了。

“你不应该太苛待自己，”他说，“你的烟瘾本来很大。”

我说明我不得不戒掉的缘故。

“你的意思是你买不起，对吗？”

我没有回答。

“我曾经听到一句话，”他说，“当然是一句幽默的话，但已充分地把人性暴露出来了。那一句话是，凡是把烟戒掉的人，都不是善类。他对自己都如此残酷，对朋友还有什么顾惜？价值的标准只建立在自己的利害上，而不管它的内容是什么，这似乎是一个问题。”

他那焦黄的手指，夹着纸烟，在嘴边微微地抖着，眼睛像刚从昏睡中苏醒，一条一条的鱼纹尾加上苍苍白发，使我的心都悸动起来。他已老了，三十年的岁月，他和各式各样、癫癫狂狂的病人在一起，把几乎是全部鼎盛的生命付与疯子。去年，他因为最小的女儿考上大学，没有钱缴学费，一家大小抱头痛哭，因此吐了几口鲜血。我本来要去看他，后来听说好了，女儿也找到一个家庭教师的位置，便没有去。我想的是，事情已经解决，见面不如不见面，见面徒然增加伤感。

“不管怎么，”我说，“你的烟还是戒掉好。”

他想说点什么，可是，那疯子却朝他笑了笑。

“安静，孩子！”旭东说。

“皇天后土，”疯子说，“我日出而作，日入而息，帝力何以——能——干涉我哉！什么是四大自由？自由就是自由，没有恐惧的自由。你见了玉玉告诉她，我把洞房布置好了，席梦思床，和阿拉伯地毡，天天喝威士忌……”

旭东的助手，那紧张地瞪着眼的老头再度大声喝止他，疯子也再度驯服地闭住嘴，但却把一口唾沫吐到玻璃上。旭东低声告诫他的助手不要发脾气，发脾气不能解决问题。然后，他用一块纸头把那唾沫擦去。车厢里的人有的还在沉睡之中，醒着的人，向疯子那里望着，但发现没有继续闹下去，便又纷纷把视线收回去了。

“我们从员林上车，”旭东说，“人们都看够了。”

“他为什么疯？”

“不知道，”他说，“失业，失恋，不外乎是这些吧。或许还有什么恐惧，也或许因为其他严重的刺激，我怎么能知道呢？”停了一下，他继续说，“我的任务只是去员林把他接到台北，别的我管它干什么。记得刚到精神病院工作的时候，我总是欢喜探听疯子们致病的原因，探听出来之后，忍不住又为他们流下眼泪。日子一久，慢慢地，心肠变硬，也变麻木。我何必追究他们为什么如此？他们和我什么相干？尤其是，一个疯子，并不像你我想象中那样悲惨。”

我倾听着。

“每一个疯子都是快乐而满足的，”他说，“你以为他们很痛苦吗？”

我用力地握着口袋里的手帕，他的眼神使我觉得车厢里的空气似乎要凝结起来。

“恰恰相反，”他说，像是替我作答，“他们是幸福的。我这位病人昨天晚上才交到我们手中，今天黎明上车，从他口中的疯话，你可以看出，他已经得到他所幻想的，没有一丝一毫的欠缺。他盼望他是一个百万富翁，他真的是一个百万富翁了。他经常把手伸到空中，这是我们把他双手捆起来的原因，其实他并不一定要打人，他只是伸手到空中去接那从天上掉下来的黄金和眼花缭乱的宝石。他盼望他自由得像神仙，他也真的自由得像神仙了，可以高兴做什么就做什么。他盼望他至爱的那个女郎和他结婚，他更是真的和她结婚了，他吻她、抱她，为她唱热爱的情歌。”

旭东的语调很激动，但激动得没有力量，每一个发音较高的字，都像荒寺破钟的余响，惨淡得终于仍是低下去，一直低到无影无踪。

“那不是幻觉，”他说，“当一个人清醒的时候，幻觉是会消灭的。但疯子却永不清醒。他们眼前呈现的是永不朽毁的美丽景致，是永不朽毁的一厢情愿的现象，而真正可怜的却是你我这些并不疯的人。”

我惊愕地看着他。

“有时候，”他咳嗽着，“我总是默默地想，我如果疯了该多么好。

不要误会我的神经也错乱了，我并不错乱，而是，如果我疯了，悲惨的将只是我的妻子儿女。至于我自己，我可以化成蝴蝶，飞霄汉；也可以化成帝王，颐指气使。我不再忧虑物价上涨，也不再忧虑收入菲薄，一切正常人椎心泣血的痛苦，在一个疯子看来，都不值得一顾。我们是老朋友，我告诉你，疯子是幸福的。"

火车一站一站地停下来，再一站一站地开出去，乘客们不断地上下。每一次车门被拉开时，都有一股凄凉的冷风扑进来，我打着寒战，旭东和他的助手缩着肩膀，含着纸烟的嘴唇冻得一抹青紫。

"衣服太少了，"我说，"不是吗？"

"哦，"他说，"我没有力量加添，一件毛衣要三百元，而我的薪水只八百元，还要养活一家四口。"

只有那疯子没有感觉，独他穿得最薄——一件盛夏时才穿的短袖香港衫。

3.

台北的风雨和王田的风雨一样凄紧，当火车冲进市区第一个平交道时，当当的铃声滑过车厢，乘客们都知道目的地要到了，有的站起来取行李，有的伸着腰舒展着，我告诉旭东我住的地方。

"我不能到你那里去，"他说，"我的宿舍临着街道，去年，起了一个'会'，加盖了一间木棚，自己卤了些猪肉、猪头、猪脚之类，每天晚上和星期天假期全天日子，便卖卤肉卤面，所有的时间都占去了。望你到我这里来，我们要对饮两杯，日子越久，我觉得要说的话也越多。"

他递给我他的住址。

"不要愁眉苦脸，"他说，"你可以忧虑，但不要不快乐，天下没有十分幸福的人，除非他是疯子。"

铃声几乎没有间断地响下去，平交道一个接一个地跨过，这个十二年前一到下午便杳无行人的台北，现在繁华得像梦一样，火车正用雷霆万钧的力量向前行驶。

“旭东,”我听到我僵硬的声音,“你需要休息。”

“不要为我担心,”他说,“我不会疯的,但我恨我不会疯。”

火车迅速地缓下来,旭东那微驼着的背部蓦地向前倾斜,我扶住他,一种被制止时的噪音在轮下响着。火车停了,车门大开,尖而细的北风灌进来,他向他的助手吩咐些应该注意的事项。

“朋友,”然后,他抓住疯子的手臂,“跟我来,玉玉在家等你呢。闭上嘴,不要像傻瓜一样地张着,对了,你今晚就可以和她入洞房。明天,你们就双双出国了,当然是去美国,时髦一点的,去意大利也随你。全世界的人都为你欢呼,唱你最喜欢唱的小调吧,但不要唱得太高,跟我一步一步地走,明白吗?”

这一段话收到效果,疯子果然闭上嘴,温柔地站起来,一个胳膊微弯着,仿佛挽着一个什么人,老头助手扶他走下车阶。

“你骗他,”我说,“旭东,你能兑现你说的那些话吗?当他发现你骗他的时候,他受的刺激会更大。”

“我希望我不骗他,我当初也立过誓要诚实,但那太不切实际了,我必须维护自己,我使他开心的代价是我可以暂时安静,否则他闹起来,吃苦的是我。”

下到月台,他们像从南部旅行回来的三个亲密的朋友,肩擦肩向天桥走去。然而,就在跨上天桥最后一个台阶的时候,疯子扭回头了,挥动着他那被捆着的双手。

“你们过年时吃的什么,”他叫,“你们喝冰水吗?那会冻死你们的。我吃的还不如你们,乌鱼子、海参、猴脑、百合羹、桂花年糕,吐都要吐出来,真的吐出来了。回去,回去,你们这些叫花子在这里挤什么?小心我割掉你们的舌头,你知道一块钱买几斤舌头?”

天桥上正在潮涌的人群从惊骇的寂静中恢复了嘈杂,七嘴八舌地向疯子指点着,喧哗成一片。旭东没有阻止他说下去,连排开众人奔来的警察都被他婉言挡住了。在疯子发表了这段演说,迷茫的眼睛被自己激动的泪水淹没了的时候,旭东和助手相互地夹着他,向后转,顺着甬道走去。

“走吧,”一面走,旭东一面柔声地催眠似的说,“听那鞭炮的声音,听那嗡嗡的人的声音,他们欢迎你,热烈地欢迎你,你征服了高山大海,又征服了冰天雪地,全国人都以你为荣。懂吗?你是大家崇拜的中心,你要不断地微笑,不断地微笑……”

我被人潮挤到栏杆旁边,几次想挣扎着赶上他们,都没有成功,一直看着他们走出去,漆着显明标志的精神病院的一辆小汽车在外面等候着,他们坐上去。旭东在坐上去之前,还四下张望找我,等我被人潮推出栏杆,他们已经走了。

这时候,阴暗的天空像铅一样,漆黑而沉重地正压在头顶。乘客们逐渐散尽,月台上霎时间安静下来,出口处的栅门重新关上,视线可及的地方,全是红灯。廊檐底下只剩下两个脚夫,在百无聊赖地踱着。大风把雨丝割断,再卷起来,揉成了雪花似的粉末,无边无涯地抛向地面,连站前那半圆形的花圃都被隐没了。

我伫立着,从衬衫口袋里摸出唯一的一张汽车票,呆了一会,双手抱着头,向公共汽车候车亭奔去。

进　酒

1.

深夜。

我和大维面对面坐着，两把葛藤做的单人沙发，把我们紧紧嵌住。天气很冷，臃肿的棉衣，把沙发塞得连稍微动一下的余地都没有了。灯是关着的，惨白的月光照到窗子上，隐约地勾出那挺拔的梅花枝桠的姿势。我们可以互相看到对方的面孔，他脸上黝黝的黑，一双饱经忧患的眼睛，露着迷惘的，同时也是疲倦的光亮。我把隔在我们中间的茶几重新摆了一下，用火柴梗支起恰巧放到凹处的那一条桌腿，使它更加平稳。

“你可以再喝一杯。”我说。

他摇摇头，没有答我的话，我拿起酒瓶为他斟上，他略微欠一下身子，以表示他的谢意。

“祝你好运。”我说。

他嗓子里咕噜一下，没有说什么，我也咽住了话，所有的话，似乎都说尽了。自从吃过晚饭，两个人就这样坐着。我们是老朋友，我知道他，他是一个喜欢说话，喜欢交游的快乐的人，几年来一直在一家工程公司当一名书记，是上个月才失业的，失业后便和我住到一起。明天，他就要离开台北去花莲，有一个朋友来信说，可以在那里为他安置一个小的职务。

“你应该恢复你的欢笑。”我说。

“我会恢复的。”他回答。

只有过度的忧伤能封闭一个快乐人的口，他这些时都在沉默，而且一天比一天更厉害地沉默。他最初搬来的时候很不安，但不久他发现我的生活仍是老样子，才逐渐习惯下来，每天我们自己煮饭，我下午从工厂回来，总是一块到郊外散散步。

"一帆风顺！"我说。

他木然地看着我。

"不知道，"他说，声音很低，"不知道能不能一帆风顺。在从前，我希望有荣誉；现在，我只希望活下去便够了。花莲的朋友给我介绍工作，成不成没有把握，他来信说老板要见见我再决定，我去是撞运气。"

我相信他会成功，他过去在兰州一个大学任教，不到三十岁的年轻教授，在那时的教育界，几乎掀起了反对的骚动。然而，等他辗转来到台湾，因为没有人援引，只好先到一家工程公司。起初他以为只不过是暂时的，可是，匆匆十年，一个微小的岗位带给他的不是升迁，不是财富，而是苍苍的白发，和一纸另请高就的通知。

"否极泰来，大维。"我说。

他笑了笑。

"从太古到今天，"他说，"鼓励人忍耐下去的话是太多了，那些话不但给人一种希望，也给人一种信心。而人，是靠着希望和信心活下去的。"

"忍耐，有它的代价。"我说。

停了一会，他说：

"你以为我悲观吗？"

"或许，不。"

"我总是在困惑，我们生下来的目的是什么？"

没有人能圆满回答他提出的这个问题，他可能也不打算有人回答。关于人生，关于爱，哲人们留下的名言是太多了，每一句话，都含着精深的哲理。只是，名言和名言之间却往往互相矛盾，亚里士多德的和歌德的矛盾，对一件事看法和处理的矛盾。窗外，这时候，非常的静，我被这重大的问题所困窘，像封闭在深邃的古井里，感到一种阴森森的凉。

“吸一支烟吧。”我说。

他接过来，含到嘴里，惨白的月光忽然被火柴的微小火焰驱走，照出他的脸色更加枯黄。之后，把火柴残梗掷出去，掷到窗前，月光又泻进来，像瀑布一样地淹熄了那残梗上的残烟。

“有了职业，”我说，“你的忧郁会好一点。”

“看见那残梗了吧，”他说，“它发过光，发过热，点燃过别人的生命。然而，现在，它被踏践在脚下，像世界上根本就没有过它似的，永远消失了！消失了！”

我感到胸脯上可怕的沉重，就在窗外，隆隆地驶过一辆大卡车，把门板震得发出声响，那十个巨轮就像在我身上碾过。我同情地看着他，我不能不看他，他前额上那些虽在黑暗中仍可以察觉出来的几道皱纹，并没有显示我点什么。也没有告诉我点什么。即令从没有体验过椎心痛苦的人，像王子，像公主，前额上也会有皱纹的，我所以看着他，只是我似乎突然发现，他对人生的了解，比我要更深切，因之也更愤怒。

2.

窗子那里的月光被一个无法拒抗的力量抽回去。房子里跟着更加黑暗，我猜想那块乌云定是向东南涌进，因为，现在刮的已是西北风了。

“明天此时，”他说，“我已在花莲。一个人，他可以早上在甲地，晚上却在乙地，而且可以欣赏自己的选择，一头猪似乎对它的环境不太关心，好像人类对太阳系不太关心一样。不过，人和猪实质上都是不能自己选择什么的，是吗？”

“你要不要再喝一点？”

他不言语，但他那种懒于摆脱，而又不能不摆脱沾到头上游丝的动作,表示他不愿接受。

“我要清醒,”停了一会,他说,“至少在离别前夕,我要清醒。一杯高粱酒引着我站到跳板上,三杯四杯高粱酒会使我觉得跳进温泉;杯数逐渐地加多,这世界就只剩下我一个人,仿佛穿着很厚的衣服,在庞大的冰窖里,自己温暖自己。”

夜,更深。

“谁也不知道我们是为什么要活着?”他说。

我已看不清他的面孔了。

“人生,”他说,“只是一种终归绝望的挣扎。”

“你太消沉了。”

“我不觉得,”他说,“不过我看不出我有什么值得欣喜的,只有少数人可以发笑,那是因为别人太努力,而他们太有机遇了,这是难以排遣的。钱起的诗不是说过吗?‘献赋十年犹未遇,羞将白发对华簪。’我想,我已开始老了。”

纸烟的星火在他的指尖闪动,偶尔,更小的星火,米粒一样地堕下来,马上就熄灭了。街头和房间里一样的平静,在巷口处,传来小贩的声音,单调得像一条蚯蚓在空中蠕动。

“吃——花——生”

粗哑的嗓子,使这黑黑的夜,更加清幽,我们是太熟习那嗓子了。每天这个时候,那小贩总要在巷口呼唤几声,一直等到他的固定主顾光顾了之后,才向远处移去。声音渐远渐小,在空寂中,像小精灵一样地,飞到耳畔,探索,激荡!

我们从没有买过一次,虽然在我们觉得很饿,而袋子里也有几个铜板的时候,我们之间,也没有谁开口,那是太浪费了。但那卖花生小贩的轮廓,却是很早地就被绘制在脑海里,无疑的,从那契——契——的音调上,可知道他来自大陆,更确实地说,我们猜他一定是一位在任何艰苦恶劣环境下都能求生的山东人,年龄大概三十至四十之间,因为他发出的粗哑声音传扬不远,在空气中也荡漾得不久。他大概是憔悴的,那和他的营养不良有关,他把花生从罐子里抓向纸袋子里的时候,我们甚至可以想象得到他那暴起青筋的手,在簌簌发抖。

"吃花生吗?"我说。

他把肩膀向前倾了一下,似乎不大相信他听到的是真的。接着,他明白了我的意思,因为他开始发出长长的一声充满了感激和困惑的叹息,这叹息是很轻微的,在特别安静的夜里才听得清楚。

"我应该请客,"他说,"我知道你身上只有三块钱,而你明天要靠它过一天,三块钱可以买到六个馒头,或许有希望果腹。而我,我还多出来一块钱,而且是老早就不准备在火车上吃什么的了。"

他站起来,那葛藤沙发在地面上向后移动,划出烦躁而刺耳的声音。他举起手臂,举到半空,伸了一个懒腰,铜扣子在他那清瘦如柴的胸骨上响着。

外面的风很大,但他推门出去了,脚步大而缓地向巷口走去,高声呼唤那小贩,呼唤了两声之后就归于沉寂。越来越大的风狂吹着,那扇被我的朋友遗弃在背后的房门,一开一合,啪啪地,几乎要被冥冥中看不见而其实存在的巨手摧毁了。每一股扑到身上的风,都是尖锐而阴森的,我瑟缩着,迫切地注视着那门,心中充满了像捶布石一样的润湿。

不久,从巷口传来人声,脚步声,和脚踏车声,越来越近,而且在门口停住了。我侧起耳朵,脚踏车的车架支起来,也锁起来,大维和那小贩谦让着谁应该走在前面,终于是大维首先踏进来。扭亮了电灯,三个人团团地围着小茶几坐下。在介绍词里和谈话里,我知道他们二人是初中时候的同学,神鬼差遣似的,在大维接过花生,就要付出那唯一多余的一块钱当儿,面对着面,他们都惊呆了。而我也跟着惊呆了,他——卖花生的客人,他外表的样子和他所表现出来的行动,竟和我们在脑海里绘制的轮廓不差分毫。

他们叙起来别后的情况——那是生长在大动乱时代中,大多数中国人都免不了的一段故事,单独地讲起,足使任何人都泣不成声。可是,千千万万的,都是如此,便是一场不值得一顾的古老童话了。

不过，那并不能免去我们从内心深处发出真正的唏嘘，这唏嘘，包括了同情和自哀。

“结婚了吗，大维？”客人说。

“没有。”

“我结婚了，有四个孩子。”

客人的话所得到的，不是羡慕，也不是赞扬，而像一个肥皂泡落到草地上。我咳嗽着，递一支香烟给他，而我自己，抓起桌上的花生，擘着，咀嚼着。远处有犬吠声，月光不调和地现出来一会，马上又被吞没了。

3.

我斟满了每一个杯子。

“喝一杯吧。”

“永远想不到，”大维说，“今天会遇到老友。在事业上，我们似乎都是一场空话。你白天上班，是一个好职员；晚上，你的家人，在熊熊火焰燃烧的大灶大锅上，为你炒好花生。啊，你不怕碰见熟人吗？”

客人饮下大大的一口，啧啧地舐着嘴唇，松懈的眼皮包围着的是一双温和而善良的眸子。

“最初，”客人说，“有点难为情，日子一久就无所谓了，但我仍是努力避免。”

我怔怔地望着他。

“我不得不这样，”他说，“我的长官认为我公余卖花生，对他，对我服务的机关，都构成一种侮辱。”

隆隆地，又是一辆汽车驶过，这一次不是卡车了，而是巷底那一家的自用轿车。一块小石子被轮胎弹起来，像枪弹一样地撞到门板上。三个人都为这陡然的一击而一震，大维手指放到沙发臂上，小蛇一样地跳动着，玻璃窗上布着几条斜而细长的水珠，一种显然使这夜更加诗意的淅沥,打着竹篷。已经落雨了。

“这是生活,”客人说,“无情的生活。”

“啊。”

“我是低头的,”客人说,“但我并不屈服。”

纸烟接续着吸下去,烟雾从口角吐出,和着酒香,和着花生的味道,缕缕片片,网一样地撒到每一个人身上。淡黄色灯光下,大维压在蓬乱的长发下的脸,有一种难以形容的霉涩。

“低头就是屈服。”他嗫喃说。

“形式上是一样的,”客人说,“但本质上不同。你明天走,我不能去送你,那正是我上班的时候,等你从花莲再回台北,你一定要到我家,地址我刚才已经告诉你了,看着我孱弱的妻子,和正在用钱年龄的儿女,你就会明白,我必须低头。可能我并不乐意,但我一直在学习着乐意。”

远处的犬吠声很高,从皓月当空到风风雨雨,我亲眼看到这天气的变化,也似乎亲眼看到客人身上负的担子,而他用来使生命之舟前进的桨,却并不是铁的,而只不过是一条脆弱的和不太合时宜的木板。

“再喝一杯吧。”我说。

“任何事情都要学习,”客人说,“学习认识,学习接受,这世界是艰难的,但只要知道幸与不幸只是一种比较,往温暖的地方想,烦闷就少得多了。”

大维把眼睛闭起来,眼角露起的青筋定时地有一阵小小的抽搐,因为明天要去花莲谋事而新剃过的下颚,苍青一片,再也找不出他当年那股英俊的影子了。更进一步的,我甚至于根本不相信他过去曾一度是真的那么英俊。

“半夜回来,”客人说,“人是很累了,但经过我家附近那条小河木桥的时候,逢到月明如昼,我总要停下来,倚着栏杆,欣赏那消失在被人遗忘的原野中的溪流,而也往往地想起在童年就背诵烂熟的诗句:‘独立小桥人不识,一轮明月看多时!’我开始体会到人生的另一面。办公室的狡笑声，买花生的呼叫声，都像流水一样地过去了。”

房间里没有人接下说什么，客人起身告辞，他必须继续他的生意，每天晚上都要买他花生的，那些也是穷苦的作父母的人们，恐怕还在盼望着他呢。大维送他出去，脚踏车被推动，我清楚地听到他走了，链条代替了脚步，不一会，他那特有的粗哑唤声，又在巷口响起。

大维失神地站在桌子旁边，一动也不动，嚼着剩下来的花生，一直等到嚼光，擦了一下嘴，干了杯子。然后，把酒瓶塞住。

“留下来，”他木然说，“你明天吃吧。”

“我们都应该戒掉它，大维。”我说。

他机械地笑了笑。

“到花莲，”他说，“如果事情能成，我会送给你一瓶。”

我鼓励他，用我所想象得到的话宽慰他。他不大听下去，也无意反驳，只踉跄地走到床前，扑到枕头上，身子像纸一样地贴在那里，单薄得连春天的熏风都可以把他吹透。

“睡吧。”他说。

我站起来，夜更是幽暗，整个宇宙，除了大维的呼吸声，听不见其他什么。我僵立着，不自主地仿佛要把紊乱的心头重负，全部压到脚下的泥土里。我朦胧地似乎嗅到污浊的潮湿霉味，也嗅到一种快要接近黎明，接近清醒时的那股清凉。

归 巢

1.

那天晚上，比白天还要热，没有风，连树叶都不动一下，偶尔动一下，那是风来了，却反而像着了火的野兽，熊熊地扑到身上脸上，更使汗水像淋了雨般地浑身湿成一团。马卢住的地方，在台北来说，应该算是郊区，大概是他们那一带的住户没有什么重要官员的缘故，所以自来水管从早上五点钟起，就干干的像一条沙漠里垂死的、但却昂着头、张着空洞大口的黄斑蛇，要一直等到后半夜两点钟，或三四点钟，大多数巨宅不再用水，都在设备着冷气房间里酣然入梦的时候，马卢那里才开始有水从空洞的大口中滴出来。只要有黄豆大一滴水珠掉到水桶里，人们就会从极度疲倦中惊醒，一桶一桶地倾入水缸，要眼睁睁地看着水缸和所有的碗碗盆盆都满了之后，才能拖着更累更脏的汗津津的身子安歇。

马卢租的房子很矮。他是一个干了将近十五年之久的中年公务员，一个不大的房间容纳了一个家庭，厕所是和房东公用的，炉灶就设在屋檐下，其他一切东西只好集中在矮屋里了。白天像烤笼一样，仿佛要把人烤熟；晚上更不容易打发，所以马卢和他的妻子，以及他们唯一的孩子文文，每晚都要在门前大街上乘凉。他们没有院子，房门就是街门，搬两把竹椅，坐在马路边上，一面用芭蕉扇赶蚊子，一面谈谈闲话，有时候就靠到椅背上睡去，有时候不知不觉谈得很晚很晚，一直谈到忽然听见自来水龙头滴水的声音。

薇薇就是那一天的午夜，由她父亲抱给马卢夫妇的。马卢太太

漪清看第一眼时,还夸奖说:

"真漂亮!"

不过马卢实在看不出她什么地方漂亮,礼貌往往使人发出违心之论,尤其当马卢知道她已经九个半月。和也是九个半月的他们的孩子文文在一起,文文算是很枯瘦了,但薇薇不仅很枯瘦,而且小脸上还像涂着一层颜料,透着难看的和毫无表情的焦黄,头发凌乱而长长地覆在她的小脑袋上。马卢想,她父母自生下她来恐怕就没有为她理过发。

当那做父亲的抱着她从巷口踽踽地走过来时,一路上和坐在门前乘凉的男女们搭讪着,最后,他搭讪到马卢夫妇跟前,停了下来。

"请坐。"马卢脱口说。

"不打扰你,我站着好些。"

但他还是在台阶下坐下了,这大出马卢意外,对一个生活在都市的人而言,这种硬碰硬的结识是不太自然的。漪清没有说什么,她以为她的丈夫和陌生人可能有过交往。她抱着文文,静听着他们谈论什么。大家沉默了一会,马卢觉得他这个主人,有责任打破僵局。

"孩子睡了吗?"他说。

"睡了。"那做父亲的说。

"真漂亮!"漪清弯下腰,赞美说。

"天很热。"马卢说。

"是的,先生,我们要被热疯了。"

"在哪里工作?"马卢说。

"公务员,"那做父亲的说,"你呢?"

"一样。"

于是,两个人逐渐地谈得投机起来。就在这时候,那做父亲的悄悄把孩子放到自己的身旁。谁都没有注意到他这个动作,马卢被由谈话引起的激荡空气包围着,生活的困苦和前途的渺茫,使两个中年人同声叹气。漪清把文文交给马卢,回屋去为客人端了一杯冷开水,客人双手接了,接了后一口气喝光,把空杯子放到他身子的另一边。

“吸烟吗?”那做父亲的说,一面摸索口袋。

“不。”马卢说。

“我去买一包。”他说。

他一去便没有再回来,文文从马卢怀中挣扎着下到地下,像喝醉了酒似的,一摇一摇地扶着椅背走到阶前,好奇地用小手去捏小伴侣的鼻孔,孩子哇的一声哭了。这时候马卢才发现她,那被亲生父亲狠心遗弃的婴儿,正躺在台阶上阴暗的但却不致被人误踏着的那一端。

“这是怎么一回事?”马卢跳起来。

“她爸爸哪里去了?”漪清说。

马卢用手捶打着头。

“把她抱起来,”他说,“石阶上残余的热气会把她烤坏。”

在孩子怀里,揣着一封信。

“打开它。”马卢说。

“那么你接过孩子。”漪清说。

2.

信上写道:

请原谅我,先生,几天来,我抱着孩子,逐街逐巷地物色,想物色一个理想的家庭抚养我们可怜的薇薇。起初,我的目标定得很高,我走遍了所有的高级住宅区,希望为女儿找到一个富贵人家。但富贵人家的狗都太厉害了,它们像已经预知穷人的心事,狞恶地龇着牙齿,不使我有走近那些朱漆大门的机会。其实,后来我发现,即令我可以走近那些大门,也见不到主人,有钱有势人家的大门总是像墓门一样紧闭着的。而我更发现,见到主人也没有用,我必须告诉你,我是被迫转变。

那是上个星期三的下午,大雨刚过,我在一条巷口徘徊着,远远地看见汽车来了,我抢先几步,把薇薇放到汽车主人的门口,然后狂奔到拐角处躲着,看着汽车缓缓逼近,心都要跳出腔子。

汽车果然停下了,因听见喇叭声而打开大门的仆人,啊,仆人,他的衣着和神色比我高贵多了,他向车子里正在表示不耐烦的主人,惶恐地报告说:

“一个弃婴,哭得很厉害!”

主人严肃地瞥了一眼,于是我看出来他是谁,报纸上经常有他行踪的消息,他最近还为社会道德的日益堕落而做过悲痛的讲演,当天的报上就有他的新闻,说他下个月就要去美国参加一项挽救世道人心的国际会议。我开始狂喜起来,然而,主人严厉地瞥了一眼之后,做仆人的大概读出了他讲演中所没有的东西,脸上的笑容收敛了,他把我那可怜的孩子抱起来,抱到垃圾箱旁边。汽车被大门吞没,大门重新合住,巷口又恢复了沉寂。我从墙角狼狈地跑出来,抱起薇薇,苍蝇已爬满了她的小脸,她的喉咙哑得连哭都哭不出声音了。

先生,我所以提出这件事,是想说明,我是怎么样觉悟到仁慈比富贵更为重要,他们即使收养下我的孩子,我也不敢相信他们会善待她,他们的德性只是出卖给别人,而不是自己用的。原谅我,我转身向穷朋友们求援,同一阶层的人才知道同一阶层的苦楚。这几天来,每天晚上,我都踯躅在街头,心如火焚地观察着,希望找到一个不是外貌良善,而是心地良善的人家,把孩子的生命和终身,托付给他。而现在,我找到了你,先生,我不认识你,也不认识你的太太,但你们正是我脑筋里描绘的那个影子。

原谅我,我不能不这样做,我们已有了五个孩子,而我,啊,先生,不仅仅是我,恐怕没有几个低级公务员能维持五个孩子的。她母亲没有乳水,太多的孩子和太多的劳累,早使她憔悴得只剩下一把骨头,假使薇薇再吃奶粉的话,我们全家只有更陷于饥馑。收留下她吧,看她可怜的身世,也救了我们全家,我们将永远感激你,永远感激你,永远感激你!

漪清呆呆地望着马卢,文文攀住父亲的手臂挣扎着,喊着。

“那家伙会入地狱的，”马卢说，“看上我们什么，看上了我们也是低级公务员？”

“怎么办？”漪清说。

“天晓得怎么办。”

“再把她丢到垃圾箱旁边吗？”

马卢额上的青筋在灯光下要暴出来似的跳动着。

“他有五个，我们只有一个，”半天，他说，怀中的孩子像虫子一样在他大汗淋漓的双臂里蠕动，“我看我可以喝冷水过日子。”

“天，你真——”

“你不赞成吗？”

“马卢，你真好。我一面看信一面心里便这么想，只没有胆量开口，这个家的重担都在你一个人身上。”

“我会勒紧裤带的，不过不要让我再碰到那家伙，我会吊死他，并在尸首上唾他，大声告诉他，我根本不爱他的臭女儿。”

薇薇这样被留下来。塞到她怀里的、父母姓名和医院名字全被涂掉了的出生纸上，证明她父亲告诉他们的话是真的，她整整九个半月，和文文一样大小，但她的体重却轻得多，抱到怀里像抱着一团棉絮。

第一夜是最难度过的一夜，薇薇用她那低弱的声音彻夜地哭着，九个月年龄的她还不懂得她已经成了一个弃儿，父母已经不再要她了。但她因看不见母亲而害怕着，她浑身发抖地坐在床角，伸手摸不到那使她感到安全和舒适的母亲的胸脯，汗水和泪水雨一样地沿着小脸淌下来。马卢家没有电扇，那太贵了，全靠马卢和漪清不断地为她和文文打芭蕉扇。文文睡得像一头在春天太阳底下晒暖的小猫，只有薇薇不停地哭，她稚小的心灵中无法了解她那最熟悉的母亲的面孔为什么还不出现。马卢满眼红丝地喘着气，如果是文文这样的号闹，他早如雷般地暴跳起来了，现在他却忍着气不停地对薇薇喊：

“你再哭我就把你扔到马路上。”

“没有娘的孩子，不要哭，乖女儿，新爸爸爱你。”

马卢一夜都这样地自言自语说着，漪清担心他会突然发了神经病。等到天亮，孩子好容易停止了哭，大概嗓子已全哑了。她睡在文文的耳畔，梦中她看见了她的母亲，她又哭了，但马卢夫妇听不见那哭声，只看见她的嘴角在阵阵地抽动。

“我如果再碰到那家伙，”马卢打哈欠说，“就一定够他受的，我要好好地教训他。”

“你真要揍他吗？”

“我岂止要揍他，我还要把孩子摔到他脸上。”

“你忍心这样做？”

“我为什么不忍心？”他说，“这世界谁给我们一份温暖？连上帝都只看顾钱多的人。”

“你要在一个比我们更苦的人身上报复，马卢？”

“是的，是的。”马卢说。

他在屋子里愤怒地徘徊一会，吃了一碗稀粥。

“再吃一点吧，马卢，你不到中午就会饿的。”

“我要上班去了，中午见，”他说，“看样子锅底也不过只剩下一碗，好了，还有两个孩子。”

3.

第二天，孩子醒来后哭了一阵，就自动地止住，大概她那最简单的小脑筋终于发现再哭也不能把爸爸妈妈哭回来。但她还确实太小，她才九个半月，她坐在文文小床上孤独地啃着给她买的饼干，一双大而充满了恐怖和不信任的眼睛，痴呆地四下张望着。每逢听到“妈妈”的叫声——马卢是跟着孩子叫漪清“妈妈”的，她便像挨了巨棒的一击似的，张开满是饼屑的大口哭起来，眼泪汹涌地往下流着，一直滴到紧握着饼干的抖成一团的小手上。

薇薇每一次哭都要使漪清也跟着流一次泪，她抱着她，撇开叫喊着闹着也要她抱的文文。

“你得想办法，马卢，”她说，“我的心都要被她哭碎了。”

“我登报找那畜生,我要把孩子绑到他身上,让他爬着滚出去。”

“你诅咒得太多了,却没有做一点正经事。”

“她慢慢会安静下来的。”

马卢家一天三餐,除了早上那一顿是稀饭外,中午和晚上全是干饭的。现在,开始改为一天三餐都是稀饭了,仅文文一个孩子,漪清已显得乳水不够,加上饥饿的薇薇,更是不够。他们必须用煮稀饭节省下来的钱买白糖奶粉,分喂两个婴儿。

不过,薇薇一直瘦弱得很。

“奇怪,”一天,漪清说,“我们文文已经扶着小方桌跑得团团转了,微薇却只会坐,连爬都不会爬呢。”

“我已和老板讲妥,明天就开始加夜班。”

“那要到几点钟才能回家?”

“普通是十二点,有时候恐怕要到一点。老天爷真是特别关照,我一回家就像演戏一样准确地正赶上接自来水,以后你就可以早早地安睡,不必再提心吊胆会耽误事。”

“你太过于辛苦了。”

“拿破仑便是一天工作二十个小时的,”他说,“加班的钱给两个孩子买奶粉。”

“啊,马卢。”

“我要把他们喂得又白又胖,和他们又黑又瘦的父母恰恰相反。”

然而,就在加班后一个星期的一天晚上,马卢拖着千斤重的两条腿回家时,天和两个星期前一样热,他挥着面颊上带着臭味的汗珠,房子里已先有客人在那里等候他。他进了门,立刻就看到那个做父亲的男人。

“好了,”马卢说,“你来我这里干什么?”

“先生。”

“你来让我揍你吗?”

“啊,不……”

“我警告你，你别想抱走她，我有你的信为证。”

“马卢！”

漪清喊他的名字，他才发现坐在墙角那里的是薇薇的母亲。那母亲，蜡人一样地抱着薇薇，几天来一直都不平安的孩子，这时衔着母亲的奶头睡着了，她那安静的小脸上浮着文文脸上经常浮着的那种宁贴的神色。

“李先生夫妇要带孩子走。”漪清说。

“先生，”那人结巴说，“原谅我——”

“永不原谅你。”马卢咆哮说。

“但求你可怜我的妻，”那人说，低下头，抚弄着自己的手指，“自从我把孩子留给你们之后，一直到今天，她没有合过眼，她一夜一夜地哭，眼睛都哭昏花了。有一次偶尔打了一个盹，梦见薇薇躺在一张没有人照管的小竹筐子里，几只大老鼠正在啃孩子的耳朵。她惊醒后，几个小时身上都是冰冷的，说不出一句话。”

那妇人颤巍巍地站起来，走到马卢面前，双膝跪下。马卢心窝像中了一箭似的号叫着，睹状奔上来的漪清把她扶住。

“先生，”她说，声音像从眼泪里拉出来，“不怪她父亲，当初我也是同意丢掉孩子的，生活逼我们出此下策，但在孩子丢掉后，我才知道便是把全世界给我，都无法弥补我心头的悔恨，我一直都听见她的哭声，和她那因思母而都要碎了小小心灵的悸动。让我们抱回去吧，你看她在我怀里睡得多甜，我们穷，但我们的爱和任何人一样。”

薇薇的眼睛红肿着，像两颗冬天的胡桃。马卢迟疑了一会，从怀里掏出两个塑料制的娃娃，一个放到也正在酣睡着的文文旁边，然后走到做母亲的跟前，把另一个放到薇薇身上。

“请吧！”马卢挥挥手。

做母亲的谢了又谢，紧跟在丈夫后面，走了。

“接水，接水！”马卢说，他已听到自来水滴下来的声音。

漪清跑过去，但没有去接水，她跑到那蒸笼一样热的床头，凝视着文文，茫然得像一段木头。

辞　行

1.

“到了吗?”华安说。

“到了。”

他们停在大直天主教公墓门前,呆了一会,沿着龟裂了的小径向前走去。

整个公墓连同公墓所在地的整个荒芜山野,都暴露在烈日底下,只有靠着山麓那一端长着一排分辨不清是什么的丛林,墨绿幽幽地横亘在那里,像一个倒毙在巨斧之下的僵尸,把山和墓隔开。一条死沟似的阴影,深垂在丛林脚底,使它看起来仿佛一道冲不出去的围墙。华安和仲甫谁都没有说话,低着头往前走,地面上的高热几乎熔化了他们那满是补丁的鞋子。偶尔一块小石子被无意中蹴起来,跳得远远的,发出烦嚣而尖锐的响声,那是他们在围墙里唯一能够听到的声音,另外还有仲甫因炎热和过度疲劳而发出的哮喘。

他们走到克文的坟前站住,那块高仅及膝的墓碑,歪歪地插在坟头。华安用手扶了扶,它埋在土里的一端竟松懈得可以随意拔出来。他扶正了它,用脚在它四周踩了踩,枯干的黄土像流沙一样随着踩动而溢出鞋底发出一种奴隶被蹂躏时发出的那种挣扎声。

“一年了。”仲甫说。

“是的。”

“只不过一年,”仲甫说,“已经成了这个样子,明年再来时,不知道还能不能再看见这块墓碑。立碑的意思似乎就在于巴不得它早一点消灭,活着的人真是无聊。我想那牧牛的孩子终有一天会把它搬去系缰绳的,我们恐怕不容易找到克文了。”

公墓有五十亩左右那么大,华安没有数过已经埋了多少人,那些像发霉了的馒头似的坟墓,整齐而寂寞地排列着,地面上只剩下四分之一空地了。克文是去年夏天安葬的,那一天也是这么热,万里长空像刚刚被海水洗过,碧青中泛着肃杀的白雾,比秋天还要显得奇怪而高。太阳正悬在头顶,它已经不是一个圆形的东西了,而像是爆炸了的庞大炼钢炉,乳白色的高温熔液猛烈喷射着。送葬的人只有华安、仲甫、克文的太太英瑛和克文的小孩小文。此外,还有公墓的管理员和四个仵工。

——“安息吧,克文,”华安依稀地还记得当时的情形,英瑛扑到新坟上哭道,“你冥冥中有知,会看到来送葬的朋友,是多么寥落。记得你临咽下最后一口气的时候,你吩咐我,说你有很多好朋友会照顾你入土。然而,克文你知道我心如刀割吗?”

薄薄的棺木在英瑛一个人的哭声中安葬。小文把手指噙在嘴里,站在一旁有趣地看着仵工一锹一锹把掘出来的黄土覆回墓穴,墓穴中正躺着至爱他的爸爸。那是一座当天唯一泥土湿湿的新坟,现在,只不过一年之后,早已和其他坟墓一模一样了,泥土缝隙里长着野草,但被骄阳残酷地苦晒着,一棵棵垂着头,露着和坟墓同样灰败的颜色。华安试用脚踏了一下,虚浮的墓土立刻四溅了起来,溅了他满满的一裤角。

“克文的身子恐怕已蚀化了。”仲甫说。

“现在可能只剩下一架白骨。”

“人如果没有灵魂,人生真是一声可怜的叹息。留下了些什么?又带走了些什么?活着又为的是什么?克文是一个好丈夫,好父亲,好朋友,好国民。但他赤条条地来,又赤条条地去,我真不明白像我们这样的人为什么要到这个世界上走这一趟。”

华安回答不出。

“那是为了当别人的垫脚石。”仲甫说。

华安愕然地看着他，一条四脚蛇像箭也似的穿过他的脚前，向右侧那片草地奔去，转眼间被草地淹没了。

“你嫌我酸吗，华安？”

“不，”华安说，“人不是机器，谁都免不了伤感。”

仲甫撇开他，走到墓碑前，行一鞠躬礼。

“克文，”他说，“今天是你逝世一周年的日子，你会记得去年今日，你离开了人间。我和华安来到你坟前展拜，既为你悲哀，又同时为自身感慨。你死，有我们为你安葬，我们死时，却不知道会有什么情况。现在，你已经看到了，只有我和华安立在这里，你的妻子和孩子，都没有前来祭扫，我和华安不得不告诉你，英瑛在半年前已和别人结了婚，小文也带了过去，我想环境不允许她再到故夫坟上，你应该原谅她。”

仲甫的声音渐渐不自然，他凝视着克文的坟头，一阵急剧的热风吹来，把坟前的浮土卷起，卷成一个隐约可以分辨出是漏斗状的旋风，左右徘徊了两下，越过坟头，飞逝无踪了。

“克文，”仲甫继续说，“你临终时曾说出你的愿望，想叫小文长大后把你的遗骸运回大陆原籍，葬入祖茔。我不知道英瑛将来会不会把你的遗言告诉孩子，但我和华安再度向你保证，只要我们两人中有一人在，一定会为你办到，使你瞑目。不过，克文，我们都要离开台北了，我去宜兰和朋友合开一家豆浆店；华安也要到台南，那里的运河正在开浚，需要工人，他的一个同乡在那里当工头，答应在他手下补个名字。克文，祝福我们吧。”

华安陡地觉得咽喉里抽咽着，但他却努力地笑了笑，他怕仲甫看见他。

“从此，”仲甫说，“我们天各一方，恐怕再不容易来到你的坟头了。今天，原谅我们没有带一支香，也没有带一杯酒，更没带一点金银纸帛。克文，我们知道你在那个世界也很苦，需要接济，但我们身上的钱只够明天的路费，夜间我们只能住在公园的椅子上，不过我们不会忘了你。”

他再向克文的坟墓一鞠躬。

“华安，”仲甫说，“你对克文要再讲什么吗？”

“不讲了。”

“那么，”他低低地说，“走吧。”

2.

大直到台北，公共汽车十分钟便够了，但汽车票一张就要一元。他们在车站那里趑趄着，眼看着一辆接一辆的车子在半空状态下开走，从那庞大车厢的屁股后喷出滚滚黑烟，不断地隔断他们发直了的视线。

“仲甫。”华安说。

“嗯。”

“我真奇怪，天主教公墓上怎么没有看见一个十字架？”

“我们仍然步行走吧。”

“真的，你留意了吗？”

仲甫烦恼地望着华安。

“你应该知道的，你每天去十字口阅报处看报，一看就是几个小时，难道只看征求员工的那一栏？报上说，所有的十字架全部被偷走了，因为它们是铜做的，大概值不少钱。警察局也正在追查，据说线索已在掌握，可以很迅速地破案。”

“那是什么时候的事？”

“安葬克文后的第二天。”

“案破了吗？”

“你为什么问我？你不该问我的，华安。”

“那些贼连死人都饶不过。”

“不饶过死人的人太多了，岂仅仅限于那些偷十字架的贼？我们没有资格责备他们，我们已快沦落为贼了。甚至我们连贼都不如，我们没有那种胆量，只配到处摇尾乞怜。”

又一辆公共汽车要出发了,乘客们手里举着车票,陆续上车。华安睁大了眼睛望着,觉得全世界都要在烈阳下毁灭,他想大声喊:

"你们有地方容纳两个人的!"

但他的舌头卡到牙齿中间发抖。

"走吧。"仲甫说。

华安跨上票亭,掏出两块钱。

"两张!"他说。

"你疯了。"仲甫一把抓住他。

"两张。"他说。

"你要干什么?华安,你会饿死在台北的,缺一分钱都不能买到火车票,你只知道享受。"

"两张。"华安说。

仲甫懊丧地跟着他上了车,车厢里有一半座位已坐满了人,空着的一半正是暴露在阳光底下的那个区域。他用手试探着往坐垫上摸一下,就像把手插到滚水里似的叫着缩了回来。它是那么炙热,使他们无法坐下,只好并肩站着。车子开了,他们紧抓着横梁上的皮环。

"对不起,"华安说,"我知道我不该浪费,但我怕我走不动了,刚才走来时我的双脚都磨了泡,我真怕我一瘸一瘸的,他们会不要我。试想,谁肯要一个瘸子工人?记得我们在华西坝读大学的时代吧,那一年我是二年级,为了和克文打赌——他说我一夜工夫走不到金堂,结果我走到了,我需要那笔赌注,因为我是半工半读。然而以后我就没有再去做太多的步行。"

"那时赌多少钱?"

"恰够我买一件长袖管的毛衣。"

"你赢得辛苦。"

华安点点头。他眼睛一直望着窗外,道路顺着基隆河蜿蜒前进,过了圆山桥,便进入繁华喧嚷的市区。因仲甫没有再说什么的缘故,华安也没有再说什么,但两块钱在他心中激起绝大的不安。刚来台湾的时候,豪气仍在,钱是算不了什么的,可是,匆匆十三年,不知道还再过多久才能回到故乡,失业复失业,两块钱不过一个油煎馅饼的代价,却使他和仲甫同时惊悸。

"克文就是死于走路的。"华安说,用以为自己辩护。

"对的。"

"他在那所中学聘约期满的时候,学校通知他下学期不准备再继续聘他,叫他另行高就……"

"他太喜欢说话了。"

"他那学期恰巧被选为经费稽核委员。"

"傻瓜,"仲甫说,"他发言太多。"

"我不管他离职的原因,我只管他是怎么死的。他也是舍不得把家里的菜钱买汽车票而冒暑步行,结果倒毙在去请愿的中途。"

"他不该去请愿。"

"他不该不坐汽车。"华安说。

"他如果认清时代便不会去请愿。"

"所以我想我们一定要坐公共汽车,克文地下有知,他会承认我们是对的。"

车子已过天桥,并且急剧地转着弯。沿途,下车的人少,上车的人多,虽然空位置上那些塑料坐垫仍发着可怕的灼热,但仍是被急不择座的乘客坐满了。没有挤到座位的,就挤在甬道上站着。华安身边便有两个年轻女人,她们几乎是紧贴到他那汗出如雨的手臂上的。他尽量地闪避着,为的是她们恰巧的把他的鼻子挡住,而且他不愿他的香港衫被她们挤皱,它是刚刚烫平的,没有第二件可换的了。

他们本应该在火车站下车的,却被拥挤的乘客不断地叫喊和不断地挤来挤去弄糊涂了,车子竟轰隆轰隆地滑过去,当车子在车群中缓缓地绕一个大圆圈经过北门的时候,华安才发觉不对,仲甫大概也看出华安脸上的表情。

"没有关系。"他说。

"但我们又要走回来了。"

"中山堂下车也是一样。"仲甫说,"我早看出我们坐过站了,但我没有响,那于事无补。中山堂下车也是一样,天黑之后,我们可以坐到西门圆环里,看看喷水泉,看看街上汹涌的人潮,再听听四面八方的喧哗,还有各式各样电动的霓虹灯。我想有些事是十分可笑的,一切都不是为我们而设,对吗?"

"大概对的。"

"我们可以静等着看夜间的火车,火车在面前经过是一个奇景。一直等到天亮,让我们好好考虑去什么地方弄两块钱,说不一定,如果运气好的话,我们可能捡两块钱,甚至捡得更多。"

"我佩服你,仲甫,当我饥饿而又无希望的时候,我轻松不起来。"

车子抵达终点站了,这时正是下班的时候,中华路淹没在多如过江之鲫的交通车和川流不息的人潮里面。他们踉踉跄跄下了车,茫然地向圆环踱着,那人潮和渐失威力的骄阳对他们一点都没有影响,他们眼前像沙漠一样的荒凉。就在走过新生戏院门前的时候,华安偶尔一抬头,在草坪上看见一个熟悉的少妇影子。他盯着她,一刹那间偏偏记不起她是谁了,他用肘按了一下仲甫,仲甫朝着他指过去的方向望了望,呻吟似的叫道:

"英瑛,她是英瑛。你看见小文了吗?"

"没有。"

3.

华安不知道他为什么看见英瑛后竟一直向她走去,仲甫也是如此。仲甫没有征求华安的意见,也没有像平常那样自顾形惭地踌躇一会。他们并着肩,不约而同地迈着步子,从潮水样的车辆和人群中穿过。英瑛正在草坪上站着,两条雪白的小腿,自膝盖以下动人地暴露在外面,踏着一双也是雪白而高贵的三寸高跟鞋。她和克文是五年之久的患难夫妻,他们是太熟悉了,所以华安不敢看她的脸。就在快走到她跟前的时候,他觉得有一件东西突然横亘在他们中间,不由地蓦然站住。仲甫似乎也同样发现他们的行动有点唐突,他那满是汗液的臂膀紧傍着华安的左腕垂着,一直到这时候他们才想起情势已经变了。

但他们没有来得及退回去,英瑛唤他们的名字,尤其小文那个孩子,抱着一个花颜色的大皮球,斜刺里蹿出来,越过栏杆,向他们一面飞奔,一面呼喊。

“华安叔叔,仲甫叔叔。”

孩子大叫着,把那妨碍他飞奔的大皮球丢掉,扑到张大了双臂欢迎他的仲甫的怀里,仲甫把他举起来,吻他。于是华安和英瑛面对面地站在一起了,他尽量装着和过去并没有什么不同。

“好久没有见了。”他说。

“一向好吧?”

“好的,啊,好的。”

“你们二位满头大汗,好像晒过不少时候的太阳,这么热的天到什么地方去了?”

华安想告诉她他们到克文的坟上,但仲甫似乎看出他要脱口说些什么,用眼神止住他,然后迅速地把小文放下。

“我们去打网球,”他说,“你看电影吗?”

“就看这一场,还有一刻钟开演。”

“啊,”华安忍不住说,“先生呢?”

“买票去了。”

在克文死后,华安只见过她一次,她那时正憔悴不堪。克文长期的患病和突然逝世,加到她身上精神上和经济上的负担,使她枯干而且衰老。但现在亭亭玉立在面前的,却是一位丰满而充满着青春火焰的美丽少妇,她的面色红润像一个初生下来的小女孩。而且,可以看出的,她的腰部臃肿着,华安猜她已怀着她新丈夫的孩子了。

“有喜了吗?”他搭讪说。

她甜蜜地笑了笑。他渴望着能听她解释她再嫁的经过,还不到半年时间,克文的尸首恐怕还没有完全化尽,她已和另外一个陌生的男人恩恩爱爱,洞房花烛了。以时间推算,说不定克文在病中,顶迟也是在克文刚刚死了之后不久,她便再度热恋。但他一点都没有觉得她不对,因为她要活下去,小文也要活下去。

“你看起来很好。”华安说。

“谢谢你,”英瑛说,“你们的工作怎么样?”

“已经完全解决,明天便走了。”

“满意吗?”

“满意,”华安说,“能有一个糊口的地方已不容易了。除了吃饭,我们别无他求,思想能使人发疯。你的日子一定很舒适,不要客气,这是可以观察出来的。你知道我们多么挂念你,但我们对你却无能为力,穷困使再要好的朋友都生分了,是吗?”

她继续甜蜜地笑了笑,华安看不出她是忧伤或是喜悦,他以为她现在一定该谈谈她再婚的情形。

她在笑了笑之后,停了一会,才说:

“我承认我现在的生活比从前安定得多,但谈不上舒适。铭华对我很体贴,孩子也很乖,还有什么挑剔的呢?困苦坎坷的遭遇可以使一个人更深刻地认识人生,我抱着孩子活活饿死,又有什么意义呢?只便宜了那些在我们死后才是我们朋友的人,他会为我们的死出风头,记者们也会访问他们,他们也会叹惜悲哀,甚至垂泪,不是吗?而我们却不甘于自己毁灭。我不是屈服,我是反叛。”

小文缠着仲甫的腿,闹着要坐到他的肩头上去远眺落晖染成的晚霞,孩子那满是汗水和糖液的小手抓着他的裤子,使他为维护他的裤子而狼狈不堪。

“我拉着你去看。”他说。

“不。”

“乖孩子。”

“不要叫我乖孩子,”小文说,“我想叔叔们,却没有一个叔叔们来。”

“对不起,小文,你不会明白。”

“我先生来了。”英瑛说。

一个中年人手里举着票子，一面擦着头上的汗，一面向他们站的地方走来。小文立刻放弃向客人的进攻，拔起小腿迎了上去，那中年人抱住他，喘了几口气，等他走到英瑛跟前，看他的样子大概要申诉一番他买票的辛苦，但被英瑛拦住了。在英瑛作了介绍之后，他殷切而诚恳地握着二人的手，立刻邀请他们一块去看电影。

“我再去买两张。”他说。

“谢谢，”仲甫说，“改天打扰吧。”

“英瑛的朋友就是我的朋友，不要客气，听说这个影片非常好，连黄牛票都不容易抢到手。”

“你又买黄牛票了？”英瑛说。

“当然。”

“你不守法，铭华。”

“如果守法的话，不要说看不成电影，恐怕我们还会挨饿。”

英瑛面色忽然变得苍白，华安知道她想什么，她会想到克文，那个一步都不乱走的标准国民。但她那苍白的面色终于逐渐转红，接着她仍是笑了笑，似乎是歉意，也似乎是嘲弄，她像男人那样地耸耸肩膀。华安知道他们应该告辞了，因为人群已向新生戏院门口拥去，他们互相挥着手。

“小文，再见！”

“啊，不，叔叔，”他用大眼睛骨碌碌地瞪着他们，“我不叫小文，爸爸说小文不好听，他给我起名叫周维恭，妈妈再生小弟弟叫周维敬。”

“那么，维恭，再见。”

“叔叔，再见，千万找我玩。”

两个大人牵着孩子挤进人丛里去了。华安觉得一股冷气从脚跟袭上来。

“克文是姓王的，”仲甫说，“他的孩子却姓周。”

“你说什么？”

“没说什么,我说她的新丈夫周铭华很好。”

华安望着仲甫,没有再问下去。两个人站在草坪边缘的石阶上,七层楼上的玻璃窗,映着晚霞,反射着万缕金光,正照到他们身上。华安想向一旁躲一下,但肚子却开始像被利刀剜去肠胃一样饿得发痛了,但他想到他还差两块钱车钱,又想到那从人间被抹去了的克文,不由轻轻地咳嗽着。

“我们去哪里?”他茫然说。

“不知道。”仲甫说。

半天。

“不知道。”仲甫又蓦然地说。

然而他们还是移动步子,鞋子滞涩地踏着人行道上的沙粒,华安听到自己的呼吸,抬头看看仲甫,仲甫眼睛里含着稍微有一点震动便会掉下来的泪珠,华安赶紧望着别处,他怕仲甫的泪珠掉下来。

窄　路

1.

正是雪莉台风来袭的那一天上午，蔚彬在纪桐村遇到韦召，整个天空十分幽暗。墨一样的浓云，沉重地向西方滚动，大雨时降时停。降时那铁丝般的雨柱，猛烈地击打着地面和屋瓦；刚割下稻子的稻田，一望无际地呈现着被风雨搅浑了的泥浆；泥浆里的残梗规则地密布在那里，像是生满了铁锈的锅炉滤孔。一旦雨停，一切声音都化为乌有，使大地剧烈震动的千军万马悄悄地在村头消失，似乎是撤退了，要等到另一阵大风雨逼来的时候，才再回军攻击。

蔚彬去纪桐村是一个星期前决定的，他的一个朋友和纪桐村国民学校校长相识，听说那里缺少一位教员，便介绍他去接头。他原来在他家乡一所最有名气的师范学校毕业，一直在国民学校教书，来到台湾后，在台东谋到一个位置，继续守着教员的岗位，转眼十年，当时的学生有的已经出国，有的都大学毕业了。

他是今年暑假被人事调整，离了职的。漫长岁月，一直和孩子们在一起，听惯了赞扬小学教员的演讲，和外界没有什么联系，一旦通知他不再续聘，几乎比十年前离开故乡时还要感到茫然。

所以当那位朋友提起可以介绍他去纪桐村试试的时候，他万分感激地接受了。但天气却一直很坏，短短的八月份三十一天，便有十几个台风在太平洋上形成，有的中心还恰恰通过台湾，有的半径把台湾笼罩在内。好不容易才等到雨住，虽然电台又宣布雪莉台风的边缘今天可能扫过全岛，蔚彬还是像抢夺什么东西一样，不顾一切地赶到纪桐村。干了十年的国民学校教员，加上仍是一个单身汉的缘故，离开台东的时候，他身上还有一千块钱的积蓄，来台北后一个月，仅伙食一项便用去四百元，因此他十分迫切希望能够把工作早日确定。他到纪桐村时，苍穹上充满了台风天气所特有的那种灰暗和风雨，他便趁着风雨间歇的工夫，找到学校。

他遇到韦召的时候，正是见过校长出来。韦召一个人在一家杂货店竹篷子下面站着，腰像龙虾一样地弯成弓形，脸上憔悴发青，头发很乱，他的疲惫神态和他全身穿着的高贵衣料的服装太不相称。蔚彬最初不敢确定他是韦召，韦召十五年前去马来亚经商，一直没有音讯。所以蔚彬怀疑自己眼花了，但他仍姑妄一试地叫了一声，因为他无意中看见他的大拇指正在用力摩擦着自己食指的侧面，而韦召在感情激动的时候，从小就有这种习惯。

韦召朝蔚彬望过来，然后像一个伏案老吏似的，戴上眼镜，这种只有老年人才有的不自觉的动作，发生在一个中年人身上，使蔚彬吃了一惊，但使他更吃一惊的还是那沙哑的声音。

“蔚彬，”韦召说，“你是蔚彬。”

“啊，韦召。真是你！”

韦召没有移动身子，也没有伸出手，蔚彬几乎是近于勉强地从他口袋里把他的手挖出来握住，像握住一块冰块，那冰块发着刺骨的冷，但他感觉出来他掌心里却是正淌着汗珠。

“我正要找你。”韦召说。

“韦召，告诉我，我们十五年不见，看样子你发生了什么事。”

韦召顺势斜靠着柱子，从竹篷上漏下来的水柱，向下倾泻着，其中一条正滴在他那在巴黎讲起来也是很高贵的草帽上，蔚彬拉了他一下，希望他躲一躲，他没有理会。

“你病了吗？”蔚彬说。

韦召被用力地摇动着，仍没有作答。

“你什么时候回国的？”蔚彬说。

“两个星期之前。”

“我从没有接到过你的信。”

“我也从没有接到过你的信。”韦召说。

“那你说你找我。”

“是的，”韦召说，“战乱使我们隔绝，我在马来亚一直惦念着两个朋友，一个是你，一个是刘隆青，我不知道你们惦念不惦念我，但我是永远记着你们的。一个人在事业上有了点成就之后，就更需要爱情和友谊充实他的生命，缺一个便会感到空虚。我已经结婚了，而且有了两个孩子，太太仍在马来亚，我们感情很好。我这次回国，就是为了找你们两人。我想，如果你们已有成就，我帮助你们再行扩大，如果你们还没有成就，跟我到马来亚去吧。”

“你怎么会来到这偏僻的纪桐村？”

“隆青住在这里，”他看出我要发问，“你不认识隆青？”

“同乡吗？”

“是我小时候念私塾的同学，他比我大，是我的保护人。没有人敢欺侮我，有一次有个同学骂我小瘪三，他追上去扭住那家伙的手臂，一直扭到他哭喊着讨饶。我欠他的最多，但他后来到美国读书去了，他学的是历史，回国后只好教书。蔚彬，我告诉你，书害了他。”

他最后一句话仿佛从他嘴里哭出来。

“我告诉你，”他重复说，“书害了他。”

“是的。”蔚彬心不在焉说。

韦召的双颊频频跳着，那是咬动牙关的表示。

“你怎么会站在这里？”蔚彬说。

“我在等我的车子来接我，我原来告诉司机，叫他今天上午来的。蔚彬，我在台北打听不到你的消息，却打听到隆青的住处。”

“他就住在纪桐村？”

“对的，可是他已死去多年。”

韦召低着头，呆看着脚下的泥土。

“他的遗属仍留在这里。”他说。

“哦。”

"告诉我，"韦召像要躲开射来的枪弹似的，忽然问道，"你这十年来的情形如何。"

蔚彬觉得背上布满了荆棘，从耳根升起两股火焰，很迅速地烧到前额。他努力地克制自己，慢慢地把他平淡的生活叙述给韦召。蔚彬希望韦召不要看他，那会使他像犯了罪似的更加不安。韦召果然没有看他，只像一个将军凝视着地图似的，他凝视着天际翻腾澎湃的黑云，那焦黄的面庞一会转青，一会又转得更为焦黄。

2.

在归途中，风和雨排山倒海般向地面倾泻，一刹比一刹更大更猛，停止的间歇也越来越短，车子上的收音机播出雪莉台风将延于午夜登陆花莲，呼吁北部地区居民严重戒备，并防洪水。

"把它关掉。"韦召说。

司机愕然地照做了。时间虽然是白天，车子却在两道自己的灯光引导下前进。车厢像一个潜入海底的堡垒，雨水包围着玻璃，除了司机面前那块赖着水拨划出一点视线外，他们看不到外面，只有车身不时地在微微颤动。

"你太过于沉默，韦召，"蔚彬说，"你变了很多。我想听一听你的别后情况，你看到隆青的遗属了吗？"

"看到了。"

"那你应该把我介绍给她们，你不能久停在台湾，我会代表你经常去看她们。"

"用不着你去看。"他咆哮说。

"她们给你闭门羹了吗？"

他愤怒地看着蔚彬。

"你不正常，韦召。"

"隆青是个好人。"他木然说。

"嗯。"

"她们恨他，"韦召握住拳头，向空中挥舞，但立刻就重新地放在自己的膝盖上，他重复地说，"我也恨他。"

蔚彬来不及说什么，韦召的举动大出乎他的意料。

"他是五年前死的。"韦召说。

"抽烟吗？"

"不。"

蔚彬自己燃上一支，看着烟雾在头顶上缭绕。

"他本来可以不死的，"韦召说，"但他读书读得太多，书把他带进牛角尖，书上告诉了他太多的做人道理，像做人要有骨气，要有正气，要威武不能屈，要贫贱不能移等等。从他太太口中，知道他竟真愚蠢地不向任何权贵低头。他从前的一个老朋友，现在当了部长，从遥远的台北降贵纡尊来探望他——在我们这个时代，已算是了不起的惊人之举了——商请他担任什么处长。他不知道感激涕零，表示顺服和听话，却以魏征自居，当面指出部长做人做事的缺点，他的意思是非如此不足以报知遇之恩。但部长却感到非常不舒服，他用人是听他的话的，不是叫他不舒服的，于是勉强吃一顿饭走了，永远地走了。"

"他太天真。"

"他忘了魏征的对手是李世民，也忘了李世民这样的人历史上是少有的，更忘了魏征之所以不死不单纯因为李世民的容忍，而是因为李世民妻子的解救。"

蔚彬继续吸着烟。

"隆青在你去谋事的那所国民学校教书，他不得不在那里教书，部长对他的冷淡，所有的人都知道了，没有一个人敢挨他，也没有一个人愿再推荐他。部长来看他时，虽然也着实热闹过一阵，送礼的很多，校长也曾另眼看待，但这种温暖不久便没有了，因为部长回台北后一直没有下文。"

"啊。"

"小学教员的薪水不能维持生活，隆青的大女儿要进大学，没有力量缴学费,但隆青还拒绝学生们的补习费,他认为他不应该收,而且教育厅也规定不准收。"

"后来呢。"

"他死了,死在整天为人洗衣服洗肿了手的他妻子的怀抱里。我告诉你,他的妻子在念书时是四川大学的校花,她爱慕他的学问,蔚彬。"

"是的。"

"隆青中了书的毒。"韦召说。

"你以为他应该怎样?他应该婢膝奴颜地活下去?"

"是的,当然是的,当类似乎那个部长者流的需要欺骗,或是以受欺骗为快乐的时候,你就应该欺骗他,而且要无情地欺骗他。隆青停留在书本上的社会里,而我要他认清时代的特质。书把他的眼睛蒙瞎了,他至死都不知道他的错误。一条狗都比他好,因为狗死了没有给子女留下苦难。"

蔚彬抓住他的臂膀喊:"隆青是你的朋友。"

"正因为他是我的朋友,我才这样痛心,假使他是一个我根本不关心的人,我还会赞扬他,和世人赞扬颜回一样地赞扬他。蔚彬,看你吧,看你的样子,十年小学教员还是满脸菜色,你辜负了生命,你只能把自己关到小圈子里陶醉,你敢睁开眼吗?"

"韦召,"蔚彬推他说,"谈谈你的太太。是怎么结婚的?给我看一下你们合家欢的照片。"

"我是昨晚到隆青家的。"

"韦召,马来亚的天气一定比台湾要热。"

"你知道我遇见什么?"韦召看着他的脸,目光像熄灭了的灯泡。

蔚彬用力地吸着烟,避开他的视线。

"我是昨晚到纪桐村的,天很黑,不时下着小雨。街上泥泞得很,所有的人家关门闭户,一团黑漆,好像那小村已隐去了似的。我焦急地徘徊着,良久之后,就在我刚才站着等车的竹篷底下,透出一线灯光,那是一家杂货铺。我向老板打听国民学校的地址,老板告诉我了。"

"你不应该叫你的车子回去。"

"到了学校，"韦召说，"我十分兴奋，心中盘算着和隆青相见时的狂喜。千里他乡遇故知，我打算在他那里住下，做彻夜的长谈，第二天再一块去找你。可是，学校的一个老工友告诉我他的噩耗。我不能形容我的痛苦，蔚彬，我真怕我当时会落下眼泪。于是我就接着问那老工友，隆青的家住什么地方，我预备去住一夜。他的眼睛泛着一种惊奇和嘲笑混合的光芒，我当时不懂他为什么如此，可是不一会工夫我就懂了。"

"隆青家还有什么人？"

"后来我知道的，有他的妻子，大女儿文瑜，两个男孩子文川、文渭。"

3.

车子向前奔驰，路上其他的车辆不多，所以他们很少受到喇叭的干扰。蔚彬不停地吸着烟，用以镇定自己。韦召对充塞在车厢里的烟雾并不介意，他的眼睛有时微微睁开，有时却紧紧闭着。

"我想你在隆青家一定受到热烈招待。"

"他们住的是一栋木板房子，"韦召说，"很是陈旧的了。我轻轻地敲门，一个穿着初中制服的学生把门打开，他没有问我是谁，就让我跨进去。那是一间放着两套沙发的小小客厅，我坐下来，刚要问他是不是隆青的儿子，还要问他的母亲在什么地方，但没有等到我开口，他便跑出去了，我听见他在院子里呼喊：

"'姐，有客。'"

"'马上就来。'一个娇滴滴的声音。

"我抬头看那客厅，墙壁上挂着两幅裸体的油画。我想找一本书，我相信隆青家里不会没有书的，但不得不失望了。这时候，一个女孩子站在门口，我不敢确定她的实际年龄，看她的面孔和偶尔还有点稚气的言语，我判断她不过二十一二岁，不过她那艳丽的衣服，黄金色露着十个涂着蔻丹足趾的高跟鞋，和描得深入鬓角的细眉，似乎老于风尘的了。她走到我面前，把手轻搭到我肩上。

"'你怎么找到这里？'

"'那老工友告诉……'

"'啊，'她笑道，'你今夜是不是住下？'

"我手足失措地把她推开。

"'你是刘隆青的女儿吗？'

"'当然，而且是货真价实的女学生。'

"'我打算这样，'我说，'你母亲……'

"她的食指迅速地按到我唇上，抓住我的手。

"'跟我来。'她说。"

蔚彬深深地吸着烟，插嘴说：

"你进的真是刘隆青家吗？"

"我没有拒绝的理由，"韦召叹一口气，"我跟她走了，她把我引进她的卧室。

"'你的运气不错，'她说，轻佻地用她尖尖手指拧了一下我腕上的肉，'我今早才回家。我问你，你从什么地方来的。'

"'我从马来亚来看你们。'我不高兴她的态度，但我仍告诉她。

"她显然因为我是华侨而兴奋，她愉快地坐在我的身边，一面喊她的母亲端茶来，一面把她那雪白而细嫩的面颊在我脸上摩擦着。一股扑鼻的异香把我弄迷了，我这时才想到一定是走错了地方，走到私娼馆里去了。"

"你当然是走错了，韦召！"蔚彬说。

"她斜着眼向我笑着，"韦召说，"而且吸着纸烟，像她那样年龄的女孩子吸着纸烟，便是一个恶兆。"

"那不是刘隆青的家，韦召，你终于发现你走错了。"

韦召陡地把两手握到胸前，像要凭借着相握的力量减轻心头的激动。他咳嗽了两声，又像被击倒了似的颓然弯下腰，手也松开了。

“我希望是那样,”他衰弱地说,“老太太端茶进来了,我认出是她——”

“韦召。”

“是她,蔚彬,是隆青的太太,天!”

蔚彬低下头,把烟头投入座前的烟灰盒,在他吐出最后一口的烟雾里,他仿佛看到韦召和隆青妻女相见时的尴尬场面。那女孩子会掩着脸奔出去,隆青的太太会向韦召哭诉她的遭遇。蔚彬的鼻子有点酸苦。

“我永远不能忘记她们母女的表情,”韦召说,“当我把来意告诉她们之后,她们的反应很淡。

“‘孩子不得不这样,’做母亲的说,好像是说别人家的事,‘一个没有人事关系的人,无论男女老幼,都无法找到养活一个妈妈和两个弟弟的工作,但我们现在过得很好。韦先生,你来迟了,你在孩子落水的前一天如果伸给我们像今天这样的援手,我们会感激终身。’

“‘隆青在地下会蒙羞的,’我说,‘你的两个儿子也会蒙羞的。’

“‘你错了,’做母亲的说,‘我不知道马来亚的情形如何,但我知道我们活着的这个社会,没钱才是羞辱,而为娼却是高尚的,至少和别的职业一样高尚。隆青在他的标准上活着,他除了穷困外没有给我们什么。’

“那女孩子蓦地回头过来,很轻松地笑了笑:

“‘韦叔叔,’她说,‘对不起,我以为你是寻花问柳的客人,请你原谅。’

“蔚彬,这是一场噩梦,不是吗?从天上打下来打到我脚前的霹雳都不能使我这么战栗,我不相信我的耳朵,真的,我越想越不相信。天下没有这种事的,蔚彬,告诉我说天下没有这种事。”

韦召逼到蔚彬脸上,那涣散了的眼神盲目地在蔚彬眉上眉下闪动着,他似乎认为他的严厉叫声可以保证他的希望不落空似的。车子忽然来一个急转弯,把他的身子摔过来,蔚彬握住他的双手,它们仍是那么冰凉。

“我勉强住了一夜,”韦召接着说,“我记不得我曾说了些什么,今天一早,我留下三千元美金,那够她们一家人坐吃五年的了,我还答应负担孩子们以后的全部学费。”

“上帝祈福你,韦召。”

“她们不接受,”他说,“她们恨隆青,也恨隆青的朋友。”

“或许是——”

“我不明白。”他沉重地说。

4.

车子的速度逐渐放缓,风雨也更加大,从被水拨刷开的那片玻璃上可以看见街头的车辆和沿街的商店招牌,司机告诉韦召,已回到台北了,问开到什么地方。

“旅馆。”韦召说,他瞧着蔚彬。

蔚彬点点头,但他还是在想纪桐村国民学校的事,校长答应有机会便通知他,他希望不要饿死。不过他也看见隆青的影子,他不认识隆青,只是隆青的影子却是那么熟悉。随着车轮转动,韦召闭着嘴巴,蔚彬就又看到他们三个人的童年,于是,他燃起另一支烟。

路 碑

1.

连绵了几天若断若续的春雨，就在惠英刚刚被推进产房的刹那，突然像着了魔似的急泻起来。一位脸上没有表情的护士小姐从走廊的这一端走到那一端，逐次把所有敞开着的窗子一一关起来，传到耳朵里的是一阵窗叶和窗框的撞击声，而震耳欲聋的大雨便这样被驱出这个产科大厦了，但隔着窗玻璃，仍然可以看到雨势一分钟比一分钟凶暴。永平露在短袖外面枯瘦而黑黄的双臂，满起着冷粒。他身旁坐着赵先生，永平不知道他的名字，只知道他姓赵，赵先生和自己一样，也是一清早就送妻子入院，枯坐在这里等候生产消息的。两位做丈夫的肩并着肩，走廊上唯一的一条长凳使他们坐得胯骨都痛了。从早上到午后，两个人自然而然地，也顺理成章地谈起话来，各人表达着自己对妻子的怜爱，并互相安慰对方不安的心情。

产房门就在这时候开了，一个手里拿着一张纸条的护士，迟疑地注视着他们。永平没有向他的同伴打招呼便迎了上去。

“请问，”他说，“王惠英生了吗？”

护士摇摇头，但她借着永平的问话，肯定了另外那一位就是她要找的人，她向赵先生招手。

“请你去买药。”她把药方递给他。

“我太太怎么样？”

“她痛得厉害，等你的镇痛剂。”

赵先生向药方瞥了一眼，像一个被警察瞥了一眼的逃犯一样，翻转身子,向外跑去。永平退到那张硬而且凉的长凳上坐下,迅速地想到一个问题,自己也可能被随时通知去加购贵重药品的。他记起他身上只剩下五块钱了,香港衫口袋里除了那张五块钱的钞票外,还有一张住院保证金的收据。他掏出来那张收据看着,收据上写的是:

兹收到

王惠英女士住三等三一四号病床保证金一千元。

那"一千元"三个字在永平眼前跳动,好像要跳出那张白纸,升到半空。永平微微地叹口气,一千元,真是一个天文数字,他始终不敢梦想他竟真的凑到了这个数目。他的职位不过是一个办事员,每月六百元的薪水,使他想都不敢想他终于有力量把惠英大大方方地送进医院。

赵先生用和去时同样奔跑的步子折回来了,手里拿着三瓶针药。

"多少钱?"永平说。

赵先生从他身边冲过。

"对不起,"永平追上去,"多少钱?"

赵先生心不在焉地应了一声——

"啊,六十八元。"

"六十八元,"赵先生回到永平身旁,擦一把汗,和任何一个了却一桩重要心事的人一样,轻松地说,"此地的药真便宜,这三针如果到药房去买的话,恐怕至少也得两百块钱。"

永平把口袋里的五块钱掏出来,紧紧地捏在手里,大雨正铁锤般向窗子捶击,顺着尚留有缝隙的窗叶下端淌下几股水柱,蜿蜒着向他脚旁那块低凹的地方流着。他仔细地看着它,虽然它流得很慢,但却终于把一个躲避不及的蚂蚁吞没了。

"我不要想别的事,"永平对自己说,"我只愿今天平安。惠英的身体很好,他们不会叫我买药的,当然不会,而且她是第二胎,一定安全,一定非常安全,不是吗?"

"你是不是不舒服?"赵先生摇他的肩膀。

永平注视着赵先生大惑不解的面庞，含糊地说了两句否认的话。

“我饿得发慌，”赵先生说，“我们都是一天没有吃东西的了，现在一块去吃一点，你的意思如何？”

“雨这么大，恐怕出不去大门。”

“医院里合作食堂，我知道，牛肉面总是有的。”

“哦，”永平停了一停，“我不饿。”

“但你总得吃一点，我们可能要在这里守一个通宵，那会支持不下去的。我看你脸色不好，恐怕是担心过度的缘故。”

“我不饿。”永平愤怒说。

这句话的声调很高，赵先生料不到他的同伴竟如此无礼。永平也对自己的叫声感到意外，但他并没有打算向赵先生道歉，他把那张钞票里的水分都捏出来了——似乎他的掌心也正在冒汗，他分明听见自己的肠胃里发出咕咕噜噜的饥鸣，但他丝毫不去理会，仿佛那是从其他陌生人肚子里发出来。

赵先生搭讪着告诉永平，他要先去吃一点什么了，可是，那位护士小姐适时地又在门口出现，手里又拿着一张纸条。

永平霍地站起来。

“赵先生，”护士说——假使她能笑一笑该是多么仁慈啊，但她只生硬地说，“你太太生了一个男孩子。”

“谢谢你，谢谢你！”赵先生搓着手。

永平也向赵先生道贺，但护士小姐却把那张纸条拿到他脸上。

“你是王惠英的先生吗？”

“是的，小姐。”

“快去买药——止血剂，你太太也生了，一个女孩子，快，越快越好，她的命悬在你手里。”

永平疯狂地向外跑去，一面跑一面用手掏着自己的咽喉，他觉得有根烧红了的铁针插在里面。

2.

在批价地方,一片通知单从小洞口塞出来。

"缴费处在对面!"小洞里的小姐指给他。

"啊——"

永平把通知单拿到手里,上面写着阿拉伯字,三十八元。他踉跄地走出医院大门,雨势似乎小了一点,这是一个好的预兆,世界上再也没有比苦难中的人对天气更感觉锐敏的了。一块以对街大厦为底边的三角形的惨白云层,正逐渐扩大,在乌黑的天际发着耀眼的闪光。

"我去找文强,"他想,"文强会借给我的。"

叫了一辆三轮车,将地址告诉车夫。

"快一点,"他说,"到那里马上就回来。"

"五块钱。"

"好的,快一点。"

中途,永平用手指把三轮车的雨篷边缘往下压着,看着街头往返奔驰的汽车,脑子里浮着仰卧在产床上的惠英苍白的脸。

三轮车很快便到了文强住的那个巷口,看见文强的自用汽车。

"他在家,"永平心里喊,"他会借给我的。"

文强恰巧从家里走出来,在门篷底下,热烈地握着从三轮车上跳下来的永平的冰凉的手,抢先表示他对老朋友十分怀念,好久不见了,真希望能够常常聚首。接着,文强声明他太忙了,会议多,宴席多,乱七八糟的应酬多,他向永平抱歉不能让他坐一会,因为康主任非拉他去看一位美国朋友不可。

"我,我,"永平脑子里沸腾着一百元的数目,但他咳嗽了一声,胆怯地说,"对不起,我想借八十元,七十元也可以,有点急用,有点——"

"没有问题,"文强说,但他在口袋里掏了一下之后,略微现出一点歉意，“对了，你看，我恰恰一时不方便，啊，老王你身上有零钱吗？”

那被唤作老王的司机漠然地摊开空空的双手。

“你明天来拿吧，”文强说，“明天这个时候，我把它留给门房，几十块钱算不了什么，明天你来，我一定为你准备好。”

永平爬上三轮车时，他头发上的雨珠正沿着鬓角往下滴，浑身像被火烧着似的要寸寸裂开，车夫用着奇怪的眼光望着他，他的头胀了起来。

“我们去中和路。”他说。

“那相当远啊。”

“我会给你车钱的，步行太耽误时间，而这一带又没有公共汽车。”

三轮车又在路上了，永平直着腰端坐着，他恐怕如果全身靠着车背便会增加重量，车夫就可能拒绝拉下去。他咬着牙去排除惠英的影子，三十八元，只三十八元便救了她，但他这个做丈夫的却没有三十八元。在车子上，他眼前浮起一连串朋友的名字，“我不配活下去！”他用双手拉着自己的头发，然后猛烈地捶打自己的脸，一股无法形容的厌恶在他心头萌芽，他厌恶自己，他把头发拼命地往下拉，被拉掉的一缕发根上带着皮屑和血迹，但他的心却安静多了，他已经分担了惠英的痛苦。

他计算着，至少有五个很要好的老朋友住在中和路，车夫在他指示下，逐家地停下来，他得到的答复虽不一致，但结论却差不多一致的：

“不在家。什么时候回来？不知道。”

“五十块钱？你看，老朱，你为什么不早讲，刚才我身上还有两百元，被太太拿去打牌，咳，还米店的欠账去了。”

“没有问题，永平，可是，可是一时不凑手啊！”

“怎么？五十块钱，我身边只有十五元，尽管先拿去用——啊，告辞？你不多坐一会？”

永平最后爬上三轮车时,已经没有多大的力气,车夫好心肠地架着他的上臂,被他那发着高热的皮肤烫得叫了一声。永平没有注意车夫脸上惊讶的颜色,他像被抽去筋似的,双腿在簌簌地发抖。

“我要回家。”他衰弱地说。

“先生,你府上住什么地方?”

“中兴路,中兴路……”

3.

看到自己家那扇斑驳得像老树皮一样的大门,永平定了下神,轻轻地把它推开,他怕惊醒了小英,小英——他那六岁的女儿可能已经上床睡了。但当他用脚尖走进房子的时候,他第一眼便看见一对茫然的大眼睛,而早上离家时放在桌上的那两个馒头已没有了。小英坐在墙角的水泥地上怔怔地注视着她的爸爸,两只枯瘦的小手抱着赤裸着的双膝,小脚丫不自主地乱动着。

“张伯伯来过,”孩子细声说,“有张条子留给爸爸。”

永平拿起那条子:

来访未晤,怅甚。先生房钱已积欠八月之久,不得已转租他人,务请于周内迁出,再不能后延矣。弟一家七口,苦况可能比先生更甚……”

永平走到床前,在那唯一的一只箱子里,挑出一条还没有穿破的西装裤和两件毛衣,一件是惠英的上装,一件是小英的外套。他仔细地检查了一下,又环顾四周,再没有比这些更值钱的东西了,最后,他的眼光停在小英的身上。

“乖乖,”他说,“把你的羊毛衫脱下来。”

“我冷,爸爸!”

“脱下来!”永平大吼。

小英害怕地照做了,他帮她往下脱,孩子觳觫而凉得像冰块似的手臂碰着他,他浑身的血管都要僵住。

“你怕吗?”

“我怕,”孩子鼓起胆量哭出声音,“我要妈妈。”

“妈妈马上就回来。”

“我饿。”

“到床上睡去,”他厉声说,“你只知道吃。”但他忽然用手叉住自己的嘴巴,“孩子,”他抱起冰冷的女儿,把她放到床上,用那满是补丁的被子裹起来,柔和地说,“爸爸对不起你,是爸爸无能,啊,在床上等爸爸回来,爸爸一会就回来了。”

然后,他大踏步向门口走去。

“爸爸!”孩子喊。

他停住脚。

“小英乖,”孩子面颊上滚着泪珠,“小英不哭,小英等爸爸回来。”

永平向自己女儿笑了一下,便飞奔上三轮车,经过两条街,在当铺门口停下来,他把衣服抱到怀里,用身子保护着,避免稀疏的雨点打湿。高高在上的,在那个小洞中端坐着的朝奉很熟悉地向他的老主顾点点头。永平把东西推到高台上,朝奉一件一件地摊开,举到眼上,再举到鼻子上,像一个欣赏着血肉狼藉的狐狸一样,没有怜悯,只有冷酷的褒贬。

“十五块钱。”他向永平开出价格。

“不,”永平喊,“四十块。”

朝奉冷冷地把衣服推出窗口。

“先生,”永平攀着台子,“给二十三块吧,十八块也可以,只多给三块钱!”

没有反应,那死一样静的窗口中传出擦火柴的声音,朝奉燃着一支纸烟,顺手拣起刚才被永平打断的《太上感应篇》。永平再把衣服推进去。

“求求你,只三块钱便救一条人命。”

“我们不是救济院，老板会赶我走，我有家小。”朝奉的眼光从《太上感应篇》上移向他。

“好吧。”

4.

永平跨出当铺的时候，稀疏的雨点忽然紧密起来，仿佛那雨已尽了它的怜悯，使一个平凡的丈夫和父亲，能全身不太湿地去寻觅活下去的机会。现在，显然地已逾过它宽大的限度，重新瀑布般地下降。一阵隆隆的，像千军万马奔腾的声音从四面八方传到永平的耳鼓，他像一个陷进重围，而又弹尽援绝的老兵，反而变得十分镇静。

“一共多少钱？”他问车夫。

“先生，你不回医院去了吗？”

“是的。”

“二十——十五块钱吧！”

永平把十五元如数付给他，然后向当铺看了一眼，顺着那没有屋檐的人行道向郊外的方向走去。大雨立刻魔须一样把他缠住，雨水浸透了他的香港衫和咔叽裤，皮鞋湿淋淋的，仿佛拖着两块石头。但他已不再焦急了，火焰从心头逐渐熄灭，他感到的只是一阵一阵的冷，孩子的哭声和惠英躺在产床上望他归来的那营养不良的脸色，也平静地从他脑际消失，他终于走到一座四处没有人烟的路碑跟前。

猛然间，一道闪光过去，那道闪光仿佛划开了昼和夜。永平发现天已经开始黑了，他把手张开，两张仅有的被卷成纸烟模样的钞票，一张当票，一张批价单，和一张医院的住院收据，躺在手心。大雨如注地打到上面，使它们轻微地跳动着，永平虔诚地吻了它们一下，再收进口袋。

一个巨雷就在头顶上爆炸，永平迅速地撕开他的扣子，露出赤裸的胸脯。

“看啊，看啊！”

他举首向天，悲苦地喊，语音和隐约的巨雷尾声缠在一起，掠过那逐渐阴暗下去的原野。在昏暗的光线中，可以看见永平胸脯上那两块和手掌样大小的丑陋疤痕，而且因为新肌生出时缺乏医药的缘故，直到现在都留着鱼鳞般可怕的瘤瘢。那是他二十二岁那年长沙会战肉搏时被日军刺刀刺伤的，他记得他只一枪托便把一个日军的头打成肉酱，但是另一个日军扑上来，他几乎可以听见刺刀刺到他肋骨上的格格声，他在医院中住了一年，愈后重回前线。

"看啊，看啊！"

他的热泪和冰凉的雨水一齐淌下来。没有回声，也没有人听见他的呼叫，永平掩上衣襟，向天空轻蔑地笑了笑，咽下一口唾沫，往后退了五六步，弯下腰，然后，向那路碑凶猛地撞上去。头盖骨和路碑接触的一刹那，他感到一阵身子都要化为灰烬的剧痛，接着他分明地觉出他的脑浆在他那破裂的天灵盖骨缝中溅出来了，于是，像一棵被蓦地锯倒的大树，他的尸首砰然地摔倒在路碑底下。

在产科医院，惠英仍仰卧在那里，她隐约地听到孩子的啼声，但她已分辨不出是不是自己孩子的了，仿佛握着一根正在流动着的自来水管似的，她觉得不停的颤动激荡着全身。

"小姐，"她羞愧地说，"可以不可以先给我注射一针止血剂呢，我觉得头晕。"

"你丈夫怎么还不回来？"

"他会回来的，"她说，"他怎能不回来呢？记得我们在曲江被日本军队冲散时，他冒着生命危险去俘虏营救我，还把文强也救出来。可是，那药值多少钱呢？永平，难为你，我的丈夫啊！"

惠英的嘴唇和被单一样苍白，另一个护士偶尔走过来，诧异地看了她一下，把手放到她鼻孔上，像放到毒蛇的冰冷巨牙上一样，大声喊出一个字：

"她……"

天上响起巨雷，正是永平向路碑撞去时响的那个巨雷。没有人知道他们二人的灵魂是不是已在空中相会，如果相会的话，他们回顾大地，会发现他们留下的两个女儿——大女儿正蜷卧在床头，睁着恐惧的眼睛，盼望着爸爸妈妈归来。而小女儿呢，她正杂在婴儿群中，无知无识地酣睡。

平 衡

1.

方山饭店是台湾最大和最豪华的旅馆兼餐馆,它雄傲地盘踞在基隆河畔一个并不太庄严的土丘上,但饭店本身却是庄严的,所有的客人没有一个属于步行阶级,他们都有汽车代步。姜隆一直沿着那光滑的柏油山路走了一半,才发现来来往往的全是最新式的小型自用汽车,它们的主人是美国人和高等中国人。车灯像暴怒的恐龙巨爪一样,不断地抓住他,再不断地把他甩到它们身后,全山道上似乎只有他一个人在踽踽地走着。路灯孤独地映出来他的枯瘦人影,现在正是十二月中旬,即令在台湾,天气已经很冷了。姜隆穿得很单,在挤下公共汽车,开始爬山的时候,一阵河风和山风还使他打过冷颤,但当他走到方山饭店大门口时,浑身已很暖和了。

“找谁?”穿着蓝衣服的侍者拉开门。

“我找——”

“你为什么不走后门? 厨房在后面。”

“我去银龙厅。”

侍者显明地表示出他的不耐烦,方山饭店有史以来还没有见过步行赴宴的客人,尤其是面前这位客人的西服袖口上,还露着一道色泽较深的展边,那明明是把旧衣服改大后留下的痕迹。

“你去银龙厅干什么?”

“不干什么,”姜隆说,“这里是监狱,要看许可证吗?”

蓝衣服愤怒地举起手,他想把玻璃门猛地关起来,那就可以恰恰碰到对方鼻子上，让他马上血流满面。他不相信老板会因他得罪一个穷客人而开革他，但不知道什么原因他改变了主意，在举起手的时候，竟把门拉开，让姜隆进去。

姜隆穿过那光滑得连他鞋子上的补丁都照得出来的甬道，像一个闯进银行的暴徒，所有的眼睛都射到他身上。他不知道哪里是银龙厅，只好向人多的地方走去，男人们的风度翩翩和女人们的衣香鬓影使他的眼睛都睁不开，最后他在一连串的"对不起"声中走到临着荷花池的一张空桌子上。

"先生——"另一个蓝衣服走到他面前。

"咖啡。"

"加牛奶吗？"

"嗯。"

蓝衣服转身走了，走到柜台那里，回头望了一下，对坐在柜台里胖子笑一笑，那是一种仆役们所惯有的轻藐的笑。

"方山饭店越来越不像话了，"他说，"什么人都可以进来。"

姜隆没有听到这话，他背着大厅，面对着窗外的荷花池。咖啡端来，他心里盘算着，如果樊铃不遵约前来，他付起付不起这杯的钱。

"恐怕一杯得十元，"他想，"另外再给两块钱小费，我身上还有十五元，足够用了，剩下的三元恰好三张公共汽车票。"

然而，他准时看到了樊铃。就是刚才拒绝他进来的那蓝衣服用九十度的鞠躬迎接她跳下她的汽车，她一跃进大厅就朝着姜隆走来，姜隆感觉到一阵富贵气氛逼到脸上，她仪态万方地向他微笑地点一点头，好像上午才见过似的，然后在他的对面坐下。

"红茶。"她说。

尾跟在背后的原来那个蓝衣服应声去了，虽然红茶要比咖啡便宜得多，但他却没有再到柜台那里笑一笑。

"你早来了吗？"樊铃说。

"是的。"姜隆说。

红茶端上来之后，两个人都转动着面前的杯子，樊铃那雪白而尖尖的手指像小蛇一样在杯柄上蠕动着,她正考虑第一句话应该说些什么,原来准备好的措词,现在变得都不管用。姜隆却等待着她的开口,他发现有很多惊奇的眼光不断地向他们张望,事实上是他们在奇怪这么一位仙女样的贵夫人,竟和一个见不得场面的穷措大约会。

“我请你来,”她说,“我想,我们应该谈谈。”

“是的。”

“我可以爽直地说了吗?”

“是的。”

“阿隆,”她说,“你信上说你答应我离婚,是吗?”

“答复我一个问题。”

“什么问题?”

“你现在叫我阿隆,”姜隆说,“在我们婚后的三年中,你更多的时候叫我哥的,很亲热,也很性感,局外人听了可能觉得刺耳,也可能觉得肉麻,或许还可能觉得俗而不堪,但在当事人却感到非常自然,每一对相爱的人都有他们的昵称,对吗?”

“对的。”

“那么,我问你,我们离婚之后,再见面时你叫我什么?”

樊铃咬住自己的下唇。

“恐怕要叫我一声姜先生了。”姜隆说。

“我不知道,阿隆。”

“我们将成为陌生的人,好像不但没有同床共枕过,还似乎根本不相识。”

“你原来要攻击我。”

“我不是攻击你,”姜隆说,“事情既然成这个样子,你为什么还叫我阿隆,为什么还这样的亲热。”

“你叫我怎么回答。”

“非常简单,这只是达到离婚目的的一种手段,对吗?”

2.

“不管你怎么讲,阿隆,”她说,“答应和我离婚。”

“你为什么不找别的地方,而偏偏定在方山饭店,为了使我发现你的财富吗?”

“你反对方山饭店,只因为方山饭店,使你自卑。”

“我没有法子不自卑,自卑似乎不是坏事,你和那带你于下个月去美国作寓公的刘泉康大富翁在一起时,你不自卑吗?你面对着那些明知你只不过为了钱而背夫私奔的他的尊长和亲友,你不自卑吗?”

“我接受你的伤害。”

“阿铃,”姜隆说,“言词的伤害算不了什么,这是一个被逼到穷途末路的人唯一的也是最可怜的反应了,其实它只能伤害自己。我不过说说而已,我除了说说外还能做什么?”

“我很难过。”

“你明知道我没有汽车,而你挑选的却是这个非有汽车才受欢迎的地方,一定有真正的原因。”

“真正原因是,刘先生认为方山饭店是一个高贵的地方。”

“你以为身在高贵地方的人,便一定能做出高贵的事吗?”

樊铃从手提包里找出手帕轻拭着眼角,努力地强制自己。

“离婚书带来了吗?”姜隆说,“我可以签字。”

“谢谢你。”

“很简单的事。”

“什么条件?”樊铃说。

“没有条件。”

一个酒窝在樊铃左颊上滚动着,姜隆急忙闭上眼睛,她把一个空白封面的信封送到他面前,她小心地往前推着,使信封边缘碰撞着他放在桌边的枯干的手指。

“什么?”他蓦然说,凝视着那信封。

“收下。”

“我要晓得是什么?”

“你不应该不提条件。”

“我有义务使你自由,我对占有你达三年之久——实际上只有两年半,感到无限惭愧,你不应该埋没在我怀抱里,我不提条件只是为了赎我的罪于万一。”

“刘泉康很有钱。”

“我知道,没有钱你不会跟他走。”

樊铃发现又把问题谈回来。

“原谅我,”她说,“阿隆,你的生活太苦。”

姜隆的眼睛盯着目前仍是他妻子的樊铃的脚尖,那连一粒灰尘都没有的三寸半高跟鞋上闪烁着亮光,他仿佛见过这双鞋。果然想了起来,那还是去年,他们逛马路时,在一家拍卖行的玻璃窗里看见的,拍卖行的老板说,全台北只有那一双,索价一千四百元,整整的是他一个半月的薪水。樊铃失望地挽着他离开,他记得鞋尖下边有一朵花瓣,而他现在看见了。

“收下来,阿隆,”樊铃说,“对你会有帮助的,我不明白你为什么一定要过着非人的生活,九百块钱不够刘泉康赏酒女的小费,而一个小公务员,像你,阿隆,你却要维持一个家庭一月的开支。”

姜隆看见樊铃那丰满小腿上的玻璃丝袜,沿着足踝向上延伸着缀着一行星星一样的宝石,使她的小腿更显得神秘。樊铃大概发现他那异样的目光,警觉地把双腿斜着收回去。

“你为什么固执下去?”她说,“假定你和别的人一样能适应这个社会,我不会忍心离你而去的。从前,我亲眼看见你脸色严肃地叙述你顶头上司的训话,我当时不觉得什么,但我现在回想起来,却为你痛苦。阿隆,你的那个顶头上司和刘泉康是老朋友,他们在一起时,所说的和所做的跟畜生没有什么分别,而他们却高高地蹲在你的头上,我问你,你有什么了不起的尊严?”

姜隆的眼光停在她的细腰上。

“你应该屈膝。”樊铃说。

“我向谁屈膝。”他说。

“向这个被少数人搞成这个样子的时代。”

“阿铃,你半年来一定读了不少书。”

“你侮辱我,我再堕落也不致做出读书那种傻事。”

姜隆咳嗽了两下,他想他应该咳嗽。

“我是在你的上司们和刘先生谈话中听到和学到的,那些平常教你奉公守法、硬干苦干的人真面目使我吃惊,阿隆,我为你害羞。”

“你也是要伤害我。”

“和你一样,我也不伤害任何人,你说出你心中要说的,我也如此。我们夫妻一场,才劝你再往深处想想,如果我看你是路人,我会赞扬你的。”

“我承认我失败了。”

“照着我的话去做,你有灿烂的前途。”

“呃。”

“把这信封收下。”樊铃说。

“里面是什么?”

“一张美金支票。”

“多少钱?”

“五万。”

姜隆用力握住玻璃杯,他想他会把那杯子握碎,而在他心里也确实响起了那杯子粉碎时发出的声音。仍然原封未动的咖啡,因加了牛奶的缘故而苍白得像一副棺材的木板,邻座上有人在欢笑,也有人在讲英语,使他双臂都发起抖来。

“收下,阿隆。”

“不。”

“五万美金,”樊铃说,“可以把你上司的灵魂都买下来,叫他爬着走他便爬着走。”

“那是他们。”

“你——”

“我已说过我可以在离婚书上签字，”姜隆说，“我是自愿离婚，我不出卖妻子。”

“你可以出卖的。”

“不，阿铃，我爱你。”

“但我不，”樊铃说，“做一个丈夫，我希望他是人，不希望他是圣人，不希望他是颜回。”

3.

“那么，你爱刘泉康吗？”姜隆说。

“不爱。”

“没有爱，你会痛苦。”

樊铃冷笑了一声，那酒窝仍盘旋在左颊上，她伸出左掌，翘成一个半月状，仔细审视着尖得像箭头一样的大红指甲。

“是吗？”姜隆说。

“我正在学习爱他。”

“这和你从前的论调不一样。”

“什么东西都是可以购买的，”樊铃说，“包括爱情。只看有没有足够的钱，和用什么方式。他把钱摔到你脸上当然不可以，但他买一栋洋房或买一件貂皮大衣送你，就不同了。”

“这是新学说，阿铃。”

“一点也不新，只是伪善的人和懦弱的人不肯说出来罢了。”

姜隆衰弱地叹口气，他的腰突然间像折断了似的倾下来，使他显得更老迈和更没有生气。

“你讲这话，不像是一个女人。”

“对了，我是一个政治家。”

“把离婚书给我吧。”

樊铃这时候恢复正常，从一个雄辩士变成一个妻子，她从皮包里找出打字机打好的一式三份的离婚书，姜隆接过来，看了一遍，樊铃再递过钢笔，他点点头，准备签名。

“请稍微等一下。”她说，然后向另一张桌子招手，两个道貌岸然的男人走过来。

“他们是谁？”

“律师，这样才合法。”

两个人递给姜隆片子，姜隆恭敬地接了，然后在离婚书上写下自己的名字。樊铃也写了，姜隆很安静地看着，好像面前这个女人不是和他离婚而是和别人离婚。两个律师也签了字，向女主人握别，他们没有看姜隆，姜隆跟着站起来。

“再见，阿铃。”

“把这五万元美金支票收下。”

“我不会要的。”

“你太固执。”

“阿铃，在这个世界上，假使每一个人都很随和的话，岂不太单调？而那些富贵的人岂不也会感觉到太寂寞？必须有一两个固执的人点缀其间，才能多彩多姿，这对你也是有益的。”

“你还是牢骚。”

“像我这样的人，除了牢骚，还有什么？便是魔鬼都没有资格责备我。”

“阿隆。”

“嗯。”

“我已不是你的妻，但我要告诉你一句话。”

姜隆双手插进口袋。

“我虽然这样，阿隆，我还是爱你。”

“怕我以后报复吗？”

“不，你没有那么大的力量。”

“再见。”

"把这支票收下,听我的话,用它来建设一下自己,会有更漂亮的小姐嫁你的。我和他去美国——你想我会忘记你吗?五万美金是我用了浑身解数才向他要来的。不要以为他向你买你的妻子,你把像你这样无权势又无金钱的人估计得过高了,你原来坚不离婚时,他告诉我他已吩咐你的顶头上司找一个借口把你送到法院判刑,我就名正言顺地可以走路。"

"我没有做错事。"姜隆说。

"坐牢一定要做错事吗?阿隆,我爱你,只是,你太蠢,太傻。"

姜隆嘲弄地笑了笑,把举到面前的信封接到手里。

"对了,"樊铃说,"五万美金使你顿时成为一个小富翁。我说了很多刺激你的话,我希望你介意,啊,阿隆,我希望你介意,而不是希望你不介意。我愿你有志气,受了我的刺激而像皮球一样地反弹起来,去奋发图强。我承认我受不了苦才走的,但一个男人应该有义务使他的妻子舒适,他不能为了个人的自私而强迫他的妻子儿女跟着他受罪。"

"再见。"姜隆干渴地说。

"阿隆,无论如何,我的心在守着我们的海誓山盟。"

姜隆告辞了,蓝衣服彬彬有礼地走过来,账单上开着价钱:一杯咖啡八十元,一杯红茶三十元,樊铃熟练地签了字——二百元,包括九十元的小费。她签字后向律师那里走去,姜隆手中多了一个信封,侍者们的鼻子是人类中最灵敏的,他们显然地嗅到了那五万元美金支票的味道。或许同时也发现了他竟和一个贵夫人密谈了两个小时之久,想把门碰到他脸上的那个蓝衣服,这时候很自然地鞠下躬来,谦恭地为他打开大门。

不久之后,姜隆就听见自己皮鞋后跟新钉上去的铁掌的声音,他正在走下坡路。全台北的灯光像一团火簇一样在山脚下被黑暗包围着,汽车不断地在他身旁擦来擦去,他希望看到樊铃的车,却一直没有看到。他不知道她正在那里计算着等他徒步下山后才走。

他在基隆河边停住,冷风吹来,手臂上一阵一阵起着鸡皮疙瘩,清水鼻涕涎水般往下淌着,一个筏子在水中央旋转着,终于驶到对岸去了。他不敢想他的家,一个被万人称羡,而他自己也十分骄傲的家。半年前,樊铃说有一个同学约她吃晚饭,她走了,经过无数信件往返,一直到今天才见到面,而家却碎得无声无息。他不闭眼睛就可以看见她蹲在泥地里洗衣服的背影,每逢下半月,她都得去山上挖掘野菜佐餐,有一次他在大雷雨中下班,疯狂地奔到山上接她,她正躲在一个树洞中哭泣,双脚流血,一身都湿了。

"她是对的。"他想。

然后他忽然喊出声音:

"但我也没有错呀。"

他的声音没有得到答复,于是,他穿过中山桥,挤到公共汽车站上的行列里排队。他急需回去,如果再在河边站一会的话,他可能跳下去的。但那等公共汽车的人却是那么多,像一条长龙,他接到尾巴上。

"太太有消息吗?"一个人问他。

那是姜隆的朋友,姜隆说:

"刚办完离婚。"

"她对不起你,老姜。"

"一点也不。"

"你手里拿的什么?"

"钱。"

"啊。"

"一笔巨款,大概是育幼院的经费,不过也说不一定,或许不是。"

公共汽车来了,姜隆想上去,脚像千斤一样的重,而且胸中一阵翻腾,陡地想吐。朋友扶住他,就在马路边坐下,他把头埋到双臂里,抽噎起来,立刻围上来很多人。他听到人声震天地喧哗,也听到朋友焦急地告诉别人说他病了,也听到有人去叫车子送他去医院,但他心里很明白他要回家,他要躺到那他和樊铃共同躺过的床上。

十分钟后,他死了,手中还紧捏着那张美金支票。

客　人

1.

我住的地方，在台北讲起来，应该算是贫民窟的。十年前，坡心一带还是一片稻田，和到处都是长满着荒草的沼泽，起初只不过盖了一条街，用竹子和泥巴筑成的墙，再小的风都可以吹得进的既疏且薄的瓦，使得稍微有一点体面的人都望而生畏。十年后，光景却是大不相同了，很多高级官员搬到这里，雕楼画栋，接连地兴盖起来，因为便于他们的汽车行驶的缘故，几条必定经过的路面，都铺上了高级柏油，从外表上看和一个新兴的独立城市差不多，而且更显出富贵逼人的气派。

不过，这对我并没有什么影响。前年我在街上遇到一位老朋友——他是以喊“铁肩担道义”口号喊得最响而闻名于世的，很热烈地握住我的手，问我住什么地方，以便拜访。我只好照实说了，他的脸色霎时间起了变化，没有再谈几句便急急告辞。我倒没有什么难过，事实上也确是如此，我住的仍是十年前草创时代盖的克难房子，走路时太重的脚步都使窗子颤动。我的邻居们情形也都相似，这一带真正代表原始坡心的住户，被高楼巨厦摒弃在一个角落里，成为流浪汉们的寄生之窝。只有在这里，他们不会失去自尊，也不至于倒毙街头，在叩遍那些他认为一定会舍施的高官巨商的大门之后，他会来到这里，像回到故乡一样，所看见的和所听见的，不再有一点陌生。富贵的人总是责备贫贱的人最容易忘恩负义，那可能是真的，不过实际上贫贱的人已经用谄媚报答了，只有贫贱的人对贫贱的人更为慷慨,而且并不希望有什么收获。

端午节那天下午,我下班回来,顺便到杂货店买了三只粽子。本来还要买一个小布熊送给强儿——我那五岁大的孩子的,但价钱太高,最小的也要五块钱,盘算了一会,还是打消主意。我对抗高物价政策和低工资低薪津的法宝只有一个,那就是不断降低生活水准。当这个虽然有些人一个月仅特别费就有八十万,而大学教授一个月才不过两千元的时代,我一个月能有九百元的收入,已是很了不起的了。

三个粽子使家人洋溢着不是身临其境便无法体验的快乐。强儿早抢一个在手,飞奔到门口,一边吃一边向邻居孩子们夸耀去了。在我们这一带,很少有人家敢如此享受的,玉芸焦黄的脸上露着不是她本意的怒容。

"你太浪费了,"她说,"粽子有什么好吃的,你自己应该添一双袜子。房东老先生刚来收房租,我请他多宽限几天,假如他看见你竟去买粽子,他就不会同情我们。"

但我看见她打开粽叶时觳觫着的双手,她自生产后便得下这种毛病,每逢心情紧张时就不停地抖着,我知道她内心正在深切地激动。

"我们不应该太刻苦,玉芸。"我说。

她和一个没有教养的女人一样,咽了一大口唾沫。

"记得玄武湖吗?"她说,"我们的小船被杂草缠住,你那时还自以为是个划桨老手,发誓说要把它轻松地弄出来,结果连衬衫都撕破了,船还是原封没有动。你又不肯呼救,直等到天黑,另有一条小船经过那里,才把我们拖出来。那是我们过的最后一个太平的端阳节,是吗?"

"吃你的粽子。"我说。

"你总是不愿提过去,连有纪念性的日子都讳莫如深。"

"闭嘴。"我说,"啊,对不起,等我们心里受得住的时候再去提它吧。永不要回头,回头的太多了,会使我们发疯的。"

玉芸把已经举到唇边的粽子,缓缓地放了下来,她的手由发抖而进一步丑陋地痉挛着,像捧着一串散开了的宝石项链,小心翼翼地把粽子捧在桌上。从那破烂不堪、满蒙着灰沙的窗纸洞里射进来的斜阳,正照着粽叶中包着的那些被压平了的米粒,淡青中带着惨白。

"你为什么不吃?"我说。

"我想留给强儿吃。"

"他一个已经够了,我们大人总有十年没有吃过。"

"没有关系。"她说,"我小时候常吃的,我的父母没有亏待我,而强儿今年已经五岁,却是第一次尝到粽味,我要叫他吃饱。"

我正在剥我的粽子,她的话使我踌躇。傍晚的天气仍燃烧着余热,汗珠跟刚从水里拖出来一样地沾在我的双臂上,我不知道我应该怎么办。幸好一辆汽车这时从门口经过,灰尘像山崩了似的扑进房子。我们门前的马路一向都是如此,下雨时成一条全是稀泥的水沟,一出太阳便满街浮土,除非也有一个当权的官员来这里定住,否则恐怕是不可能改善的了。

我借着这机会迅速地把我那已剥开了的粽子,重新包扎起来,自言自语解释着——"灰尘!"我说,就在那一阵飞扬的灰尘过去之后,强儿拉着一个也约莫有五岁大的男孩,像两个小乞丐一样地站在我的面前。

"爸爸,我把粽子给他吃了。"

"我饿!"那孩子说。

我仔细打量他,他身上的衣服比强儿还要褴褛,也同样地赤着两只小脚丫,两只小脚丫支起他那两条特别细的小腿,使我想到扔到垃圾箱里的病鸡。他眼睛无神地看着我,就在他身后,站着一个年纪约四五十岁的中年男人,他那双至少有五六个补丁,而且和青蛙一样露着阔嘴的鞋子,上面几乎全是黄土。当我看到他那焦黑而且除了皮骨再没有别的东西的脸颊,心里结成一团。

"先生。"他说,"我是孩子的爸。"

"哦。"

"孩子饿,先生,他已两天没有吃饭了。"

孩子那像被刀子割破了的唇角,正粘着一颗糯米,强儿不懂事地跑到玉芸跟前,上气不接下气告诉妈妈说,小朋友看他吃粽子时口水都流下来。玉芸用一种含着鼓励的眼色望着我,我看出她允许我做什么事了。

我请他们父子进屋坐下,共进晚餐,那人迟疑了会之后,走了进来。做父亲的双手不安地搓着,孩子就站在他的身旁,木偶一样一动也不动,鳄鱼般地牢盯着桌上那两只剥开了而又被包起来的粽子,涎水真的像一个白痴似的顺着嘴角往下流着,做父亲的满脸通红为他擦去。

"看你的样子!"

"我饿,爸!"

2.

那一天晚饭的菜,相当丰富,是我们过了旧历年后第一顿大餐,几乎筹划了一个月的菜金,使我们在两位不速之客面前,感到很是光彩。强儿尤其骄傲,他把他的小凳子让他的小朋友坐,自己却站在他的身旁。

"你看,"他说,"我们有鱼。"

我们一共有四个菜,其中一个确实是一条清炖的吴郭鱼,其他三个菜是辣豆腐,凉拌黄瓜,炒茄子,另外还有一大碗山芋汤,足足盛着七八块拇指般大小的排骨,煮出来的几片油星,炫耀地在汤上浮动着,我给两个孩子每人舀了一匙。

"你贵姓?"我问。

客人没有回答,他迅速地咽下两口饭,焦枯的脸孔再度赤红起来。

"府上是那一省?"我说。

他狼狈地看着我,双手颤动着,筷子碰着碗边,发出一连串撞击的声音,我看见他手上虎口那里磨出来的血迹,玉芸赶紧扭回头去。

“吃吧,先生,”我说,“不要答复我的询问,我知道你不愿透露你的名字,你不是一个职业流浪汉。”

他点点头。

“你什么时候来到台湾?”

“三十八年。”

“一个人来的吗?”

“不,还有我的太太。”

“她在台北,”我说,“是吧?”

“不,她在美国。”

我和玉芸发出一声惊愕的叹息,我们的客人被我们叹息从半失魂的状态中震醒。

“我那时还有积蓄,她是到了美国后第二年和我离婚的,她来的是一封挂号信,我还以为她——啊,我不该说这些的。”

“对不起,我不该问你。”

玉芸困惑地说:

“你的孩子看起来不过七八岁。”

“十二岁了,”客人说,“过度的营养不良使他表面上比七八岁还要小,我不知道该怎么办才好,如果我死了对他有一分帮助,我会去死的,可是我死了他会比现在更可怜。”

“我不要你死,爸,”孩子说,“我不要你死。”

“你说他没有妈妈?”强儿问。

“你为什么不夹菜?”玉芸对客人说。

“我会夹的。”

我夹了一块黄瓜送到客人碗里。他已吃下第四碗了,孩子也吃下第三碗,但他们很少夹菜,而每一碗饭也都得等我和玉芸再三地表示“还多得很”之后才双手捧给玉芸,让玉芸为他添上。每次添饭时父子们陷下去的眼睛总是紧张地注视我们脸上的表情。

“孩子,”他不时地告诫他的儿子,“少吃一点,吃多了会生病的。”

“我不会生病。”孩子说。

但做父亲的却不能克制自己，一直到第六碗的时候，他已分明看见焦黑的锅底，才拒绝我们再去买点馒头的提议。

“不要再吃了，孩子。”他对他的儿子说。

“我要吃。”

“放下来，”他说，“不听我的话我就不要你了。”

孩子像中了枪弹一样地呆了一呆，乖乖地放下筷子，张着悸动不已的嘴巴。

“不要丢掉我，”孩子滑下小凳，踉跄地跑到父亲跟前，恐惧地说，“爸，我听你的话，不要再丢掉我，我长大了会养活你，爸！”

做父亲的弯腰抱住儿子，把儿子的头放到自己的胸口，闭上眼睛，两腮不停地抽动着。那是要流出眼泪的前奏，但他终于没有流出来，而只用他那暴着青筋的纤弱手指抚摸着儿子那露着肋骨的脊背。

“孩子，”他说，“不要老记着爸的错，上次是万分无奈才打算丢掉你的，为父的找不到工作，没有人肯用我做职员，我去作苦力反而会引起纷扰，他们不相信一个受过高等教育的人会去当矿工。饥饿，孩子，饥饿使我在一个面摊上吃了面之后把你丢下，我说我去取钱，你相信我，让我走了。然而，爸并没有走远，爸就躲在巷子口悄悄窥探，看见你那仓皇四顾的神色，又看见老板横眉怒目地骂你‘贼种’，他重重地打你耳光，你的小身子在巨掌下像树叶一样地旋转。他把你拖到水沟旁边迫你跪下——啊，孩子，我并没有走，但我没有出来救你。孩子，你小小年纪，已了解饥饿的意义，还尝到被你最信托最敬爱的人抛弃的碎心的辛酸。我便是将来有万贯家产，都不能弥补你心灵上的创伤。我是一直等到半夜，市尽人散，才把你抱走的，你知道我哭过多少次，孩子。再相信爸一次吧，我再不离开你，我们父子死也要死在一起。”

强儿仰着肮脏的小脸，对发生在眼前的他的小朋友扑到父亲怀里的现象，有无限关怀。

“妈,”他小声问,“他肚子痛吗?”

玉芸掩住他的嘴,孩子在我们严肃的示意下,学着大人样地耸了耸肩膀,然后蹑手蹑脚地绕到我身边,不顾我的拒绝,挣扎着硬爬上我的膝盖,把小嘴凑到我的耳朵上。

“我问你,爸爸,”他说,“为什么当爸爸的都是那么又黑又瘦?”

“也有当爸爸的白白胖胖的。”

“我不信。”

“傻孩子,年龄会使你信。不要说话,你的小朋友是个可怜的孩子,让他在他爸爸怀里伏着吧。”

“我要送他一个玩具。”

“你哪里来的玩具?”

“我从垃圾箱里拣的那个洋娃娃呢?”

“他不需要玩具,孩子。”

“唔——”

“他需要饭吃。”

“饭?什么饭?”

“你不懂,好了,不要说话,妈妈叫你呢。”

3.

那一顿饭拖了很久才吃完,但菜仍剩下很多。玉芸撤去了盘子,天已黑了,平常为了节省电费,我们是很少开灯的,现在也扭亮了来。父子们不管热浪的袭击,仍环抱着坐在那里,强儿走过去拉他的小朋友,小朋友不肯离开父亲,但却趁势握住强儿的小手。

“妈妈叫我问你,”强儿说,“我喊你大哥好吗?”

小客人点点头,但呆板的脸上没有笑容,也没有欣喜。做父亲的站起来,肚子吃饱了后随之而来的是人性的尊严,他像石柱一样地立在那里,我不知道这位陌生的客人过去做过什么,但他伫立在椅子前的神色和姿势,使我想到他是一个有思想的人。那隆起的眉角,和从颧骨处忽然瘦削下来的灰白色的面颊，在不断地抽搐着，眼珠停留在眼眶中间久久没有转动。强儿张开大口要叫他们，被我制止，我看出我们的客人在想。他不是在回忆过去，而是在思虑明天。

“我们告辞了，先生，”他蓦然醒过来似的，向我们说，“我恐怕不能报答你们，我只有空泛的感谢，求告上帝赐福给你们。我本来是不信上帝的，但十年来我却一天比一天信，有很多人都和我一样，除了投靠上帝外别的没有办法。”

“我想你受的苦太多了。”

“我们父子还是幸运的，先生。”

他们走到门口，强儿挣脱了小朋友的手跑开，把他唯一的玩具洋娃娃和桌上的两个粽子，堆到做儿子的怀里。

“我们只要粽子。”做父亲的说。

“我也要洋娃娃，”孩子说，“爸。”

洋娃娃从他那和枯竹一样黄瘦的小胳膊里滑到地上，客人弯腰去捡，就在这时候，他的身份证从上衣口袋里滑了下来。一阵空前的尴尬袭击他，他把它抓到手里，像一个扒手第一次扒到什么一样，他注视着我，好像希望我没有看见。但我仍模糊地看见了，他的身份证上写着屏硫字第零零几号。

“你到什么地方去?”我说。

“不知道。”他说。

“你应该去看看朋友。”

“我没有朋友。”

“任何人都有朋友的。”

“患难使人的朋友减少，甚至根本消失，我去找他们徒使他们为难。我只希望我的孩子不再挨饿，饥饿使我愤怒。孩子，说声再见吧。”

他们走了，我送到大街上，父子们一高一低，像两个幽灵一样地牵着手向十字口走去。孩子夹着那又脏又破的洋娃娃，两个粽子拿在大人的手里，一步一步地，每一步仿佛都要在这世界上留下一个印记。太阳早已落山，路灯接着亮起来，行人也渐渐增多，终于遮断了我的视线。我觉得一只温柔的小手，插到我的手里，回头一看，发现强儿正在向着我憨笑，他因做了一件使他小朋友快乐的事而得意，我拍拍他的肩头，回家去了。

朋　友

“你们是不是要听，”林亭说，“我去年冬天亲身经历的一件事，这件事一直在我脑海里记忆着，时间越久，记忆得越清晰。可能是一开始时给我的刺激太大，也可能是它的结尾使我落过眼泪，但主要的恐怕还是在于一个人在社会上挣扎得过于长久了之后，从内心里发出的那种落寞的感情，便是在当时忽略了的地方，现在都能一丝一毫，分明地想起。”

“天很晚了，我们得赶上公共汽车吗？”

“不管那些，林亭，讲下去。”每个人都喊。

林亭环顾了一下，大家鸦雀无声。

“你们都知道，”他说，“我那时仍是计程汽车的司机。做一个计程汽车的司机，如果稍微留意一点的话，他可以看到社会各角落和各方面的形形色色。我是去年秋天进公司做事的，现在粥少僧多，工作很是难找，我虽然以司机的名义被录用，但一直等到三个月后，一个司机深夜载了三个乔装客人的强盗去新店，车上被洗劫一空，人也被刺重伤，住了医院，一时不能痊愈，我才算递补上他的缺。讲起来那司机出事的经过，简直再简单没有，坐在前面座位上那人用东洋刀向他的胸膛猛烈刺去，事前没有丝毫警告，甚至也没有等到车子停妥。”

“案子破了吗？”

“现在当然是破了，”林亭说，“但在我接替他职务的那个时候却没有，谁也不知道凶手逃到什么地方去了。所以我开车时几乎是一直惊觉着的，我不愿意被刀子或是被拳头把我刺伤或打伤。可是矛盾也就在这里，虽然深夜是一切不幸事件最容易发生的时间，我仍是逗留到深夜，一直在街头兜圈子，因为我也同样不愿意为了生意做得太少而被公司解雇。各位，只有为生活而奋斗的人才知道这种痛苦，对一个穷人来说，他是不能选择的。

“那一天晚上，并不算太迟，不过是午夜十二点左右。天非常冷，西伯利亚寒流笼罩着台湾，我把冬季所有的衣服都穿到身上，包括十一年前离开北平时老友送给我的棉袍，臃肿得像一个爱斯基摩人。我想我如果再有一条围巾就更好了，冷风精灵一样地从挡风玻璃的缝隙里吹进来，吹到脸上，脖子上，然后顺着脖子灌满了全身。大概到了十二点半钟的样子，天又降起霏霏的小雨，手都快要冻僵了。我打开窗刷，借着微弱的车灯，在霎时间湿成一片的柏油路上，继续行驶着。

“一直到一点钟左右，我才决定回去。对于整个一晚上都没有揽到一次生意，十分懊恼。可能是我把车子加快，以致引擎和车轮发出了较大的声音。蓦然的，我的车灯照到一个人身上，他穿着大衣，戴着一顶礼帽样式的咔叽布做的雨帽，手里提着一个行李袋。

“他举手向我招呼，我机械地在他身旁停下来。普通情形，客人们总是顺理成章地跨进后座的，可是他却在我为他开门的前一秒钟，自己拉开前面的车门，一下子坐到我的身边。啊，各位，没有几个人喜欢坐司机身边那个座位的，那是有名的死亡的座位，无论是翻车或撞车，坐在那个座位上的人，死亡伤残率要比司机或坐在后座的人多出好几倍。

“‘柳屯！’他说，紧紧地提着他的行李袋。

“‘柳屯？柳屯在哪里？’

“‘过台北桥，’他说，‘过台北桥我会告诉你。’

“我开动了，在我把排挡吃进离合器的时候，无意中碰到了他提着行李袋的那只手。他的手比我那快冻僵的手还要凉，我急忙缩回去，但在缩回去的一刹那，忽然有一个奇异的发现：我的客人为什么不把行李袋放下来？

“‘先生，’于是，我说，‘你不累吗？为什么不把它搁在脚下呢？

没有关系，不妨碍我驾驶的。’

“他射过来一眼，那一眼使我打了一个寒战，它含有愤怒和一种被误解了的反抗。

“‘我喜欢提着它。’他说。

“我没有再作声，车子开动了，挡风玻璃上的窗刷急剧地擦动着，我知道雨虽没有停，但也没有加大，可是我客人的大衣却几乎已经湿透，那说明他在街旁等候的时间很久了。难道这么久没有一辆车子经过？显然的，那是一个僻静的住宅区，除了归人，深夜里是很少有人出门的，即令有人出门，他可以事先打电话叫车子，用不着在街头苦苦等候，尤其是，我想，他那行李袋里装的是什么？

“思绪一旦回绕着他的行李袋，我的心便马上不安起来，那行李袋和他的雨帽质料一样，也是黄咔叽布，里面装的东西，看样子绝不是被褥，如果是被褥，它在外表上至少会显得十分熨帖。虽然他十分小心地一直提着它，但我敢断定里面更不是瓷器，以那不规则隆起的体积计算，好像是——

“我被自己的设想吓住了。各位，我相信你们不会笑我的，这是普通人的弱点，自己设想一个恐怖的景象，然后自己去恐惧它。为了进一步证实，我把车子的速度减低，并突然把厢灯打开。我的客人似乎被灯光惊了一下，他侧过身子，面对着我，没有说一句话。

“‘油门的弹簧失灵了，’我说，‘我想一下就会把它弄好的。’

“他生硬地点一下头。

“我弯下腰，假装着修理油门，却把眼睛瞟着我客人的行李袋。他那两只大而半旧的皮鞋支着袋底的边缘，就在靠近皮鞋的袋底那里，我看见了一块血迹。那是一块湿淋淋的血迹，我最初还疑心它是红颜色的污秽，可是因为我的客人始终把它紧紧提着的关系，袋底从没有落过地，以致它整个还是干的。于是，我明白那块湿淋淋的血迹原来是从行李袋里渐渐渗透出来。

“‘天，’我心里喊，‘他装的是一个人头。’

“但也许是其他部分，像被肢解了的上躯，四肢；于是我像着了魔似的直起身子，喘息着，没有经过仔细思考便脱口而出：

"'先生，我不去了！'

"'为什么？'

"'因为，因为天太晚。'

"我说了这话便发觉我是多么愚蠢，我的拒绝竟如此地呈现着容易击破的漏洞，我应该撒谎说油门弹簧无法修复才对，可是我已来不及补充，更来不及更改了。我的客人僵硬地坐在那里，看不出要移动的意思，他的一只手仍提着行李袋，另一只手却插在大衣口袋里——，对了，他一上车便是这样的，我想可能是一把手枪正在他手中轻轻摇动着，用来自卫或用来对付反抗他的人。

"'不要找借口，'他说，'你以为我不给你钱吗？'

"'当然不……'

"'那么，开下去。'

"他的眼睛像两粒玻璃球似的对着我，仿佛随时可以发射出来。各位，我想我是太害怕了，我立刻从他青黑的面色中，察觉到一股杀气。大鼻孔旁边那颗黄豆般大的粉刺，显然是把它挤得正在发炎，眉毛骨高高地隆着，一根特别长的眉毛从眉中心飘出来。他脸上身上所有的细胞都告诉我：'他是杀人犯！''你要小心！'是的，我要小心。

"我在他虎视眈眈的目光下开动车子，心里盘算着如何脱险。我慨然大悟到只要一过台北桥，公路两旁便没有村落，那一带都是梯形的稻田和临水的山崖，他假使叫我停车，他假使把我打死在那里……

"'他会杀我灭口的！'我想。

"车子穿过不少十字路口，红绿灯早已停止，只剩下鬼眼一样的黄灯在闪烁着，我准备向岗警呼救的计划失败了，但我仍希望碰到巡逻车。各位，你们知道，冥冥中的主似乎专向苦难中的人嘲弄，那就是，当越盼望某种事物的时候，某种事物越是没有。我平常最讨厌巡逻车的，却每天都要碰上它几次，偏偏那一天，连它的影子都没有看见。

“‘你开得太慢了，’我的客人说，‘好像在等谁？你脑筋里乱想些什么呀，快一点，真的，天这么晚，快一点！’

“他说这话声音低得像在自言自语，但我仍可以从里面听到威胁的暗示，从他口中喷出的呵气在冷得足使人发僵的空气中凝结成一团白雾，但我开始发觉我的额角已涔出汗珠。

“然而，正在我焦急得连肺都要烧化的时候，台北桥已隐约在望了，我原来把它看成最后一道防线。只要穿过大桥，我的不幸便注定了。我用眼瞟着我的客人，他的面部从侧面望起来，比正面还要使人厌恶；我恨我自己怎么一开始没有发现他的凶恶呢？台北桥栏杆上的一排灯光在半空中划过去，似乎在讥笑我的拙笨。

“车到桥头的时候，一股思绪闪电似的进入我的脑际，我想出主意来了。台北桥是一座单行道的桥，而那时亮着的正是红灯。这是一个千载难逢的机会，我踏下油门，绕过前面停着等待通过的两部车子，一直向桥上冲去。刹那间，警笛声，骇叫声，吆喝声，从四面八方响起，警察也从远处向我们奔过来，我立刻把车子停住。在停车当儿，我猜想我的客人可能用手枪抵住我的肋下，低声吩咐：

“‘你假使不能把他们弄走，我先射杀你！’

“可是，我的客人竟没有那样做，他仍然坐在那里，一动也不动。等到警察们围上来之后，我飞快地跳下驾驶台喘一口气，淡水河上的冷风比街头的更为尖锐，我身上的汗被收回去了，不由得一连打了两个喷嚏。

“‘怎么回事？’警察问。

“‘看看那人的行李袋吧，’我说，‘小心他有武器，但愿上帝保佑我们！’

“我开始向他们叙述我的遭遇，就在我刚刚说完的当儿，我的客人被拖下车子，他依旧没有笑容，而且对他也被查询这件事，表示很大的惊异。

“‘车子不是我开的。’他说。

“‘我们要看看你的行李袋。’

“我的客人用力地抓着袋口,手背上的青筋在灯光下分明暴了起来,依然如故的细雨洒到那青筋上,仿佛荷梗上露水一样凝聚着,他迟疑地说——

“‘不看不可以吗?’

“‘我们相信你会合作的。’”

“我的客人出我意外地没有反抗,把那正往外渗着鲜血的行李递给警察中的一位。那警察略嫌畏怯地接过来,提着袋底,向外倾斜。大家紧张起来,显然地,一个谋杀惨案在无意中破获了。所有的眼睛都圆圆地瞪着,目不转睛地像武士们的盾牌一样,准备着随时拒抗最悲惨景象的袭击。我掌心里出汗了,另外一位警察的枪口指着我的客人的腰际。

“最后,行李袋里的东西倾倒出来了,一个躯体沉重地跌到桥板上,我听见那警察懊丧地叫声。

“‘这算是捣的什么乱,’他喊,‘一条死狗!’

“啊,各位,不要笑,假使要笑的话,在心里笑吧,不要笑到脸上,那会使你的圣洁灵魂受到亏损。我按照着自己的愿望下判断,而且把判断下得太早了。就在那条死狗被倾倒出来的一刹那,我再也看不出我的客人,无论脸上身上,有什么值得我怀疑的暴戾的地方。所以,各位,你们在心里笑我吧,笑我这个简陋而又鄙卑的人吧。

“我的唯一报酬是被警察抄去车子号码,以便他们通知我缴纳硬闯红灯的罚款。在一番纷扰之后,客人重新登上我的车子,过了台北桥,向纵贯线上驶去,在上车的时候,我的眉毛被细雨密密地压着,天是更冷了。

“‘先生,’我说,‘对不起,我想你会原谅我。’

“他没有作声,只温和地点了一下头。那只行李袋仍在他手里提着,我现在敢于大胆地看他了。他大概五十岁年纪,有一点苍白的胡子凌乱地长在他的厚唇上,眼睛半开半闭着,我对这么一个憔悴的老人感到无限歉意。

“‘怎么回事,先生?’我说。

"'一辆汽车把它轧死了。'

"'很惨!'

"'上帝解除它的痛苦,它已经很老,很老。'

"'你带它到柳屯做什么呢?'

"'安葬它。'

"车子被黑夜包围着,车灯像两条游龙的触须一样沿着路面奔驰,微弱的雨丝使人迷惘,在除了车子本身的声响外,我听到叹息,那是我客人的叹息。

"'我们是在柳屯公墓认识的。'他说。

"'你们?'

"'是的,我和阿理。二十年前我在柳屯附近一个机关做事,有一天,我散步到柳屯公墓,看见它躺在一块墓碑底下喘气,它那时还很小,我想不会超过半岁吧!我用脚轻轻踢了它一下,它没有动,只仰了仰头,就又马上垂下去,然而在它的眼角,我却看到了泪珠,真的,一颗——两颗、三颗地滴下来。我把它送到兽医那里,一个星期后,它的病好了。'

"我一面开车,一面听着。

"'从那个时候起,'我的客人说,'我们相依为命,二十年如一日,它没有离弃过我。当我对它有用的时候,它对我很好,当我对它没有用的时候,它对我也是一样。记得我最穷困潦倒的那一段时间,从柳屯去台北找工作,没有钱坐长途汽车,便只好步行。我患有胃溃疡,经常发痛,遇到中途发痛,我就躲到田埂间,跪着,咬着牙支持到可以直起身子时再走——阿理一直跟在我的身后,它没有对我不屑地摇摇头而去,而一般人却是那样待我的。他们那样做有很多义正词严的理由,实际上却是我对他们已没有用了的一个理由。阿理!啊,亲爱的。'

"我们静默了足足五六分钟。

"'阿理今年已二十多岁,'我的客人说,'对一个狗来说,已是很老了,走路都显出来蹒跚。刚才,一辆汽车从它头部碾过,我听到声音奔出来,除了它的尸体外,已什么都看不到了,我要把它好好地安葬。两年前,我在柳屯公墓买了一块墓穴,作为我死后入土之地,我要把阿理也埋到那里,就卧在我的身旁。我和阿理,二十年生死不渝,贫富不移的伴侣,要永远在一起。柳屯是我们初次相遇的地方,啊!请稍微慢一点,看见前面那一片竹林了吗?是的,过了那片竹林,向右转弯,有一条足可并行两辆车子的石子路,再过一座桥,便到了。我忘记带铲子来,但我会想办法的,天下着小雨,我想泥土要松的多,你不奇怪我的行为吧!"

"各位,这是我今天晚上说的整个故事,我并没有说得很详细——我本来想要说得很详细一点的,可是每一次回忆,都使我激动。我不明白我为什么激动。大概是我的生活太平淡了的缘故吧。自从我辞去了计程汽车司机的职务,到市场兜售牙刷以来,便从没有再碰到什么值得一叙的事情了。"

故事讲完了,大家陆续离开座位,椅子和鞋子交错地在粗糙的水泥地上响动着,每个人都似乎觉得有点异样,但谁也没有说什么,只互相望望,便纷纷地告辞了。